浙江省普通本科高校"十四五"重点教材

数字时代下的商务运营与供应链管理系列

浙江财经大学重点教材建设项目资助

数智管理浙江省虚拟教研室资助

INTERNET ENTERPRISE
OPERATIONS
MANAGEMENT

互联网企业
运营管理

赵 昶 编著

ZHEJIANG UNIVERSITY PRESS
浙江大学出版社
·杭州·

图书在版编目(CIP)数据

互联网企业运营管理 / 赵昶编著. — 杭州 ：浙江
大学出版社，2023.9(2025.8 重印)
　　ISBN 978-7-308-22882-4

　　Ⅰ. ①互… Ⅱ. ①赵… Ⅲ. ①网络公司－运营管理－
研究－中国 Ⅳ. ①F279.244.4

中国版本图书馆 CIP 数据核字(2022)第 139524 号

互联网企业运营管理
HULIANWANG QIYE YUNYING GUANLI

赵　　昶　编著

策划编辑	曾　熙
责任编辑	曾　熙
责任校对	李　晨
封面设计	春天书装
出版发行	浙江大学出版社
	(杭州市天目山路 148 号　邮政编码 310007)
	(网址：http://www.zjupress.com)
排　　版	杭州朝曦图文设计有限公司
印　　刷	杭州钱江彩色印务有限公司
开　　本	787mm×1092mm　1/16
印　　张	23
字　　数	570 千
版 印 次	2023 年 9 月第 1 版　2025 年 8 月第 2 次印刷
书　　号	ISBN 978-7-308-22882-4
定　　价	69.80 元

党的二十大报告指出,要"加快发展数字经济,促进数字经济和实体经济深度融合,打造具有国际竞争力的数字产业集群"。在数字经济背景下,互联网产品体验和业务流程变革日新月异,如何在全新的实践场景中高质量地运营成为互联网企业运营管理最迫切需要解决的问题,数字化运营管理已经成为互联网企业应对数字经济挑战的胜出之道。不同于制造业和服务业的运营管理逻辑,互联网企业运营深耕互联网技术,实现了企业、产品和用户之间的全方位超链接关系,产生了一套崭新的运营逻辑和体系。

为响应时代之声,本书以"四新"(新工科、新文科、新医科、新农科)理念为指导,以培养学生数字化运营管理能力为目标,在借鉴既有运营管理知识体系的基础上进行学科交叉,融合数字经济的新理论和新实践,选用中国互联网企业案例,编写面向新商科教育的具有中国特色话语体系的互联网企业运营管理教材。

一、本书的结构

按照互联网企业运营管理的内在逻辑,本书分为 3 篇 12 章。

第一篇是互联网企业运营基础,由 3 章组成,分别是绪论、互联网运营战略、产品和服务管理与开发。第一章集中阐述了互联网企业、产品和运营管理的概念,介绍了互联网运营的 3 种思维,解释了互联网运营相关交叉学科的背景知识。第二章从运营与市场匹配的角度,提出了适应互联网企业运营的战略与策略。第三章从产品线规划角度探讨互联网产品的管理与开发,梳理互联网产品开发中的独特规律和现象,介绍产品与服务模型架构与开发流程等相关内容。

第二篇是互联网企业运营系统,由 4 章组成,分别为用户运营、数据运营、新媒体运营和供应链管理。它们是互联网企业运营系统的基础,是运营体系可持续运作的保障。

第三篇是互联网企业运营改进,由 5 章组成。如果说第二篇内容侧重于静态的体系架构,那么本篇内容则是系统的动态运作,以求在风险可控的前提下去谋划实现增长的运营内容。它包括流程管理与改进、增长策略、爆品策划、活动运营和内容运营。

二、本书的特色

本书的特色集中体现为两个融合。第一是学科交叉融合。互联网产品运营管理涉及多门学科知识,比如运营管理、营销管理、社会心理学和传播学等领域,不同学科之间高度渗透,最为突出的是运营管理与营销管理的交叉融合。第二是理论知识与实践经验的融合。消费互联网具有快速变革的本质特点,但万变不离其宗,要想看清各种新出现的运营实践的本质,必须以理论为基础去深度解读,用创新思维去分析。因此,本书在教学设计和人才培养方面凸显出以下特色。

第一,知识体系全面完整。在经济全球化和数字化的背景下,互联网企业运营管理不再是传统意义上的单一活动,各个学科知识点已经渗透在运营管理的不同环节,特别是与营销模式之间的高度融合和相互作用,改变了运营策略的效果。本书结合多学科理论来研究运营管理,既是学科交叉研究的需要,也体现了互联网时代对复合人才的需求。

第二,重视理论素养的培养。作为本科教材必须从逻辑出发,构建一个相对完善的理论体系,确保体系的稳定性,提高学生的运营管理理论素养,使其在熟练掌握理论的基础上,学会应对未来快速变化的技术和操作方法。

第三,注重启发式教学。本书以培养学生的学习能力为目标,着重提升学生的互联网思维和算法思维。一方面提出引发学生思考的高质量的问题,另一方面通过二维码嵌入大量案例来帮助学生思考,开辟出线上线下互动的学习空间,极大地拓展了教材的容量,以多样化、立体化的方式来满足教学的需要。

三、本书的适用对象

本书适合作为财经类院校诸多专业,尤其是工商管理、市场营销、电子商务、数据应用等专业,以及 MBA、大学生创新创业类课程的教材,也可以作为互联网企业和互联网产品运营从业人员和咨询人员的培训及参考用书。

四、致谢

本书被列入浙江省普通本科高校"十四五"首批新工科、新文科、新医科、新农科重点教材建设项目("数字时代下的商务运营与供应链管理系列"教材之一),也获得了浙江财经大学重点教材建设项目资助,得到了浙江财经大学工商管理学院的大力支持。

本书在编写过程中得到了社会各界人士的关心。浙江财经大学董进才教授、王建明教授、张雷教授、倪文斌教授、戴维奇教授、包兴教授、袁山林教授、吴丽民副教授、吴诗奇副教授、孔小磊博士对本书的内容架构、案例分析提出了许多宝贵的意见。校友章建义、张梓帆、郑辰,企业家王林、骆秀君、程苗根等也以自身丰富的实践经验给予了许多启发性的建议。作者特别感谢浙江大学出版社曾熙编辑对本书的出版给予的大力支持。限于作者的学识水平,书中难免存在不足和疏漏之处,敬请读者批评指正。

赵昶

2023 年 5 月

目录
CONTENTS

第一篇　互联网企业运营基础

第二篇　互联网企业运营系统

第三篇　互联网企业运营改进

第一篇
互联网企业运营基础

互联网企业运营基础

随着对互联网技术重视程度的提高,企业的运营将会越来越高效。企业通过数字化来提升劳动生产率,寻找新的协作方式,并扩大其经营范围。但是如何有序高效地实现数字化转型是挡在众多企业面前的一个"拦路虎"。所幸的是,目前,一部分企业在互联网企业运营方面已经成功探索出一条道路,为其他企业的数字化转型提供了诸多借鉴和思路。

在本书的第一篇中,我们为理解互联网企业运营管理做一个铺垫。主要描述互联网企业运营概念和思维模式,以及它得以运转的理论基础。为实现互联网运营战略目标——运营要素和营销优势的匹配,提出了互联网运营集中战略及其相应的策略。而产品和服务管理与开发是展示互联网运营特点的核心所在。如何管理好产品线,设计出卓越的互联网产品,成为一个极大的挑战。

第一章　绪　论

如今的互联网世界里,很多产品的体验和业务流程,可能都会变得越来越同质化,差异越来越小。于是,决定一个产品能否在竞争中脱颖而出的,可能就渐渐变成:运营。

——黄有璨

如今,互联网已经融入人类社会的各个领域,对各行各业的发展产生了巨大的影响。在一个万物互联的时代,所有的生活场景逐渐网络化、社交化和应用化。互联网企业所做的一切运营工作就是为了更有效地实现共同的价值创造,让用户获得更好的体验。在这一章中,将回答以下问题。

- 互联网企业和产品有哪些基本特征?
- 为何要定义互联网运营?
- 互联网运营有哪些独特的思维模式?
- 有效的互联网运营涉及哪些学科和理论?
- 互联网运营的发展经历了哪些阶段?

第一节　互联网运营概述

一、互联网企业和产品

(一)互联网企业

时至今日,互联网作为一种通用技术,已成为企业运营无法离开的必备技术。当然,互联网不仅仅是一项普通技术,它更是一项"使能"技术(enabling technology),如同制造工具的技术一样——当第一把石斧被打造出来后,它又可以被用于制造更精细、更复杂、更强大的工具。互联网正在从独立行业要素变成泛行业要素,从消费互联网阶段的技术创新行为转变为产业互联网阶段的技术扩散行为,互联网已经内化为现代企业的通用属性。由此,所有的企业都将是互联网企业。

现有学者从不同角度对互联网企业进行了定义。一种定义是从其提供的产品和功能的角度来阐述的。如楼天阳认为,互联网企业是一种完全基于互联网而诞生的组织,它所提供的都是基于网络数字化和高度体验式的产品。卡洛斯·瑟拉诺·辛卡等认为,互联网企业的经营是以网络为基础的,涉及软件开发、信息技术(information technology,IT)等领域。有提供网络服务的公司,如新浪、百度等;有提供互联网接入服务的公司,如中国电信等;有提供软件服务的公司,如用友网络科技股份有限公司等。金定海等学者认为,互联网企业指的是依附于互联网产业,以信息技术为核心竞争力,提供互联网接入服务、信息服务、数据服务、在线处理服务,为互联网产业的存在提供基础服务的企业。

消费互联网与产业互联网的区别

另一种则将互联网企业定义为"营业收入主要通过互联网实现的企业"。如彭庚、龙海泉等认为,互联网企业与传统企业的本质差别就在于其将业务完全建立在互联网的基础之上,并表现出与传统实体企业完全不同的特征。谈多娇等认为,互联网企业是以互联网为中间运营商,通过建立门户网站来提供免费的或者相关的增值服务,以此吸引大量的用户(访问者)来获得收入,且此类收入占主营收入 50% 以上的企业。

综上所述,现代意义上的"互联网企业"是以互联网为基础,提供网络数字化和高度体验式的产品和服务来吸引用户获得收入且该收入在主营收入中占绝大部分的企业。

(二)互联网产品

1. 互联网产品的内涵

产品的内涵一般涉及 3 个层面:一是核心产品层面;二是有形产品层面;三是外延产品层面。核心产品层面是指产品的核心价值,是产品能够满足消费者真正需求的本质属性。有形产品层面是指可见的、摸得着的产品形态,是产品功能的集中体现。附加产品,如售后服务等,是附带的,属于产品的第三层面——外延产品层面。

互联网产品(internet product)是从传统意义上的"产品"延伸而来的,是在互联网领域中能够供互联网用户消费、满足用户某一方面需求的网站(产品)的集成。一个极致的互联网产品在互联网运营的协助下,可实现虚拟服务更加贴近现实,甚至和现实重叠,最终满足用户需求。

下面简单地说明互联网产品内涵的 3 个层面。

(1)互联网产品的核心价值。产品的核心价值主要是一个产品所体现出的理念,呈现出来的气质,即参与者在产品中获得的价值是什么、要传递给用户什么理念等。以喜马拉雅 FM 产品为例,作为一款以知识消费为主的 APP,它主要利用用户的碎片时间,为用户提供知识价值,恰如其产品的广告语所传达的——"听,见真知"。基于价值观和理念,梳理出用户的利益诉求,这直接决定了互联网企业要提供的核心功能或服务。在确定产品内核的基础上,功能和服务流程应尽可能地做到精练、直观,尤其是价值观以场景化方式具象呈现,让用户拥有良好的体验感。

(2)互联网产品的形态。互联网产品的形态主要指功能、内容、呈现形式、用户界面(user interface,UI)规划、用户体验(user experience,UE)设计、交互呈现等。每个产品拥有不同的"三观":产品的功能设置繁简、内容呈现方式、视觉的色彩策略及 icon(图标格式)的大小等都是产品形态中的重要部分。

(3)互联网产品的外延性。外延性主要指产品的使用附加值。一是从商业模式上看,可以理解为产品的附加服务增值项,如会员权益、游戏装备等。二是从商业生态上看,力求给用户营造出一个更为完善的虚拟服务场景,经常在产品边界上开展创新活动。如锦江旅游 APP(智能手机的第三方应用程序),从原来的单一订酒店功能拓展到提供门票服务。三是从产品呈现上看,还要思考产品的目标用户是谁? 在哪里可以找到他们? 即涉及渠道的外延性。价值链中的服务提供者、购买服务的用户及服务传递者,他们共同影响了互联网产品的外延特性。因此,在端(商户端、用户端、服务商端、PC 端、手机端)的选择和设置上也有差异。

互联网产品与传统产品比较

2.互联网产品的类型

从互联网企业定义的 3 个维度,即要素、产品、渠道维度出发,提出常见产品类型,分别命名为:工具类应用产品、注意力类应用产品、交易类应用产品等。

(1)工具类应用产品。指的是希望可以帮助用户提高工作效率这样 2C (to customer,消费者)的工具,如百度地图、邮箱等;还有一种工具是 2B(to business,对企业)企业级应用工具,如招聘管理系统、用户行为分析平台等,这类应用工具可以帮助企业得到更多的销售线索,同时用户可以深度使用该产品。

(2)注意力类应用产品。指的是媒体、游戏、视频等产品,如爱奇艺、优酷视频,抖音、快手短视频,以及今日头条等信息流产品;此外,小说类、读书类 APP 都属于注意力类应用产品。

(3)交易类应用产品。指的是可以帮助用户在线完成交易的产品,电子商务类的网站和 APP 都属于交易类应用产品,常见的如京东、天猫、每日优鲜、拼多多等电商平台,也包括在线教育、知识付费等平台。无论交易的主体是什么,只要在线完成交易,统一归属于交易类应用产品。

上述互联网产品可以进一步概括为针对企业端用户的 B 端产品和针对服务消费者的 C 端产品,两者区别如表 1-1 所示。B 端产品形成了 B 端运营体系,而本书主要探讨 C 端产品,以及与此关联的 C 端互联网运营活动。

表 1-1　B 端产品和 C 端产品比较

比较项目	B 端产品	C 端产品
交易主体	企业组织	个人
决策周期	理性消费,周期长	冲动消费,周期短
售后服务	重	轻
产品侧重点	效益(降本、提效、增收)	体验
运营体系	B 端运营体系	C 端运营体系
典型业态	软件运营服务(SaaS)①各类分析工具	电商、短视频、直播

3.互联网产品的特点

从上面探讨,我们梳理出互联网产品的 5 个重要特性:无形性、互动性、即时性、高效和

---

① SaaS,即 software as a service。

低成本性、迭代性。5个特性关系如图1-1所示。无形性是互联网产品的本质特性,使产品体验过程充满不确定的内在挑战,同时,无形性也便于在互联网上以低成本方式开展工作。无形性衍生出互动性和即时性特性,有助于高效地完成信息交流、收集和交付过程。高效和低成本性在完成产品体验的同时,又进一步推动了迭代优化的过程,成为另一条实现用户体验的途径。为契合互联网产品的这些特性,需要有一套与之相适应的互联网运营管理方式,并预设互联网运营的最终目的在于如何提升用户体验。

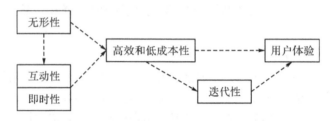

图1-1 互联网产品特性间的关系

(1)无形性。互联网产品是不可消耗的无形载体,多以信息和数据面貌出现。和传统的有形产品相比,无形产品总是更让人难以把握,它的用户体验也变得难以预料。设计师常常不知道用户怎么看待他们设计的产品:用户如何安排产品功能的主次要性?用户会不会觉得不够简单或使用不够简便?用户的体验如何?所以无形的互联网产品对于设计师和用户来说都存在更多的不确定性,设计师和市场调研人员需要对用户体验有更准确的预测和更深入的理解。

(2)互动性。互动性也叫交互性,它是人的心理交感和行为交往的过程。比如用户在百度上搜索词条,网络上会反馈信息,并能动态变化。这个特点使互联网产品的设计人员在考虑用户体验时比设计其他领域产品更有挑战性。因为用户与产品之间的关系不再是单向性的,不论是人与产品的互动,还是人通过产品与其他人的互动,都构成了用户体验不可分割的部分。无论是反馈、提示、信息展现都会影响用户对互联网产品的体验感。

(3)即时性。即时性很多时候关系到互动和反馈特性是否足够迅速,这直接影响到体验效果。如新浪新闻为用户提供了实时的资讯,微信和QQ为用户搭建了即时的沟通交流的平台,淘宝网方便用户迅捷购物,人们通过互联网能更迅速地达成目标。正是因为其即时性,互联网产品在很多领域冲击甚至取代了传统产品。心流理论之父、积极心理学奠基人米哈里·契克森米哈赖在《心流》一书中从心理学的角度讲到及时的反馈是积极体验的一个要素,因为生活里的种种行为在很多时候是有目标、有原因的。一个行为产生之后,有了反馈,用户才知道是否达成了目标。所以互联网产品提供的反馈与即时反馈的方式直接影响体验程度。

(4)高效和低成本性。低成本性指的是用户通过互联网产品实现成本降低的目的。比如人们原本要走到报刊亭买一本杂志,在当当网上购买则节省了走到报刊亭的时间;通过在网上提前阅读部分章节,判定内容质量后再进行购买,这一过程确保了高效地获得所需要的内容。在这种情况下,用户体验就变得尤为重要。进一步地,用户在阅读完全文信息后,在网上留言反馈,互联网企业快捷地获取信息完成产品的迭代优化。

(5)迭代性。互联网产品的崛起和衰败都非常快速,一夜之间就可以爆红,也可能直接下架。因此,它们的上市不像传统工业产品那样,等一切开发就绪再公之于众,互联网产品采用的是敏捷开发的方法。互联网产品往往是先推出一个不那么完美的版本,在用户使用的过程中不断修复错误,改进产品。因为产品的可迭代性,用户体验受到重视,每一个版本的用户调研和测试都是完善产品的机会。失误的版本可能会造成用户的流失,给竞争对手可乘之机。互联网产品需要不断运营、持续打磨,好产品是运营出来的,不是开发出来的。

二、互联网运营定义

互联网产品运营管理与传统的企业经营管理有何差异?互联网企业运营管理与互联网产品运营管理又有何区别与联系?

(一)互联网产品运营管理

1.互联网产品运营管理概念

任何一项互联网业务,存在 3 个不可或缺的基本要素:网站(产品)、运营系统和用户。网站(产品)也只有在与用户[用户包括"user"(使用者)与"member"(会员)两种类型]产生关联后,才能实现网站(产品)的价值。互联网产品运营管理是推动产品与用户之间发生联系的重要途径。

互联网产品运营行业结合其运营管理经验,给出了以下具有借鉴意义的互联网产品运营管理的定义。

> 运营是感知并释放产品的独特魅力,使其连接用户的心理需求,满足用户体验的过程。(李春雷,2017)
>
> 所谓运营,其实就是为了帮助产品与用户之间更好地建立关系,我们所需要使用的一切干预手段。产品与用户关系类型不同,运营的导向性也会是完全不同的,例如对于培训产品,运营更应该以"成交、转化"为导向;对于社交和社区类产品,因为产品价值本身就取决于用户使用时间和频次,所以运营就应该以"用户维系"为导向。(黄有璨,2017)
>
> 一切能够进行产品推广、促进用户使用、提高用户认知的手段都是运营。根据产品类型的不同,运营的方式也不尽相同,但运营的核心目标只有一个:让产品活得更好、更久。所谓活得更好,是通过推广、教育、活动等一系列手段让产品的各项数据获得提升;而所谓活得更久,是通过数据分析和用户行为研究让产品的功能不断提升,易用性不断提升,从而获得更长的产品生命周期。(张亮,2015)

上述互联网产品运营管理的定义,主要从两方面来对其加以解释说明:一是互联网产品运营管理首要任务是做好内外衔接的工作。产品与用户、供应商,甚至企业内部各部门都需要衔接,通过运营整合使得通路顺畅。二是互联网产品运营管理需要做好引导用户的预期等工作,建立与用户之间的互动的情感联系,持续地维系、加深和巩固情感关系。同时利用好互联网的技术特点,充分运用数据和指标的功能,科学把控整个互联网产品运营管理的节奏,发挥出它在产品和用户之间的桥梁作用。

互联网产品运营,是指围绕互联网产品,采取各种有效运营措施,获取和激活用户的工作。这里"拉新"的过程并不指向产品功能,而是指向市场占有率,这显然属于营销的范畴。对现有的用户进行组织和管理一定是为产品功能服务的,一方面可利用运营活动来引导用户"发现"产品功能,另一方面可收集用户反馈信息,进行产品功能的改良。故狭义的互联网产品运营属于营销框架下的运营范畴。

2.传统的企业经营管理与互联网产品运营管理的区别

对于传统企业来说,营销的目的就是为了促进用户增长,用户管理的终极目标是促进销售,最终获取收入。从职能分工来看,传统的经营人员一般分布在产品部、市场部、销售部等部门。产品部主要负责业务策划和市场支撑;市场部主要负责广告投放,同时参加各种行业会议,获取信息和销售线索,拉近产品与消费者的心理距离;销售部主要负责将合适的产品销售到需要的消费者手中,拉近产品与消费者的物理距离。总之,传统企业的经营管理是为了使公司经营良性运转而做出的努力。

互联网改变了商业世界的经营逻辑,从渠道的地位到个体的话语权都发生了改变。互联网产品运营的目的是提供给用户良好的体验,获取用户,维系用户,创造最大的用户价值。因为拥有用户数据,也可为优化产品提供科学的依据。那么,传统的企业经营管理与互联网产品运营管理有什么区别呢?

(1)用户获取比较:营销推广与用户增长的对比

传统的营销推广更多地依赖于渠道,如通过打广告、找代理商进行推广和渠道建设。曝光、推广都仅仅是为了吸引新用户,而不管后续的转化效果。但是互联网场景的营销推广并不是单一依赖于渠道的,更多的是依赖于用户的参与、认可与互动。运营不仅要对产品进行推广,还要承担用户转化的工作,注重转化效果。

传统营销推广的转化场景、目标相对单一,如传统的电话营销、线下的营销活动,不需要处理整个场景下的用户运营。互联网推广相对复杂,可能需要经历多个场景,每个步骤都需要有独立的目标,完成每一步独立目标才能最终达到企业端的终极目标。

传统经营推广投完广告后的效果是可预期的,传统的用户增长是静态的。但是互联网环境下,互联网的用户增长是动态的、非线性的。而且互联网渠道变化也非常快,一个粉丝众多的账号,有可能下个月粉丝量就跌得不行了。要动态地看待事情,不能静态地看待事情。

(2)用户维系比较:客户关系管理与用户管理的比较

传统的客户关系管理(customer relationship management,CRM)的目的是销售,而用户管理关注转化漏斗、活跃度、留存率,两者的差异是非常明显的。CRM是点对点的,借助企业数据库,向目标客户发短信、打电话,重点的客户要线下拜访。在互联网环境下,用户之间是超链接的,用户的口碑效应就显得更重要。

综上所述,从本质上来说,传统企业经营管理和互联网产品运营管理都是围绕产品开展的,但是二者在经营或运营的目标、理念、周期、工作重点等方面存在着显著差异,具体如表1-2所示。

表 1-2 传统企业经营管理与互联网产品运营管理比较

比较项目	传统企业经营管理	互联网产品运营管理
经营或运营目标	保证产品生产顺利、质量合格,满足交付要求	强化产品与用户的关系
经营或运营理念	以产品优良率为导向	以用户需求为导向
经营或运营周期	以产品销售出去为终点	产品迭代性决定了运营优化
经营或运营工作重点	流程管理	用户运营

资料来源:整理自苏海海.互联网产品的运营教程[M].北京:中国铁道出版社,2018.

(二)互联网企业运营管理概念

随着互联网技术的深入发展,由互联网企业推动的消费互联网,逐渐走向产业互联网,曾发挥良好作用的狭义的互联网产品运营管理方式已经不能适应当下的互联网环境。比如消费者希望获得真正个性化定制的产品,那么需要从设计、生产制造到供应链的整体配合才能实现,即要从广义互联网企业运营视角出发,才能获得可持续增长的竞争优势。

广义的互联网企业运营不仅包含了狭义的互联网产品的运营思维,而且还从运营战略、产品开发、供应链等系统方面去探讨如何构建运营生态,持续地开发产品,优化流程,更好地满足用户。在广义的互联网运营系统中,运营功能和营销功能进一步相融、并存,实现价值共创,这方面将在互联网运营战略一章中加以探讨。

本书给出互联网企业运营管理的定义是:利用互联网技术,建立互联网产品和用户全方位的双向连接,全面地引导用户预期,实现全方位的价值共创。在下文如果没有特别说明,当提到"互联网运营""运营管理""运营"时皆指互联网企业运营管理。

从定义中可以看出,互联网运营工作较为庞杂,运营结果取决于诸多环节和因素。一切能够进行产品推广、促进用户使用、提高用户认知的手段都被看作是互联网运营的方式。互联网运营不是万能的,但是没有运营是万万不能的。实践证明了互联网运营功能和它的存在价值,核心目标就是让产品活得更好、更久,用户生命周期更长,价值更大,为此,需要研究互联网运营工作的内在规律,提高运营效率,妥善地处理好两个关系:运营与产品之间的关系、运营与营销之间的关系。业界普遍认为,"最高级的互联网运营是自运营",这需要运营人员不断提升自己的综合运营素质和能力。

如何看待互联网运营的常见窘境?

(三)互联网运营特征

在互联网企业中,运营部门接触用户最为频繁,他们也是最懂用户的。鉴于所有的产品终端都与人相关,因而与产品里的"人物角色"建立关系是互联网运营的终极目标。如小米提出"交朋友"这个概念,很多人会觉得这个说法很模糊。其实在接触到用户以后,这个概念就非常鲜活。互联网运营工作贯穿了互联网企业最核心的资产——用户的全生命周期。互联网运营特征主要体现在以下几方面。

1. 以"人"为中心

互联网运营人员知道用户的选择是如何发生的,他们知道应该构筑什么样的场景去吸引消费者,明白用什么样风格的语言来打开用户底层心智密码。一切运营行动要以"人"为核心,意味着互联网运营采用的是理性参考、感性主导的运营逻辑。"和用户谈恋爱"也许是对互联网运营工作最形象的诠释。

2.个性化运营

在(移动)互联网时代,个性化的用户群和大数据素材,赋予互联网运营全新的思维,使得个性化操作成为可能,甚至相同产业下的产品之间都有可能采用不一样的运营打法。"千人千面"的运营目标引导互联网企业向产业互联网企业进发,能有效提升企业的整合能力。

3.精细化运营

互联网运营的一个主要突出能力在于它的整合性。通过超链接,演化出一个隐形生态圈。链接的程度决定了运营的宽度,而链接不只是建立关系,也是以科学精细化运营来维持互联网运营竞争优势的不二法门。

因此,一切问题要回归到"用户、需求、场景"三要素,互联网运营的本质是通过对运营资源的优化配置,持续提升产品与用户的关联度。这些关联性从低到高依次为:接触、认知、关注、体验、使用、付费、习惯、分享。可以从两个方面来提升关联度。一是从主体端,即从产品或用户出发来提升关联度。二是从关联程度的衡量参数——数据出发,以数据驱动运营。如图1-2所示,互联网运营以产品运营为基础、以用户运营为核心、以数据运营为保障。一个有效的互联网运营,只有在适当兼顾传统产品驱动的基础上,重点围绕用户拉动机制,借助数据推动功能,才能把握住互联网运营的内在机制。

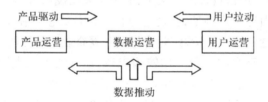

图 1-2 互联网运营的内在机制

三、互联网运营分类

图1-3显示,互联网运营存在3个较好的切入点:产品运营、用户运营和数据运营,并形成各具特色的互联网运营内容、互联网运营价值创造过程及运营模式。

(一)从产品周期看互联网运营内容

从互联网产品生命周期来看,从产品开发到产品传递实现了一个完整的运营周期。互联网运营包含5个典型的运营模块:产品运营、用户运营、活动运营、内容运营和数据运营。这是实践中被经常提及的一种分类方法,也在业内基本达成了共识。

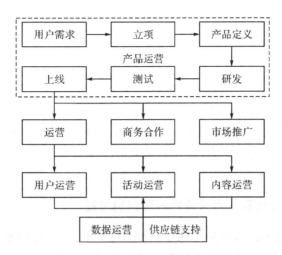

图 1-3　互联网产品生命周期及运营模式

1. 产品运营

产品一直是承载运营的介质,产品可能是一种商品、一个公众号,也可能是一款 APP,或是前面几种的组合。运营需要产品提供场景、工具和环境等。互联网产品开发不同于传统产品开发,不仅产品线复杂,而且开发过程更开放、更具多样性,需要一个更加系统完善的产品运营管理流程。

2. 用户运营

用户运营工作的核心是以用户为中心来运营。从网站(产品)出发,对用户画像和分层,区分出各类用户,如种子用户、潜在用户、高净值用户、无价值用户等,这是一个对用户标签化的过程。只有明确知道网站(产品)需要的用户在哪里,采取什么措施把用户吸引过来,如何去激励并留住用户,如何让用户贡献价值和利益,以及用户流失后怎样挽回等一系列的密切关联用户的运营方式和方法,才能做好用户运营工作。

3. 活动运营

活动运营是为快速达到各项运营指标和校验产品功能而服务的,它成为所有运营模块中,目的和数据指标最清晰明了的模块,包含目标设定、指标确立、进度计划和严格管控等环节。活动运营人员平时会紧盯市场,去关注、分析优秀的活动范例寻求灵感、策划活动、撰写活动方案、绘制界面展示交互场景、监控执行、最后复盘总结等。这些过程要和其他部门协调。比如,活动功能的实现、推广资源的协调等。此外,小公司会因人力不足,需要专人全面负责。大公司则会以项目组的形式来展开每一场活动,让活动像产品一样迭代,流程化地实施运转。

4. 内容运营

内容的运营工作随着移动互联网发展而范围越发广泛,日益成为互联网企业重要的增长路径之一。新闻资讯内容、短视频内容,甚至是直播都可以纳入内容运营范畴,其核心工作是:内容规划、内容生产、内容审核、内容上线发布、内容渠道推广、对数据的跟进和对内容运营效果的评估,再做迭代优化。有时还需要联系内容生产方,与用户进行内容互动等。总之,要能根据产品的属性、用户的特征,同时结合社会热点话题有针对性、快速地产出内容。

所有这些工作都指向一定的数据指标。如内容产出量、内容质量、发布量、点击打开率、内容浏览量、转发传播量和付费转化率等。

5. 数据运营

数据和运营是双向的获取关系。在数据运营工作中植入数据需求,可为后期收集数据埋点。数据运营是度量过去和预测未来的工作,数据能够真实反映网站(产品)的现状,分析隐藏在数据背后的信息价值,帮助运营人员更好地了解产品、用户、内容、活动、收益的变化状态,从而为产品迭代、优化运营策略、规避风险等决策做参考。数据运营和用户运营是互联网运营的基础构成部分。

(二)从用户层面分析互联网运营价值的创造过程

从用户层面分析指的是从用户个体层面和群体层面,由外而内地观察网站(产品)。用户对网站(产品)遵循从完全陌生、初次接触,到认知深化、尝试体验产品,再到确认使用产品,直至为产品付费的过程,互联网运营也就是要针对用户的心智认知路径及行为模式提出一系列操作方式:拉新、引流、转化和用户维系。

对于用户个体而言,互联网运营的职能涉及第三方渠道推广、病毒营销、活动策划、新媒体推广、广告投放、品牌传播等;对于用户群体而言,则包括客服管理、用户体系建设、用户激励(如用户生产内容)、运营机制设计、活动等工作内容。移动互联网背景下,群体层面显然更具价值,常选择社区运营、社群运营等方式。

要贯彻以用户为核心的思想,显然除了熟练使用 EDM(email direct marketing,电子邮件营销)、短信、Push(消息推送)等工具外,还要能够学会管理用户、激励用户、召回用户等策略,同时还要能和用户打成一片,对用户要有耐心,及时处理繁杂的用户问题、抱怨和意见,能够随时切换自己和用户的双重身份。这样,把用户当作朋友之后,当有测试产品、组织活动、调研市场等需要用户帮助的时候,用户就会积极响应。那么,运营人员付出的时间、耐心也会收获满满的友爱和正能量,所以要做有温度的运营。

(三)数字化层面的互联网公司业务模式分类及其运营特点

数字化的表达赋予了数字信息可编程性和可更改性,并让数字信息可以接受算法操作。按照互联网公司数字化程度从低到高可分为付费服务(paid service)、新媒体(new media)、实物商务(physical commerce)3 种业务模式。它们并不相互排斥,运营提供 3 种模式中的一种或几种服务。比如,像 LinkedIn 这样的媒体公司就通过广告和收费服务来赢利。3 种业务模式又可以形成多种具体的业务板块,如搜索(search)、游戏(gaming)、社交网络(social network)、订阅(subscription)、音频(music)、支付(payment)、商务(commerce)等。对于每种业务模式,有 3~4 个指标对于互联网公司的可持续业务运营最为重要。

1. 实物商务

如果互联网企业销售的是储存在仓库里的、可通过快递公司发送的产品,或者是可以在现实世界中购买商品和服务的优惠券,那么就是典型的电子商务公司(e-commerce company)。电子商务公司从每笔交易中获取收入,它们的运营旨在通过仓储、客服和售后服务、销售和市场营销等方面的工作提高效率。

2.付费服务

如果互联网公司提供的是付费服务,一般会通过"免费增值"策略吸引尽可能多的潜在用户,让他们养成付费使用所提供服务的习惯,并让他们尽可能久地持续付费。当然,"免费增值"不是获取客户的唯一方式,但它通常是最符合成本效益的方法。如支付和金融服务公司就属于这一类别,因为他们提供一些免费或收费服务,并按比例对每笔交易收取佣金。

3.新媒体

在 21 世纪的后"语言学转向"中,法国的雷吉斯·德布雷提出了"媒介学转向"观点,引人注目的媒介正是声音及语言、影像、电脑等传播技术。媒介的作用决定了信息的性质。媒体公司提供免费内容,收集消费意愿,这样它们就可以出售广告,推荐用户可能会感兴趣的信息,或者追加销售订阅服务或数字产品。大量的互联网企业属于这一类型,虽然启动成本通常是极低的,但是具备网络效应的规模扩张的成本却不低。在搜索、游戏、社交网络、视频和音频领域中创建应用程序的公司是典型的媒体公司。

社交网站业务模式及其数据运营重点

(四)互联网产品类型及其运营特色

对不同业务类型的互联网产品进行分类,可以进一步地将互联网产品分为电商类产品、游戏类产品、工具类产品、平台类产品、社交/社区类产品、内容类产品等。组成的互联网产品—服务频谱,如图 1-4 所示。

纯产品	核心产品	核心服务	服务
电商类产品	游戏类产品 工具类产品	平台类产品	社交/社区类产品 内容类产品

产品 ◄- -► 服务

图 1-4 互联网产品—服务频谱

不同类型的互联网产品,其运营体系的构建和运营侧重点是不同的。下面简要地介绍 5 种代表性互联网产品类型及其运营特色(见表 1-3)。

表 1-3 不同产品类型下的互联网运营特点

产品类型	纯产品	核心产品/服务	服务
典型例子	淘宝网、当当网	印象笔记	知乎、果壳
用户特点	商品是标准化产品	用户形成依赖后付费	吸引忠诚用户、持续引流
	用户对价格敏感	用户付费周期较长	头部用户 KOL(key opinion leader,关键意见领袖)效应强
运营模式	直接出售商品或服务	通过提供软件服务收费	通过优质流量吸引广告
运营重点	以渠道管理为核心	以产品性能为核心	以内容运营为核心

1.电商类产品

电商类产品的运营具有典型性,可以从以下 5 个方面来分析:一是商品和品类的运营。主要关注选择售卖什么样的商品或品类,重点推出哪些款式或爆款,采取什么样的库存管理和供应管理策略,执行哪种定价策略等。二是用户维系。类似传统行业的客户关系管理,比如开展用户画像管理,赠送小样品、代金券,策划针对性引流激活等活动。三是流量管理。推广和流量建设与数据运营密切关联,需要熟悉各种推广渠道和数据分析工具。四是活动策划。要注重各种促销活动的策划和落地执行,比如"九九"大促、"双十一"、"双十二"等。五是基础性工作。比如,对于商品的包装、文案内容的优化、客服的精细化管理等。

2. 工具类产品

工具类产品主要解决用户在某种特定情境下的即时性需求,用户使用产品的目的性都很强,工具类产品逻辑比较简单。代表性的工具类产品有搜索引擎、邮箱、词典、笔记、浏览器、思维导图等。这类产品主要是以个人用户为中心的,连接人与动作。当用户不满意当前使用的产品而换用其他同类产品时,他所需支付的成本很低(包括金钱、时间在内的各类成本),这也导致了大部分工具型产品生命周期较短。

3. 平台类产品

平台类产品的运营较为复杂,注重生态建设,采取系统的运营策略,极力维系用户,用户基数是平台的生命线。比如京东商家,需要按售卖品类、地区和客单价等各种不同标准,细分为多种维度,然后制定针对性运营策略进行维系。尤其是在平台发展壮大后,一定会实施精细化运营管理。当平台跨越成长临界点后,会非常注重品牌培育,所以品牌宣传、事件传播、内容推送等活动策划和落地都会成为重要的关注焦点。

4. 社交/社区类产品

社交/社区类产品注重社交氛围、话题和玩法,是一种需要运营、产品和关系并重的产品形态。这类产品的运营人员经常与人打交道,起步时需要找到一批适合产品定位的种子用户来使用产品,后期持续做好重点用户的维持和拓展,甚至自己都需要投入产品体验中去陪着用户一起成长。在这类产品氛围的维护上,除了利用常规渠道引流与数据运营来推动这类产品用户的增长外,还需要经常性地制造各种话题,策划各类线上线下的活动来完成引流工作。总之,运营的底层逻辑在于透彻理解用户,甚至运营人员自身也是产品的目标用户。

5. 内容类产品

这类产品的运营核心在于持续地生产出独特的和高质量的内容,利用媒体矩阵,方便受众获取和消费。内容类产品的用户增长往往依托于内容和话题的运营,需要定期策划出有亮点的话题性内容,借助这些内容传播来吸引更多用户。至于能否留住用户,则取决于内容的内涵和深度,检验的标准是付费用户数量。如澎湃、喜马拉雅FM就是较为成功的典范。喜马拉雅FM是一个知名的音频分享平台,出版社、作家、主播、粉丝、品牌商通过喜马拉雅平台而连接在一起。内容包括有声小说、新闻谈话、教育培训、财经证券等。通过粉丝效应迅速树立品牌,以广告、订购和网友打赏等方式实现流量变现。

课堂讨论

2C互联网公司和2B互联网公司的运营方法论虽有其通用性,但就思考逻辑而言却有本质的区别。它们的目标用户、运营目的、运营手段等都是不同的,那么从C端到B端,该如何转变以实现良性运营呢?

第二节　互联网运营思维

　　工业化思维是"多维但不相连"的,它有着明确的行业分类,各个商业环节分工明确,壁垒森严。互联网思维却重在"将多维融合为一维",它只有一个维度:互联网。通过网络打通行业壁垒,无限降低不同环节的合作成本,最终用平台的形式实现整合。降维后的运营营收关键在于,通过锁定流量和用户,获得内容收入、广告收入或其他增值服务收入。如在游戏领域,索尼、微软和任天堂这些大公司以低价售卖游戏机硬件,把用户圈进来之后,就向游戏开发者收取版税,游戏机、软件商与用户构成了紧密结合的共生关系。因此,"流量"思维升级"留量"思维。从过去围绕商品(品牌),转变为商品(品牌)围绕人群(社群)。

　　下面从结构—行为—绩效(structure-conduct-performance,SCP)的角度,围绕运营系统、运营管理和用户体验等方面,提出高效互联网运营必须具备的 3 种基本的思维方式。

一、沉浸式体验思维

　　回顾互联网发展历程,从 PC(personal computer,个人计算机)局域网到移动互联网,互联网使用的沉浸感逐步提升,虚拟与现实逐渐融合。在此趋势下,沉浸感、参与度都达到峰值的元宇宙(metaverse)或许是互联网的"终极形态"。

　　沉浸式体验是在主题引导下精心设计、运作的一套符号系统,也是让受众沉浸于其中的一段高价值经历。作为现代体验消费的一种,沉浸式体验具有大奇观、超震撼、全体验、逻辑感强等鲜明特点。它契合了人性中爱好游戏和娱乐的天性,在创意、媒体、艺术、娱乐、展览等文化产业领域得到了非常广泛的应用。

(一)游戏化思维

　　游戏是一种综合、全方位的体验,人受自身动机的驱动参与游戏。在需要改变人们的行为、激发消费者热情的商业情境中,游戏就成了一个有效的工具。当我们尝试用游戏的思维去解决商业中的问题时,商业意义上的"游戏化思维"便由此产生。

　　1.游戏化

　　"游戏化"(gamifying)的原意是"把不是游戏的东西或工作变成游戏",通常指在非游戏情境中使用游戏元素和游戏设计技术。涉及 3 个概念——游戏元素(game elements)、游戏设计技术(game-design techniques)和非游戏情境(non-game contexts)。

　　(1)游戏元素。游戏元素可视为设计游戏的一个工具包,有的游戏元素是一些具体的对象,有的游戏元素是对象之间的关系,还有的游戏元素是一些嵌入规则的抽象概念。游戏化的目的并非建立一个完备的游戏,关键是将这些基本的游戏元素融入非游戏的活动之中,从根本上扩大游戏发挥作用的范围。如德勤为更好地促进企业内部的知识共享和组织协作,在公司内部的社交信息平台上增加了一个"3W"的功能,鼓励咨询师上传自己的咨询记录。而系统会根据咨询师上传的数量显示排行榜,荣登排行榜前列的员工会在企业内部被视为相关领域的专家而获得认同感和社会资本。这种认同感会激励更多人的参与。"3W"就是游戏应用的一个典范,在系统增加一个功能,而无须为此专门创建一个游戏。这就是游戏化。

(2)游戏设计技术。游戏设计技术的目的是使整个游戏的过程更富有乐趣,更容易让人上瘾,也更具挑战性,从而可以让用户保持良好的情感共鸣。具体要解决的问题主要是决定将哪些游戏元素用在什么地方,如何使整个游戏化体验大于各元素的简单整合。

(3)非游戏情境。用户参与游戏目的是更加深入地了解企业的产品、业务或交易,而非通过产品进入另一个虚拟的世界,游戏化会涉及现实的商业目的和社会目的,铭记这一点很重要。如耐克推出了一个叫"Nike+"的系统,在跑鞋中内置了一个无线计步器,将用户跑步时产生的数据上传到一个在线平台。用户可以直观地跟踪自己的健身进度,实时接受朋友的鼓励,并与其他用户做比较,相互挑战。

2. 游戏化思维

乐趣可以帮助人们改变行为习惯,游戏化正是通过创造乐趣来实现更多的现实目标。以一种有计划、有方向的方式获取乐趣的思维叫作游戏化思维。更一般地说,游戏化思维是利用现有的资源创建出引人入胜的体验,从而驱动参与者做出你想要的行为。游戏化并不能解决所有的商业难题,游戏化能否起作用在很大程度上依赖于情境本身,为此需要考虑4个核心问题。

(1)动机。如何从被激励的行为中获得价值?有3种活动动机显得尤为重要。一是创造性的工作。高附加值的创造性活动和客户关系可以为公司创造巨大的竞争优势,它们都是游戏化发挥功效的重要情境。游戏化可以给予人们前所未有的、个性化的、持续的、自我认可的愉悦体验。二是事务性的工作。游戏化可以让这种工作变得更有乐趣,产生很好的效果。三是行为改变。我们明白什么是好的,只是很难改变固有的习惯,面临的挑战是如何让更健康的行为习惯化。

(2)有意义的选择。设置的目标活动都是有趣的吗?提供有意义的选择意味着给玩家更多自由及明确而合理的结果反馈。

(3)结构。预期行为可以被固定的程序模式化吗?游戏化需要用量化体系来衡量游戏的质量和用户的行为。比如,很多电商平台都会推出一些小游戏,玩家可以通过浏览产品、观看视频,以及为其他用户答疑解惑来获得徽章和升级。

(4)潜在的冲突。游戏可以避免与现有的激励机制之间的矛盾吗?如果产品对用户的承诺是帮助他们节省时间并更有效地工作,而游戏化的产品却让他们把时间浪费在无关痛痒的细节上,那么结果可想而知。因此,必须找出针对目标人群的有效的激励方式,并考虑游戏化机制与现有机制如何即时协同运作。

实现理想的游戏化功能需要以上4个因素共同作用。在现实中,要实现游戏化并不容易,因此为参与者提供更有意义的选择是最为重要的。

3. 游戏化设计

格式塔心理学认为人对事物的理解来源于对其所有部分的整体感受。从游戏化设计的作用来看,游戏元素可以分为 3 类——动力(dynamics)、机制(mechanics)和组件(components),即 DMC 系统。它们是以抽象程度高低排列的。每个机制都被连接到一个或多个动力系统上,每个组件都被连接到一个或多个更高级别的机制元素上,整合成了

"5-10-15"DMC系统。

(1)动力。动力是机制和组件的宏观内涵和底层需求,如社交关系、情感、剧情进展等。其中最重要的动力元素包括以下5项:约束——限制或强制的权衡;情感——好奇心、竞争力、挫折、幸福感;叙述——一致、持续的故事情节;进展——玩家的成长和发展;关系——社会互动产生的友情、地位、利他等感情。

(2)机制。机制是推动游戏进程和用户参与的基本流程。常见的10种重要的游戏机制有:挑战、机会、竞争、合作、反馈、资源获取、奖励、交易、回合、胜负状态等。

(3)组件。组件是动力和机制的具体形式,下面是15个重要的游戏组件:成就、头像、徽章、打怪、收集、战斗、内容解锁、赠与、排行榜、等级、点数、任务、社交图谱、团队、虚拟商品等。其中大多数游戏系统都包括PBL三大要素:点数(points)、徽章(badges)和排行榜(leaderboards),这也是游戏化的三大标准特征。PBL将游戏化与许多企业属性联系在一起,比如,客户忠诚度计划、信用体系及员工竞争能力等。

如何提升一个"00后"内容类的用户活跃度?

要想真正在互联网运营中让游戏化发挥出独特效用,还需要具备另外一种思维方式——场景化思维。

(二)场景化思维

场景不但包括硬件要素,如地理时空、周围景物,还包括软件环境,如用户心理、社交氛围等。两者共同构建了用户场景,而这种用户场景是引发用户需求的重要因素。所谓场景化思维,实际上是基于用户场景的服务思维,即以用户场景为中心,以服务用户场景需求为目的。场景、用户和服务3个主要环节的内在逻辑如下:以用户特定场景作为出发点,挖掘用户在特定场景中的信息需求和服务需求,进行相应的信息适配,实现基于用户场景的服务。因此,场景化思维本质就是要求传播者在场景的辐射力(以平台建设为基础,产生辐射不同场景、不同用户和不同商家的能力,这是场景传播和服务的基础)、连接力(实现场景与用户、场景与服务之间的有效连接,重建用户与服务之间的关系,连接力成为场景传播变现的关键路径)和服务力(通过连接为用户提供适合特定场景的用户服务)上下功夫,打通场景、用户和服务之间的关系。

那么在移动互联网商业中的场景到底是什么? 从用户诉求的体验感角度,结合商业本质(人—物—场),形成多样的价值连接方式。

首先,改变服务运营提供的连接方式,将其设计为"虚拟+现实"的全新场景。如传统干洗衣服时需要去洗衣店,现在可以利用应用软件"e袋洗"实现移动终端下单,由专业取送人员上门取送。睡觉时,手环会记录和分析睡眠质量。各类APP软件和智能硬件让虚拟和现实的分界线变得不再那么泾渭分明,但是有一点要明白,线上生活反映了线下现实。

其次,培养新消费习惯,参与到新生活方式中。比如,微信流量相对分散,微信背后的人处于各类场景中。微信"小程序"的出现,使社交应用程序和商家位置结合带来的信任与消费者所在场景实时结合,用户只要动动手指,打开微信中"发现""附近的小程序"功能,就可寻找到周边商家或直接搜索到所需的品牌企业,即搜即买形成新常态。

最后,优化场景的体验,让消费变得更加舒适和便捷。如"熊猫旅行""在行"此类APP

充分运用分享经济的力量,帮助消费者快速找到合适人选并解决问题。

今天,体验构成了商业价值的重要维度,良好的体验感让用户愿意为之付费。对于互联网运营来说,塑造卓越的场景体验需要注意 3 点:用户的参与点、运营的细节、体验的真实度。可以通过关注运营的细节,引导用户参与,流程化科学设计,即推行精细化运营思维来提升用户体验。

二、精细化运营思维

(一)精细化管理思维

老子说:"天下难事,必作于易;天下大事,必作于细。"(《道德经》第六十三章)所谓精细化管理,是"一种管理理念和管理技术,是通过规则的系统化和细化,运用程序化、标准化、数据化和信息化的手段,使组织管理各单元精确、高效、协同和持续运行"(汪中求,2009)。精细化管理的核心是精确定位、合理分工、细化责任、量化考核。如流量的精细化管理标志着互联网技术和市场已经由传统的"上网看信息"向"安全、高效、个性化运营"的方向发展。

互联网运营工作中如何发挥精细化管理思维呢?

首先,精细化管理是建立在常规管理的基础上,并将常规管理引向深入的一种管理模式,主要目标是最大限度减少管理所占用的资源和降低管理成本。

> 做运营做久了,你真的会发现,一个优秀的运营人员,很多时候真的是通过大量的细节和琐碎事物,最后堆砌出一个神奇的产出。也正因如此,想要成为一个优秀的运营人员,你需要很强的精细化思维和精细化运营管理能力。(黄有璨,2017)

其次,互联网运营的精细化思维还体现在将用户体验做到极致。如在很多应用中,系统会记录下用户第一次选择的结果,在用户下一次使用时会进行更新,使得用户不必重复性操作。如美团外卖和饿了么 APP,用户可以直接搜索到附近的餐馆,选择想要的菜肴,输入地址即可坐等送餐。

最后,对运营结果进行评估。以分解方式,控制好所有的细节,以便在随后的执行过程中不断地优化和调整。在实际工作中,要做到高效的分解和评价,有赖于数据思维的培养。

(二)数据思维

凡是可以被数字化记录的信息都是数据。包括文字、语音、视频等。数字化的表达赋予了数字信息可编程性、可更改性,并让数字信息可以接受算法操作,如媒体智能推荐,它与互联网一起从技术层面确立了互联网运营的底层逻辑。数据思维更是对此的直接响应,那么什么是数据思维?王汉生(2017)在解释"数据思维"概念时引入了一个统计学名词——回归分析,即度量两个或两个以上的变量之间依存关系的一种统计分析方法。回归分析就是一种思维方式,我们可以把"业务问题"界定为"数据可分析问题"。它是锁定业务的核心诉求和目标(因变量 Y),然后依据经验、理论找出影响核心诉求的若干相关因素(自变量 X),借助各种数据分析工具进一步研究的过程。

因变量 Y:这是业务的核心关注焦点。它是随着自变量 X 的改变而相应改变的变量。

自变量 X:用来解释因变量 Y 的相关变量。自变量 X 的变化,影响了因变量 Y 的改变,因此,对于 X 的发掘和 X—Y 两者之间定量关系的计算,反映出数据分析者对业务的洞见能力。

比如,电商公司为提高产品的销量(Y),往往采用降低价格(X)的方案。不同产品的刺激方案是不一样的,需要通过测试获得数据,然后通过数据分析,计算出确定关系,从而精准地实现提高销量的目标。当然大数据的数据思维是一种相关思维,考察的是横向关系,而因果关系是纵向关系,两者可以组合应用,并不互斥。

数据的赋能运营促使管理者的决策方式从"业务经验驱动"向"数据量化驱动"转型。企业通过收集和分析大量内部和外部数据,获取有价值的信息,进行智能化精准决策分析。进一步,数据还促使决策过程从"事后诸葛亮"向"事先预测"转变。关注焦点也由传统的运营效率向运营效果转变。

(三)精益执行闭环思维

互联网运营的所有工作都应符合闭环思维,这是互联网企业的科学工作方法。如图 1-5 所示。"目标导向—调查摸底—精益执行—有效反馈—迭代优化"的闭环思路会贯穿整个运营工作,它实质就是戴明 PDCA(P 即 plan,计划;D 即 do,执行;C 即 check,检查;A 即 act,修正)循环(详见第八章"流程管理与改进"一章相关内容)。

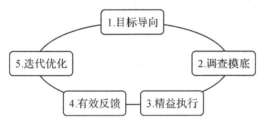

图 1-5　精益执行闭环思维逻辑

1.目标导向

清晰做每件事情的最终目的是什么,从目的来倒推结果,以终为始,才能成功做好一件事情。

2.调查摸底

在开始做事情的时候,先做信息调查:知道用户是谁、他们在哪个平台上/渠道中活跃、他们的需求和痛点是什么……只有厘清这些基本信息,才能够有理有据地展开相应的工作。

3.精益执行

它体现出互联网企业做事的风格。当完成了想法的构思,也做好了相应的信息调查,接下来需要做的就是以相对较低的成本,验证自己做到某一步的时候可以得到设想的哪些结果。比如 A/B 测试法。当初步的尝试可以验证工作思路是正确的情况下,可以考虑投入更多的资源,以更大规模来复制工作,获得更高的确定性的收益。

4. 有效反馈

什么叫作有效反馈？举例来说，有 3 篇文章投放到新媒体矩阵中，发现有两篇获得了非常高的赞数，说明这两篇文章的内容是用户看重的。这些数据表明工作中哪一部分是有效的、哪一部分是无效的，这样可以非常清晰地知道下一步工作的方向和重点。

5. 迭代优化

这一步是依据"有效反馈"来迭代优化的。迭代优化这个环节，并非指执行一次就好，而是这 5 个步骤之间形成了一个闭环，多次重复，最终的目标就是能够不断提高可见的绩效，达成更好的结果。

三、生态化系统思维

好的互联网运营，其实就是在不断地"做局"和"破局"。任何一个看似复杂的局面，从逻辑上看，必然存在一个核心的要素，只要这个要素得以成立，利用好这个点，就能水到渠成地"破局"，这个点是"杠杆解"，而"做局"很多时候其实就是在搭建一个生态系统。所谓生态系统，就是一个所有角色在其中都可以互为价值、利益共存、共同驱动其发展和生长的一个大环境。

相比传统运营，互联网运营具有更大的运作空间和发展机会，能够打造一个线上线下融合的良性循环的生态系统。最简单的如一个微信社群，少量的成员扮演着核心内容生产者或服务提供者的角色，更多的人则是潜水的，他们之间会因这个群的连接而形成一种价值供给关系。如果该群还能够不时地做线下互动，那么该群更能为他人提供价值。随着群的自然而然地发展，便逐渐形成一个小生态系统。

能够搭建成生态系统很重要的一点在于梳理出生态系统内的各种价值关系网络。比如，小米公司定位于高级别的手机玩家，即"发烧友"。他们能力强、参与性高，愿意花大量时间浏览各大手机专业网站、贴吧和论坛，小米通过建立社区平台与"发烧友"进行互动，而这些"发烧友"在小米的发展中扮演了至关重要的角色。如以 2015 年 3 月 20 日的数据来洞察小米社区用户组成，其中男性占比 91.8%，成为主导群体，他们普遍痴迷于网络，经常浏览"太平洋电脑网""中关村在线"等 IT 网站，爱好游戏、摄影、数码测评、技术升级等。40.3%的深度粉丝是高级手机控、公测团、摄影组成员。短短 10 年的时间，小米就成功开拓了境外市场，越来越多来自五湖四海的人成为小米的粉丝。

生态系统越完善，就越能为消费者提供多维度的服务产品，预期的目标指向一个完善的多边商业体系，这样的体系现在广泛地应用到各种商业场景中。生态化思维的核心逻辑发挥出运营优势，从商业视角看到的是生态的整体性，从参与者视角看到的是生态的功能性。"产品成为生态中心输氧机"，赋能产品全方位地触达用户，利益相关方从中找到了各自的利益点，真正实现了多边互补的良性状态。安卓系统开放的运营模式即类似于此。

总之，一个好的互联网运营体系，首要功能体现在具备强大的执行能力，遵循产品和运营背后的科学规律，自觉地运用互联网运营思维，维系运营可持续的增长。当然卓越的运营能力的养成，绝非一蹴而就的事情。既要靠长年累月的"熬"，也要靠醍醐灌顶的"悟"和日积月累的"学"。

第三节 互联网运营理论基础

互联网运营学涉及多个学科的交叉融合,与互联网(数字)经济、营销科学和服务运营管理学等领域联系得最为密切,相关理论奠定了互联网运营管理的基础。

一、数字经济规则

网络经济(economy of network)是一种建立在计算机网络基础上,以现代信息技术为核心的新的经济形态。从经济形态层面看,网络经济有别于农业经济、工业经济,它是信息经济或知识经济的主要形式,又称数字经济。从产业发展层面看,网络经济就是与电子商务紧密相连的网络产业,包括网络贸易、网络银行、网络企业及其他商务性网络活动,网络经济是基于现代信息网络的一切经济活动,本质上是互联网经济,包含互联网的基础层、应用层、服务层和商务层。电子商务是互联网经济的一个重要组成部分。从微观经济层面看,网络经济是通过网络进行资源分配、生产和消费等的各种经济活动。

(一)数字产品的经济规律

数字产品包括有形数字产品和无形数字产品。有形数字产品是指基于数字技术的电子产品,如数码相机、数字电视机、MP3 播放器等。无形数字产品又称数字化产品。数字产品是被数字化的信息产品,是信息内容基于数字格式的交换物。依据数字产品用途的性质,可以将数字产品分为交换工具、内容性产品、数字化过程和服务等 3 种类型。交换工具是指代表某种契约的数字产品,如数字门票、数字化预订等。内容性产品是指表达一定内容的数字产品,如新闻、书刊、电影和音乐等。数字化过程和服务主要指数字化的交互行为,如远程教育、网络游戏、交互式娱乐等。任何可以被数字化的交互行为都是一个数字化的过程,数字化过程必须由软件去驱动,完成数字过程需要人的参与,这是与内容性产品的明显区别。

物质产品、信息产品与数字产品的关系

数字产品经济学特征是对数字产品供给和需求进行分析的基础,数字产品主要有四大经济规律:摩尔定律、梅卡夫法则、马太效应和长尾效应。

(二)数字产品的供给规则

正反馈是指受控对象对施控主体的反作用,是将有关系统实现状态的信息经过一定转换后输送回系统的输入端,以增加输入信号效应的过程,因此,系统显示出明显的自增加特征。边际效益递减理论反映了均衡的经济世界,而以报酬递增为基础的经济世界遵循着正反馈原理。在网络经济中,需求曲线和供给曲线出现倒置的情况,不是价格影响供求,而是供求对价格有更强大的影响力。如图 1-6 所示,E 点为均衡点,S(supply)为供给曲线,D(demand)为需求曲线,P(price)为价格,Q(quantity)为产量。当产量 Q_1 小于 Q_E 时,消费者的需求价格 P_1 明显小于

摩尔定律、梅卡夫法则、马太效应和长尾效应

供应商愿意提供的价格 P_D,厂商为了出清产品,只能按照 P_1 的价格,亏本销售;到产量为 Q_E 时,需求价格和供给价格达到均衡,至此一直遵循负反馈规律。E 点是临界点,Q_E 被称为临界产量,达到这个产量正反馈机制开始发挥作用。在产量 $Q_2 > Q_E$ 时,消费者愿意支付的价格为 P_D,那么供给方有动力不断地加大投放产量,获得高额利润,整个市场也会出现爆发式增长的局面,越来越远离均衡 E 点,因此 E 点是正反馈点。

正反馈背后,就是产品普及程度与价值之间的关系。如图 1-7 所示,在正外部效应下,拥有大量兼容用户的普及产品会吸引更多的用户加入,从而对用户来说又变得更具价值,呈现正向扩张。反之,随着拥有的用户基数的缩小,产品失去价值,逐渐被用户抛弃。

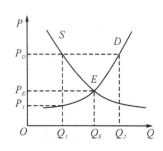

图 1-6 网络经济的供需曲线

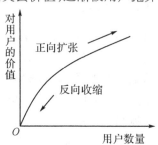

图 1-7 用户数量与价值的关系

与均衡经济系统形成对比的是,正反馈自增强机制的经济系统,由于系统建立的成本过高,一旦建立就不轻易改变,再加上后期的学习效应、合作效应和适应性预期等因素作用,导致转移成本过高,使经济系统逐渐适应和加强这种状态。因此,在分析网络经济正反馈效应产生的原因时,需要重点考察锁定、路径依赖和转移成本等方面内容。

正反馈效应对市场的影响主要表现在两个方面:一是市场的不稳定性,二是可能次优技术反而会获胜。在网络经济中,企业竞争策略也将从多个方面发生改变,如企业的抢先跨越临界点的策略、产品主流化策略、标准竞争策略等,都是网络经济企业竞争策略。

(三)数字产品需求规则

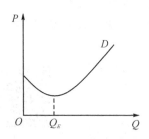

图 1-8 数字产品的需求曲线

与一般产品的需求相比,数字产品的需求显示出两个方面的特点。一方面,遵循边际效益递减规律,随着需求量的增加,价格有降低的趋势;另一方面,随着加入网络的用户增多,网络外部性的作用使网络价值增大,用户的支付意愿也随之增加。在双重效应作用下,数字产品需求曲线呈现为先下降后上升的 U 形曲线形态。如图 1-8 所示,左半边的需求曲线向下倾斜表明,随着需求量的增加,消费者的支付意愿降低,此时边际效益递减程度大于网络效应,类似于传统产品的需求特点。当需求量增加,进入右半边曲线时,网络效应大于边际效益递减程度,曲线向上倾斜,网络的价值增加,消费者支付意愿也增加。

此外,网络经济下还出现了边际收益递增规律(指在生产过程中增加最后一个单位的产出所带来的收益逐步扩大)和规模收益递增规律(在生产量足够大的时候,网络经济规模下规模收益会继续保持增加的态势)。

与传统经济相比,互联网经济具有不同的运行特点,如互联网经济下交易环节大大减少,交易成本降低;客户和企业可以直接互动,满足个性化需求;跨境电商打破交易区域和时间限制,市场规模更大;交易频率高,周期短,竞争格局变化快;等等。互联网经济的这些特点为企业创新行为提供了坚实的发展基础。一方面,互联网经济的最大特点是消费力量从商家转移到消费者,创新以满足消费者多样化、个性化需求而进行商业模式创新、产品创新为主。另一方面,经济活动越来越依赖信息网络,数据处理、计算与挖掘成为经济活动的重要组成部分,是创新驱动的动力源泉,因此,可以对互联网经济的新要素、新核心资源进行多维度探索。

如何看待网络经济下的范围报酬递增现象?

二、营销科学理论

营销科学的核心内容在于识别消费者需求,深刻理解消费者决策的影响因素和过程。

(一)消费者行为模型

图 1-9 所示为刺激—反应模型,也称消费者行为模型,这也是理解消费者行为的起点。外部环境和企业营销信息刺激消费者的意识之后,引发了消费者的一系列心理过程(动机、感知、学习和记忆),然后形成决策过程并最终使消费者做出购买决策。下面重点论述消费者购买决策过程的 5 个环节。

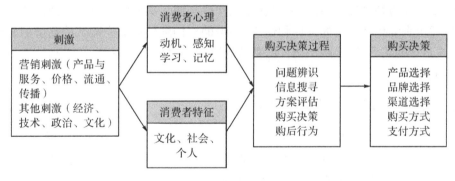

图 1-9　消费者行为模型

1. 问题辨识

购买过程始于内外部刺激,由刺激引起需求。人的一些正常需求累积到临界点就会形成驱动力。营销人员需要收集大量顾客信息来识别出触发消费者特定需求的影响因素,然后制定出引起消费者兴趣的营销策略。

2. 信息搜寻

消费者的主要信息来源有 4 种:个人来源、商业来源、经验来源、公共来源。在上述来源中,信息的相对数量和产生的影响会因产品和消费者特点的不同而有差异。消费者接收到的信息绝大多数来自商业,商业来源的信息通常起告知作用;但是最有效的信息来源通常还是个人来源、经验来源及公共来源,其中个人来源尤其能起到判断或评价作用。研究发现,消费者通常只会搜寻有限的信息。在现有所有品牌(全体组)中,个别消费者只熟悉其中一部分的品牌(知晓组),那些能够满足最初购买标准的品牌成为参考组。当消费者收集更多信息后,只有少数品牌成为选择组,消费者最终从中选择需要购买的产品。

3.方案评估

消费者如何评估竞争品牌的信息并做出最终的价值判断呢? 不是所有的消费者或者一个消费者的所有购买情况都采用同一个评估过程。目前最流行的模型认为消费者是在有意识的理性基础上进行判断的。在该阶段,消费者会在选择组的各种品牌之间形成偏好,会形成对最喜欢品牌的购买意图。

4.购买决策

当消费者实施某项购买意图时,可能会做出5个方面的购买决策考量:品牌决策、渠道决策、数量决策、时机决策、支付方式决策。同时,消费者在决策过程中经常借助被称为经验法则的"心理捷径"。典型的经验法则有3种:①联合考量法则,即消费者为每一属性设定一个最低可接受标准,并且会选择第一个满足所有属性最低标准的品牌;②词典排序法则,即消费者会选择在他认为最重要属性上得分最高的品牌;③属性排列法则,即消费者会比较不同品牌的同一个属性,选择该属性的概率与其重要性密切相关,排除属性不满足其最低可接受标准的品牌。

5.购后行为

消费者在购买后会注意到产品某些特性达不到预期,或者听说其他相关品牌的优点,此时消费者便会经历某种失衡,且会去注意那些支持其购买决策的信息。营销传播人员应该提供一些评价来强化消费者的选择和信念,并帮助他们维持对原先购买的品牌的好感。因此,营销人员在购买后,还要跟踪调查消费者的购后满意度、购后行动和产品的购后使用与处置方面的工作。

(二)新产品扩散和消费者采用过程

新产品市场扩散的过程研究大体上有3种论点,即传播论、替代论和博弈论,新产品市场扩散的传播是最具影响力的一种观点。埃弗雷特·罗杰斯将创新的扩散过程定义为:"一个新的观念从它的发明创造者那里扩散到最终的用户或采用者的传播过程。"消费者采用过程指的是个人从第一次了解到一种创新产品到最后采用的心理过程。

在新品的市场扩散过程中,由于受消费者个人试用新产品的意愿、文化背景和社会地位等因素的影响,他们接纳新产品思想的程度和接受新产品的速度不同。埃弗雷特·罗杰斯根据个人创新性水平的差异,把采用者划分为5种类型,即创新者、早期采用者、早期大众、晚期大众和落伍者,如图1-10所示。

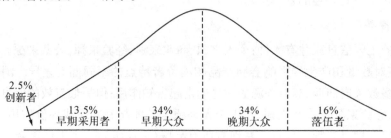

图1-10 新产品市场扩散模型

1. 创新者

他们是技术的爱好者,极富冒险精神,率先使用新产品。他们很乐意支持阿尔法测试和贝塔测试,并反馈早期使用过程中的异常信息,该类采用者约占全部潜在采用者的2.5%。

2. 早期采用者

这些人多数在某个群体中极具威信,受到周围朋友的拥护和爱戴,是意见领袖。他们仔细寻求新技术,以便能够给他们自己带来竞争优势。他们对价格不太敏感,如果给予他们以个性化的解决方案和良好的服务支持,那么他们会比较乐意接受新产品,他们一般占全部潜在采用者的13.5%。

3. 早期大众

他们是继早期采用者后的潜在采用者群体,态度较为谨慎,又对舆论领袖的消费行为有较强的模仿心理,意识到新产品带来某种利益,就会采用产品,一般占全部潜在采用者的34%,这部分群体构成了市场的主流。

4. 晚期大众

这类群体占全部潜在采用者的34%,往往持一种怀疑态度,是厌恶风险的保守派,抵制新技术,并且对价格敏感。

5. 落伍者

属于采用创新产品的落伍者,占全部潜在采用者的16%。他们思想保守,拘泥于传统的消费模式,直到发现无法维持现状才会使用新产品。因此他们一般会在产品进入成熟后期乃至进入衰退期时才会采用。

(三)新产品扩散的营销策略

新产品扩散是一个新产品被消费者广泛接受的过程。美国的一项调查研究显示,导致新产品营销失败的各类因素对营销失败的影响程度大致为:产品本身不好占25%,成本超出预期值占14%,市场分析不恰当占32%,投放时机不恰当占10%,销售组织不好占12%,销售的阻碍占7%。归纳起来,新产品能否被市场接受,迅速扩散,取决于3个方面的因素:①新产品特性是影响市场扩散的重要影响因素。一般认为新产品的扩散速度与新产品的相对优势、适应性、可试性、可传播性等成正比,与新产品的复杂性(消费者认识和使用新产品的复杂程度和难度)成反比。②与消费者的经济因素和社会因素有着直接的关系。③消费者购买行为差异是扩散中的重要依据,购买行为遵循知晓—兴趣—评价—试用和采用等步骤,在此过程中如能辅以合适的营销策略,必将对新产品的成功扩散起到推波助澜的作用。一项成功的新产品扩散的营销策略一般包括以下几个阶段。

1. 蓄势阶段

企业在新品上市前进行必要的消费势能积蓄,推动目标群体知晓新品,以便快速打开市场缺口。积蓄策略包括以下主要方面:充分认识消费环境与消费主流形态,善于借势发力;储备强大的新品研发资源,构筑信任基础;研究消费者心理与激发良好的心理预期,营造饥渴感。

2. 引爆阶段

争取在最短的时间里使消费者需求被无限放大,引爆消费者势能。这需要集中企业所有资源,全方位地运用营销策略,对新品进行最大限度的曝光。一般来说,在此阶段要重视促销和渠道策略的结合,引起消费者兴趣和试用,如能配合事件营销常常会取得出人意料的引爆效果。

3.扩散阶段

电子商务领域开展研究的重要的理论基础

当新产品进入一个相对稳定的消费阶段时,引导消费潮流便成为新品扩散的主要任务。突出点是高度重视消费者的评价,一方面反馈信息,另一方面关注优质评价,优质评价是扩散的基础,同时配以强大的市场执行力,取得全面的扩散效果。

4.升级阶段

在分析和预判竞争对手的前提下,企业推出消费者升级工程以维护新品在消费者心中的地位。采取的升级活动有持续不断的热点运营、推陈出新的营销组合、直指心灵的产品策略等。如发现原来的新品已经难以调动消费者关注时,就要及时地引入另一新产品,开启新一轮的循环。

三、服务运营管理理论

随着互联网技术发展,服务运营管理中的服务接触开始由物理服务转向电子服务,由传统顾客导向逐渐转向以技术为媒介的人机交互型服务。目前,服务运营管理已发展成一门涵盖所有服务行业的学科。

服务是顾客作为共同生产者而享受到的一种无形的经历,其间相应的一系列产品和服务组合构成了服务包(service package),它是分析服务内容的重要概念,包含 5 个类别:支持性设施、辅助物品、信息、显性服务和隐性服务。服务过程是服务生产与服务消费统一的过程,也是顾客参与(customer engagement)的过程,并由此形成顾客感知价值(customer perceived value),使得服务企业成为开放系统。因此,在服务业,运营和营销是融为一体的。一方面把营销手段融入运营管理中,尽力影响需求以匹配服务能力,同时引导顾客发挥作为服务过程参与者的价值创造作用;另一方面又要借助业务运作的方法发挥市场营销的作用。如服务不能储存,能力过剩和不足都会导致顾客流失,可以借助营销来调整服务能力的平衡,以满足顾客需求。

(一)服务主导逻辑和价值共创

1.服务主导逻辑

Vargo 和 Lusch 于 2004 年提出服务主导逻辑(service dominant logic,简称 S-D Logic)的理论,主张重新审视商品和服务的关系,不对两者进行主次或优劣区分,而是把它们统一到服务旗下,进而重新思考市场交易、价值创造等基本问题。服务主导逻辑已经成为观察和思考世界的新方式,有助于重新认识和理解服务经济,有助于突破商品主导逻辑的思维局限,提升服务生态系统的福祉或个体参与者的幸福感。比如 Pels(2012)将服务主导逻辑作为一个概念基础,以指导战略和新兴经济体的新业务。令狐克睿、简兆权和李雷于 2018 年提出以"基础—过程—目标"为主线构建服务生态系统的理论框架。

服务主导逻辑将服务重新定义为过程,指某参与者通过行为、流程和履行,运用专业能力或操作性资源(operant resources),实现其他参与者或其本身利益的过程。具体的商品作为传递服务的工具就成了间接服务的手段。为了更容易理解服务主导逻辑与传统的商品主导逻辑的关系,图 1-11 提供一个更全面的服务观。

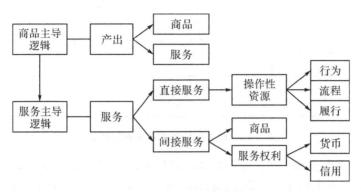

图 1-11 全面的服务观

在服务主导逻辑下,以知识和技能为代表的操作性资源就成了最核心的要素。与对象性资源相比,操作性资源通常是无形的、动态的。在服务主导逻辑中操作性资源充当了发掘对象性资源价值的角色。Vargo 和 Lusch(2004)从操作性资源观出发且经后续不断发展,最终形成了 11 个基本前提的理论框架,并归纳为 4 个大命题:操作性资源与竞争优势、市场交易机制、价值共创模式和服务生态系统,如表 1-4 所示,相互之间关系如图 1-12 所示。

表 1-4 服务主导逻辑的基本前提

公理/定理	基本前提具体内容	归属命题
公理 1	前提 1:服务是交换的根本基础	市场交易机制
公理 1→定理	前提 2:所有经济体都是服务经济体	服务生态系统
公理 2	前提 3:价值是由多个参与者共同创造的,参与者中总是包括受益者	价值共创模式
公理 2→定理 1	前提 4:间接交换掩盖了交换的根本基础	市场交易机制
公理 2→定理 2	前提 5:商品是提供服务的分布机制	市场交易机制
公理 3	前提 6:所有社会和经济参与者都是资源整合者	服务生态系统
公理 3→定理	前提 7:操作性资源是竞争优势的根本来源	操作性资源与竞争优势
公理 4	前提 8:价值总是由受益者独特地用现象学方法决定的	价值共创模式
公理 4→定理	前提 9:参与者不能交付价值,但可以参与价值主张创造和提供的过程	价值共创模式
公理 5	前提 10:价值共创是通过参与者生成的制度和制度安排来协调的	价值共创模式
公理 5→定理	前提 11:服务中心观本质上就是受益者导向和关系型的	服务生态系统

资料来源:改编自简兆权,秦睿.服务主导逻辑:核心概念与基本原理[J].研究与发展管理,2021(2):166-181;李雷,简兆权,张鲁艳.服务主导逻辑产生原因、核心观点探析与未来研究展望[J].外国经济与管理,2013(4):2-12.

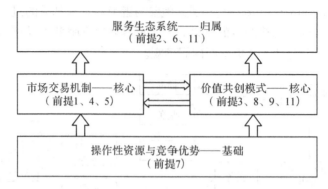

图 1-12　服务主导逻辑基本前提关系

(1)操作性资源与竞争优势。Constantin 和 Lusch(1994)创造性地把资源分为对象性资源(operand resources) 和操作性资源(operant resources)。前者指有形资源(包括商品)、自然资源等,在生产活动中通常处于被动地位。后者主要包括知识和技能,在生产活动中往往处于主动地位。从图 1-12 可知,前提 7 把操作性资源作为竞争优势的根本来源。一是服务主导逻辑认为操作性资源是内生于竞争系统的,操作性资源在创造竞争优势的同时,竞争优势也提供了反馈来强化前者,这样的双向互动过程为可持续竞争优势提供了保障。二是利用操作性资源构筑竞争优势的观点不仅适用于单一组织,还可以扩展到供应链(Lusch 和 Vargo,2006)。在商品主导逻辑下,虽然承认供应链中存在信息流,但仍把物资流作为关注重点。在服务主导逻辑下,供应链变成了服务生态系统,以操作性资源为支撑的信息流成了这个系统中的主角。为了保证信息流畅通,Moorman 和 Rust(1999)建议把企业的组织形式由功能型转变为流程型,管理者必须同时关注产品开发、供应链管理、顾客关系管理等重要环节,充分利用网络环境来推动各种操作性资源的扩散和分享。

(2)市场交易机制。市场主体究竟交易什么? 商品主导逻辑认为有形商品是市场交易的根本,服务主导逻辑把服务视为市场交易的基石(前提 1)。而服务这个一切经济交易的根本性基础逐渐隐没在各种不同的间接交易中,前提 4——间接交换掩盖了交换的根本基础,是对前提 1 的补充,它提醒我们:虽然市场交易通常是间接交易,但前提 1 的观点依然成立。以知识、技能为支撑的服务有时不能直接用于交易,需要依附于某些载体,通常由商品来充当载体的角色。Lusch 和 Vargo(2006)提出了前提 5——商品是提供服务的分销机制。

(3)价值共创模式。在商品主导逻辑中,顾客不但被排除在价值创造过程之外,而且被视为纯粹的"价值消耗者"。价值创造被视为一个离散的过程:生产者通过完成一系列的生产活动把价值嵌入商品,然后把商品投入市场与顾客进行交易,最终实现商品的交换价值(value in exchange)。而服务主导逻辑把价值创造看作一个连续的过程,并且认为顾客与其他相关主体一起完成"价值共创"(value cocreation)过程。

具体来说,无论是直接服务提供者还是以商品为载体的间接服务提供者,提供服务只是价值共创过程中的一个环节,价值共创不会随着这一环节的结束而终止。等服务传递到顾客那里以后,顾客就会利用自己的知识和技能来享受和维护服务,这其实就是在延续价值创造过程。服务主导逻辑把人们的关注焦点由商品主导逻辑下的交换价值转向了使用价值(value in use),顾客在价值创造过程中扮演着不可替代的角色(前提 3)。前提 8 是对前提 3

的进一步拓展,某种服务的使用价值本身并无客观的评判标准,完全取决于受益人的自身特征(如知识、技能)和使用服务的情境。受益人的价值决定作用根本改变了企业在价值共创过程中的作用,企业无法单独创造价值,而只能根据顾客需求提出价值主张,并对顾客参与价值共创的行为加以引导(前提9)。企业应当充分整合自身和合作伙伴的资源,安排相应价值创造制度(前提10),与合作伙伴沟通、对话,共同提出价值主张、提供服务和构建价值网络,为最终实现服务的使用价值创造条件。

价值共创
理论

总之,价值共创理论用于描述多个利益相关者之间合作的复杂概念,普遍认为它是一种互动过程,顾客参与多环节互动可以带来更好的体验,进而实现价值创造与分享的过程。

(4)服务生态系统。前提2——所有经济体都是服务经济体,阐述了服务主导逻辑下的经济形态。服务经济中充斥着各种主体和组织,把它们统一称为"行动主体"(actor),前提6阐明了不同参与者在这种服务经济中扮演的角色,所有经济活动和社会活动的参与者都是资源整合者。服务主导逻辑的前提11描述了不同参与者之间的关系,服务中心观必然是顾客导向和关系性的。"顾客导向"强调受益人在服务经济中的核心地位,规定了资源整合者之间"关系性"的利益取向。"关系性"使得服务经济成为一个庞大的系统,在这个大环境中进行资源整合、资源共享和价值共创,构成了一个名副其实的价值共创网络,即"服务生态系统"。

(二)服务场景

服务场景对服务中的顾客和员工的行为、感知都会产生影响,服务场景的设计必须结合与服务概念相一致的图像和感觉。

1. 场景概念

场景一词原指戏剧、影视、文学作品里的场面或情景,指在特定时间、空间内发生的行动,或者因人物关系构成的具体画面,是通过人物行动来表现剧情的一个个特定的过程。

场景的核心是场所与景物等硬要素,以及空间和基于行为与心理的氛围等软要素,硬要素与软要素密不可分,软要素依赖于硬要素并反作用于它,场景概念示意如图1-13所示。场景理论的核心是软要素信息的智能匹配与传播的场景营造。从电影角度看,正是不同的场景构成了一个个完整的故事。

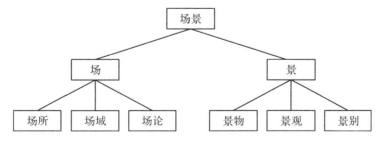

图 1-13 场景概念示意

(1)"场"。场本来是一个物理学概念,被冠之以"场论",指的是一个场就是一个整体性的存在,其中每一部分的性质与变化,都由场的整体特征所决定。传播学奠基人之一的库尔特·卢因,把场论应用于社会心理学研究,形成群体动力理论(group dynamics theory)。他认为一个群体就是一个场,必须将群体视为一个整体,在群体与个体的关系中,起决定作用的是群体而非个体。在此基础上,皮埃尔·布尔迪厄提出他的实践理论重要概念之一——场域。场域是位置之间的客观关系的网络或构型(configuration),更加重视群体或整体的作用,个体作用是被限制的。随后,舆论场、媒介场、新闻场等概念便衍生出来。

(2)"景"。景的基本概念范畴是景物或景观。在影视创作中,景别是指观察者或取景范围的大小,准确使用景别可以增强艺术感染力,不能准确使用景别甚至故意错用景别,都会造成景物的扭曲变形,从而建构出虚假甚至错误的景观,可能造成人们对外部世界的错误认知与判断,这一行为又与景观理论密切相关。居伊·德波在《景观社会》中指出,社会生活本身体现为景观的庞大堆聚,在景观体系中,符号胜过实物,副本胜过原本,表象胜过现实,现象胜过本质。可见,人们在拥抱景观带来的视觉欢愉时,也要警惕视觉欺骗。

2. 场景理论:电子媒介与社会场景中的人类行为

场景理论从欧文·戈夫曼(以下简称戈夫曼)到约书亚·梅罗维茨(以下简称梅罗维茨)再到如今的罗伯特·斯考伯(以下简称斯考伯),经过了不同时期的嬗变后被社会赋予了新的内涵。

(1)日常生活中的自我呈现:社会场景中的表演。"场景主义者"戈夫曼将情景置于场景中考察,第一次提出了拟剧理论。他将社会生活描述成一出多幕的戏剧,每个人在不同的社会背景中扮演着不同的角色。戈夫曼据此提出了"前台/后台"概念,作为公共场景中的表演者,社会成员在前台呈现的是能被他人和社会所接受的形象,而在后台中隐匿起他人和社会不能或难以接受的形象。

(2)电子媒介的演进与影响:公私场景的融合。美国传播学家梅罗维茨将戈夫曼的剧场论与哈罗德·亚当斯·英尼斯、马歇尔·麦克卢汉的媒介理论结合起来,研究并总结了以电视为主的电子媒介对社会场景及行为的影响。梅罗维茨认为:"电子媒介最根本的不是通过其内容来影响我们,而是通过改变场景产生影响。"私人场景中的行为通过电视媒介在公共场景中得以表演和展示,后台的信息随时可能暴露在前台中,前台与后台场景得以混合。

3. 场景时代:移动互联网的商业新格局

在场景时代,人类与商业间被重新连接,应用场景构建了万物互联时代的商业新格局。那么移动互联网时代的场景理论究竟有何不同?如何呈现?

斯考伯和伊斯雷尔(2014)率先提出了商业模式中适用的"场景"理论,主张构建满足用户个性化需求的应用场景,并预言未来25年互联网将步入场景时代。与PC时代的互联网传播相比,移动互联网时代争夺的是场景,场景成为继内容、形式、社交之后媒体的另一种核心要素。移动传播的本质是基于场景的服务,即对场景(情境)的感知及信息(服务)适配。下面从个体和群体来说明移动场景的内涵。

(1)从流量到场景。基于互联网高频率、快速化、连接一切等特点,场景时刻都在发生变化,碎片化特征十分突出。如针对人们时间碎片化的特点,网络购物场景呈现出碎片化,商品与信息会随时出现在每个人能够触及的场景中,满足用户体验便成为支撑场景最重要的核心要素。但是场景不断挤占时间也使得我们在数字化生存中患上了媒介依存症,不仅原始距离的意义被重构,移动场景也在消费主义的盛行与集体狂欢中失真并走向异化。

(2)社群是场景的商业动力。在移动场景中,用户之间相互连接,加入社群,其自我表达与分享的欲望在互动的参与感中得到满足。以微博为例,在场景匿名性的掩饰下,发表看法、消费明星、消费新闻、消费各种各样的文化,以这种方式宣泄着生活中的负能量与失控的欲望。需要强调是,如果场景自身不能具备一种亚文化的力量、亚群落的表征和社群感,它将不具备拥有大规模用户和商业应用的可能。

4.场景建构与运营

场景建构要求管理者从满足欲望、响应需求、创造价值等不同维度进行思考和实践。构成场景基础的 5 种技术力量(简称"场景五力")有移动设备、大数据、传感器、社交媒体、定位系统。它们都是基于互联网而涌现的技术驱动力量,既是互联网时代的产物,也是互联网思维的结果,其所营造的内容场景将帮助每个个体获得前所未有的在场感。"5 种原力正在改变你作为消费者、患者、观众或者在线旅行者的体验。它们同样改变着大大小小的企业。"[①]

(1)移动设备。场景时代,可穿戴设备已被应用于诸多领域,包括娱乐、商务、社交、安全改善、健身与健康等方面。如以谷歌(Google)眼镜为代表的穿戴设备,以及蓝牙装置等移动设备,能够实现人—机的智能对接。

(2)大数据。场景时代,用户个人数据将与公共服务数据、应用层级数据实现有机结合,能够预测个人的需求并提供私人定制个性服务。

(3)传感器。传感器的普遍应用可获取动态数据。如智能手机一般配有 7 个以上的传感器,随时随地获取使用者的位置、运动、温度、距离、身体状况等信息。人的各类需求通过云计算或智能算法匹配后进行实时快速响应。

(4)社交媒体。社交媒体在场景时代是必不可少的,与移动设备、大数据、传感器及定位系统等技术的结合,它成了极富个性化内容的来源。这些内容使得技术可以理解任何有关用户的场景。

(5)定位系统。移动手机方便定位,对各种场景应用程序的兼容巩固了智能手机独一无二的地位。很多社交网站通过合法定位,所在位置、所做之事、所看之物、所说之话等所创造的数据,可以通过数据计算出任何一个人的日常习惯与规律,以此计算出人的兴趣偏好和行为导向。

场景运营需要分析所能提供的适配信息或服务。适配意味着既要理解特定场景中的用户,还要迅速找到并推送与用户需求相适应的内容或服务。对相关信息或服务的发现、聚合与推送能力,决定着适配水平。

(三)服务金三角模型

服务金三角模型是由美国服务业权威管理学家卡尔·阿尔布瑞契特和让·詹姆克在《服务经济——让顾客价值回到企业舞台中心》一书中提出的,书中总结了接触服务性企业的四大特点:一是精心设计的服务策略;二是一种既适应市场需要,又有严格管理的服务组织系统;三是精心为顾客服务的、具有良好素质的服务人员;四是了解顾客"关键时刻"(moment of truth,MOT)的意义,这指的是短暂的接触往往发生在顾客评估服务的一瞬间,

---

① 罗伯特·斯考伯,谢尔·伊斯雷尔.即将到来的场景时代:大数据、移动设备、社交媒体、传感器、定位系统如何改变商业和生活[M].赵乾坤,周宝曜,译.北京:北京联合出版公司,2014.

同时也形成了对服务质量好坏的评价。他们提出了以顾客为中心进行创造的服务金三角模型,如图 1-14 所示。

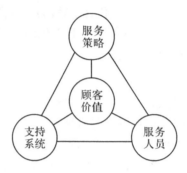

图 1-14　服务金三角模型

服务金三角模型指出了服务企业成功的最基本要素,提供了一种为顾客成功服务的基本模式,得到了实业界和理论界的广泛认同,已经成为服务业管理的基石。

1.服务策略

服务策略是组织根据市场需求制定的经营方针和服务安排,它的目标是精细地反映顾客的需求,切实充分地满足顾客的需要。服务企业应秉持"顾客至上"的理念对资源进行配置和安排,从顾客的需要出发制定一套服务策略,促进组织成为可持续发展的动态体系。

2.支持系统

优秀的支持系统不仅能使工作人员高效地完成既定的服务工作,而且能很好地向服务对象提供满意的服务。支持系统涉及服务平台、服务流程、工作规程等各方面的内容,支持系统的构建要围绕服务策略的有效实施而展开,并随着环境的改变和服务需求的动态变化而不断优化和完善。

3.服务人员

服务人员与顾客之间的联系代表着一种接触,只有服务人员提供优质的服务,与顾客保持着良好的接触,才能真正使顾客感受到优质的服务。所以,服务人员是整个组织对外形象的直接代言人,必须组建一支精良的服务队伍。一是具有专业性,它是提高服务质量和水平的根本途径;二是要调动和激发服务人员的工作热情,成功的服务策略是以服务人员的理解、支持和始终如一的执行为基石的。

4.顾客价值

顾客价值(customer value)是指企业能够为消费者创造的价值。不同的学者对顾客价值的定义也有所不同。如 Monroe 和 Chapman(1987)从消费者付出与收获之间的权衡角度定义顾客感知价值,即消费者在产品或服务中所感受到的福利和由于支付费用而感受到的付出间的一种利弊权衡。Parasuraman(1997)认为顾客价值包括产品质量、服务质量及价格三方面。Kotler 和 Keller(2012)认为顾客价值可以通过价值三元组的三个宏观要素来描述,即质量、服务和价格。它们是通过认知—情感过程产生的,并影响感知价值。顾客选择产品/服务的过程,就是在搜寻一系列价值的组合。能否让消费者成为产品/服务的忠诚粉丝,关键在于顾客价值是否可以最大化。因此,企业要想在激烈的市场竞争中居于不败之地,就要尽可能多地提供价值给顾客,这样才可能引流和维系更多用户。

综合以上理论可以看出,运营是联系产品和用户之间的纽带。有人说主宰运营的是产品,实际上主宰运营的并不是产品,而是用户。尽管运营的工作方式、工具和手段会随着技术的更新换代不断地发生变化,例如从互联网到移动互联网再到未来的物联网、虚拟现实、商务智能……但是运营的目标——用户,以及运营思考的起点——回归"用户视角"的思考并制定策略,这些却是不会变的。

互联网运营比以往任何时候都更体现出功能的整合性和知识复合性。互联网运营的整合性,不但体现在内部各运营方面的协同,而且体现在它们共同指向用户,从个体到社群,从功能到生态系统,此处用"用户社群"来替代单个层次的"顾客",因为社群能否有效持续发展,是互联网运营的核心所在。运营的知识复合性体现在运营团队上,运营团队建设、运营人员的素质和管理的提升,用运营进阶加以界定,需要有能力相匹配的运营人员来实现运营既定目标。为达成岗位胜任力,运营人员必须保持学习进阶的持续学习动力。

第四节 互联网运营简史

互联网企业于 20 世纪末 21 世纪初崛起于数字空间,对实体世界发起了三波持续不断冲击,逐渐渗透到商业社会的各个角落,形成了消费互联网,并推动了产业互联网的发展。第一波是 2011 年以前,颠覆了若干传统产品或服务行业,重点领域主要是与互联网接壤的周边行业。第二波是 2011—2015 年,仍然针对传统产品或服务,但"互联网+"作用范围进一步扩展,以共享经济、O2O(online to offline,线上到线下)和智能硬件的出现为代表。第三波是在 2015 年以后,互联网企业进入企业服务领域,也就是所谓的产业互联网。如表 1-5 所示。

表 1-5 互联网企业经营策略

三波冲击	网络效应的土壤	相关事实
第一波:2011 年以前 从概念驱动到产品驱动	1.数字化:0 边际成本扩张 2.开放式聚合:对接双边长尾市场 3.需求侧规模经济:免费创造用户、用户创造价值	1.电商、社交、数字内容等 2.在数字业态与实体业态的映射下,数字业态自然替代实体业态 3.消灭你与你无关
第二波:2011—2015 年 运营阶段	1.地域分割:不再是无边界的数字经济 2.实体性互补品限制:不再是 0 边际成本扩张 3.无法有效增加客户转移成本 4.边界融合削弱马太效应	1.共享经济、O2O、智能硬件等 2.拓展平台应用空间,把线下约束带给平台模式 3.没有实体行业被消灭
第三波:2015 年以后 精细化运营	1.链接深度的临界要求 2.企业客户高度自觉的异质性	1.大数据平台、智能机器、AI 等 2.节点思维

资料来源:侯宏. 从消费互联网寡头格局迈向产业互联网生态共同体[J]. 清华管理评论,2019(4):72-83.

依据上述互联网企业经营战略路线，从对用户、流量的理解和运营角色定位的角度来分析互联网运营在境内的发展，可以粗略地分为 3 个阶段。

一、概念驱动阶段

第一个阶段，是互联网发展的最早期，属于概念驱动阶段。

1995 年境内第一家互联网公司——瀛海威信息通信有限责任公司（以下简称瀛海威）成立。瀛海威在当时被称为"中国硅谷"的海淀中关村，竖起了一块巨大的广告牌，打出了那个经典无比的广告——

中国人距离信息高速公路还有多远？
——向北 1500 米。

互联网对于人们最大的吸引力在于获取信息。当时大多数人最主要的信息来源还是传统的广播电视及报刊等媒体。互联网的出现让一种"门户"产品形态最先火了起来，它把大量的资讯和信息分门别类地整合在一起，放在一个站点上，打包推送给用户，方便用户从中浏览各种新闻、花边消息和社会事件。它们曾是无数网民们进入互联网世界的入口。那些最早期的门户网站诞生了中国互联网世界的第一代宠儿，包括新浪、搜狐和网易。

大量信息的涌入，很快就让用户产生了疲劳。相比于传统阅读方式，浏览门户网站信息方便很多，但是这种仅仅阅览的方式还是不能满足用户的需求。他们期待能够发出自己的声音，表达自己的观点，他们还想要与别人一起讨论。于是催生出网络论坛，并快速流行了起来。跟门户的内容完全由网站编辑生成不同，论坛是一个任何人都可以发言的地方，用现在的"互联网思维"来讲，论坛更具"参与感"。在最早几年的互联网世界里，最著名和最动人的故事，莫过于瀛海威时空上那个自称身患绝症名叫"Rose"的女孩了，她在生命垂危之际给人们留下了一封信和一束玫瑰花。

随着论坛的升温流行，各大门户网站纷纷跟进，开辟出论坛区域。凭借门户优势，新浪奠定了早期市场地位。此后，也有几个其他论坛先后崛起，其中最著名和盛极一时的有天涯、西祠胡同和猫扑等论坛。

这一阶段从 1995 年持续到 2004 年前后，其特点是线上虚拟世界一片空白，可供用户选择的服务和产品还不多。对于到底什么是"好产品"，甚至怎么做产品都缺乏认知。所以，在这个时期，只要有一个还不错的概念被提出来，很快在互联网世界里就会火起来。不管是用户、行业从业者、投资者，都热衷于追逐概念，从用户、论坛到博客，再到各种网游，无不如此。所有产品和运营相关的事情都被称为"策划"，基本上是由一群最早的网上"冲浪者"在做这些工作，这些"冲浪者"还谈不上运用专业运营技能。

二、产品驱动阶段

第二个阶段，是互联网发展的成长期，属于产品驱动时代。

2004 年前后，"产品"的概念逐步进入大众视野。随着底层技术的成熟[如友好的编译系统和开放 API（application programming interface，应用程序接口）等]，新颖的想法或理念得以迅速落地。各种线上产品越来越多，在智能手机和移动互联网发展之际出现井喷，差不多一直持续到 2010 年。

随着互联网的飞速发展,在竞争加剧的双重压力下,互联网产品不得不更加重视用户体验和流量。这一阶段成长起来的很多产品,往往都是依靠强化用户体验而取胜的。围绕着如何做出体验更好的产品,整个行业也慢慢地建立起一些方法论。如被称为电子商务的万有引力定律

$$销售额＝流量×转化率×客单价$$

随着产品的体验越来越受到重视,一个产品从设计到上线再到功能体验,有一个反复迭代打磨的过程,很多互联网公司都设置了"产品经理"这个独立岗位来负责这项工作,而且产品经理常被认为是"离 CEO 最近的人"。

三、运营驱动阶段

第三个阶段是互联网发展的成熟期,属于运营驱动时代。

历经 20 年的发展,整个互联网行业的产品设计能力和企业运营能力普遍得到提升。一方面,原有的以流量为中心的产品运营时代逐渐式微了,从产品驱动走向运营驱动。同质化现象和跟风模仿现象严重,想要在产品模式或产品机制上创新变得越来越困难。另一方面,互联网金字塔顶端 20％的先驱者,控制了行业 80％的资源。尽管偶有"独角兽"崛起,但想要和大公司正面对抗,仍旧有很大难度。于是,决定某种产品能否在竞争中脱颖而出的关键因素,往往来自企业层面的运营能力。

从 2011 年开始,移动互联网的平行世界,已经渗透到各行各业。智能手机和应用作为人们连接虚拟和现实世界的主要工具,被赋予了越来越多的能力。如微信就已经占据绝大多数用户智能手机的屏幕,激发了行业对产品经理这个岗位的疯狂推崇,"人人都是产品经理"触动了每一个互联网运营人的神经。一时间,产品经理火了,移动互联网应用开发和产品大行其道。一大批同质化 O2O 产品开始出现,对于服务导向的产品,企业优质服务和高效的运营在其竞争中的重要性远远大于单一"产品"属性。

2015 年后的互联网市场,用户体验变成了产品的生命,用户的存在感和话语权越来越强。如果用户不喜欢,口碑不好,流量成本就会越来越高,对应的用户留存率也越来越低。进入精细化运营时代后,运营目的就是去更好地连接产品和用户。运营越发成为产品竞争中决胜的关键环节,运营的策略和方向也会影响到产品方面的调整和改动。好比当年的团购、打车软件这样的产品,在最热门的时候,市场上充斥着成百上千个功能几乎一样的产品,最终美团和滴滴这样的产品能够脱颖而出,就胜在其产品背后的运营体系。

职能驱动、流程驱动和数据驱动的关系

▶▶ 复习题

1.互联网产品有哪些重要特征? 会产生什么影响?

2.从产品视角看,互联网运营包含哪些基本内容?

3.如何理解互联网运营的场景理论和场景思维?

4.运营工作与产品工作是对立的吗?

5.为什么互联网运营要坚持以用户为中心?

6.互联网运营一般分成几个历史发展阶段? 数据运营如何发生变化?

▶▶ **讨论题**

互联网运营是一门理论和实践紧密结合的综合性学科,要真正理解互联网运营的本质,需要在实践中获得真知,但是对于学生来说,如何获得这种实践机会和经验呢?

▶▶ **延伸阅读**

1.阿尔布瑞契特,詹姆克.服务经济:让顾客价值回到企业舞台中心[M].唐果,译.北京:中国社会科学出版社,2004.

2.胡春,吴洪.网络经济学[M].2版.北京:清华大学出版社,2015.

3.黄有璨.运营之光:我的互联网运营方法论与自白2.0[M].北京:电子工业出版社,2017.

4.罗杰斯.创新的扩散[M].4版.辛欣,译.北京:中央编译出版社,2002.

5.詹姆斯·A.菲茨西蒙斯,莫娜·J.菲茨西蒙斯.服务管理:运作、战略与信息技术(原书第5版)[M].张金成,范秀成,等译.北京:机械工业出版社,2007.

第一章小结

第二章　互联网运营战略

对于未来,我们唯一所知的就是它将与现在不一样。

——彼得·德鲁克

数字时代,互联网企业的使命在于创造用户价值。进入存量阶段,流量的争夺将愈加激烈,互联网运营战略将承担更为重大的责任。互联网运营战略在匹配新环境的前提下,通过优化成本结构,更好地提高运营效率,提升客户体验,实现价值获取并构筑持续竞争优势。在这一章里,将回答以下问题。

- 为什么说营销和运营的匹配是运营战略的出发点?
- 什么是运营战略的竞争要素?
- 竞争要素与决策领域是如何相互关联的?
- 内容和过程如何对运营战略的协调起作用?
- 如何选择互联网运营战略?相应的实施策略如何?

第一节　互联网运营战略概述

一、战略基本概念

(一)战略金字塔

本章着重探讨的主题是如何使互联网企业的供给与市场的需求相匹配,首先要求企业的运营系统和企业战略相匹配。战略描述了企业怎样为它的股东创造并保持价值。从战略的构成部分来看,互联网运营战略一般涉及 3 个方面:运营效率、产品创新和客户管理。运营效率与运营系统所需的核心流程相关。从实施的角度来看,战略是一种总体决策模式,从使命、价值观、远景到公司发展战略和职能战略(营销战略、运营战略和财务战略),再到策略与方案,不仅是组织使命、价值观和远景的实现过程,也是识别和培植企业核心竞争力的过程。它们构成了一种层级关系,被称为"战略金字塔",如图 2-1 所示。

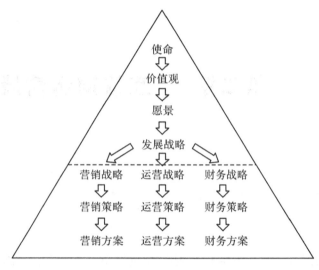

图 2-1 战略金字塔

1. 使命

使命是组织存在的理由和依据,回答了组织存在的意义,传达出组织的社会责任感。任何组织都需要明确其使命,使命会因组织不同而相异,这取决于组织的性质,站位要高,能体现行业特性。表述要简洁明了,便于组织内外部理解和记忆。如餐饮企业的使命是提供健康的食品,电商公司的使命是快捷提供合意的商品,互联网金融企业的使命是要提供安全增值的服务等。互联网行业发展快速,竞争激烈,如果没有一个有力使命的内在驱动,企业家会缺乏一种坚定的信念去面对互联网企业从创立到变革的挑战。

2. 价值观

使命决定价值观,价值观明确了组织的行为伦理,是组织坚持和奉行的基本信条。组织成员据此形成了对是非观的一致判断,故存在一个上下反复论证的过程。价值观一旦确定,应保持其稳定性。

3. 愿景

愿景是组织为了实现使命而描绘出的组织未来的蓝图,包括制定出中长期目标,目标一般宜量化。愿景的实现有赖于价值观的良好践行,价值观起到了一个保驾护航的引领作用。

4. 发展战略

发展战略是指依据组织外部环境和内部条件,就组织的发展方向、发展目标、发展重点及发展能力所做出的全局性、长远性、纲领性的规划。它与使命、价值观、愿景之间的关系是:通过实施所制定的发展战略来达到所确定的愿景,践行价值观,从而实现组织的使命。

5. 职能战略

职能战略是对组织相应的职能或业务做出的中长期规划。企业有 3 个基本职能:营销、运营和财务,故有营销战略、运营战略和财务战略等职能战略。发展战略用于指导运营战略与其他职能战略的制定,而职能战略对发展战略起到支撑作用。运营战略是企业运营管理过程中涉及的战略规划和战略决策内容,是支撑企业竞争战略实现的职能战略。

6. 策略

策略作为对应职能战略的细化与落实,包含手段、模式或方法等内容。运营策略则是针对某一运营战略而形成的运营模式。运营策略确定了运营战略的实施模式、路线图或方法,是可以落实为具体项目的布局。

7. 方案

方案是根据某一策略确定的手段、模式或方法而采取的具体行动,它应该是有明确目标、预算和时限的项目。

(二)数字商业战略

数字技术正在从根本上重塑传统的业务战略,使之成为模块化、跨功能、分布式和全球性的业务流程,具备跨越时间、距离和功能界限的新工作模式。如数字社交媒体和网络改变了供需之间的社会关系结构。此外,随着产品和服务越来越多地采用了嵌入式数字技术,数字产品和服务与其底层 IT 基础设施分离的难度也越来越大。在这样背景下,数字商业战略(digital business strategy)日益受到关注,数字商业战略呈现出了运营技术(operations technology)、数据技术(data technology)和信息技术(information technology)相融合的趋势。Mithas,Tafti 和 Mitchell(2013)认为数字商业战略是 IT 与企业战略的动态同步,IT 是数字商业战略的本质。Oestreicher-Singer 和 Zalmanson(2013)以内容提供商为例,指出数字商业战略的重点在于打通从提供内容到建立基于内容和 IT 驱动的社交体验的全过程。IT 与环境的融合程度可分为 3 个阶段:第一阶段是连接阶段,IT 被作为一种辅助工具,连接工作和活动;第二阶段为沉浸阶段,IT 成为环境的一部分;第三阶段为融合阶段,IT 与环境完全融为一体。

Bharadwaj,Sawy 和 Pavlou(2013)认识到数字资源在其他职能领域的普遍性,视 IT 战略为公司内部的一项职能,界定数字商业战略为利用数字化资源创造差异化价值而制定和执行的组织战略。该定义明确将数字商业战略与创造差异业务价值联系起来,把 IT 战略的绩效影响从效率和生产力层面提升到推动竞争优势和战略差异化的高度。数字商业战略的4 个关键主题如下。

1. 数字商业战略的范围

公司范围定义了在公司的直接控制和所有权范围内的产品、业务及开展的活动。了解数字业务战略的范围有助于理解公司互联网生态结构,明确其与 IT 基础设施、相关利益方、行业、外部环境的关系,了解数字业务战略如何在各种环境中发挥出效用。

2. 数字商业战略的规模

规模效应一直是工业时代赢利的主要驱动力。在考虑数字化基础设施的规模时,不应再局限于生产的物理因素、供应链或地理覆盖等方面,需要从物理和数字两方面考虑规模。如云计算服务基于按需自助服务、虚拟化资源、快速灵活的资源利用及广泛的网络接入。数字化的规模效应正从 IT 职能部门中释放出来,用于支持供应链、营销和服务运营,以及其他职能领域。数字基础设施和业务战略的融合,为企业提供了动态战略能力,从而可以扩大或减少其基础设施。

3.数字商业战略的速度

时间被认为是企业竞争优势的重要驱动力,它在数字商业环境中扮演着更加重要的角色。无处不在的连接性要求互联网企业从以下4个维度来考虑时间,或者更具体地说,是速度:决策速度、产品发布速度、供应链协调的速度、网络形成和适应的速度。

4.数字商业战略中价值创造和获取的来源

数字商业战略主题的关键问题

传统商业模式通过制定强有力的规则来利用有形资源。数字商业战略带来了新的维度,改变了价值创造和获取的途径。如数字领域的新领导者创建多层面的商业模式,在各层面提供某些产品或服务以获取价值。谷歌进入手机领域旨在通过赠送软件,变现其影响和控制广告的能力。数字商业战略通过深入思考互动的本质,引入更细微的方法来概念化价值创造,拓展获取价值的渠道。

(三)运营战略

运营战略是一种总体决策模式,通过在市场需求和运营资源之间进行协调,能够对任何类型运营组织的长期运营能力及这些能力对整体战略所做的贡献产生影响。不同学者对运营战略的组成提出了各自的看法,有3个被共同认可的主题。

1.市场影响

任何运营战略都要能体现出组织所谋划的市场定位,采取符合公司利益的竞争方式。比如有的企业选择低成本竞争策略,有的企业选择服务差异化竞争策略,还有一些企业则会选择大规模定制策略。

2.资源影响

组织确立市场定位之后,着力布局、引导和调配各种资源和流程。在现实中,竞争战略并非如此简单就能调整到位,存在着一种惯性思维和力量,故需要一个适应期。一个运营组织中的资源和流程最终会凝练出一组综合能力,它们能够在市场中被有效利用和进一步开发优化。

3.愿景

运营战略与运营管理的区别

运营战略应该为运营组织提供一种愿景,它可能以相当具体的计划形式出现(阐明生产和交付的方式),也可能是以抽象宏观的方式来表述战略目标和运营手段的联系。

运营战略基础理论主要涉及3个方面:数字商业战略、M/M理论(运营—营销匹配理论)和价值共创理论(价值共创理论详见第一章)。数字商业战略为互联网运营战略的制定指明了方向,而M/M理论提出了基本思路,价值共创理论则强调了互联网运营战略中的核心。

运营战略表现在组织为了开发其运营资源并进行长期管理而采取的决策模式中,这类决策模式包括4个方面的内容:总能力及其特点、供应网络关系、获取或开发流程技术的方法、资源的组织和开发方式等。这些决策领域对一个运营组织的长期运营能力及这些能力对整体战略所做的贡献产生影响。随着运营拓展到全球范围,如今企业之间的竞争已经是供应链之间的竞争,运营战略也扩展至整个供应链战略。因此,互联网企业运营战略的制定流程,如图2-2所示。

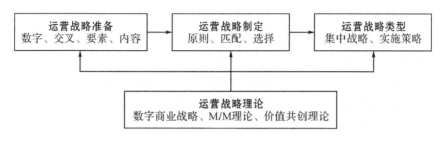

图 2-2　互联网企业运营战略的制定流程

二、运营竞争要素

进入21世纪,互联网技术快速发展,市场对产品/服务品质化、多样化和个性化需求呈现爆发式增长态势,各种商业模式创新层出不穷。互联网企业要获得持续竞争优势,至少要在运营管理方面表现出卓越的能力。

(一)竞争要素

一家公司希望展开竞争的维度叫作竞争要素(competitive factors)。一般可以归结为5种通用的、具有代表性的竞争要素——质量、交付速度、交付可靠性、柔性和成本。在互联网背景下,上述竞争要素被赋予新的内涵。用户需求个性化、消费场景化、产品极致化这3个方面对于用户消费习惯的养成尤为重要。

1. 质 量

质量是指提供优质的产品或服务。可以从设计质量和过程质量两个角度来解读质量的定义。

设计质量是产品或服务中包含的一组特征,也称为规格性质量。它与产品或服务的设计直接相关。产品设计中质量水平将根据它所瞄准的细分市场的不同而不同,所以应科学选择适当的设计质量水平。一方面,任何附带过多特征或设计超出要求的产品,都会因价格过高而失去吸引力。另一方面,质量设计达不到要求的产品又会将顾客推向性价比高的其他产品而丧失顾客。

过程质量直接关系到产品或服务的可靠性,也称为一致性质量。过程质量的目标就是提供无缺陷的产品和服务。

进入互联网时代,公司衡量其产品或服务质量的标准已从内部质量保证演化到外部顾客满意,再发展为顾客价值。何为顾客价值?它是顾客对于公司所提供的所有产出物,包括产品、服务和其他无形资产的感知。顾客感知可以分解为与需求的一致性、产品选择、价格和品牌、增值服务、关系和经历等。

2. 交付速度

快速提供产品或服务,是指运营过程从开始到结束的时间跨度。在某些市场上,互联网企业的交货速度能否超越竞争对手至关重要。如以3C产品起家的京东,通过持续地投入巨资自建物流网络,确保了交付速度和可靠性,成为京东获得竞争优势的重要路径之一。

3.交付可靠性

交付可靠性是指在承诺的时间内安全送达,体现出企业对承诺交货期的响应能力。它与交付速度共同构成整个交付能力。对于服务型企业,交付可靠性是其战略的基石。

那些希望以时间弥补可靠性的公司,往往最终存在速度与可靠性同失的窘境,有以下两个原因:第一,交付时间有扩大到挤占所有可利用时间的倾向。第二,出现交付时间较长等问题,经常是因内部响应速度慢、在制品过多及存在大量的非增值时间造成的,这些因素会引起混乱和复杂,甚至失控,这些是可靠性不佳的根源。

4.柔性

在运营情境中,柔性指的是采取不同状态的能力,即能够从事不同的工作或做不同的事情的能力。例如互联网企业能够以多品种小批量方式提供产品或服务,或者在不同的产出水平下正常运营。

(1)柔性的组成内容。从空间上说,范围柔性是指企业运营可以改变多大的范围;从时间上说,响应柔性是指可以改变得多快。

(2)不同层次的描述方法。可以用不同的方法来描述整个企业运营层面的柔性,以及说明构成整个系统的各种资源的柔性。观察整体运营柔性的方法就是把整个运营结构看成一个“黑箱”,依据其对企业竞争力的贡献,可分为4种柔性:产品或服务柔性、组合柔性、产量柔性、交付柔性。

柔性更好地满足了互联网时代的个性化需求,能够快速满足不同场景的需求。相比传统的企业运营,互联网企业运营更加关注柔性维度。为实现柔性,打造现代价值网络,通过商业模式创新和互联网平台组织,在赋能机制作用下,发挥价值共创机制,能够实现高度柔性能力。

5.成本

互联网经济下要达到免费经济效应,低成本依然是有吸引力的方式。但是相比传统经济的狭义内涵,由于互联网企业运营会涉及更多利益相关方,尤其是用户的高度介入,在互联网运营战略中需要从广义上来定义成本,即成本是指为了提供产品和服务而投入互联网运营中的任何费用。一般可以分为运营支出(为保证产品和服务持续运行而投入的必要资金,包括劳动力、原材料、租金和能源等方面的支出)、资本支出(为获取生产产品和提供服务所需要的设施的必要资金,包括土地、建筑物、机器、车辆和其他资产)和流动资金(为弥补常规的现金流出与流入的时间差而投入的必要资金)。

(二)选择原则

1.权衡的观点

如果一个企业运营不只为一个用户群体提供产品或服务,它就需要确定不同的竞争要素组合,并为每个群体决定竞争要素并赋予不同的优先级。同时考虑到顾客需求的变化和竞争对手的动态变化能力,互联网企业要综合5个竞争要素,确立所期望的市场定位,以构建自己的“护城河”,如图2-3所示。

质量	有效满足	
交付速度	快速交货	竞争优势
交付可靠性	准时安全	
柔性	响应能力	
成本	规模效应	

图 2-3　5 个竞争要素优先项选择

一个企业不可能在所有的竞争要素上都做得足够好,"一个成功的企业总是在某个或者某些运营竞争维度上达到行业的顶尖水平,而在其他维度上至少处于行业平均水平之上"。例如,低成本策略可能无法兼顾到灵活性,而关注交货速度的企业不太可能提供多品种的产品。因而运营战略的中心任务是明确运营重点并做好权衡工作。事先选定成功的关键参数,然后集中互联网企业的资源去实现并发挥出竞争优势。

企业为何要避免骑墙策略?

2. 竞争导向:订单资格要素和订单赢得要素

竞争要素在不同行业中表现出相异的竞争优势,特里·希尔首次提出了市场取向的竞争要素的区分维度:订单资格要素(order qualifier)和订单赢得要素(order winner)。

(1)订单资格要素。它是指允许一家企业的产品、服务参与竞争的资格筛选标准。用户只会考虑资格要素达到用户接受的最低要求水平的公司。资格要素也许不是获得业务成功的主要竞争性决定因素,但却是必要的,不可或缺的因素,因此有时也被称为保健因素或失败预防因素。

(2)订单赢得要素。它对赢得业务有直接而重要的影响,被认为是使用户最终决定购买产品或服务的关键因素。它有时也被称为竞争前沿要素、关键因素或重要因素、动机因素、强化因素等。因而,订单赢得要素是企业在确立竞争战略时要考虑的最为重要的方面,提高其绩效就能赢得更多的业务机会。

图 2-4 展示竞争要素所产生的竞争收益是如何随企业的竞争要素达到的水平而变化的。同时要记住订单资格要素和订单赢得要素会随着时间发生改变。在图 2-4 中可以看出,在订单资格要素达到某一水平以后再对其进行投资和改善,并没有赢得太多的竞争优势,反而成为一种浪费。

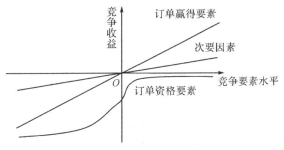

图 2-4　订单资格要素和订单赢得要素带来的收益变化

亚马逊的
"三不变"的
竞争要素

订单赢得要素和订单资格要素的思想是建立在潜在的产品和服务的购买者只考虑一次交易的行为方式的基础上的。这个特点决定其比较适用于用户冷启动阶段,或者低频消费的场景。事实上,很多产品和服务是高频消费的,必须考虑建立长远的关系,这种关系本身超过了订单赢得要素和订单资格要素的思想范畴,而成为赢得订单的主要竞争要素。

三、运营决策内容

(一)运营战略决策领域

利用几种主要的财务比率之间的关系来综合地分析企业的财务状况,用理性的数字来衡量公司的业绩,这种分析方法最早由美国杜邦公司使用,故名杜邦分析法(DuPont analysis)。其基本思想是将企业净资产收益率(return on equity,ROE)逐级分解为多项财务比率乘积,这样有助于深入分析、比较企业经营业绩,其实也就是抓住了运营的核心。以杜邦三分解法为例,净资产收益率指标被分解为利润率、资产周转率和杠杆率3个更为具体的指标。具体如下

ROE = 净利润/股东权益

= (净利润/总收入)×(总收入/总资产)×(总资产/净资产)

= ROA×权益乘数

ROE、ROA(return on assets,资产回报率)都是用来衡量企业运营能力的指标。ROE会受到利润率、资产周转率和杠杆率等因素的影响。ROA是净利润与总资产的比率,不同的行业的ROA不具有可比性。现实中,互联网企业业态繁多且更新较快,往往是先融资开拓市场,建立用户私域流量池,然后开始赢利,故采用ROA更适合分析互联网企业的运营状况。

为更好地说明ROA与运营战略决策领域4个方面的逻辑关系(总能力及其特点、供应网络关系、获取或开发流程技术的方法、资源的组织和开发方式等),下面以杜邦比率分析法为基础,同时加入一些在运营背景下有意义的指标,采用一种与财务会计稍有不同的方法来加以分析,以达到较好的解释目的,如图2-5所示。

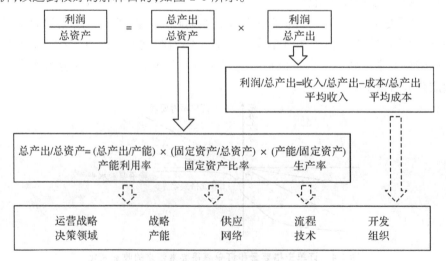

图2-5　比率分析与运营战略决策领域识别

如图 2-5 所示,ROA 指标被分解为总产出/总资产和利润/总产出。

1.总产出/总资产

总产出/总资产可进一步分解为 3 个比率:总产出/产能、固定资产/总资产和产能/固定资产。

(1)总产出/产能。指的是产能利用率。为了改善 ROA 比率,应尽可能地提升产能利用率。企业能力决策模式决定了这个比率的变动情况:企业是否可以通过调节来实现供需匹配(如提高瓶颈上的能力,设置缓冲库存,将一个部门的设施添置或复制至另一个独立的部门),或是否在持续地提升运营能力以适应不断变化的需求(考虑能力变动频率)?

(2)固定资产/总资产。固定资产比率用来观察企业固定资产有无资金闲置之现象。所需要的流动资产或资金越少,固定资产就越接近于总资产,该比率就越大。对运营系统来说,流动资金最小化意味着减少了供应网络中在途库存的资金用量。该指标是受企业的供应网络决策决定的:供应网络是否能够在维持一定服务水平(衡量随机型库存系统的一个重要指标,详见“供应链管理”一章)的前提下,维系较低的安全库存水平,或者具有较好的供应链网络管理水平?

(3)产能/固定资产。固定资产生产率,它是反映运营需要投入多少资金来开发其能力的一个指标。理想的状态是在发挥出企业运营软实力的前提下,实现以较少资本投入而达到所需要的能力水平的目的。企业运营软实力在很大程度上受到运营的设计和技术能力的影响。如是否对流程技术进行了有效的优化? 是否能在保证产出的前提下,不会引起过多的资本支出?

2.利润/总产出

利润/总产出是指平均利润。可以进一步分解为平均收入减去平均成本。一方面通过卓越运营的竞争优势(更好的质量、速度、可靠性和柔性)来影响平均收入,另一方面通过对其资源更高效率地利用(低成本)来影响平均成本。在保持低成本的同时,通过服务标准和有竞争力的定价优势获得高增长和高收入。两者需要运营以持续开发和改进的方式来降低成本,提升服务客户的水平,实现产品和服务的高绩效。

(二)结构性决策和基础性决策

在运营战略中,经常将战略决策分为决定运营组织结构的决策和决定其基础设施的决策。结构性决策主要影响运营资源的物理布局和配置,而基础性决策则主要影响发生在运营结构内部的各种活动。应该说所有的决策领域都是既有结构性成分,又有基础性成分,共同为运营战略做出贡献,如表 2-1 所示。

表 2-1 4 类运营战略决策领域汇总

领域	能力	供应网络	流程技术	开发与组织
类型	结构性问题	结构性问题	结构性问题	基础性问题
一般运营战略决策领域	总产能 选址 工作场所数量和规模 任务的分配	纵向一体化 供应网络 供应商开发与关系	一体化 自动化 数字化	产品和服务开发与组织

续　表

领域	能力	供应网络	流程技术	开发与组织
互联网运营战略决策领域	用户运营 数据运营	供应商管理 新媒体运营	流程优化	产品开发 增长策略 爆品策略 活动运营 内容运营

1. 能力

在一般业务中,能力通常被看作是在一个时期内,一个系统所能实现的产出量。比如在餐饮服务业中,能力可能是用餐高峰期所能接待的顾客数。战略能力规划(strategic capacity planning)对象为资金密集型资源,如为基础设施、设备和劳动力等整体能力水平的决策提供方法,从而对公司的长期竞争战略提供最佳支持。具体来说,需解决两个方面的决策问题:一是能力的总体水平(最佳运营水平)及能力在整个运营框架中的配置。二是能力在一段较长时间内应如何调整,包括能力改变时机、变动频率和幅度、外部运营和供给能力、能力缩减。能力方面的战略决策通常包括总能力、工作场所的选址、数量、规模和分配。对于互联网企业来说,涉及用户运营和数据运营方面的能力决策。互联网企业的总能力体现为用户数量和结构、数据处理的能力结构,用户运营决定了输出的能力,数据处理决定了输入的能力。因此能力决策主要体现在结构性方面。

2. 供应网络

供应链网络决策与运营资源的配置有很大关系,主要分为两类决策问题。第一类问题是所有的运营都要决定自己在供应链网络中的位置和扮演的角色,具体决策内容包括:希望在网络中覆盖多大的范围? 如何理解公司在网络中的竞争地位? 如何为网络提供价值和分享价值? 第二类问题涉及供应商开发管理,包括:需要多少个供应商? 与供应商的关系是买卖关系还是战略合作关系? 管理不同类型供应商的适宜方法如何? 如何应对网络内部产生的动荡? 此外还应关注数据运营中的各类数据储存和数据计算平台、新媒体渠道(矩阵)等合作方及工具的选择。

3. 流程技术

存在两种类型的流程技术。第一种是直接创造核心产品和服务的流程,利用设备、机器进行加工处理,将资源转变为最终产品和服务的一体化过程,本质上要做到流量的封闭管理。如用户运营流程、内容运营流程、新媒体运营流程等。第二种为间接地辅助上述转换过程。这类技术通常涉及信息处理技术、数据运营等方面,如 ERP(enterprise resource planning,企业资源计划)系统、在线订单系统、内部结算系统。流程技术大部分被用来对系统和程序进行前驱动,并且对形成其基础设施的系统进行监控。同样,流程技术也有其结构性方面的特征:一方面,它所采用的流程技术部分地决定了结构的物质形态,另一方面它本身就是结构性的重要组成部分。比如用户运营就存在一个基本的运营流程管理方面的工作。

4. 开发与组织

在配置了战略能力,建立供应网络,使用流程技术之后,可以开展日常运营工作。虽然就运营本身而言,是运营管理的具体问题而非运营战略问题,但是仍然需要制定一系列广泛而长期的战略决策,以引导整个运营的有效性,我们称这一类决策为开发与组织决策。在互联网企业运营中包含增长策略、爆品策划、活动运营、内容运营等。开发是指如何随着时间而加强和改善运营组织的内部流程,为组织运营绩效发挥提供坚实的基础。组织是指在企业内对资源进行组合的方法及各组资源之间的相互关系,重视实际产出。如爆品策划有一个完整的工作流程,互联网企业通过持续组合资源,发挥组织能力,提升出爆品的概率。

总的来说,内容是关于影响和决定运营机构长期方面的战略决策,它是运营战略的组成部分。能力和供应网络偏向于结构性决策,而流程技术、开发与组织更多地表现为基础性决策。它们形成了互联网企业运营管理的基本框架。

第二节　互联网运营战略制定

随着信息技术的变革和商业模式的变迁,相较于传统的三大竞争战略(差异化、集中化和成本领先战略),移动互联网时代的运营战略定位更加聚焦在产品与客户上。产品或服务的内在质量好坏与能否持续发展是企业成败的关键因素,公司存在的基础是创造客户价值。

一、运营战略匹配原则

(一)运营—营销的匹配

1.运营—营销匹配的意义

越来越多的运营管理学者们明确强调了 M/M 理论在战略制定中的重要作用。缩短的产品生命周期、在产品和流程应用中的技术进步、全球市场一体化、消费主义兴起等,加快了人们对运营—营销整合战略的需求。Tang(2009)认为营销目标是创造需求,而运营目标是匹配和满足需求。这两种功能是密切相关的,运营和营销的整合研究十分有必要且很有意义。实践表明,提倡运营和市场营销合作,可以提高战略决策的质量。

运营战略制定和实施需要考虑市场需求和运营资源之间的协调工作,为此,在运营管理人员制定战略决策时,需对竞争要素之间进行权衡,为互联网企业赢得可持续的竞争优势。运营战略决策的结果会对长期运营能力及整体战略产生重要影响。现实中,大多数组织并不能很好地了解自身的情况,其运营资源能力不能与其市场需求完美地结合起来。

斯莱克和刘易斯(2004)结合市场观和资源观,提出公司期望的市场定位是与其运营资源能力相匹配的,即通过资源能力来满足市场需求,并以此维持具有吸引力的市场定位,成为任何运营战略的最终目标。他们提出的运营—营销匹配框架,如图 2-6 所示。

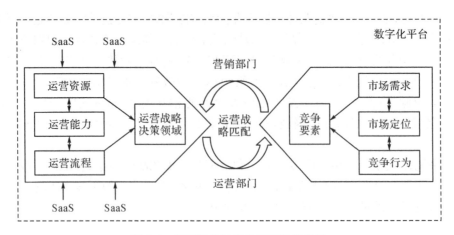

图 2-6 端到端供需精益匹配运营体系

从图 2-6 可以看出,运营—营销的匹配交叉要求相当深度的持续沟通、协作和协调,这成为一项战略任务。运营和营销之间的互动是通过成本和约束等机制,或会议和谈判等管理过程来实现的。运营部门以成本为导向,单位成本仍然是业绩的主要衡量标准,而营销以收入目标为驱动。尽管运营对市场的影响、营销决策对成本和生产率的影响都得到了人们较好的认识,然而,还是缺乏一种理论上合理且实际可行的统一性测量和解耦的方案。很多企业通过直接绩效衡量,如罗伯特·卡普兰和诺兰·诺顿提出的"平衡计分卡"及大量与时间、质量、可变性和灵活性等问题相关的程序化技术来解决。这些关键变量在运营—营销职能匹配交叉中的体现如表 2-2 所示。

表 2-2 运营—营销职能匹配交叉内容

项目变量或参数	运营成本或收益	营销成本或收益	实施方案或方法
生产提前期	过剩产能、库存成本	订单快速响应	JIT[①]、快速响应生产
绩效质量	生产成本	价格、市场份额	TQM[②]、QFD[③]
一致性质量	过程控制成本和一致性	顾客满意度、满足顾客预期	TQM、统计质量控制、管理顾客预期
产量调整(短期)	库存成本、过剩产能、风险	市场响应、顾客订单	预测、负荷水平
产量调整（季度、年度）	季节性存货成本、产量增加	促销推广、零售渠道铺货	价格水平、负荷水平
混合调整和产品定制(短期)	柔性设备的成本、过剩产能、库存	对市场变化、客户要求的响应	柔性制造、大规模定制

注:①JIT:即 just in time,准时制生产方式。
②TQM:即 total quality management,全面质量管理。
③QFD:即 quality function deployment,质量功能展开。

2.运营—营销匹配交叉方式

依据运营—营销的匹配交叉程度,目前存在 3 种主要的匹配交叉方式:交互方式、联合决策方式和完全整合方式,如图 2-7—图 2-9 所示。

(1)交互方式。传统的成本—数量方式的功能分离特点正在得到改善,评价时会选择直接绩效指标,如时间、质量和柔性等。消费端的营销模型中可以单独列出这些属性,以简化与运营端的沟通过程。通过识别和构建与这些维度相关的能力,起到改进营销效益的作用。

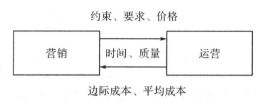

图 2-7　跨功能交互式的整合

(2)联合决策方式。在做某些营销决策时主动考虑到对运营的影响,可以更加高质量地做出决策。包括传统营销领域的价格、定位、产品线决策,以及运营关注点,如工艺技术和产品设计,它们都会直接影响到质量和成本。

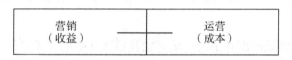

图 2-8　联合决策式的整合

(3)完全整合方式。这是最有趣和最具挑战性的方式,通常用于更深入、综合的主题。比如产品和/或服务设计、工业营销及服务管理等方面的工作,也体现出产业互联网和消费互联网融合后出现的状态。

图 2-9　功能完全式的整合

运营部门必须通过反复协调才能达到预期的效果。然而运营资源本身的复杂性和不确定性,以及大多数市场的动态性,愈加使得上述协调过程变得更加具有挑战性和风险性。

为了了解市场需求与运营资源之间相互协调的特性,除了考虑到战略匹配内容以外,还需重视战略过程的匹配问题。

(二)战略过程的匹配

运营战略的过程是一系列程序,这些程序可用于制定组织应该采用的运营战略。该过程主要体现在以下几个方面:一是匹配改进。过程决定了运营机构在实践中如何实现市场需求和运营资源之间的相互协调和匹配。也就是说,要达到两者之间的一致,且这种一致性必须随时间而调适。二是持续增长。即要维持和改善运营资源绩效和市场绩效同步扩张。三是风险控制。在扩大市场和提高运营绩效的过程中,必须考虑由于二者之间的不一致,或者其他伴随而来的问题带来的风险。上述分析可以用图 2-10 来描述和说明运营战略匹配的 3 个实践过程。

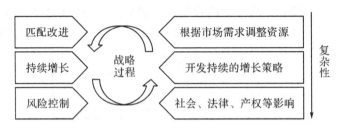

图 2-10 运营战略过程：匹配改进、持续增长和风险控制

1. 匹配改进

公司拥有的资源、遵循的流程与其市场定位之间达到"匹配"是首先要考虑的、最明显的任务和要求。如前所说，企业运营战略不能同时支持所有可能的竞争方式，而对于选择的竞争方式，应采取可持续改进和优化的过程，以提高匹配度，发挥出竞争优势。

2. 持续增长

互联网企业面临的是高度竞争的市场环境及赢者通吃的竞争逻辑。因此运营战略不仅应该以被动反应的方式"匹配"当前的市场需求，而且还应积极打造可持续增长的竞争优势，以维系互联网企业的市场地位。要达成这一增长目的，应具备两种开发能力。首先应该具备敏捷性开发和及时动员运营的能力，保持与市场变化节奏的同步性，如制定增长策略，及时设计活动运营方案。其次，应具备差异性开发的能力，如实施爆品战略、打造超级 IP(intellectual property，知识产权)等。如果说匹配意味着达到市场与运营绩效之间的平衡，那么可持续增长则强调扩展市场与改进运营绩效，二者之间应维持平衡。

3. 风险控制

当前互联网运营技术日新月异，数据资产和数据产权等新要素频繁出现，国家对互联网行业的合规性要求不断提高，使得风险控制常作为运营战略实践中的一个重要方面加以考虑。

课堂讨论

互联网运营越来越居于互联网企业发展的核心位置，除了上文中提到的运营与营销的匹配以外，运营还与其他管理职能密切关联。请讨论运营与财务管理、运营与人力资源管理等方面的联结，以及这种联结如何影响到互联网公司的运营管理和运营绩效？

二、运营战略分析矩阵

要了解一个互联网企业的运营战略是如何随着时间的推移而变化的，就需要了解企业如何看待自己的市场，如何看待其运营资源的作用，最重要的是，如何试图实现两者之间的匹配协调。

可将图 2-3 中的 5 个竞争要素优先项选择和表 2-1 中的 4 类运营战略决策领域，整合成一个二维矩阵，即运营战略矩阵，如图 2-11 所示。运营战略描述为公司的竞争要素和其决策领域相交部分的组合状态。这些交点强调了什么是运营职能所要求的，以及运营组织如何通过在每个决策领域中所做的选择来达到这些要求。

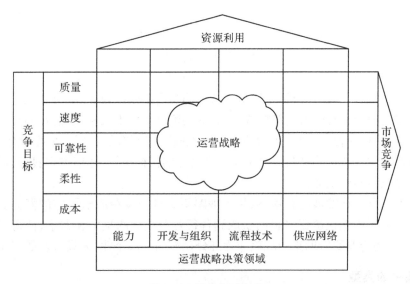

图 2-11　运营战略矩阵

(1)交叉点。在进行决策时,矩阵中每个交叉点的复杂性是不可低估的。要成功地制定一个运营战略,应借助运营战略矩阵梳理出运营战略交叉点所代表的问题清单。

(2)交叉点关系。对于矩阵交叉点之间相互关系的理解,同对矩阵交叉点本身的理解是同样重要的,需要权衡相互之间的关系程度。

(3)交叉部门。矩阵中所有交叉部门具有不同的重要程度,当然哪一部分更重要取决于公司及其运营的性质,它们会反映出竞争要素的相对重要程度,以及那些影响公司战略资源和被公司战略资源所影响的决策领域。

(4)交叉列。极端时,也许有一列问题将所有的矩阵单元都填满了,那么可能说明这是应该被特别关注的问题,体现出后面将要讨论的运营战略的"集中"这一战略特点。

第三节　互联网运营战略与策略

一、集中式运营战略

鉴于运营组织的决策制定中权衡原则占据主导地位,被称为"运营战略之父"的哈佛商学院认为威克汉姆·斯金纳(以下简称斯金纳)教授,实现有效运营战略的方法是贯彻"集中工厂"的概念。

(一)集中的概念

按照斯金纳的观念,集中(聚焦)指的是为使每个运营组织专注于有限的、简明的和易管理的产品、技术、产量与市场,应向其提供政策与支持服务,以便它能够集中于一个明确的任务,而不是要应付各种不一致的、相互冲突的和不清晰的任务。这种方法可以更容易地进行监督、激励和核算。

集中式运营战略(以下简称集中战略)经受了实践的检验,作为一种有效的运营战略,它隐含了这样一个简单的事实:许多运营组织执行太多的常常是相互冲突的任务,其明显的结果就是,这些运营组织不可能在真正意义上成功地完成全部任务。反之,集中于一两个特定目标的组织,能够在这少数的目标上取得可持续的突出绩效。为此,一个企业首先必须为运营中各要素建立一套相互一致的策略或政策,这些策略之间不仅相互支持,而且能够满足营销的需要。其次,权衡各个目标,运营组织不可能同时在所有的目标上取得最佳绩效,只有将有限的资源集中在特定的产品系列和某一个特定的目标市场,才能取得良好的运营绩效,远胜于满足宽泛目标的企业。

在移动互联网迅速发展的背景下,集中战略更是进一步释放出了它的潜力。移动互联网从微观的个人手机地理位置信息的获取到各行各业数据的集中和共享,使得市场进一步得以细分,互联网企业要借助集中战略成为细分领域的头部企业,才具有发展空间。

(二)集中的类型

集中方式与市场细分过程十分相似,将集中或聚焦看作运营的细分(operations segmentation)。Slack 和 Lewis(2017)提出市场—资源连续谱系分类法,该方法的一端将市场相关因素视为划分运营资源的适当方式,另一端则是那些允许按资源本身特征决定如何拆分运营的因素,两者组合的谱系分类法如表 2-3 所示。

表 2-3　市场—资源连续谱系分类法

分类标准及示例	市场准则 ←				→ 资源准则	
集中准则	绩效目标集中,按市场需求划分产品/服务类型	地理位置集中,产品/服务的分类是依据所服务的地区的市场要求	品类集中,将品种多和品牌少(但有知名度)的产品/服务分别集中在一起	流量集中,将流量大的和流量小的产品/服务分别放置	流程集中,将流程要求类似的产品/服务分别集中在一起	数据集中,将数据集成,形成治理、挖掘、决策、行动和反馈的完整闭环
市场需求条件	按顾客的需求细分市场	以地理来细分市场	根据产品/服务的选择程度来细分市场	可分为大众化市场和小众化市场	将具有类似工艺流程要求的产品/服务去填补特定的细分市场	确权是数据资产化过程中最重要也是最核心的部分
运营资源条件	满足相似市场需求的产品/服务具有类似的实现要求	产品/服务的生产地对运营绩效有重要影响	产品/服务的品种多少决定了技术和流程管理的特点	产品/服务的流量多少决定技术和流程管理的特点	可以明确区分开不同产品/服务的工艺流程要求	"数据资源管理"到"数据资产利用"是难点所在
互联网运营类型示例	垂直平台	平台外卖、社区电商、场景社交	淘宝与天猫	爆品和长尾产品	APP、SaaS	云服务、边缘计算

今天无论电商平台、内容平台、生鲜零售、出行服务、本地生活、SaaS服务,每个行业都在集中战略下产生了新物种,形成了各自的头部企业。

1.地理位置集中战略:场景社交

社交是互联网永恒的风口,衣食住行,各种消费、娱乐,一切皆可社交。比起点对点匹配的社交模式,作为网络新生代更喜欢的是场景社交模式,可以概括为以下几个词:游戏化、半熟人、角色扮演、多人互动。比如当下新生代间流行的语C[语言cosplay,即语言描写(角色扮演方向)],以文字为基础来进行角色扮演互动。基于活动、游戏等载体的垂直型场景化社交,它能够使参与者的注意力不再集中于人际交往本身,而是共同参与的活动。

2.流量集中战略:爆品

迈克尔·波特认为战略是由三部分构成的:创造一个独特和有价值的位置,确定不做什么的取舍权衡,实现公司活动的协同策应来支撑战略。因此,从战略角度打造爆品,要关注三点:首先是独特和有价值的位置,涵盖项目选择的爆品;然后是不做什么的克制,集中力量打造爆品;最后是通过组织架构和运营的协同及供应链整合优化来支持战略,如架构和流程的清晰和优化,自带流量的产品设计,文案的病毒化传播等。爆品一定要从战略的高度去把握。如果只是把爆品当作一般的运营来运作,会被对手快速仿效,最终导致爆品的边际成本趋同,演变成一场没有利润的消耗战,形成同质化竞争及零和博弈。只有从战略的视角出发,才能实现生产率根本上的突破。所以,对爆品来说,运营易逝,战略持续。

3.数据集中战略:云服务和边缘计算

云计算是指通过网络,把海量数据计算处理程序分解,通过服务器组成的系统,把这些分解的小程序再集中处理分析来得出综合性的结论。而边缘计算则是指在数据源头的附近,以分布式的方式,就近直接提供最近端的服务。由于边缘计算的应用程序是在数据源头边缘侧发起的,减少了数据在网络上传递的过程,能产生快捷的响应网络。它在一些行业中的实时业务、安全与隐私保护等方面有广泛应用。

与不同的集中运营战略相适应的策略,从供需双方来看,大体可分为4种维度:一是企业维度。基于企业发展阶段和提供产品类型,采用第一关键指标策略加以实施。二是用户维度。基于用户行为的集中决策属于绩效目标导向,采用用户体验策略。此外,依据用户获取或用户留存重点的不同,还有两种典型的运营策略——获客导向策略和留存导向策略。

二、第一关键指标策略

第一关键指标法策略(one metric that matters,OMTM)来自阿利斯泰尔·克罗尔和本杰明·尤科维奇的《精益数据分析》一书,第一关键指标就是在当前阶段高于一切,需要集中全部注意力于一个指标的运营策略。

第一关键指标策略有两个特点:一是在不同互联网企业运营阶段中,关注的运营重点将会发生变化,第一关键指标选择也会随之而改变,具体的运营策略由此进行相应的调整。二是同时出现了多个重要的指标,比如留存和新增,但是第一关键指标还是会择其一,第一关键指标决定了后面的指标拆解及运营动作。那么,如何来明确与实施第一关键指标策略呢? 一是根据互联网产品类型确定适合的第一关键指标及相应的运作策略。二是通过互联网企业的运营

第一关键指标策略分析

阶段来确定第一关键指标与合适的运营策略。

对于一个互联网创业公司来说,大致可以分成 MVP(minimum viable product,最小可用产品)、增长、营收等 3 个发展阶段。不同的阶段关注的重点不同,每个阶段的第一关键指标策略有很大差异,要求透彻了解第一关键指标的内在逻辑演变过程。

(一)MVP 阶段

MVP 指的是在创业最早期,开发出一个最小可用的产品,完成创意的物象化或程序化,验证产品的需求真实性和价值性。大量失败的创业案例表明,之所以失败,在很大程度上是为了一个虚假的需求做出了不被需要的产品。在这一阶段,应通过用户访谈或在线测试,借助少量的数据分析工作,用以确定产品是否真正满足了用户的需求。

(二)增长阶段

此阶段产品具有一定的用户群体,又可分为有重叠的两个阶段:留存阶段和引荐阶段。在推广产品之前,一定要确认产品确实能够给客户带来价值,并且有比较好的体验。那怎么确认这一点呢?除了直接听取用户反馈之外,最重要的就是分析用户的活跃度。用户分为新用户及老用户,新用户即初次使用产品的用户,老用户为重复使用产品的用户,两者加起来则为当日的活跃用户。日活跃用户(daily active user,以下简称日活或 DAU)是互联网产品的主要评价指标之一,因此要提升该指标,除了要有足够多的新增用户之外,还应提高用户的留存率,使他们不断地访问产品,这种运营手段被称为促活。由此,要提升产品的DAU,简单来说要做好 3 件事情:拉新、促活、留存。具体的细节也将在后面的章节中体现。这里简单说明一下留存分析。比如看次日留存指标,如果发现该数据非常低,那说明产品根本吸引不了用户,首要任务需优化产品。一个好的产品会说话,最直接的就是口碑的力量。对有些产品来说,它天然地带有"病毒"传播的性质。一个好的产品,它的净推荐值(net promoter score,NPS)应该在 50 以上。

(三)营收阶段

这个阶段中的产品已经比较成熟,工作重点转向如何形成规模化,如何赢利。关注的焦点集中在客户终身价值(life time value, LTV)、获取客户的成本(customer acquisition cost, CAC)、渠道分成比例、渠道用户盈利周期、运营成本等方面。互联网企业开始策划一些新的方向,为下一阶段的增长做好准备,而新的方向,又可以重复 3 个阶段的运营工作。

综合上述分析,初步梳理出不同运营阶段代表性的第一关键指标,如图 2-12 所示。事实上,如果将各个阶段的第一关键指标策略综合起来,便形成了一个完整的运营过程:拉新—激活—挖掘用户价值,也就是后面所要介绍的 AARRR 模型。

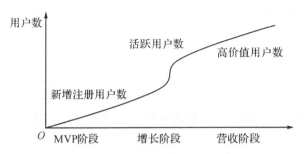

图 2-12 互联网企业运营阶段与第一关键指标示意

第一关键指标与业务密切相关,它给出了一个运营工作方向,围绕第一关键指标策略所设定的目标展开。一般来说,可以采用很多种小步快跑的运营试验操作方法去促进第一关键指标的达成,提升的第一关键指标带来的业务增长,促进团队 KPI(key performance indicator,关键绩效指标)的达成。至于第一关键指标策略和增长计划,详见第九章"增长策略"。

三、用户体验策略

(一)获客导向策略

随着社交网络的兴起与迅速发展,基于社交网络的病毒式传播方法日益成为互联网企业获取用户的重要途径。2007 年,全球知名风险投资机构和创业加速器 500 Startups 的创始合伙人戴夫·麦克卢尔(以下简称麦克卢尔)根据不同阶段用户参与行为的深度和类型,提出了一套客户生命周期模型——pirate metrics,即著名的海盗指标法。他将关注的指标归结为 5 个方面:acquisition(获客)、activation(激活)、retention(留存)、revenue(变现)、referral(推荐),简称 AARRR 模型(见图 2-13)。通过这 5 个方面解释实现用户增长的步骤,帮助企业更好地理解获客和维护客户的原理,麦克卢尔认为所有创新型、成长型的企业都应该按照这个模型来实现增长。

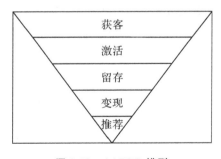

图 2-13 AARRR 模型

AARRR 模型侧重于用户体验,围绕着用户活跃度、留存率、付费行为转化及分享行为来制定和优化每一步的运营策略和指标。

1. 获客(acquisition)

通过搜索引擎发现、点击网站广告进入、媒体传播下载等方式,用户接触到产品,实现引流功能。比如一期大型的电商营销活动至少可以从 3 种方式获取用户(流量)。

(1)资源集中策略。每个大型营销活动期间,平台都会锁定大量营销资源,辅助活动曝光,通过视觉和站内氛围的营造,为活动造势和引流。如小红书会员日、京东"618 购物节"、淘宝"双十一"及造物节等。

(2)跨界合作策略。在重要的时间节点,各方都在做自己的活动运营,这就需要互联网企业具备跨界合作的能力,优势互补,整合可利用的资源,将活动拓展到站外的用户群。比如搭建新媒体矩阵,用好一切拥有的渠道进行曝光和推广,与第三方进行合作换量等。

(3)产品自带流量。电商的大型促销活动通常周期较长,牵涉多个品类。可根据品类分阶段加以主推。发挥产品功能来辅助流量增长,通过一些产品功能或者运营策略,快速实现流量裂变。评价指标为新用户增加的数量和速度,如日新增、月新增等指标。

2. 激活(activation)

只有活跃的用户,才能产生商业价值。活跃用户量指在一段时间内活跃用户的数量,常用来反映网站、互联网应用或网络游戏的运营情况。一般分为 DAU(日活跃用户)、WAU(weekly active user,周活跃用户)和 MAU(monthly active user,月活跃用户)3 个层次,用户的活跃数越多,越有可能带来价值。显然,不同类型互联网企业对于用户活跃度的定义是有差异的。比如,以电商为例,衡量用户活跃度是以完成商品交易为准的。提升用户活跃度,是指引导用户完成指定动作,如下载、填表、发表评论等。吸引用户下单成为这一阶段需要思考的运营重点,对于电商来讲,也就意味着采取策略提升下单转化率。转化率是指访客中发生购买行为的比率,它是评价电商健康程度的最基本的指标之一。运营需要关注转化的主路径、次路径,甚至精细到每一个品类或 SKU(stock keeping unit,库存进出计量的基本单元)的转化率。可以从以下 3 个方面入手。

(1)商品精细化运营。货品管理是一个动态调整的过程,以成交情况来决定商品的去留,重点主推 Top 单品策略,可以有效提升板块的转化率。这需要运营部门实行商品的赛马机制,做好实时数据监控,对于不达标的商品及时更换。

(2)切中用户消费心理的活动方案。对于电商来说,想让用户下单,必须做好价格这篇文章,从竞争要素来说,它往往是决定性的。但是在商品让利、满减优惠券漫灌之下,纯粹的价格促销策略发挥不出刺激作用。从用户的角度来看,需要配合一些创新活动方式,才能重新唤起用户的购买动机。比如配以新用户身份识别功能,推出新用户专属的福利,仅有新用户才能享受超低价商品(如新人 1 元包邮等),可有效转化新用户。

(3)精准 BI(business intelligence,商业智能)应用。智能 BI 工具,如淘宝和京东的"猜你喜欢",它常以用户历史浏览记录或已购买记录为依据进行推荐。在活动运营中常利用这个功能模块,个性化推介用户感兴趣的商品,如利用单品推荐可更加贴近用户需求,增强转化率。

3. 留存(retention)

为用户提供难以置信的价值,这样用户就会反复地访问并使用公司的产品或服务。常用 N 日留存率指标来衡量留存效果。它是指用户在初始时间后第 N 天的回访比例,即留存用户占这一批次新增用户的比例。细分指标为:次日留存率、7 日留存率、21 日留存率、30 日留存率等。比如,某个产品新增了 100 个用户,其中次日、第 7 日、第 30 日分别有 25 个、

15 个、5 个用户再次使用了该产品,那么对应的次日留存率就是 25%,第 7 日留存率是 15%,第 30 日留存率是 5%。留存可分为 3 个阶段:初期、中期和长期。

(1)留存初期。这个阶段将决定用户是继续使用或者购买产品还是使用两次之后就流失或"沉睡"。因此,初期留存率可以作为衡量产品黏性的一个重要指标。根据产品的行业标准及对用户行为的分析综合判定产品的留存初期应该多长,留存率应该保持在一个什么样的区间。在留存初期,用户越能从产品中获得价值,他们越有可能长期使用产品。这个阶段可以通过预约造势、SNS(social network service,社交网络服务)、定金裂变等运营策略持续吸引用户关注,也可以用"促销日历"类型的方式,并设置预约按钮,让用户定期回流。

(2)留存中期。此时产品带来的初始新鲜感消退,要留住中期用户,核心任务转变为让用户习惯性地使用产品,并从产品或服务中获得一定的满足感。唯有这样,即使不再用活动去刺激,用户也会按照日常生活的方式自动地消费本产品。

(3)留存长期。通过产品迭代、内容运营等策略,保持与用户之间的互动频率和关系。在确保产品继续为用户带来更多价值的同时,引导用户不断地重新认识产品具有的不可或缺性。

4. 变现(revenue)

变现是指向用户收费,或通过广告展示、业务分成等方式向其他利益方收费。比如,不同于其他产品,电商在这一环节其实是前置的。这一阶段运营策略考虑的是货品及优惠策略,以提高客单价或者消费频率。

(1)商品组合策略。对于电商来说,一场营销活动是由引流款、爆款和常规款组成的。其中引流款是低毛利甚至是负毛利的商品,用于吸引用户点击和关注。爆款接力引流款,引爆用户流量,在获得可观的销售收入的同时带动常规款的销售。常规款意味着比较丰厚的利润,最终达到增加收入的目标。因此,爆款是商品组合能否发挥效用的关键所在,它们是平台/品类热销 Top 榜单上的商品,或者价格比非活动时期低的产品,还可以是分类标签商品,这些单品主要是为了满足长尾需求。商品组合应用背后是产品线的组合运营,在自身无法满足产品线供应的情况下,需要发挥供应链的协同作用。

(2)前置加车策略。用户加车(购物车),代表用户有非常强烈的购买意愿。精准地针对这部分加车商品做精细化运营,可促成用户最终的转化。例如,在活动开始前加车或者支付定金,享受该商品的减价权益。在活动生效当天引导用户回流,兑换减价权益。无论是引导用户选择"降价提醒",还是给用户推送关联商品,都可以进一步提升用户的转化率。

(3)满减优惠策略。比起单一商品的满减,跨品类的满减起到促使用户为了凑单而去购买更多东西的目的。满减策略发挥作用的前提,一方面是需要扩大参与活动的品类范围,另一方面则是需要设置阶梯式满减活动,更好地提升客单价。应用优惠券提升客单价,制定券面额,设定券的使用门槛,一般会比平台相关品类客单价高一点。可根据用户属性确定偏好的品类,定向发放优惠券。

5. 推荐(referral)

推荐,也叫自传播,是指口碑传播或者病毒式传播,自传播前提是要先做好产品,然后为用户传播提供介质。简单地说,用户想发个微信朋友圈,总要有个话题,有文案或照片等内容,要让用户觉得有趣又好玩。常见指标为平均每位老用户会带来几位新用户。

聚焦 AARRR 模型的各个环节,以更好地协同助推用户增长。获取用户关系到产品能在多大程度上渗透市场,活跃与留存反映出对用户价值管理的水平,收入是最终的增长目标,自传播则是降低用户获取成本的最重要的手段之一。每个环节都需要大量的数据分析和迭代,从而不断改进产品和营销渠道质量。

(二)留存导向策略

2007 年麦克卢尔提出 AARRR 模型时,获客成本还很低,可以享受互联网红利,故 AARRR 专注于"获客/用户拉新指标"。AARRR 模型在瞬息万变的情况下,不仅获客成本增加,而且流失率较高。这就是目前众多互联网创业公司所面对的现实窘境,获客导向的增长模型已经遭遇到挑战,成为布雷恩·巴尔弗所说的"无意义成长之轮"(wheel of meaningless growth)。这种循环看似无害,但它显然放弃了长期利益,转而追求短期收益(见图 2-14)。

图 2-14　无意义成长之轮

增长的真正关键在于用户留存,而不是获客。如果互联网企业在面对用户留存率低迷的情况下,仍然投入资源去拉新/获客,那么不管拉来多少新用户,他们最终都流失了,无法达到有效获客的目的。无数的数据都清晰地表明,留住一位老用户的成本,会远远低于获取一位新用户的成本。集中资源在提高留存用户上,是一个更加高效、经济的运营策略。托马斯·佩蒂特和贾博·帕普重新设计了 AARRR 模型,以确定什么是最重要的,而不是什么是(从流程上顺序)第一位的,提出了 RARRA 模型:留存、激活、推荐、变现、获客。

RARRA 的框架逻辑是:强调留存是第一个漏斗,为了达到留存效果,互联网企业将倾尽全力打造服务体系,让用户全方位地体验到产品/服务的全面价值,尤其是核心价值,最终使客户转为全时刻的活跃用户,具有高黏度和高忠诚度。他们自主传播,邀请身边好友一起使用该服务/产品。如此一来,互联网企业就自然地获利并且获取到新的用户。这应该是在成熟移动互联网的红利消失下一个良性的用户增长循环。

RARRA 模型突出了用户留存的重要性。因为用户留存率能够真正反映产品的价值,引导和体现出互联网企业的综合服务能力。在 RARRA 模型中,数据驱动尤为重要。因为如果专注获客,可以在渠道选择等方面凭借经验和主观判断来选择,但是专注留存,就必须用数据分析找出每个留存环节的差异因素,进而制定最高效的方案,大幅度提升留存率。

映客互娱
社交战略进
入全场景新
阶段

复习题

1.尝试分析互联网运营战略的基本战略理论。

2.互联网运营战略内容有哪些重要的特征?

3.如何考察互联网运营战略的执行过程?

4.互联网运营集中战略为什么是比较有效的?

5.请分析常用的集中型战略及其模型。

讨论题

如何分析数字经济在互联网运营战略中的影响?

延伸阅读

1.曹虎,王赛,乔林,考夫曼.数字时代的营销战略[M].北京:机械工业出版社,2017.

2.海飞门,习移山,张晓泉.数字跃迁:数字化变革的战略与战术[M].北京:机械工业出版社,2020.

3.斯莱克,刘易斯.运营战略[M].刘晋,李军,向佐春,译.北京:人民邮电出版社,2004.

4.夏皮罗,范里安.信息规则:网络经济的策略指导[M].孟昭莉,牛露晴,译.北京:中国人民大学出版社,2017.

第二章小结

第三章　产品和服务管理与开发

产品人不能被营销人打败。未来,做营销的干不过做产品的。产品是 1,营销是 0,有营销无口碑必死。

——史蒂夫·乔布斯

用户越来越注重产品体验,企业必须重视产品开发,把产品体验做得足够好,做到极致,才可能在激烈的竞争中生存。过去企业利润的增长多寄希望于爆品和热销单品,如今每一款产品的生命周期都很短暂,一款新产品投放市场,在线上测试就能立马知晓产品是否契合市场,甚至在投放市场之前通过大数据就能做到精准研判。因此,互联网企业一方面应布局产品线,另一方面则应优化新产品开发流程、方法和工具。在这一章中,将回答以下问题。

- ·如何进行产品战略规划?
- ·产品线规划包含多少个层次?
- ·互联网产品和服务开发模型是怎样的?
- ·产品和服务开发流程如何划分?
- ·如何衡量开发效率?

第一节　产品战略规划概论

一、产品战略规划

(一)产品战略规划概念

产品战略是企业对其所生产与经营的产品所做的全局性部署。它是运营战略的重要基础,与市场战略密切关联。产品战略正确与否,直接关系到互联网企业运营绩效的好坏,甚至影响到企业的兴衰。

产品战略规划旨在通过产品线、产品族及产品营销计划等方面的管理工作,统筹谋划,科学配置资源,从而创造出最大的价值。它主要解决以下几个方面问题。

1. 产品战略定位

通过细分市场,分析公司主要产品的目标客户群,绘制用户画像,明确产品定位、产品线及产品的发展方向等问题。

2.产品线管理

通过梳理公司的产品地图,明确公司产品线/产品的竞争或互补关系,优化端到端产品的全生命周期管理。

3.产品竞争力

通过对现有产品的市场吸引力和竞争地位的综合分析,判断公司产品的结构合理性,评价公司竞争力,提出公司产品发展与规划的方向。因此这成为每个企业获得可续发展的必然选择。

4.产品排序

通过产品排序,明确产品类型,选定聚焦产品、重点突破产品,解决产品在公司的使命及战略角色定位不明确等问题。

5.增长策略

找到新产品销售快速增长的路径和产品商业模式,提出产品爆品运营思路。

(二)产品战略定位

在产品规划过程中,通常依据公司在市场上的整体表现,如产品、销售区域和渠道等,对其进行市场定位。作为常用的规划方法,战略定位借助细分项目的市场吸引力和竞争地位两个维度进行分析。产品战略定位矩阵如图 3-1 所示。水平位置表示市场竞争地位,市场竞争地位是指企业在目标市场中所占据的位置,主要受产品优势、品牌优势、市场份额等多种因素的影响。垂直位置表示市场吸引力,市场吸引力是指产品/服务引导消费者购买和使用的能力,它是由市场规模、市场增长率、市场收益率和利润潜力等多种因素综合作用的结果。图中气泡的大小表示机会的大小。

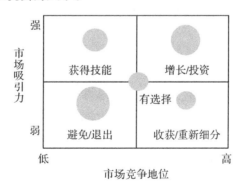

图 3-1 产品战略定位矩阵

战略定位分析不仅可以展现产品细分项目在目标市场上的经营状况,而且还能预测该产品细分项目的发展趋势,以及公司所采取的应对策略。在图 3-1 中标识出 5 种战略类型,它们在各个象限上具有如下特点。

1.第一象限:增长/投资类型

处在这一象限的细分项目具有很强的市场吸引力和很高的竞争地位,它们成为公司的主要的利润来源,是公司发展的重要支撑项目。因此需要利用好增长机会,加大投资力度,拓展增长空间。

2.第二象限:获得技能类型

处在这一象限的产品细分项目虽然有足够的市场吸引力,但是公司的竞争优势较弱,它们还未能赢利或者利润率很低。应加大对竞争技能的培养,提升产品吸引力,利用好这类机会。

3.第三象限:避免/退出类型

处在这一象限的产品细分项目不仅缺乏吸引力,而且竞争优势也较弱。它们几乎无利可图,甚至出现了亏损。为避免损失扩大,有必要安排退出策略。

4.第四象限:收获/重新细分类型

处在这一象限的产品细分项目,市场吸引力较弱,但是仍然具有很高的竞争地位,在很多情况下,这些细分项目保持较高的垄断利润。因此要利用这一有利机会窗口,重新获得产品市场吸引力,维系其竞争地位。

5.象限中间:有选择类型

对于位于战略定位矩阵图中间的产品细分项目,公司可有针对性地挑选出产品细分项目,部署对应的细分市场,实施差异化策略,培育产品的优势。

通过以上分析,企业需要梳理出一个可以执行的公司资源配置项目方案,这对一个企业发展有着极其重要的作用。公司项目可以分成如下3类:一是聚焦优势项目。它们是公司当前的重要支柱项目,如产品线/产品/区域/渠道,这些项目是公司现金流、利润、市场份额、流量、品牌的主要承担者,属于典型的"现金牛"类产品。二是重点突破项目。这类项目市场潜力大、销售额能迅速增长,重点投入后,在未来1~2年重点推广,有望成为"明星类"的产品。三是尝试布局项目。这类项目市场潜力大,竞争不激烈,至少一年内将不会产生利润,但发展潜力巨大,对公司以后的发展有很重要的影响,公司为长远发展考虑应对其进行尝试性布局。

二、产品线管理

很多公司重视和实施产品管理,比如设立产品开发部、产品事业部,并取得了一定的效果,但并未形成端到端的产品管理模式。产品开发部一般是把技术领域内的资源整合在一起,而产品事业部则能整合更多元的资源(如技术支持、销售推广等),并实行更大程度的授权和相对独立的核算方式,从而在一定程度上起到了资源间的协调作用。但是同样的资源因分散在不同产品开发部/产品事业部之间,不仅无法共享实现协同效应,而且这种安排并不能做到真正面对客户和满足用户需求。在这种背景下,产品线管理方式应运而生。采用产品线管理方式的典型案例有丰田、福特汽车制造商,华为电信设备制造商等。

(一)产品线管理概念

哈佛大学商学院教授迈克尔·波特将产品线定义为:"提供功能相近、满足相同的消费群体,使用相同的营销渠道并在一定价格范围的产品集。"产品线管理方式如图3-2所示。从给出的定义中可以看出,产品线不仅是产品集合归类的概念,而且还是一种业务分类的概念,产品线实质上是业务线。为了更加精准地响应客户需求,实现产品端到端的匹配,即从发现客户需求到满足客户需求[也可以理解为机会到现金(opportunity to cash,OTC)],应充分发挥产品线之间存在的技术和/或市场方面的协同效应。

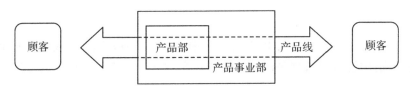

图 3-2　产品线管理方式

产品线管理的目标是构建结构合理的产品线组合。为了完成这一目标,需要对企业内外形势做系统分析,诊断企业现有产品线,发现结构性问题,从而为规划产品线提供依据。不同产品线模式的优缺点如表 3-1 所示。

表 3-1　产品线优缺点分析

产品线模式	产品线的优点	产品线的缺点
市场需求模式	满足消费者多样化需求和偏好 发挥情景效应 强化应对需求变化的能力 提升品牌感知	遏制或推迟消费行为
职能管理模式	发挥产品协同性 提高企业定价能力	增加成本 质量敞口风险
业务响应模式	阻止竞争者进入市场	产品之间的相互竞争

资料来源:张甲华.产品战略规划[M].北京:清华大学出版社,2014.

(二)产品线决策

产品线决策主要包括产品组合决策、产品淘汰决策、调整价差等方面的内容。最重要的是产品组合决策,它是一个企业提供给市场的全部产品线和产品项目的组合或搭配,即经营范围和结构。公司级产品组合一般包括若干产品线,每一条产品线内又包括若干主要产品项目。产品组合可以用产品线的宽度、长度、深度和关联度来说明,产品组合的 4 个方面为公司确定产品战略提供了依据。

1. 产品线宽度

产品线宽度是指企业产品组合内的产品线数目。产品线越多,产品组合越宽;反之,产品组合越窄。对于一个家电制造企业来说,如果有电冰箱生产线和空调生产线,则其产品线宽度为 2。

2. 产品线长度

每一条产品线内的产品品目数被称为该产品线的长度。如某空调厂家家用壁挂式空调生产线包含变频和定频两种类型,则该产品线的长度是 2。一个公司具有多条产品线,公司将所有产品线的长度加起来,得到公司产品组合的总长度。

3. 产品线深度

这是指该公司产品线上的每个产品项目可供消费者选择的类型。如家用变频和定频壁挂式空调都具有不同的匹数和式样,这些构成了该家用壁挂式空调生产线的深度。

4. 产品线关联度

它是指各产品线在最终用户、生产条件、分销渠道和其他方面相互关联的程度。如宝洁公司经营的产品都是消费品,有着相同的分销渠道,其产品组合关联度大。

(三)产品线评价

产品线评价是产品线规划的重要基础,产品线评价的主要目的是对产品发展情况进行分析,以市场需求为导向,明确产品的定位。重点审视企业的产品线是否过于复杂,产品定位是否明确,发展的规划是否清晰。在此过程中建立健全产品的进入与退出机制是一项十分重要的工作内容。

产品线评价一般会分析两个方面的运营数据和运营进展:产品线销售/利润占比与趋势、产品线数量合理性等。

1. 产品线销售/利润占比与趋势

通过对企业所有产品线最近两三年的销售量(额)和平均利润率的分析,掌握各条产品线的销售发展趋势与利润动态变动情况,洞悉各条产品线的经营地位。

2. 产品线数量合理性

一家互联网企业应该拥有多少条产品线取决于企业定位。企业定位有 4 类,分别是全品类企业、垂直型企业、地区性产品全面型企业、地区性产品专业型企业。企业定位矩阵及相应类型如图 3-3 所示。

图 3-3　企业定位矩阵及相应类型

企业定位有不一样的目标及与之相应的前提条件。上述 4 类企业的定位如下:①全品类企业。这类企业以全国/全球市场为目标,提供全线产品,一般行业前三位的企业会选择这样的战略定位。②垂直型企业。也是以全国/全球市场为目标,只不过它提供的是某一方面的全线产品,一般细分行业前三位的企业会选择这样的战略定位。③地区性产品全面型企业。它以区域市场为目标,提供全线产品,一般区域龙头企业会选择这样的战略定位。④地区性产品专业型企业。这类企业以区域市场为目标,提供特定产品,一般地区中小型企业会选择这样的战略定位。

三、产品线规划

产品线规划由方向、目标、策略和行动构成。它关系到企业运营的各项关键活动绩效。首先,产品线规划是产品开发工作的重要依据,在规划指引下,可提升开发质量和效率。其次,产品线规划有助于减少供应链的不确定性,显著降低采购成本。最后,产品线规划有助于保障生产进度安排,增强竞争优势。因此,产品线规划往往决定着产品的毛利率,影响着企业整体的利润水平。

产品线规划依次从 4 个方面加以细化落地,分别为公司级产品线规划、单一产品线规划、产品定位与组合、核心单品策略等。

(一)公司级产品线规划

公司级产品线规划首先要确定产品线/产品的类别。依据各产品线贡献度、成长性、市场吸引力和竞争地位的分析结果,确定公司各产品线/产品的类别,聚焦产品线/产品、突破产品线/产品、布局产品线/产品等 3 种类别。具体见"产品战略定位"部分相关内容。

公司依据产品线整体呈现出的不同特征,结合行业特点和市场发展状况,采取不同的战略规划和行动计划,如表 3-2 所示。

表 3-2 公司产品线发展阶段、特征及重点

发展阶段	阶段特征	规划重点
初始期	产品种类少,销量低,产品线没有形成,竞争能力比较弱	以基础型产品为主,重点在于市场扩张
成长期	产品种类逐渐增加,产品结构逐步优化,开始形成简单的产品线。此时,利润增长率较高,销售量显著增加,竞争能力增强,开发出细分市场	增加产品种类,优化产品结构,进行产品线设置,形成聚焦、突破、布局 3 种产品线梯队
成熟期	产品种类丰富,具有稳定的产品结构和产品线梯队。此时,销售量增长缓慢,逐步达到顶峰,品牌知名度较大,具有稳定消费群体	保持产品差异化,形成多样化的产品和品牌,保持产品线梯队稳定发展。在保持市场占有率前提下,延长成熟期,提高客户对品牌黏性
衰退期	全新替代品大量出现,竞争能力减弱,销售量下降	退出已经处于弱势的产品线/产品,或者重新细分市场

在梳理公司产品线阶段特征的基础上,进行公司产品线发展规划时要做好以下两方面工作。

第一,做好产品线数目规划。首先,依据进入领域数量决定产品线。如果公司选择集中在少数领域发展,应尽可能压缩产品线数目。反之,如果公司追求多领域扩张,那么应扩大产品线数目,实现复合型增长效果。其次,依据资源多少决定产品线。在公司可支配的资源比较充裕的前提下,可以尝试考虑增加产品线,开发新的增长点。最后,依据市场容量决定产品线。如果原有产品的市场容量较小,应适当增加新产品线,用于开拓新的市场。如果原来市场容量已经足够大,那么在保证产品线数目的前提下,应尽可能增加市场占有率。

第二,明确产品线发展路径。结合公司产品发展时期(短、中、长期)及所选择的产品线类别(聚焦、突破、布局),制定公司产品线发展阶段和具体规划,形成一套有序的滚动发展路径。

(二)单一产品线规划

单一产品线内各产品之间存在着竞争和互补两种关系。竞争关系指两个或多个产品的目标客户群有着重叠的地方,各产品为了扩大各自的市场份额,会引发一系列互相竞争的关系。互补关系指两个或多个产品之间互相补充或互相作用才能发挥出产品功效。如果是竞争关系的产品,一般采取产品隔离销售策略,包括区域隔离、渠道隔离、价格隔离、产品组合隔离销售等方法。如果是互补产品,可采用产品组合营销策略。

单一产品线的发展规划主要是参照该产品线的目标,规划产品线的发展方向和路径,包括产品线的长度规划和产品线内部产品的发展规划(参见战略定位分析)。产品线的长度规划是首要问题,通过增加产品线长度,可以满足更多客户的不同需求,吸引更多的消费群体。但是过长的产品线会导致成本上升。因此,产品线长度一定要适度。常见的 5 种产品线长度发展策略如表 3-3 所示。

表 3-3　单一产品线发展策略

发展策略	动机	风险
削减	削减产品线中利润少、滞销的产品项目,缩短产品线,改善整体效益	有时会错失一些有潜质的产品
填充	充分利用剩余的生产能力,满足由于产品线不足而带来销售量的下降。争取成为领先的、产品线完整的公司。同时要设法填补市场空隙,防止竞争者进入	存在新旧生产线自相竞争的现象,容易在消费者心目中造成混乱。尤其是新开发的产品品种没有显著的差异时
向上延伸	位于低端的企业被高端产品的利润和增长率所吸引,希望成为具有完整产品线的供应商	一方面缺乏必要的销售能力,无法在高端市场拓展;另一方面由于高端竞争者阻挡,只能进入低端产品市场
向下延伸	企业最初进入高端市场是为了树立品牌效应,然后再向下延伸。当企业在高端产品市场增长缓慢或高端产品受到打压时,也会在低端市场展开反击。有时候是通过填补市场空隙的方式来防止竞争对手乘虚而入	销售环节可能会缺乏动力/能力,甚至影响到原有高端品牌形象。企业扩张低端产品的做法可能会刺激竞争对手进入高端市场
双向延伸	企业发展势头良好时,向上延伸可以提升品牌声誉,增加利润;向下延伸可以吸引更大的消费群体,完善产品系列	企业的资源不一定能够保证这种策略的实施,分散资源也可能导致原来优势的丧失

(三)产品定位与组合

1.产品定位

产品定位是产品规划中的重要内容之一,是在对市场环境、竞争对手和自身条件分析的基础上,参照公司及产品线的发展战略与规划,明确每个产品的属性和角色,从而在消费者心理上建立起独特的价值感知。一般有产品属性定位、产品角色定位。

(1)产品属性定位。这是指企业选择用怎样的产品来满足目标用户的需求。产品定位不同于市场定位,后者指企业对目标消费者或市场的选择,而前者用产品来满足目标消费者或市场的需求。即在明确市场定位之后,才能精准做出产品定位的决策。一般会依据消费者对该类产品某种属性的偏好程度,塑造产品的鲜明个性或特色,树立产品在市场上的形象。比如产品的品牌、功效、质量、服务、价格等方面。

(2)产品角色定位。这是指产品在公司的销售过程中担负的任务或角色。不同的产品面对细分市场,承担不同的市场职能,再配以有效的定价体系,能有效地狙击竞争对手。产品角色通常有以下 4 种:主销型、形象型、辅助型、狙击型等,具体如表 3-4 所示。

表 3-4 产品角色

产品角色	产品描述	产品功能
主销型产品	一般处于市场主销价格区间内,拥有市场主流的性能和配置。提供中等质量、中等价位的产品,获取中等水平的利润	主销型产品是公司运营的主要产品,一般为公司的聚焦产品,占总销售量的 50% 左右
形象型产品	拥有与主销型产品相近的卖点,但性价比稍低。采取高品质、高价位、高利润营销策略	一般属于公司的战略产品,承载公司的品牌形象宣传功能,占总销售量的 10% 左右
辅销型产品	比主销型产品的外形更为独特,或多一些附加功能,而成本没有显著增加,处于市场主销价格区间内,故采用中等质量、中等价位、中高利润水平的营销方式	可能是公司未来发展的主销型产品,占总销售量的 25% 左右
狙击型产品	与竞争对手的主销型产品的主要卖点、特点或风格相同或相似,在价格上极力压制对手,形成同质低价之感,在销售终端推广上采取边缘化该产品,动摇消费者对该类产品购买信心的策略,通常还有引流功能	限制销量,防止出现"杀敌一千自损八百"的现象,占总销售量的 15% 左右

因此,产品属性定位和产品角色定位是相辅相成的。产品属性定位决定产品角色,产品角色也影响到产品属性的变化。消费习惯一旦养成,产品属性定位不能经常变化,具有一定的稳定性。但是产品在公司或者产品线内的角色却可以根据不同时期、不同渠道、不同销售区域的实际情况而适当调整。

2.新产品组合

所有产品都会面对各种风险,新产品因其市场不确定将处于更加不利的环境。在"赢者通吃"的竞争格局中,互联网产品增长具有重要的先导意义,不增长意味着被淘汰,而增长方式又决定了增长空间和速度,因此,互联网企业需开发一个由新产品组成的产品组合,分析不同新产品的增长方式,从而实现风险与回报的平衡。以新产品开发种类(新颖度)及满足用户市场类型的熟知度两个维度,建立一个新产品组合,所形成的新产品增长类别如图 3-4 所示。

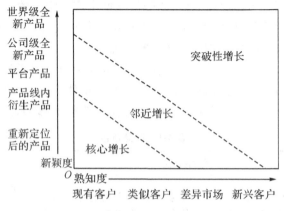

图 3-4　新产品增长类别

(1)核心增长。产品线的扩展得到的新产品,往往是对现有产品的微小改动。如尺寸、重量、外观、颜色等。这样的变动是为现有用户提供更多的选择组合或增加用户的使用频率,通常被称为核心增长,或有机增长。这种新产品增长类别大多针对短期规划产品,使其以较快速度进入产品组合或新产品组合。有时候对于现有产品进行重新定位,可以进入并赢得差异市场。如境内电商通过跨境电商渠道拓展境外市场。

(2)邻近增长。超越了产品线扩展的产品就是新产品,既可以面向相同的客户细分市场,也可以进入差异市场或全新市场进行销售。这些类型的扩展有其价值,要求一定程度的战略思考与规划。从图 3-4 可以看出,其中多数属于新产品类型的邻接增长范畴。比如天猫从淘宝中分离出来,为品牌商开辟一个新平台。这样不但提升了原有品牌的市场份额,同时也方便新品牌的快速塑造。

(3)突破性增长。为新市场开发新产品是风险最高的方法。除非通过现有渠道能掌握新市场,产品建立在核心优势上,否则这种增长方式风险很大,一般需要进行长远规划并做好准备。

(四)核心单品策略

每一条产品线中需要成功培育出 1~2 个核心单品,以带动品牌和产品线的健康发展。对于大多数互联网企业来说,按照运营战略中强调的集中战略优先原则,聚焦区域、聚焦细分顾客、聚焦核心单品才是最有效的竞争策略。然而,真正领会并执行这种策略的企业并不多,许多企业甚至根本就没有这一概念。所以这些企业虽然有很多产品,也有几个销售占比很高的单品,但是这几个单品不能算是核心单品,因为它们的利润率很低,只能属于"走量"产品。同时也要避免走另一个极端,即过度地关注单品价值,注重短期收益,犯营销短视症。很多品牌凭借单品而热销,但是由于其商品选择组合太窄,在热销之后往往很快销声匿迹。只有重视单品,关注企业产品线规划和其他营销活动配合,品牌才可以持久爆红,才能称得上是核心单品。

那么什么才是核心单品呢?核心单品也称为战略单品,战略单品不是为了企业战术性的营销目的,而是为了企业战略性的经营目的,它既不是为了简单地细分市场或充实企业的产品线,也不是为了阻击对手,而是为了应对消费需求的改变。核心单品是为了利用单品突破市场,创造新市场,从而创造新品类。

单品突破市场以后,企业还需要及时丰富产品线,完善产品结构,以巩固市场,扩大战果。核心单品的引爆应该满足3个基本条件:一是卖点切中目标消费需求;二是有足够大的市场规模与稳定的消费群体;三是定位中高档,保证足够的销量和利润。围绕这3个基本条件,首先可以从企业现有产品中去寻找和挖掘出符合条件的核心单品。如果有这样的潜在产品,下一步工作就要对它的卖点、品质、品相等进行改造,具体操作过程可见爆品策略一章。如果从企业现有产品中无法找到合适的核心单品,就需要开发新产品来实现这一目标。如小罐茶便是品类开创者的一个典范。过去以礼品茶为主,而小罐茶迅速识别出了年轻人对快消茶的需求,从而实现了产品化、品牌化和标准化,成为品类开创者。

第二节 产品和服务的开发管理

产品的生命周期在快速缩短,企业必须改进老产品、开发新产品,才能赢得市场,但是新产品开发面临着成功率低、费用高、风险大和回报下降等压力。如格雷格·A.史蒂文斯和詹姆斯·伯利1997年在调查后提出,3000个新产品的原始想法最终只有1个能成功。因而需要一套规范且行之有效的新产品开发模式。

一、产品开发基本内容

(一)产品开发过程

一般产品开发过程包括新产品的需求分析、产品构思、可行性论证过程、结构设计(包括总体设计、技术设计、详细设计等)过程及工艺设计过程。产品开发过程不仅对生产过程成本的影响很大,而且产品设计时间占总开发时间的60%。因此,为提高新产品竞争力和缩短新产品上市时间,必须加强产品开发过程,缩短产品设计时间。

1. 结构设计过程

产品设计围绕产品要实现的总体功能,从系统层面构思产品方案,然后逐步细化,再分解为不同的子系统、组件、部件和零件,最后确定设计参数。一般分为技术任务书、总体设计、技术设计和工作图阶段。

(1)技术任务书。由设计部门对计划任务书提出体现产品合理设计方案的改进性文件。经上级批准后,作为产品技术设计的依据。技术任务书的目的在于正确地确定产品最佳总体设计方案、主要技术性能参数、工作原理、系统和主体结构。

(2)总体设计。通过市场需求分析,确定产品性能、设计原则、技术参数、概略计算产品的技术经济指标,并估算产品设计方案的经济效果。

(3)技术设计。指将技术任务书中的基本结构和主要参数具体化。技术设计的输出有总图、系统图、零部件明细表和说明书等。

(4)工作图。依据技术阶段确定的结构布置和主要尺寸,编制全套工作图样和必要的技术文件。

2.工艺设计过程

工艺设计是指改变毛坯的尺寸、形状、相对位置和性质使其成为合格零件的全过程，是工艺规程设计和工艺装备设计的总称。整个工艺设计的程序为：产品图纸的工艺分析和审查—拟定工艺技术路线方案—编制工艺规程—工装夹具的设计与制造。工艺设计过程是结构设计过程和制造过程之间的桥梁，它把产品的结构数据转换为面向制造的指令性数据。

(二)产品开发方法

产品开发中有哪些常用方法？

传统产品开发一直采用串行的方法，即按需求分析、结构分析、工艺分析、加工制造的顺序进行。这种方式存在许多弊端，最大的问题是以部门为基础的组织机构严重地阻碍了产品开发的速度和质量。如下游开发部门所具有的知识难以介入早期设计阶段，而越是介入设计早期阶段，越能降低成本。各部门对其他部门的需求和知识体系缺乏理解，存在开发目标和评价标准的差异和矛盾。

为解决串行的产品设计方法的不足，提出了并行工程这一产品设计方法。它是对产品及其相关过程，包括制造过程和支持过程进行并行、一体化设计的一种系统化方法。这种方法使产品开发从一开始就要考虑到产品全生命周期(从概念形成到产品报废)的所有因素，以及可采取的相应措施，如表 3-5 所示。

表 3-5　产品设计时考虑的因素及采取的措施

过程	需求阶段	设计阶段	制造阶段	营销阶段	使用阶段	终结阶段
考虑因素	顾客需求 产品功能	降低成本 提高效率	容易制造 容易装配	竞争力	可靠性 可维护性 操作简便	环境友好
采取措施	顾客参与 QFD[①]	CAD/CAPP[②] PDM[③]、VRP[④]、GT[⑤]	DFM[⑥]、DFA[⑦]	价值工程(VE)[⑧]	工业工程(IE)[⑨]	绿色制造

注：①QFD：quality function deployment，质量功能展开。
　　②CAD/CAPP：CAD，computer aided design，计算机辅助设计；CAPP，computer aided process planning，计算机辅助工艺规程设计。
　　③PDM：product data management，产品数据管理。
　　④VRP：versatile routing platform，通用路由平台。
　　⑤GT：group technology，成组技术。
　　⑥DFM：design for manufacturing，面向制造的设计。
　　⑦DFA：design for assembly，面向装配的设计。
　　⑧VE：value engineering，价值工程。
　　⑨IE：industrial engineering，工业工程。

表 3-5 中列出了企业在进行产品设计时采用的许多新的开发手段和方法，它们能够进一步缩短产品开发周期，提升产品质量，降低产品成本。如 QFD 法，也称质量功能配置法，是把顾客或市场的要求转化为设计要求、零部件特性、工艺和生产要求的多层次分析法。

二、服务开发与模型

(一)服务开发特点

1.基本服务组合

服务组合是指由有形和无形产品共同组成的一组服务产品(服务过程和结果的组合)。从管理的角度,可将服务组合分为以下 3 组服务内容:核心服务、便利服务、支持服务。

(1)核心服务。这是企业在市场上得以存在的原因。如酒店的核心服务是住宿。一家公司可能会拥有多项核心服务。如航空公司的核心服务是运输,即提供城际往返服务和远途运输服务。

(2)便利服务。为了使顾客能够使用核心服务,公司必须同时提供一些与之配套的附加服务。即缺少了便利服务,核心服务往往不能正常发挥作用。如接待服务对豪华酒店来说是绝对必要的。

(3)支持服务。与便利服务一样,支持服务也是一种附加的服务,但它的功能与便利服务不同。即使缺少了支持服务,核心服务依然能够正常地发挥作用。便利服务与支持服务的区别并不总是那么清晰。在特定情况下,一种服务可能是便利服务,如长途飞行中的餐饮服务属于便利服务,但到了短途飞行中,它就有可能成为支持服务。支持服务的作用不是使顾客对核心服务的消费或使用更加便利,其作用在于增加服务的价值,并将本企业的服务与竞争对手的服务区分开来。如酒店中的餐厅、机场贵宾休息室、电商的客服等都属于支持服务。

2.服务设计与开发特点

与产品开发相比,服务产品开发的主要不同点有:首先,服务产品与流程必须同时开发。对服务而言,流程即是产品。其次,虽然支持服务的软硬件受到专利和版权的保护,但服务运营过程缺乏像产品生产那样常见的法律保护方式,重视隐性知识的作用。再次,服务包和确定的产品不同,它成为开发过程的主要成果。服务包有 5 个特性,即配套设施、辅助商品、信息、显性服务、隐性服务,核心是服务体验。其中的许多部分通常用于训练尚未加入服务组织的个体。最后,由于服务的无形性和体验特性使服务产品在功能和时间上具有生产过程和产品高度集成的特点,新服务开发比新产品开发更具有集成性,即新服务成功更依赖于新服务的要求和公司内部资源之间的协调配合。

总之,服务产品的开发是一个高度综合性的过程。一些研究已经发现了顾客的参与会提高新服务开发的成功率。推出一种新的支持服务,必须认真考察服务可获得性、互动性和顾客参与性。同时在开发新服务时,要重视营销—运营界面研究。

(二)广义服务产品模型

顾客对服务过程的感知不能与其对基本服务组合的感知分离开,必须将服务过程感知纳入服务组合中。因此,有必要把基本服务组合扩展为一个更加复杂的模型,即广义服务产品模型。

在不同的情境下,顾客对服务过程,即买卖双方的互动或服务接触的感知方式是不同的。因此,根据多数服务行业的特性,从管理的角度来看,顾客对服务过程的感知主要来自服务的可获得性、顾客参与性和互动性等 3 个基本方面。这些要素与基本服务组织结合在一起,构成了广义服务产品(augmented service offering),如图 3-5 所示。

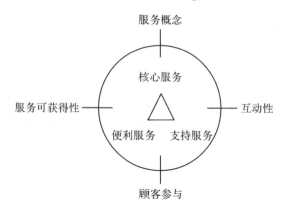

图 3-5　广义服务产品模型示意

1. 服务的可获得性

服务的可获得性取决于多方面的因素,如技术系统、服务地点及分布情况、营业时间、服务窗口、员工技能和服务状态等。上述因素会影响顾客的接近程度、购买和消费服务的便利程度。如公司服务电话连接不畅通,或者不能够及时而有效地解决顾客反映的问题,那么顾客感受到的服务可获得性是很差的,即使优秀的服务组合也会因这种方式被破坏殆尽。

2. 顾客参与

顾客既是服务的对象,也是价值的共同创造者。通常服务系统会要求顾客开展一些自我服务活动,如填表格、查询等。顾客对这些自我服务的使用意愿和使用能力,也会影响服务的水平。

3. 互动性

顾客会与服务员接触,也会使用一些技术资源,有时还会和其他顾客相接触。所有这些人、要素、系统之间的互动都成为顾客对服务过程感知的有机组成部分。如果这些互动过程被认为过于复杂或界面不友好,那么顾客对一个良好的基本服务组合的质量感知可能会很低。

4. 服务概念

在服务接触过程中,顾客对核心服务、便利服务和支持服务的感知方式是不同的,这取决于感知到的服务的可获得性、易用性、互动性程度,以及顾客对自己参与服务生产过程的角色认知。这些用服务概念加以总括表述,便是“概念伞”。这有利于广义服务产品概念的界定和发展,服务概念必须说明什么是基本服务组合、顾客如何获得整个服务组合、顾客如何与企业进行互动、顾客必须做好哪些准备工作以顺利参与服务过程。因此,服务概念可以用于指导计划阶段的工作或决定恰当的生产资源。

(二)NetOffer 模型

针对虚拟市场,Cronroos, Heinonen 和 Isoniemi(2000)提出了影响力广泛的 NetOffer 模型,如图 3-6 所示。它的基本服务包括核心服务、便利服务和支持服务,但与图 3-5 广义产品服务模型的不同之处主要体现在 3 个方面:一是在网络中服务的可获得性和互动性不能分离,它们合二为一组成沟通要素。二是与有形市场相比,在网络服务组合中需要加入一个新的要素,即 UI。UI 包括企业与顾客之间的所有信息化交互,是服务组合的一个组成部分。它必须在视觉上具有吸引力,在功能上让顾客用起来得心应手。无论是服务过程质量还是结果质量,都将取决于这个界面的设计及其作用发挥得如何。三是对于网上产品或服务的营销来说,信息是至关重要的。信息是网上产品或服务最重要的组成部分,也是该模型中不可或缺的部分。故在图 3-6 中内圈增加了信息要素,信息围绕着内置三角形。由企业和顾客共同提供的信息,促使核心服务、便利服务和支持服务发挥作用,驱动 UI 正常运转。在服务过程中基于信息技术基础做到有助于顾客参与、强化顾客沟通。

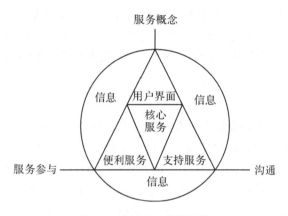

图 3-6　NetOffer 模型示意

比如,抖音在 2017—2018 火速崛起,至少有一半应归功于其极富特色的产品设计:别的短视频 APP 都是"信息流"界面,或曰"类微博"界面。在"信息流"体制下,用户通过一个缩略图,加上一两句描述或关键词,去点击观看短视频。唯独抖音取消了"信息流界面",打开就是内容播放。或者换句话说,"信息流"和"内容播放"二合一了。这种设计非常大胆,也非常创新。它是无数用户"沉迷抖音"的基础:左划右划,总有一款会适合你。它尤其适合 1 分钟以下的"微视频"。此后,竞争对手纷纷仿效这种产品设计,可惜抖音已经在用户体验的历史上留下了首发烙印。

三、网络产品架构模型

越来越多的服务和产品是借助互联网和移动互联网推出的。互联网增强了服务的无形性、可分离性,削弱了服务的异质性和易逝性,提高了信息对称性,从根本上改变了服务的互动方式,同时也改变了顾客感知服务质量的内容和对服务的评价。那些试图通过网络来经营自己产品或服务的企业,必须将其产品/服务设计为能够让顾客感知和评价的服务产品。

下面重点介绍互联网产品设计开发密切相关的产品架构模型,即产品架构(product architecture)和分层模型架构(layered modular architecture)。

(一)产品架构

产品是一个复杂系统,由具有复杂功能要素和物理结构的部件组成。架构与设计是两个相关的概念。架构阶段先于设计阶段,架构是概念设计或系统级设计的一个中心任务。因此,架构是设计的基础,它是推进设计的重要环节,与配置、功能设置等同属设计领域的重要概念。

　　产品架构亦称产品结构,是描述产品系统特性的概念框架。产品架构是设计理论、软件工程和产品开发管理等多学科的知识综合,体现了产品系统的分解和集成的基本思想。它是通过将产品功能分派给物理组块而形成的系统性方案。美国产品开发与管理协会对产品架构的定义为:产品功能要素被分配到物理组件的方式,以及物理组件完成产品整体功能的交互方式。由此,产品架构包含界面、组块和系统 3 个基本要素,应该强调的是产品架构首先是作为一个系统整体而存在的,系统要素确立了产品的整体性和功能集成,然后才包含组块和界面要素。

　　产品架构为产品创新和产品升级提供重要的方案。架构环节位于整个产品族开发流程的前端,是创新资源配置的重要机制,它对企业产品竞争力培育的重要作用已经得到普遍的认同。统计表明,架构是产品族设计的关键决策环节,大约 70% 的成本与属性是在架构阶段决定的。

　　1. 产品族架构

产品架构
与单件产品
架构的区别

　　如何为市场提供多样化产品并尽量降低设计与生产过程的复杂性,已成为许多企业必须面对的挑战。在这一背景下,产品族模式成为一种能够有效控制成本的设计策略,产品族已经成为企业产品开发的基本单元。

　　美国产品开发与管理协会给出的产品族定义为:从一个公共产品平台衍生出的产品集合。每一个定制化产品被称为产品族的一个成员项,所有成员项共享一些结构、技术或流程要素,构成产品平台并形成产品族的公共基础。

　　一个优秀的架构可以为生产者提供完整的产品族层次结构,其基本内容包括产品平台架构与定制化架构。产品族架构与优化需要解决三方面的问题:一是产品线配置决策,决定每个成员项对应的细分市场及产品族整体规模;二是最佳的通用性设计,包括平台的数量及平台中被共享的设计变量;三是产品工程设计性能的最优化水平,以及针对每一产品个体的相应设计选项。

　　2. 产品架构基本模式

　　根据联系机制的复杂性和表现形式,产品架构划分为整合型与模块型。

　　整合型产品一般是零部件及零部件组成的功能界面不采用标准化设计,功能和零部件的关系为多对多的复杂关系,经反复调整后才能发挥整机性能的产品。例如汽车是最典型的整合型产品。实现"好的乘坐感受"这一功能所涉及的零部件或模块至少应包括底盘、悬吊系统、车体、引擎和轮胎等。对于整合型产品架构的创新而言,产品的各零部件进行独立创新几乎是不可能的,产品功能的实现与各零部件之间的磨合成本太高,因此产品整体系统的创新难度非常大。

　　模块型产品是指零部件及零部件组成的功能界面采用标准化设计,各零部件相互独立,功能与零部件之间是一对一的关系,零部件不需磨合协调就能发挥整机性能的产品。例如,PC 个人计算机是最典型的模块型产品。它的显像功能与屏幕对应,文字输入功能与键盘对应等。与整合型产品相比,模块型产品的创新频率与整合型产品相比差异明显,零部件接口的标准化有利于各自的独立创新,成本较低,可更好地满足市场对产品多样化的需求。但是也可能出现重复创新带来的资源浪费现象(见表 3-6)。

表 3-6 整合型产品架构与模块型产品架构的比较

比较项目	整合型产品	模块型产品
功能与结构的对应关系	多对多	一对一
结构间的关系特点	复杂性	简单与标准化
成本	高	低
创新频率	低	高
典型产品	汽车	电脑

3. 架构与供应链的相互影响

一个产品族的成功运营不仅依赖于其设计与技术性能,还依赖于整个供应链网络的协同效应。将物料供应商集成到新产品开发周期中,可以缩短产品概念设计与产品开发时间,提升产品质量,减少新产品成本并促进新产品的顺利开发。而早期架构阶段的供应商参与是协调供应链设计、产品设计与流程设计的关键。为了保证顾客满意并最小化供应链的运营成本,在架构产品族的过程中需要尽快确定一系列产品变体及其相关的供应链。如 Salvador, Forza 和 Rungtusanatham(2002)从产品多样性、产品跨度、产品变体参数的差异度、模块化架构的方式等角度,对比了软、硬件大规模定制的区别,认为不同类型的产品族架构对供应链配置方式有不同的影响。又比如 Caridi, Pero 和 Sianesi(2012)调查意大利家具行业,发现模块化产品创新项目与供应链网络之间存在一定的匹配规律,合作型网络适合突破型项目,集成的低合作型网络更倾向于衍生型项目。

(二)分层模型架构

数字化技术具有可编程、数据标准化和数字技术自参照性 3 个显著特性。这 3 个特征与物理产品创新和社会行为相结合而形成数字化技术创新,为数字化人工制品的分层架构奠定了基础。信息技术管理领域的学者 Yoo,Henfridsson 和 Lyytinen(2010)将数字化创新定义为通过数字技术和物理组件的组合来开发新产品,数字化全面融入产品与服务之中,使产品成了一种新型的分层模块化架构——物理产品的模块化架构与数字技术的分层架构的混合体,这种架构引发了企业组织创新方式的深刻变革。

数字技术的分层架构由设备层、网络层、服务层和内容层 4 个层次松散耦合组成,扩展了物理产品的模块化架构,使产品架构产生了创生能力。其中,设备层分为物理机器层(如计算机硬件),以及为物理机器层提供控制和维护功能并将其连接到其他层的逻辑能力层(如操作系统)。网络层分为物理传输层(如电缆、无线电频谱、发射机等)和逻辑传输层(如网络标准 TCP/IP 和对等协议)。服务层处理应用程序功能,在创建、操作、存储和使用内容时直接为用户服务。内容层包括存储和共享的文本、声音、图像和视频之类的数据。例如亚马逊的电子书 Kindle 把计算机产业、出版产业、消费电子产品、互联网搜索服务、在线销售等结合在一起形成了一个复杂的生态系统;小米公司的智能手机、互联网电视及智能家居等产品,通过互联网把用户、在线社区、内容等连接起来,建立智能生态链。

这种较为松散耦合的产品架构一方面增加了产品和服务的复杂性,边界资源提供了连接的机会——架构使得服务可以迭代、内容可以共享。这是因为以传感器为主的数字技术将设备和机器组件等物理对象数字化了,使模块化设计中的硬件与服务解耦,液化了数字化资源。数字化的数据可以零边际成本进行共享、整合、编辑。数字化资源在层次架构中被设计重组和使用重组,创造出不同的价值路径。另一方面,分层模块架构导致企业的组织形式发生巨大变化,进而带来产业结构、边界、竞争态势的改变,出现新的机遇和威胁。可见,作为商业价值创造和获取的基本驱动力,数字技术塑造了新的业务基础设施,并影响新的组织逻辑,以及公司内部和公司之间的协调模式。

✏️ **课堂讨论**

在打造卓越的数字产品时,产品经理和设计师需要懂技术吗?开发人员需要懂设计吗?是先做设计再出规范,还是先出规范再做设计?如果企业领导的意见与设计师自己的想法相左,设计师该坚持己见吗?针对这些问题,先进的互联网开发设计团队该如何形成一套新的设计体系(design system)方法呢?

第三节　互联网产品的开发流程

用户体验要素五层模型

对于互联网产品来说,用户体验最为重要。与此同时,企业为了吸引用户,往往会给产品加入越来越多的功能。要想产品有好的用户体验,就必须考虑到用户在使用产品时的每一个行动及每一种可能,并且去理解这一过程中每一个步骤用户的期望。产品管理决策把产品开发分成不同时间顺序的多个阶段。在每个阶段都必须做出决定是否进入下一个阶段,是否有更细的要求,因而把决策流程渐进化了。多部门组成的设计开发团队需要在完成每个阶段之后,才能进入下一个阶段的开发任务。一个互联网公司有一条保证开发过程高效、高

质量产出的流程。比较普遍存在的互联网产品设计流程阶段为需求分析阶段、产品设计阶段、技术开发阶段、上线发布阶段、评价与迭代阶段等,如图 3-7 所示。这个流程会随企业规

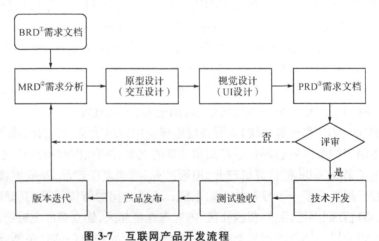

图 3-7　互联网产品开发流程

MRD 和 BRD 的区别

注:①BRD:business requirement document,商业需求文档。
　　②MRD:market requirement document,市场需求文档。
　　③PRD:product requirement document,产品需求文档。

模的不同而有所不同:在大公司中会更完备,小公司中会更简洁。生产线扩展和低风险项目可能最好应用简化版本,合并某些步骤或使用某些自我管理式评审。突破性和平台项目在整个过程中可能需要增加额外的子步骤。

一、需求分析阶段

(一)BRD 需求文档

BRD,这是呈给 CEO(chief executive officer,首席执行官)或者项目总负责人的重要信息,是企业高层决策评估的重要依据。需求来源一般指的是企业高层意图、项目需求、产品优化、业务需求、用户需求、运营需求、增长需求和商业化需求等。

(二)MRD 需求分析

通过 BRD 说服领导层以后,MRD 需要更细致地描述该怎么做,以及这样做的好处。MRD 的主要功能是描述具有何种功能和特点的产品(包含产品版本)可以在市场上取得成功。

需求收集、分析和整理的工作主要由产品经理来主导,交互设计师也会参与进来。通过收集历史数据并形成数据报告、访谈用户,形成用户习惯报告,以确定用户体验目标,进行竞品分析和数据分析。这里活动都是为了收集需求。常见的需求收集渠道如图 3-8 所示。

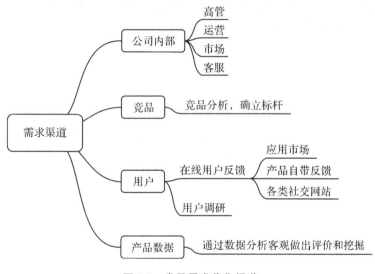

图 3-8　常见需求收集渠道

需求分析,就是挖掘和提炼用户需求,解决用户痛点问题,即找到用户需求,并把用户需求转为产品需求(解决方案)的过程。挖掘用户的潜在需求和动机,这是用户需求进化为产品需求的关键一步。用户需求是用户想要的东西,产品需求是满足用户需求的解决方案,可以是推荐算法优化、界面布局调整、新功能点,甚至是新产品等。形成需求草稿,然后放入需求池。在匹配产品定位、产品目标和资源情况等限定条件后,做最后一轮筛选。需求分析要为产品的核心功能服务,不然功能越做越多,庞杂而冗余,反而导致用户流失。其中一部分需求会因为不够核心或者当前技术做不到等原因被筛掉,留下来的需求就是确定的需求内容。

需求分析包括目标市场分析、目标用户分析、竞争对手分析、产品需求概况、实现商业目的的功能、功能性需求和内容需求(我们习惯上把它们都称为"特性")。结合产品所处的生命周期阶段,在进行综合判断的基础上确定需求的优先级。

(1)产品初期。做最小可行产品,满足用户核心需求。快速上线,积累种子用户。产品不宜做得大而全,应宜于快速迭代,调整产品方向。对于内容型产品,还需控制好运营的节奏,确立社区或社群的基调,控制用户的导入速度。

(2)成长期。继续打磨核心需求,弥补功能短板。这时候会加大运营投入,大量导入用户,把握好核心用户。同时重点关注活跃度和留存率,提高黏性和使用时长。

(3)产品成熟期。不断打磨产品,制造兴奋性需求,挖掘潜在用户,扩大用户规模。同时要开始考虑变现问题。

(4)产品衰退期。尽量延长产品生命周期,持续带给用户新鲜感,留住用户。扩充品类,孵化新产品,拓展用户价值。

总的来说,符合当前公司发展目标的优先级高,反之则降低优先级。

二、产品设计阶段

产品经理撰写更详细的需求文档,然后组织交互、UI、开发、测试等部门召开评审会。评审会的意义,是让大家充分了解需求的内容,并讨论需求的各种细节。此时交互设计师由于对用户的了解比较多、对场景的理解比较深,是讨论的主要参与者。交互设计师此时主要的职责,是保证需求的确符合用户的场景。

(一)原型设计

什么是原型(prototype)?简单来说,原型是真实产品出来之前的一个框架版本。比如在设计一款新能源汽车之前,设计师都会在纸上画出大致的样子,然后做出三维模型,最后还会用油泥雕一台原车比例的模型。在没有原型的时候,抽象的语言描述导致听众理解困难和理解偏差,虽然大家都在讲同一个东西,但是相互之间想的并不一样。而当设计师做出一个原型之后,就有了供大家批判和发表看法的一个基础,在原型上修改起来也很容易,最后形成统一认识。交互设计也是如此。所以说,对于产品经理来说,原型是最好的沟通工具,原型设计能够帮助设计团队细致地考虑方案,论证方案的可行性,也是跟视觉设计、开发和测试等部门沟通的重要桥梁。

在设计原型前,需要先进行结构层和框架层的设计,这也是从流程图到设计草图(纸面原型)的形成过程。这一步考虑周全,会节约大量的时间,避免后面修改起来牵一发而动全身。

规范的交互原型图由如下五要素组成:更新日志、迭代记录、产品结构图、原型图、交互说明。通过原型工具 Axure RP、墨刀等能够很方便地表达出自己的想法,推演和讨论方案的可行性,再通过软件工具进行更深入的设计。原型图可有低保真(一般指有限的功能和交互原型设计,描绘设想、设计方案及界面布局等,主要用于沟通、教育和报告)、高保真、动态原型图之分。当使用流程图和低保真原型图进行初步设计完成之后,一般会召集项目有关的人员,比如企业负责人、产品经理、设计师、程序员、测试人员、运营人员、市场人员等,组织一场评审会。产品经理/设计师会反复地对流程和原型进行修改,最后得到一个大家都认可的确认版本,进入交互设计环节。交互设计是诸多设计方法和设计思维的集合,可以帮助一个产品得到更好的用户体验。

(二)UI 设计

UI 设计是指对软件的人机交互、操作逻辑、界面美观的整体设计。UI 设计分为实体 UI 和虚拟 UI,互联网常用的 UI 设计是虚拟 UI。UI 不仅要有精美的视觉表现,也要有方便快捷的操作,以符合用户的认知和行为习惯。交互设计一旦通过,就可以开始在低保真原型上添加交互细节的说明,进入下一步高保真图的设计流程,体验与真实产品更加接近的样子。视觉设计组会根据产品经理的描述,设计出最新的视觉效果(高保真图),一般采用 photoshop 等设计软件,把控 UI 整体风格和所有视觉效果,主要输出的内容有:VI(visual identity,视觉识别系统)选择的方案、所有视觉效果图、资源包等。

(三)PRD 详细需求文档

PRD 一般与视觉设计同步进行,主要作用在于细化 MRD 里的功能,并提供详细流程、文案等细节。PRD 文档有 3 个核心作用:传达产品开发需求、保证各部门沟通有理有据、提供产品质量控制的具体标准。PRD 文档一般包括功能流程图、产品的功能点、主要功能卖点、模块的内容、文字文案、各功能描述、弹出框内容文案、各模块之间的关系,以及各模块业务逻辑、结构框架图等。PRD 文档内容如图 3-9 所示。

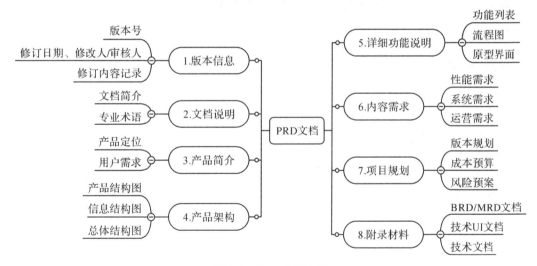

图 3-9　PRD 文档内容

三、技术开发阶段

(一)开发进度管理

开发进度管理有点类似项目管理,主要管理职责有协调资源,推动开发进度(周启动会议、周总结会议),处理技术开发实现上的问题,安排好后续测试和上线环节。开发流程为:概要设计—详细设计—设计评审—编码阶段—测试阶段—运维上线。分别涉及的开发人员岗位有:前端—架构—后端—数据库—测试—运营维护。

开发排期有粒度的要求,即将需求拆分成小的功能点,每个功能点完成时间可以以天为单位、以 0.5 天为单位,也可以以小时为单位,这个时间单位就是粒度。颗粒度越大,进度越不可控。在开发过程中,有很多不可控因素,比如开发过程中突然插入优先级更高的需求,这时候需要清晰知道开发进度在哪个环节延误了,延误了多长时间,如何及时调整开发计划。

(二)测试

在 PRD 文档确定后,就可以安排编写测试用例。一般团队也有测试指标,达到指标后,方可上线。比如有无一二级程序错误,三级程序错误(不影响体验的小概率程序错误)是否超过最大阈值,功耗、性能指标如何等。在上线前,还可以安排可用性测试、A/B 测试、压力测试等。其中常见的测试如下。

1. α 测试(Alpha Test)

这是指将产品交给公司员工内部使用。

2. β 测试(Bete Test)

这是指挑选出一批用户,让他们在实际使用环节中使用该产品。该测试可能会发现产品的潜在缺陷,从而决定对其进行重新设计或淘汰。

如果测试顺利,产品就进入发布之前的扩大测试和生产规划阶段。

(三)切割编码阶段

切割编码阶段也就是将设计稿转换成真实的产品。这里大致会经过前端编码和后台开发几个步骤。阶段性完成后,还会进行测试,收集缺陷和意见,然后反复修正。最后,产品就可以发布上线了。

四、上线发布阶段

上线前准备好上线材料,与运营部门配合做好上线工作。上线后要实时监测各项数据及用户反馈,准备预警方案。如果是重大功能上线或影响范围比较大,为了可控,避免造成突发事件,还可以安排一轮灰度测试。上线发布流程依次为:用户教育—销售培训—推广方案—运营策略—产品定价—发布公告—发布。

五、评价与迭代阶段

网易多个增长引擎驱动游戏业务稳健发展

产品上线之后,当然不是万事大吉。我们需要收集用户的操作数据,收集用户反馈。数据是验证交互方案是否合理的很重要的一项指标,也是提升经验的重要途径。经过对数据和意见的分析和思考,最终又会形成产品需求,进入一个新的产品周期。版本迭代方面涉及的工作有:发现问题、需求收集、用户反馈、功能改进、数据分析与评价、运营策略调整、数据挖掘。

为提高新产品上市的热销度,产品设计和选择应该遵循以下几项原则:设计用户需求的产品/服务、设计制造型强的产品、设计鲁棒性强的产品/服务、设计绿色产品。企业的产品和服务设计的绩效必须测量和控制,以争取最大的效益,根据企业在市场上的竞争要素,通常用表 3-7 所列出的内容作为度量设计绩效的主要指标。总的来说,时间、质量和生产效率决定了开发绩效,外加其他活动,如销售、生产、广告和顾客服务等,共同决定了项目的市场影响力和盈利能力。

表 3-7　产品开发的绩效评估

绩效指标	度量指标	对竞争力的影响
上市时间	新产品推出的频率 新产品构思到上市的时间 项目中最终成功的比例 实际与计划效果的差异 新产品占销售份额的比重	顾客/竞争对手的响应时间 设计的质量:贴近市场的程度 项目的频率:模型寿命
生产率	每个项目的研发周期 每个项目的材料及工具费用 实际与计划的差异	项目数量:新产品设计与开发的频率 项目的频率:开发的经济性
质量	舒适度:使用的可靠性 设计质量:绩效和用户的满意度 生产质量:工厂和地区	信誉:用户的忠诚度 对用户的相对吸引力:市场份额 利润率:企业可持续发展

以上是整个开发流程的主要内容,相关信息汇总如表 3-8 所示。

表 3-8　项目开发阶段信息

开发阶段	负责人	输出名称	输出说明
项目立项	产品总监、项目经理	BRD 文档	了解项目背景与目的、里程碑计划、评价标准等
		项目组员表	项目成员相关信息
需求分析	产品经理	需求池管理	对需求来源、类型、状态、优先级等进行管理
		MRD 文档	市场分析、竞品分析、用户分析,梳理用户需求
产品设计	产品经理、UI 设计师	原型图	有低保真和高保真之分,是重要的沟通工具
		UI 图与标注图	优化的界面设计
		PRD 文档	新产品概述、产品结构、业务实现流程、功能模块呈现
技术开发	技术经理、开发工程师	开发任务书	项目名称、活动进度等信息
		对外接口管理	接口接收方、接受方式、接受地址和对接版本信息
		项目开发周报	了解项目开发进度
上线发布	测试工程师	测试用例	监测开发产品是否满足客户需求
		用户手册	用户操作说明书
		测试总结报告	发现存在问题,对产品质量进行评估
评价与迭代	产品经理、技术经理	运营分析数据	运营数据分析、绩效评价
		需求版本管理	版本迭代管理

▶▶ 复习题

1.为什么互联网公司开发其产品和服务的方式如此重要？

2.服务组合是什么？为什么必须将服务组合进一步转换成广义的服务产品？

3.利用广义服务产品模型对某家服务提供的特色服务进行分析。

4.简述产品战略分析过程。

5.简述产品线规划层次与各自特点。

6.说明战略单品的价值与产品线之间关系。

▶▶ 讨论题

1.企业采用产品线管理的好处是什么？如何发挥其关键作用？

2.举例说明互联网企业如何以架构理论为指导开发新产品。

▶▶ 延伸阅读

1.哥乔斯.产品经理手册(原书第 4 版)[M].祝亚维,冯华丽,金骆彬,译.北京:机械工业出版社,2015.

2.鞠凌云.战略单品:打造单品,抢占心智,持续赢利[M].北京:电子工业出版社,2015.

3.克劳利,卡梅隆,塞尔瓦.系统架构:复杂系统的产品设计与开发[M].爱飞翔,译.北京:机械工业出版社,2016.

4.库珀.新产品开发流程管理:以市场为驱动(原书第 4 版)[M].2 版.青铜器软件公司,译.北京:电子工业出版社,2013.

5.张甲华.产品战略规划[M].北京:清华大学出版社,2014.

第三章小结

第二篇
互联网企业运营系统

互联网企业运营系统

本教材第二篇主要关注运营系统的基本要素，它们是运营能够实施的基础。互联网运营究竟围绕谁在运营？开展快速迭代决策的基础是什么？互联网运营为什么能够如此快速高效地裂变？它的通道在哪里？如何协同？为了解决上述问题，需要外部合作方提供哪些核心资源？这些使得运营得以顺利开展的决策方式和能力模式就是第二篇要讨论的主题。

第四章 用户运营

必须学会感恩用户,懂得了这点,才能真正学会尊重用户,领悟到这才是用户运营的基本出发点,并最终学会换位思考。

——类延昊

一切能够进行产品推广、促进用户使用、提高用户认知的手段都是运营。可见,从整个运营工作出发,运营的核心任务可归结为两点:流量建设和用户维系。流量建设,好比是漏斗,每个环节的转化构成漏斗的一环。如果要累积足够多有价值的用户,需要足够大的流量带来基础用户量。有了流量和用户之后,运营的大部分工作就在于如何持续地推动用户的留存与活跃,持续地为网站(产品)带来价值,产生效益。可见,用户运营既是所有运营工作的出发点,也是所有运营工作的关键点。在这一章中,将回答以下问题。

- 用户运营的本质是什么?
- 用户从哪里来? 如何维护用户间的关系?
- 如何理解产品生命周期中用户运营的内容?
- 用户运营有效性指标如何测量和解读?

第一节 用户运营基础

所谓用户运营,是指以用户为核心,数据为导向,以线上手段为主,以线下方式为辅,吸引用户,提升用户体验感,增强用户的黏性和活跃度,实现用户价值的过程。

一、用户运营的本质

移动互联网时代,原来没有机会接触的用户也可与之建立起连接,有了这种关系,才能实现用户的价值。用户运营的本质就是提升用户的关系,从弱关系变为强关系,完成分级、分类、分阶段3个方面的工作。

什么是强关系? 从纵向维度上看,用户的黏性越高,关系越强,用户的价值就越大;从横向维度上看,用户没有转向竞争对手,说明用户的关系就是强关系。

强关系能够带来什么利益? 用户运营关心用户的稳定性,应尽可能避免老用户的流失。当用户关系变成强关系以后,流失率就大为降低。强关系的用户是公司的忠诚用户,是公司品牌的宣传员。他们持续使用产品,将为公司创造价值。

如何建立用户的强关系?一是提供独特价值。也就是说给用户一个强有力的留存理由,提供具有独特价值的产品或内容。二是沉淀用户的社交关系。尽可能地保留与客户之间的关系和接触,减少用户流失率。三是游戏化运营。绑定用户,提高用户流失的门槛或转换成本。以游戏化思维,设立各种积分、头衔和勋章,为用户设计一个上升通道,让用户有目标感,促使用户的持续成长。四是让用户产生情感。培养用户的自我价值认同感,他们就不会轻易地离开。

二、用户运营工作的核心

用户分层是用户运营的核心。不管是在公域还是在私域,消费者基本可以分成 3 层:KOL(key opinion leader,关键意见领袖)、KOC(key opinion customer,关键意见消费者)和普通消费者,如图 4-1 所示。

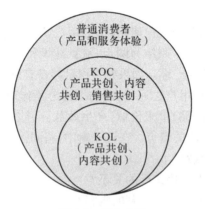

图 4-1 用户分层

不管是 KOL 还是 KOC,每一个 KOL 同时也是 KOC,都需要基于其真实的体验来做出评价,且最好将这些体验和感受可视化。没有可视化,消费者无感,编码效率低,缺乏足够的说服力。因此用户运营的重要命题在于:如何获得真正使用产品的 KOL/KOC 的认可和传播,获得普通消费者的参与和认可。任何用户运营工作最后都要把价值交付给用户——用户自己来,或找用户来体验或购买产品或服务,最终满足自己的预期需求,公司实现商业价值。把焦点聚焦在"用户"身上,那么运营重点就清晰了,其他的都只能是实现目的之手段。例如,怎么吸引用户,从哪里寻找用户,如何进行市场运营、内容运营等。怎么让用户最终购买,需要采用活动运营、内容运营等手段。怎么让用户高频消费,需要采用社群运营、客户关系管理等手段。

一个从零开始的互联网项目,企业层面开展用户运营工作需要重点关注两个方面的问题。一要考虑用户是谁及如何挖掘用户的需求?二要考虑如何让产品尽可能地满足用户的需求?只有促进产品成交,才能实现用户价值变现。在这个过程中,企业产品不断迭代,用户从无到有。用户运营工作以用户的活跃、留存、付费为目标,依据用户需求,制定运营方案。这个会涉及公司的定位问题,一旦确认就不能轻易改变,否则不仅会导致原来的资源投入失去价值,更重要的是会混淆公司在用户心智中的认知,用户的流失将不可避免,最终导致互联网企业的崩溃。

基于上述分析,用户运营工作的内容主要从 3 个层面来探讨。首先,从用户层面来说,用户个体层面的期望和用户生命周期为用户运营作铺垫;其次,从企业层面来说,以用户漏斗模型为切入点,探讨用户管理的几个阶段;最后,从产品层面来分析用户的行为和运营工作要求。用户运营工作具体内容如图 4-2 所示。

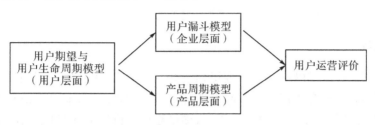

图 4-2 用户运营工作具体内容

第二节 用户生命周期模型

一、用户生命周期模型概述

用户生命周期体现了用户与企业之间不同的关系阶段,是理解客户行为的框架,如图 4-3 所示。

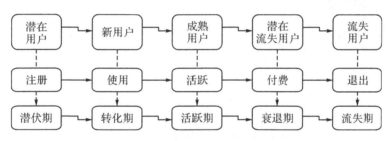

图 4-3 用户生命周期五阶段与用户行为

(一)潜伏期

当用户第一次访问网站或第一次对产品产生兴趣时,便开启了用户生命周期,这些用户被归为潜在用户。该阶段用户与企业处于信息不对称状态,企业和其潜在用户之间缺乏了解,双方的关系建立具有不确定性。企业会投入大量资金进行市场调研和广告宣传,提升产品的知名度,吸引新用户。

(二)转化期

从潜伏期一直到用户真正第一次购买之间的阶段为转化期。这一阶段的主要任务是引导新用户尽快完成购买产品的过程,感知产品价值。加强与用户的纽带关系,将"新用户"转化为稳定的忠诚用户,并随时关注新用户的价值和消费模式。

（三）活跃期

当用户开始购买产品或者频繁访问网站的时候,就处于活跃期。这些用户被称为活跃用户。这一阶段的任务是稳定、巩固和发展已有的良好用户关系,进一步拓展用户价值,采用各种用户关系保持策略,尽可能久地让用户停留在该阶段。

（四）衰退期

因为用户兴趣转移或网站(产品)变得相对缺乏吸引力,用户生命周期进入衰退期。此时用户可以归为长期流失用户。应及时发现客户关系的衰退,采取有效措施挽留有价值的潜在流失客户,理性终止不值得挽留的用户,尽量避免有价值的用户流失,防止给企业带来更大的损失,同时分析和评估导致用户流失的原因。

（五）流失期

如果用户在一定时间内没有再返回访问,用户彻底与企业结束业务合作关系,那么这个用户就进入了流失期。用户流失有两种情况:用户主动流失,被称为自愿流失;用户被动流失,被称为非自愿流失。自愿流失常见的原因为企业服务质量不佳导致用户的满意度下降,而非自愿流失通常是由于用户的行为导致企业不满,如用户信誉问题等。

二、顾客预期理论

（一）顾客预期的概念

顾客期望被看作是顾客对即将发生的服务交互过程或服务交易所做的预测。Parasuraman, Zeithaml 和 Berry(以下简称 PZB)在 1993 年对顾客期望概念进一步加以界定,认为顾客期望是顾客在购买产品或服务前所具有的信念或观念,将作为一种标准或参照系与实际绩效进行比较,从而可以形成顾客对产品(服务)质量的判断。

客户需求分析是评估客户期望的重要依据和手段。服务体验与预期水平的差距决定其服务效果,需求满足程度与顾客满意程度呈线性关系。客户预期和满意度关系如图 4-4 所示。其中,基本需求是顾客有非常清楚的心理预期,且期望水平波动不大,客户认为服务提供方应该提供的服务,是最基本的服务。如果基本需求得不到很好的满足,客户就会不满意。然而基本需求即使能够得到很好满足,客户也不会觉得非常满意。惊喜需求是客户预期水平较低或原本设想不会提供的服务,它是一种超越了期待的服务,不管效果如何,是否全面,客户都会觉得非常满意。预期需求则介于基本需求和惊喜需求两者之间,顾客有一定的预期,是客户被告知会获得的服务。

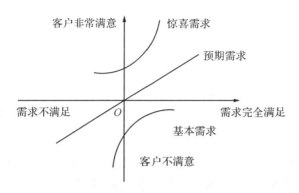

图 4-4 客户预期和满意度之间的关系

一项服务会随时间从较高位置向较低位置产生"掉落"现象。即原来的惊喜需求类服务会演变为预期需求类服务,甚至基本需求类服务。这种现象出现不利于顾客预期管理。

(二)顾客期望层次论

PZB 的研究认为,顾客的服务期望可以分为两个层次:理想的期望(desired expectation)和可接受的期望(adequate expectation)。理想的期望是指顾客对希望得到的服务质量有较高的期望,实际受到的服务和理想的期望两者差距越小,顾客的满意度就越高;可接受的期望作为一种较低的期望,是顾客可以接受的服务水平,或者说是顾客对服务质量的容忍底线。它与理想的期望之间存差距,即容忍区域(zone of tolerance)。企业不仅要理解容忍区域的大小和界限,还要知道顾客的容忍区域何时变化及怎样发生变化。

在狩野纪昭、亚瑟·R. 泰耐等人的研究基础上,我国学者于君英、徐明(2001)认为顾客对服务的期望可以从低到高分为 3 个层次:基本期望、价格关联期望、超值满足期望。这 3 种期望可分别对应于 3 个层次的服务质量特性,如图 4-5 所示。

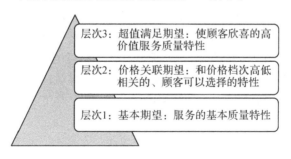

图 4-5 顾客对服务的期望层次论

(三)顾客预期动态

Ojasalo(2001)提出顾客期望动态模型,它是用来描述顾客期望演变的动态过程的模型。虽然这项研究是针对专业服务质量在顾客关系发展过程中的变化问题而展开的,但研究中所揭示出的顾客期望的动态性,对各类服务企业发展与顾客良好关系维系都具有指导意义。从长期来看,顾客期望可以分为 3 类:模糊期望(fuzzy expectation)、显性期望(explicit expectation)、隐性期望(implicit expectation)。

1.模糊期望

它是指顾客意识到某种服务是必要的,但无法清晰表达出来的那种期望。

2.显性期望

它是指顾客在服务过程开始之前已经可以清楚地表明的期望,这些显性期望也可能包含一些无法实现的期望,因此,显性期望又可细分为现实期望和非现实期望。

3.隐性期望

因有些服务要素对于顾客来说是理所当然的事情,而被其视为一种约定俗成的东西。

随着顾客服务体验的增多,顾客对企业提供的服务更为了解,一些模糊性认识变得清晰,顾客的隐性期望也会向显性期望转化,如图 4-6 所示。图中的实线是一种有意识的演变,而虚线是一种无意识的演变。

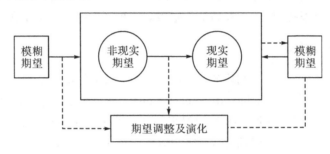

图 4-6　顾客期望动态模型

资料来源:格罗鲁斯.服务管理与营销:服务利润逻辑的管理[M].4 版.韦福祥,姚亚男,译.北京:电子工业出版社,2019.

(四)顾客期望管理

顾客期望管

理的常见方法

顾客期望和期望管理显著影响到感知服务质量和顾客满意度。顾客期望是动态可变的,受许多内外部因素的影响。如企业公开或暗示的承诺、口碑沟通、顾客以往的服务体验等。通过对顾客期望的管理,企业可以及时掌握并纠正顾客过高、过低的期望,引导顾客持有比较客观、公平的期望水平,提高顾客满意度,顾客便会持续为企业带来价值,如重复购买、正面口碑效应、市场份额等。

第三节　用户运营漏斗模型

用户运营漏斗模型可通过对业务的各个连贯关键环节的描述来衡量各个环节的业务能力。漏斗图是用户运营漏斗模型的重要呈现方式,可以直观地观察到各个环节的业务进度,发现和说明问题。互联网行业的日志数据记录了用户的行为数据。因此,漏斗转化分析在互联网行业有着广泛应用,能够追踪用户在业务中的转化率和流失率,揭示各种业务的吸引力。

从用户价值的角度出发,用户运营的核心可以归为开源拉新、节流防控、留存促活、目标转化这 4 个阶段,并共同构成一个漏斗模型,运营的工作就是围绕这个漏斗模型开展的,如图 4-7 所示。

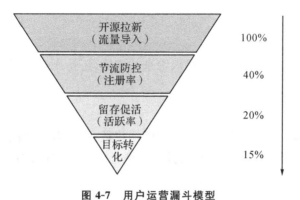

图 4-7　用户运营漏斗模型

一、开源拉新

(一)开源拉新的概述

开源拉新是指用户规模的扩大,主要考察注册用户数和访客量。开源注册方式常见的有 4 种,如图 4-8 所示,其中最后两种注册方式最为常见。用户完成注册只是开源拉新的第一步,用户运营工作重点在于如何将一个注册用户及时有效地转化为对网站(产品)有积极认识的有效用户,即要完成首次用户消费活动。

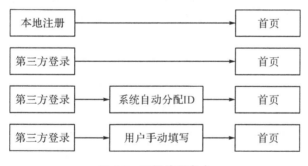

图 4-8　开源注册方式

随着技术的不断创新、运营新思路的出现及当下政策形势的影响,各个不同平台开始互相开放生态,目前用户注册通道越来越多地采用先在第三方登录,然后绑定用户资料的方式。如新浪微博允许用户通过开放平台,使用各种社交账号及平台账号登录,账号的共享之路就开启了,当实现了这种廉价用户获取渠道之后,如何实现注册转化便是接下来的重要一环。运营人员经常讨论的一个话题为:必须让用户付出一些成本,这样他才会在离开前有所犹豫。如新浪微博的注册转化引导,用户完成资料填报之后,来到首页,会发现很明确的引导教程,可以一步步地完成账号在微博上的内容初始化工作。这样做的好处

用户注册完成后如何做到有效引导?

是,通过引导流程,运营人员告诉用户:网站产品是什么、核心价值有哪些、可以提供什么服务等。更为重要的是用户付出了一定的时间成本和精力,甚至已经完成了第一次内容的生

产,因此不大可能在该环节离开,也大大推后了用户后期离开的时间。

在用户运营工作的各个环节中,需要引入数据运营。对于用户注册的行为,有以下3个重要的衡量指标。

1. 注册来源

用户从何渠道而来?是外部广告投放带来的流量,还是用户自行登录完成注册?通过来源分析,可以判定渠道的质量。

2. 注册转化率

注册转化率是指从进入到完成注册流程的用户数,占所有到达注册页面的用户数的比例。这个数据涉及注册流程是否合理,以及后续是否存在优化空间等问题。

3. 蹦失率

这是指用户浏览第一个页面就离开的访问人次占该入口总访问人次的比例。该指标可以直接体现出网站的注册登录页是否具有足够的吸引力让访客深入访问,从而达到营销的目的。

(二)RFM用户细分模型

现实中的用户分类往往需要考虑的因素有上次购买时间、购买频率和消费金额等。比如有两个用户A、B,用户A在一月内购买了5次,均价在100元;用户B在一月内只购买了2次,均价在300元。如果从单一购买频率来看,用户A无疑是优先于用户B的,也就是说用户A价值高于用户B。但是如果结合消费金额,那么用户B尽管购买频率低,但是他每次的消费金额高,更注重质量,而可能对价格不敏感。因此,相对于用户A来说,用户B能带来更高的利润。

1. RFM模型要素

针对上述用户情况,在客户关系管理领域中,有人提出了一个简单且应用广泛的RFM模型。RFM模型最早来自美国数据库营销研究所的一项研究,其中R是recency,指最近一次消费间隔时间;F是frequency,指消费频率;M是monetary,指消费金额。由于指标简单,数据容易获得,RFM模型在客户细分、客户响应、客户价值、客户促销、客户再次购买可能性等模型中都是重要的变量和分析工具,成为构建客户关系管理的核心分析技术之一。

(1)R(最近一次消费间隔时间)。表示用户最近一次购买商品的时间间隔。一般来说,离上一次消费时间越近的用户价值越大,因为距离时间越近,用户对产品的影响越敏感,对企业的运营活动做出响应的可能性越大。

(2)F(消费频率)。表示用户在一定时期内购买的次数。消费频率高说明用户的满意度高,愿意重复购买。

(3)M(消费金额)。表示用户在一定时期内每次购买的平均金额。衡量一个用户的价值最终还是要看用户给公司带来多少收入,消费金额是用户价值的最直接的体现。

如一个内容型社区,R指的是用户最近一次的登录,F指的是一个月内用户登录的次数,M是指产生内容的数量。RFM模型在电子商务的实际应用中,常会优先考虑用户最近一次的购买时间R因素,如果加强与用户的沟通往往会增加用户二次消费的机会。

2.利用 RFM 模型实现精细化用户运营

精细化用户运营是指通过对市场情况、渠道、客户行为和销售数据的分析,找出互联网企业的目标用户群,制定针对性的运营方案或者提供个性化的服务。利用 RFM 模型时,应明确以下几个问题:谁是高价值客户? 谁是保持联系的客户? 谁是重点发展的客户? 谁是需要挽留的客户? 为此,在 R、F、M 每个维度做二分法,得到 RFM 精细化用户分类,如图 4-9 所示(只绘制出坐标上半图的有效的客户群)。其中 R_1 代表最近一次消费时间近,R_0 代表最近一次消费时间早;F_1 代表消费频率高,F_0 代表消费频率低;M_1 代表消费金额高,M_0 代表消费金额低。针对不同的客户群,进行有针对性的宣传活动、礼券派送等策略。

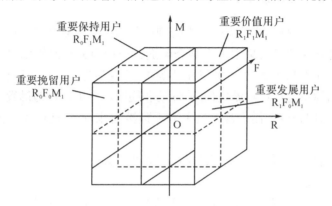

图 4-9 RFM 精细化用户分类

(1)重要价值用户。最近消费时间近、消费频次和消费金额都很高,这类用户属于最具价值的客户。他们可以为互联网企业带来持续的现金流,需要密切维护与该类客户的关系。

(2)重要保持用户。他们的消费频次和消费金额也都很高,但是最近一次消费时间比较早了。这些客户仍然应该属于企业的忠实用户,需要主动与他们保持联系,提供个性化的服务,以提升他们消费活跃度。

(3)重要发展用户。最近消费时间较近、消费金额也高,但消费频次不高,说明这类用户的忠诚度不够,但是仍然很有潜力。互联网企业可以重点培养客户对企业的黏性,带动更高的消费单价。

(4)重要挽留用户。最近发生的一次消费时间已经较远,消费频次较低,但消费金额高。这类用户很有可能是将要流失的用户,应当采取积极挽留策略。

二、节流防控

节流防控是指保持用户规模,关注沉默用户和流失用户。其中,用户流失指现有用户中止继续购买商品或服务,转而购买竞争对手的商品或服务。如何留住他们成为节流防控的关注焦点,挽回已流失的用户更是一项具有挑战性的重任。

节流防控运营的主要工作为:定义用户沉默或流失的标准、建立流失预警机制和挽回流失用户。

如何应对新版本发布或某些核心功能更改引发的流失?

从用户关系角度来分析电子商务中的客户流失问题

（一）定义用户沉默或流失的标准

如何定义用户沉默或流失的标准？可明确一个时间点,如用户在多长时间内没有登录网站便可将其归属于流失用户,一般要结合互联网企业自身情况来确立标准。可以通过建立用户行为模型来管理用户的生命周期。每个环节都存在用户流失现象,最可惜的状态是用户完成了注册,但在未熟练使用时就流失,或第一次登录网站后就流失。

（二）建立流失预警机制

长期监控用户行为数据,这是流失预警管理的基础。如在流失前,可观察用户会有什么样的行为特征？这些用户是否集中来自某个渠道？用户画像有何相似之处？流失发生时,互联网企业恰好做了哪些运营动作(如发布新版本,改变某些核心功能等)？

用户流失预警体系包括用户流失预测、评估和挽留。当用户行为触发流失模型时,第一时间发出预警,互联网企业督促运营人员采取干预措施,阻止和挽留用户流失,至少将流失损失降到最低。

总结上述分析,用户运营中流失预警机制建设步骤如下。

(1)明确用户流失标准。

(2)选取用户建模的关键指标。如用户个体特征变量(性别、年龄、区域、注册状态)、用户行为(活跃的频率、活跃时对应的动作)、其他指标(从活跃到流失经历的时间、对应版本和功能)。

(3)建立模型。不断调试,剔除各类干扰项。如采用机器学习方法,提升模型质量。

(4)筛选用户。利用模型,从数据库中,把符合流失特征的用户筛选出来。

(5)预防流失。设计活动和方案,触达目标用户,降低用户流失倾向。

一般来说,流失预警模型在多次调试后,才具有比较准确的预测效果。如果说流失预警是亡羊补牢,针对的是未来的流失隐患,要确保用户黏性,关键是提高用户活跃度和留存率。

（三）挽回流失的用户

为什么要挽回流失用户？研究表明,吸引一个新用户与维护一个老用户的成本是5∶1,根据行业的不同,客户保留度每提高5%,利润可以提高25%~85%[①]。让流失用户回来需要开展挽回活动,实践表明这个过程是相当困难的。如在移动互联网情境下,用户一旦做出卸载应用,再让他们重装将变得愈加困难。因而促使我们要把注意力放在加强预防环节之上。

用户挽回的步骤如下。

1.让用户知晓企业在力图挽回他

用户流失后,在现有系统内已经无法与用户取得联系,需通过系统外的渠道触达刚流失的用户。常用的渠道有邮箱、短信等。有几个基础指标可用于评价挽回效果。对于邮箱渠

① 忠诚度模型的核心由弗雷德里克·F.赖克尔和W.厄尔·萨塞于1990年提出。

道,评价的指标如下。

（1）达到率:成功发送到用户邮箱的邮件占总的邮件发送量的比例。

（2）打开率:用户打开邮件的数量占成功发送到用户邮箱的邮件总数的比例。

（3）转化率:如果运营人员做一个流失挽回的活动,提供了登录页面,这个转化率可以是挽回用户达到该页面的数量占用户打开邮件的数量的比例。如果运营人员是要让用户回到网站或者打开产品,那么转化率是指回到网站或者打开产品的用户数占用户打开邮件的数量的比例。

2.让用户感知到企业的真诚,而不仅仅是挽回他

此时,运营人员准备的挽回文案很重要,明确网站对用户的价值,做一些引导设计强调这些核心价值。比如电商企业推送给用户一些折扣和新品信息,引起用户的兴趣去了解是否有他们想要的商品。就社交平台而言,用户是为了维持关系链,故告知用户的朋友有网站的动态更新,让用户有欲望返回平台查看究竟。

3.对挽回后的用户的引导和关怀

当费了大力气挽回一个用户后,要将其作为一个全新用户来对待。运营人员应及时告知用户有关网站的新功能和新操作,询问用户离开的问题是否有进一步改善等。总之,尽可能提高挽回的用户的体验感。

三、留存促活

留存促活是指提升用户使用或访问网站的频次,通常包含用户留存率和用户活跃率。为提高留存促活率,经常把用户留存分成几个阶段,如图4-10所示。第一阶段是新用户激活阶段,引导新用户尽快发现产品价值达到"Aha时刻"（Aha moment,多译为顿悟时刻）,关注新用户注册、激活流程和新用户体验等方面内容;第二阶段是中期用户留存阶段,运营帮助用户发现更多的价值,形成预期设想的使用习惯;第三阶段是长期用户留存阶段,让用户体验产品的核心价值,提升活跃用户的使用率,避免或降低用户的流失。详细内容见第九章"增长策略"中的"用户留存"部分。

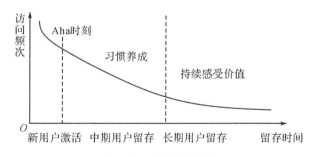

图4-10 用户留存阶段

与节流防控环节类似,我们需要从制定标准和提升策略两个方面入手。

第一,定义用户留存与活跃的标准。留存是基础,活跃是核心。移动互联网时代,可选择应用打开状态为用户留存的标准。有时候打开应用并不意味着用户活跃,因而如何科学定义用户的活跃行为特征成为运营管理的一个挑战。

第二,提升用户留存率和活跃度。在洞悉用户留存动机的前提下,开展一些促进用户留存的工作,且在一定的留存率之上,提升用户活跃度。当前很多打卡方法能较好地激活用户活跃度,增加用户黏性,让用户逐步养成习惯,使得用户不会轻易离开。比如"双十一"活动前,天猫会设计一个多日连续抽奖的活动,保证用户维持较高的活跃度。

四、目标转化

目标转化在于紧紧抓住高价值用户或核心用户的需求或痛点,让他们为网站付费,最好是能够持续付费,成为超级用户。通常用付费用户数来衡量转化效果,提高该指标有两方面的工作。

第一,促进用户从活跃用户向付费用户转化。如果用户在网站表现活跃,但是没有付费,网站不能实现盈利。要促使用户完成付费行为,需要注意许多工作,这也是考验用户运营能力的重要地方。

第二,通过系统化运营,让已付费用户向超级用户转化。用户付费是一种"套牢"心理,他们一旦付费会不自觉地对网站产生一种依赖性。反过来,也会强化对网站的认同。但是如果网站不能满足他们的预期或期望,用户最多一次性消费。因而如何让用户持续付费成为衡量网站运营的一个重要方面,完整和科学的用户运营乃至整个运营管理有利于提高持续付费发生的概率。

📝 课堂讨论

物以类聚,人以群分,社群运营日益成为互联网企业走向用户价值共创的一条必由之路,它在各个方面升华互联网的运营内涵,比如社群几乎可以应用在所有产品的冷启动阶段。所有这些论述都是建立在社群能够被完美化运营的基础之上的。然而在实际应用中,社群并不能沿着人们期望的方式发挥作用,因为影响它的因素太多了。互联网企业该如何从整体上、根源上去思考社群运营的本质呢?

第四节　产品周期模型

产品生命周期一般可以分为 4 个阶段,它们分别是产品探索期、产品成长期、产品成熟期和产品衰退期,如图 4-11 所示。在不同发展阶段中,从不同侧重点加以关注用户运营工作,需要了解用户情况,如年龄、性格爱好、生活场景、触媒习惯、消费场景、使用产品场景等,绘制出用户画像,有利于精确定位。

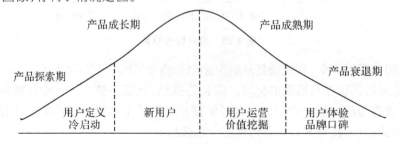

图 4-11　产品生命周期中用户运营的内容

产品早期有创新者和早期采纳者两种类型的用户,我们称之为种子用户。这类用户对新产品和功能的接受度和尝试意愿都比较强,心态较为开放,并且对于不完美的产品比较包容且愿意提供改进意见。第二个阶段是产品的主要上升期和快速增长期。这批用户也算早期大众,具有较强的使用或购买意愿,消费决策易受到推广内容或用户口碑的影响。到了晚期大众或落伍者的用户群体,这批用户关注品牌溢价,并且希望得到比较稳定的使用体验和更优质的服务。

以下从策略的角度,结合产品 4 个阶段,来分析用户运营相应的工作重点。

一、产品探索期

产品刚上线,提供的功能和服务不稳定,运营主要任务是在试错中迭代优化产品。在产品探索期,面对大量的产品信息,用户难以从中找到真正满足自己需求偏好的服务或产品,冷启动成为企业关心的焦点问题。一个没有任何历史服务调用记录的新用户(冷启动用户),企业难以获取其需求偏好情况,因而很难向其进行有效的服务推荐,该问题被称为用户冷启动问题。在这个阶段中用户运营目标不是为了获取大量用户,而是为了培养产品的核心种子用户,并且跨越“从 0 到 1”的用户冷启动过程。冷启动的这批核心用户群将为产品发展注入灵魂,是企业发展潜在的驱动力。冷启动管理为将来能够服务好大量用户做好一切准备,包括邀请用户进行产品功能体验、进行服务能力测试等。

(一)种子用户邀请

在冷启动中,种子用户是指在产品初期通过严格的筛选并加以邀请,培养出来的一小群对产品具有感情、传播产品最积极的用户。他们为产品出谋划策,提出建议并帮助产品成长。这批用户在很大程度上影响了产品的核心价值观和风格,同时对产品后续迭代发展有着辐射性的作用。

在获取种子用户的问题上,通常有两个维度:数量和质量。数量指能够引爆产品的种子用户的人数,质量是指种子用户的素质。选择种子用户以初始的目标用户画像为原型,筛选出其中具有影响力的关键意见领袖,或者极客(geek,指那些通过计算机技术而结合的社会性人群)。与一般消费者相比,网络关键意见领袖多为新产品的早期接受者,他们拥有更多的产品知识、产品卷入度高,愿意深入讨论某个话题,在网上投入时间长,展示出更多的解释意愿和分享行为。

按照邓巴数[①],种子用户数量一般宜控制在 150～200 人为宜。

除了核心种子用户以外,紧随其后使用产品的人属于启动用户,他们中很多人在很大程度上受到了核心种子用户的影响,属于产品定位中价值较高的使用人群。

脸萌何为
火爆

---

① 人类学家罗宾·邓巴根据猿猴智力实验和人类社交关系提出了邓巴数,指一个人拥有的稳定的社交人数上限大约是 150 人。

(二)种子用户维系

1. 倾听种子用户的声音

种子用户通常乐于沟通,沟通的核心在于准确地倾听后,及时给予有价值的回应。比如运营人员与用户沟通了解到其需求后,不能越俎代庖,没有提交相关产品经理进行评估,就直接判定这些需求的优先级不高。合理的流程和方式应该是,先汇集需求形成一个列表,与产品经理和开发部门商讨,找出共性需求,划分优先级,并采用敏捷开发方式。

2. 与种子用户保持密切关系

如何利用个性化推荐服务冷启动用户?

对种子用户关系的维护不仅是冷启动期的重要任务,而且是贯穿在产品生命周期全过程的重要工作,且应当重点在线下与其进行互动。因为深度的社交行为都是在线下产生的,互联网企业与这批用户的关系维护不应仅仅只基于产品的连接,而更应该在情感和社交价值上和他们开展深度对话,让种子用户感到社群/社区的温暖氛围,从而更容易沉浸其中,与企业建立起长期的关系。

当发现产品用户认可度和种子用户活跃度已经很高,用户的增长速度开始显著加速的时候,可以认为已经度过了产品探索期,进入了产品成长期。

二、产品成长期

进入产品成长期,企业逐步沉淀了产品的核心功能。市场需求已得到验证,用户对产品有一定的认知和接纳度,用户教育成本大为降低,产品初步拥有了一定的市场份额。市场上同类竞争对手大量涌现,如果不能实现快速增长,那么会被对手超越。因此,除了关注初期启动用户的留存情况,以及网站新用户的增长速度,互联网企业还应适时开展运营活动,刺激需求,提升销售。

(一)老用户运营

对经历产品探索期的老用户,可以根据用户价值对其进行分类,满足其个性化体验需求。互联网企业要做好两个方面的转向:从群体向个体转变、从使用向体验转变。通过这样的方式,不但降低了对低价值用户的投入成本,而且提升了高价值用户的体验感,建立起高黏性、高盈利能力的健康用户模式。

1. 基于价值的老用户分类

从用户的价值角度对老用户进行分类,大体可以分为以下 3 种类型。

(1)价格驱动型用户。这类用户对产品价格和优惠政策有着很高的敏感性,用户在多方比价后做出消费决策。他们的忠诚度较低,回报率相比其他两种方式低。对于这类用户,运营过程中应尽可能控制好单位成本,提升客单价,通过老带新等活动提升他们的购买频次。

(2)价值驱动型用户。这类用户的消费能力强但消费理性,对于产品价值需求相对较高,活跃度较低,但是客单价高。运营过程中可以通过新功能体验、精品推荐等方式,激发他们对服务的新诉求。

(3)服务驱动型用户。这类用户是价值最高的老用户,他们对产品有极强的信任感,愿意为产品提供的各类服务付费。相比前两类用户,他们更为看重服务质量,并且对产品的个性化服务体验有着期待。因此,运营过程中常选择会员特权、优先服务、差异化体验等服务方式。

2.老用户转化升级运营

服务驱动型用户是最高价值的用户群体,老用户运营的目标是推动其他两个群体向该群体转化。实践表明,转化升级的基础是不断提升的服务体验,实现基于数据的精准用户运营,提供更多个性化的功能产出和定制服务。常用的推荐运营策略为:基于订单、APP使用记录、人物画像等维度的数据,准确地定位用户,找到适合用户的推荐方式和个性化需求,通过推荐订阅、赠送体验、交叉活动等方式来引导用户使用,实现体验优化。

(二)拉新运营

新用户可分成两类:一是"从0到1"转化的新用户,二是从转化后到度过流失危险期的次新用户。对于新用户来说,关键是转化和留存,即如何促进用户从注册到购买再到使用行为的转化,提升活跃频次和复购率。

追求新用户的急速增长会存在哪些问题?

互联网用户生活在一个个性化和多元化交织的时代,不可能通过单一产品锁定用户。应认识到流量的本质是开放,所以不应画地为牢。互联网企业通过整合营销、渠道合作和跨界运营,实现快速准确地占位,完成从"0到1"的拉新运营。

1.渠道整合

移动互联网的流量相对分散,获取渠道方式多样化。主要渠道分为检索广告类,如百度关键词、品牌专区;平台广告类,如新浪微博、今日头条;APP广告类,如百度手机助手;自有渠道,如官方新媒体;自媒体广告类,如36氪、知乎、B站、个人公众号等;此外,线上还可与APP第三方(如平台类、社交类、内容类、工具类等应用软件方)和线下机构(如地推、品牌萌点等)合作。新的渠道让新流量不断涌现,为达到最佳投入产出比,一般可采用应用渠道矩阵的方式进行管理,具体详见第六章"新媒体运营"。

2.老带新的运营

老带新是产品获取新用户和新流量的重要形式,通过建立有效的推荐机制,让老用户帮助去推广会带来意想不到效果,而且相对精准。推荐和被推荐人都需要有一定的利益支持,满足各方的利益诉求点。一般有准入邀请和收益邀请两种类型。准入邀请通过限制准入来进行筛选,保证前期进入产品的用户质量。由于人为营造一种稀缺性,使得推荐和被推荐人从中能获取心理满足;收益邀请是用如红包、现金等方式来吸引用户。这类形式都是任务制,在系统判定其好友注册或转化后即反馈承诺的收益作为奖励。如表4-1所示为常用收益邀请的方式。

表4-1　常见收益邀请的互动方式

收益邀请方式	邀请制度设置	场景控制
阶梯制	依据好友累计的消费额度、单量等设置不同门槛,并设置上限	成本容易控制,难度较大,参与度低

续　表

收益邀请方式	邀请制度设置	场景控制
限时制	限制好友在规定时间内完成制定任务来获得奖励	成本容易控制,对转化有所贡献
惊喜制	拉新成功后有机会抽取不同的奖品	趣味性强,奖励和前期宣传要有铺垫
比赛制	限定在规定时间段内,完成任务的前 N 名用户获得奖励	趣味性强,奖品要有吸引力
社交制	通过绑定社交 APP,将用户的好友关系打通,设计好友互动红包	难度较大,效果较好

三、产品成熟期

进入产品成熟期,市场趋于稳定。在用户运营管理方面应关注成本和收益,提升运营效率。具体来说,用户体验管理为用户运营的重点工作,建立科学的产品体验管理体系,关注粉丝社区/社群的搭建和运营。

企业明确地采用一些特殊的接触方式时,实现从服务经济向体验经济的转化。用户体验首先由唐纳德·诺曼提出,成功的用户体验必须做到首先在不骚扰、不使用户厌烦的情况下满足顾客的需求;其次,提供的产品要简洁优雅,让顾客用得高兴,能愉悦地拥有;最后,要能给用户带来额外的惊喜。最具影响力的用户体验定义是 ISO 9241—210 标准给出的:人们对于针对使用或期望使用的产品、系统或者服务的认知印象和反应。从用户体验的定义可知,用户、产品或服务、交互环境是影响用户体验的 3 个因素。

迄今为止,在用户体验的构成方面,形成了几个比较具有代表性的理论:场景体验理论、用户参与理论、最佳体验理论等。其中用户参与理论指出用户体验包括美学、可用性、情感、注意力、挑战、反馈、动机、感知控制性及感官吸引度等,最佳体验理论指出用户体验研究属性包括可用性、用户技能、挑战、注意力、愉悦性、唤醒度及临场感等。用户体验重点可关注以下几个方面。

一个虚拟社交邀约产品的用户体验管理示例

(1)用户诉求。这是指在体验过程中产品给用户带来一定的价值获取感,如享乐性、身份象征、纪念性、自我提升等。

(2)可用性。对于网站可用性的研究一直是学术研究的热门话题,可用性出现问题会导致用户的流失,造成经济损失。

(3)影响因素。虚拟用户体验主要受视觉吸引力、互动体验、愉悦性、沉浸度、社会关系的影响。

(4)用户接触点。这是用户对服务质量优劣评价的关键点。运营人员通过建立用户接触点清单,标注出每个体验节点的运营重点及核心指标,反推到产品和业务线中,为优化改进提供可行思路。

四、产品衰退期

所有产品都有自己的衰退周期,此时商业模式固化,产品口碑已经树立,用户群体开始分化,用户的活跃度下降,出现部分流失的现象。此时,运营人员可充分利用品牌影响力,在指标和维度方面更加关注品牌知名度和美誉度,加大提升变现能力,争取积累资源,以寻求在产品和运营方式上的新突破。甚至可以小范围跨界,保持企业的继续存活。

总结上述各个阶段的分析,汇总后如表 4-2 所示。

表 4-2　产品生命周期中的用户运营策略

用户运营	产品探索期	产品成长期	产品成熟期	产品衰退期
消费者洞察	以产品为主导,消费者洞察重点关注主动型消费者	以运营为主,产品技术强力支持,用户快速增长,新用户涌现,部分沉淀为老用户	新老用户转化期,新用户获取成本变大,用户活跃度稳中趋降,提升体验和转化率	用户成熟,口碑用户大量出现,维护现有用户,拓宽业务界限
规划与目标	运营重点是冷启动用户拉新工作,培养种子用户	运营重点是核心用户维护、新用户运营、渠道投放、内容运营、活动运营	运营重点是精细化运营,推进服务体验管理、商业变现和增值	运营重点是进一步提升服务体验,加快商业变现
流程和体验	产品 MVP 阶段,定向开放邀请用户体验核心功能	使用决策、购买与升级	精细化运营,用户重复购买	精细化运营,用户重复购买
目标实现程度	关注留存情况与活跃度、产品各功能数据情况	关注流失情况、拉新数据、渠道转化率、ROI	关注运营效率、用户分类成本、用户活跃度、转化率、ROI	关注品牌知名度、用户美誉度、市场覆盖率

注:ROI,return on investment,投资回报率。

第五节　用户运营绩效评价

用户运营工作有固定节奏,是日积月累由量变到质变的过程。不能够期望用户运营在短期内就交出靓丽的业绩。用户运营工作关注的焦点始终在用户上,这需要全方位、持续地与用户沟通交流,快速响应和服务好用户。

一、基础用户数据

(一)用户运营数据管理

首先应建立用户数据管理系统,实现数据共享,建立分析平台。基础数据包括客户中心服务数据、销售结果数据、场景分析、流量数据等。通过对数据的分析和应用开发,实现数据可视化呈现,建立起支撑业务的有效决策工具,帮助运营做好用户洞察和预测分析工作。

用户运营最基础的是用户规模,可以从 3 个方面衡量:用户数(使用用户数、注册用户数、活跃用户数、付费用户数、流失用户数等)、用户结构(新老用户的比例)、用户属性与用户行为(用户属性可以用于分类目标用户,用户行为可以用来考察用户的生命周期和用户习惯)。

(二)用户属性评价

做好用户洞察的前提是有一个明确的用户运营方向,收集数据分析出所瞄准的目标用户究竟是什么样的人群,定位要力求精准。在一个产品生命周期模型中,清晰地知道在不同阶段需要和什么样的用户打交道。因此,需要对用户属性进行分析,建立用户信息模板表,绘制用户画像有助于更清晰地了解意向用户。

1.用户身份分析

用户身份分析包含5个最基本的维度:性别、年龄、职业、地域、手机号码等。比如用户的地域差异可以导出推广的侧重点,也大体反映出网站在该地域的受欢迎程度。手机号码是最重要的用户信息,它是用户与互联网企业之间的联系纽带。

2.支付能力的判断

支付能力判断一般从两个方面进行分析:一是用户是否具备消费能力,另一个是用户是否愿意进行消费。对于新上线网站,要侧重分析用户的消费能力,这对后期产品变现具有重要意义。如果是进入产品成熟期,要分析与评估用户是否有继续消费的意愿。

3.满意度测量

满意度测量可以反映出网站对用户的价值的大小。多使用问卷调查、电话回访、跳出率、产品评价和支付情况等方面信息进行综合评价。比如电商一般会采用小礼物的方式测评用户对产品的好评,要注意的是好评也有可能会掩盖问题,故应保持公正的心态,做到尽可能地客观地对待用户评价。

二、付费投放评价

目前付费投放可以分为两个方向:品牌投放和投放效果。

(一)品牌投放

品牌投放的主要目标是强化传达品牌信息,通过内容达成与目标用户之间的双向沟通。品牌投放效果用曝光覆盖面和品牌感知度来测量。必要时,对于线上渠道,可以通过第三方检测公司对投放过程进行监控和调整;对于线下渠道,一般也可通过第三方的调研来进行效果反馈。

(二)投放效果

投放效果测量建立在获取实际数据的基础上。从展示到转化的过程分解为5个环节,每个环节有各自的评价指标,如图4-12所示。对于投放效果,首先要关注投放的展示量情况,通过效果判断广告内容是否具备吸引力;从展示到点击,需要关注点击转化率及进入页面后的停留数据,来判断广告素材的好坏;最后看下载后的转化率和激活率,在用户激活后,看激活的使用情况和后续用户的表现。

图 4-12 从展示到转化的投放效果评价过程

三、用户运营效果

产品生命周期的发展演变与用户的行为密切关联,各个阶段的数据指标如表 4-3 所示。其中用户活跃分析和用户转化分析是两个重要的指标,贯穿整个产品生命周期,较为集中地体现了用户运营的效果。

表 4-3 产品生命周期各阶段的数据指标

指标	产品生命周期			
	探索期	发展期	成熟期	衰退期
技术指标	速度	稳定性	数据处理	资源优化
用户指标	拉新、留存率	渠道、活跃转化	活跃度、流失率	流失率、回流
收入指标	生命周期	人均消费	付费留存	续费、回流

(一)用户活跃度分析

在一段时间内,对某个网站有过操作行为(访问网站、登录产品页、参加在线活动等)的用户,被称为活跃用户。活跃度是活跃用户除以总用户的比值。通过整个比值可以了解网站用户的整体活跃度。新用户进入网站的前 2 天是流失最大的时期,留存率显著下降,属于震荡期。如 Facebook(脸书)发现了一个 521 原则,一个互联网产品隔日留存率低于 50%、隔周留存率低于 20%、隔月留存率低于 10% 的话,这个产品是很难成功的。

许多移动产品十分重视首日留存率指标,这项指标在一定程度上说明用户首次体验的满意度。随着时间周期的拉长,活跃度在逐渐下降。网站经过几天大幅度用户流失后,用户留存率会进入小幅度下降时期,如同蒸馏过程,称为蒸馏期;过了蒸馏期,经过一个长生命周期的沉淀,留存率会进入一个相对稳定的平稳期。如超级用户曲线(power user curve)是用直方图来显示 1 个月内用户活跃的日期数目的分布图。超级用户曲线的形状各种各样,最理想状态是一个微笑的超级用户曲线。各个活跃期与指标意义如表 4-4 所示。

表 4-4 用户活跃度指标与意义

用户活跃期	活跃度指标	意义
震荡期	首日留存率	在一定程度上说明用户首次体验的满意度
	次日留存	指的是用户第二日还能登录网站(产品),可以结合产品的新手引导设计和新用户转化路径来分析用户的流失原因
蒸馏期	周留存	用户通常会经历一个完整的使用和体验周期,如果能留下来说明是忠诚度较高的用户,会转变高忠诚度用户

续　表

用户活跃期	活跃度指标	意义
平稳期	月留存	APP 的换版周期为 3 周左右,通过比较月留存率能判断出版本更新是否对用户留存有影响

资料来源:李春雷.互联网运营实战手册[M].北京:人民邮电出版社,2017.

(二)用户转化分析

用户转化分析主要用来分析用户通过什么入口被转化,转化了多少,转化成本是多少,这些用户在网站上有什么行为动作,为什么离开等。

1.用户入口

通过宣传推广为网站带来访客,这些访客在网站留下个人信息时,表明用户已被转化。线上线下转化的方式是不一样的。在线上通过注册通道、在线咨询、免费/付费产品、活动、软件应用、优惠券、社群、第三方登录留下信息的访客被称为网站的用户;通过线下地推活动,如会议营销、进店咨询、派发传单等转化为用户的过程称为线下转化用户。

2.用户数量

运营需要统计每日新增用户数量、宣传渠道获取的用户数量和不同入口带来的用户数量,这些数据反映出运营活动的情况。

"脱粉"案例

3.用户成本

单个用户获取成本是衡量用户有效性的重要指标,但并不是成本越低越好。低成本的用户可能因为低质量而无法被转化。

4.用户行为

分析用户行为可以知晓用户来网站(产品)的具体目的是什么,网站(产品)是否满足了用户的期望,用户是否愿意为此支付费用或时间。如果发现数据异常或没有达到网站预期目标,则可以根据用户行为数据指导网站改版优化。

▶ 复习题

1.如何建立科学规范的用户流失预警模型,步骤是怎样的?

2.典型的种子用户如何获取?

3.在用户体验中如何应用用户接触点的方法?

4.试着分析产品冷启动的运营思路?

5.请整理当前移动互联网时代的主要流量渠道类型、代表及运营的特点。

6.用户入口中线上线下的转化方式各有哪些策略?

▶▶ 讨论题

一个用户运营的困惑

琳达着手组建一个用户群,只有那些满足条件的用户才允许进入,她希望通过福利来吸引用户做出贡献。她设计了一个招募页面,并强调了用户群拥有的权益。然后利用算法选择出目标用户,借助站内资源做了推广,开始首次招募成员。在5天内,她就招募到50人,建立了QQ群。她很快与群员熟悉起来,至少和其中一半的人小窗聊过,可以说出他们的个人信息,如职业、兴趣爱好、所在地等。用户也很喜欢,很支持琳达,开始在产品上活跃起来,发布内容,有时也会提些建议。应该说,群里的气氛很好,也不时地会引入一些优质的内容。琳达颇有成就感,觉得用户运营好像也不太难。但当前人数不多,贡献量也不大,可以继续招募,把用户群的人数扩大3～5倍,这样就有更大的贡献量。于是她继续申请资源,圈了更多用户,这次又招募来了30人,虽然只有第一次的1/2,但也相当不错,毕竟招募的成本很低。接着,又有了第三次招募,圈了更多人去推广。结果出乎意料,居然只有8个人!琳达开始意识到,用户组织快速增长的红利期已过,此前积累的站内资源潜力基本挖尽,只有开拓其他渠道了。

于是琳达开始做线上运营活动,吸引那些优质用户浮出水面,再一对一地引入。这样大约持续了1个月,用户群的规模扩大至160人,也颇有成效。但之后不仅增长更加缓慢,增速降低,而且琳达发现群里的气氛逐渐冷清,话题越来越少,活跃的就只有那少数几个人。贡献内容人数占比在下降,以前基本上每周有80％的人都会贡献内容,现在变成50％。接下来琳达进入痛苦的挣扎阶段,无论她再努力优化运营方式、增厚福利、加力挖人,都没有能力改变用户群数、活跃度增速停滞的问题。

请分析:琳达如何提升人数和活跃度?

延伸阅读

1.蒂尔,马斯特斯.从0到1:开启商业与未来的秘密[M].高玉芳,译.北京:中信出版社,2015.

2.高小龙.用户运营实战宝典[M].北京:机械工业出版社,2018.

3.古德曼,库涅夫斯基,莫德.洞察用户体验:方法与实践[M].2版.刘吉昆,等译.北京:清华大学出版社,2015.

4.霍利迪.增长黑客营销:如何快速定位产品、聚集用户,实现小投入大增长[M].王冬佳,谭怡琦,译.广州:广东人民出版社,2016.

5.苏朝晖.客户关系管理:客户关系的建立与维护[M].4版.北京:清华大学出版社,2018.

第四章小结

第五章　数据运营

在终极的分析中，一切知识都是历史；在抽象的意义下，一切科学都是数学；在理性的基础上，所有的判断都是统计学。

——C. R. 劳

面对大数据这一势不可挡的时代潮流，互联网企业必须打造一套数据驱动运营体系和数据文化。这不只意味着养成用数据说话的思维，有效利用数据完成产品改进、运营监控及其他科学决策，更要着力于夯实数据源和数据运营体系的建设根基，善于用数据讲故事，实现产品/体系向智能化方向发展。在这一章中，将回答以下问题。

- 如何搭建一套数据化运营体系？
- 如何科学采集数据？
- 如何做好智能化运营？
- 有哪些数据分析常用的方法和工具？
- 怎样做好数据分析可视化呈现？

第一节　数据运营概况

精细化运营、数据中台、数据驱动、增长黑客等各类数字化运营管理方式不断涌现，这些概念具有一个共同特性——通过数据运营，赋能业务，提升效率。信息论创始人克劳德·香农曾说过："信息是用来消除不确定性的东西。"本节从消除不确定性的角度，阐述发挥数据运营价值的环节，包括数据运营基础(从数据运营意识到数字运营体系)、数据运营流程和数据智能运营等方面。

一、数据运营基础

数据运营指的是互联网企业通过数据分析和研究，完善产品的功能，提升运营绩效，延长产品的生命周期的过程。

(一)数据运营思维

数据运营分析的门槛不在工具和技巧使用，而在于思维、意识和习惯，核心在于数据分析。数据分析应秉持"以业务为核心,以思路为重点,以挖掘技术为辅佐"的运作思路。

1.基础:结构化分析

以特定的结构和思路建立起对整体数据的认知,它的途径是通过结构化思维,梳理出相应的数据维度和指标,以利于提高数据采集质量。其中,维度是指事物或者现象的某种特征,以及范围限定,如性别、地区、时间等。指标又称参数,是一个变量,用于衡量事物发展程度,这个程度以不同维度来进行对比。互联网运营中常用数据是维度和指标的组合,生成特定范围下的数据。比如在衡量投放线索质量的时候,从1日、3日、7日、30日时间维度去考察转化率指标。对于数据运营来说,熟悉和采集网站的历史数据非常关键:维度越多,指标越多,数据量越大,数据运营部门越需要发挥分解能力,遵循规范分析流程。

2.规范:数据分析流程

数据分析通常围绕业务目标和分析流程展开。为了达到清晰、有节奏的落地和管控,需要建立起规范的数据体系、过程指标和分析流程。一是确定每次数据分析的目标,这是决定数据分析质量的第一步。二是根据目标影响因素,建立分析模型。并通过对比分析,如横向、纵向或者与目标值的对比分析,以可视化方式呈现结果。三是贯彻"发现—分析—解决问题"的逻辑。从对比和透视中发现与预期不符的数据和问题,结合数据影响模型找出原因。在解决问题时,要确定具体的优化目标,提出可行性的数据优化提升方案,通过实际数据反馈来验证和修正方案。

3.框架:归纳与应用规律

数据运营要避免习惯性就事论事的数据分析工作方式,应从深度思考的角度来归纳出潜在的规律。比如常见的2W1H思考框架——解决是什么(what)、为什么(why)、怎么做(how)的问题,具体分析要点如表5-1所示。

表 5-1　2W1H分析框架

维度	what(是什么)	why(为什么)	how(怎么做)
分析内容	影响因素、作用模型、基于量化数据得出的结论;量化标准从时间、数量和质量等维度考虑	价值、目的	方法、创意、效果验证
分析思路	明确是什么的问题,一般采用描述性统计方法	解决"为什么"的问题,需要用逻辑思维对具体问题做数据分析,找出背后的原因	解决"怎么做"的问题,可通过具体分析,提供可选的建议
举例说明	分析直播课程存在的问题 ①问题表现:发现线索触达率过低 ②依据:直播出勤率首节课程不到15% ③关键策略:有效提升触达率(短信、Push提醒效率低) ④提升的量化标准:微信触达率提升至65%,出勤率首节课程提升至40%	分析直播体验课转化率低的原因,提高下一次的转化效果	解决的思路是微信和电话提醒出勤,增加出勤福利等

2W1H的分析框架根据历史数据总结出企业运营的规律,比如在什么情景下数据上升/下降,找出原因,形成互联网企业专有的知识体系,这对数据运营来说至关重要。掌握了运

营规律,就能够奠定数据运营和预测的基础。比如在重大节日前,可以结合往年数据呈现出的运营规律,提前谋划,制定有价值的活动预案。

以直播电商为例,数据分析的目标是实现 GMV(gross merchandise volume,网站成交金额)增长。基于 GMV 影响因素和业务流程,其公式可拆解如下(见图 5-1)。

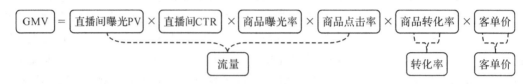

图 5-1　GMV 影响公式

GMV 受到 3 个关键因素影响,分别是流量、转化率、客单价。其中流量又受到直播间曝光 PV(page view,页面浏览量)、直播间 CTR(click-through-rate,点击通过率)、商品曝光率、商品点击率等影响。因此,GMV 增长的核心思路就是提升和优化拆解公式中的相关指标,结合各环节优化目标和提升空间,进行指标的持续优化。当然并不是所有的指标同时进行优化和提升,因为优化和提升不但受到测试方法(如 A/B 测试)的限制,而且受到资源的约束,所以,应有个工作侧重点,以确定采取增长策略的依据,如指标提升空间和性价比投入产出比等。

综上所述,要实现高效的数据运营,必须克服两大挑战:一是如何将原来经验决策习惯转变为依据数据辅助决策;二是如何让公司各部门能容易地获得数据并掌握数据驱动能力。因此,运营人员需要养成特定的数据分析习惯,培养对数据的敏感度。

存在哪些常见数据分析误区?

(二)数据运营体系

数据运营体系是数据分析方法与工具的集合与应用,也是数据先行的战略设计。它不仅体现了运营部门的工作,也体现了产品、市场和研发等部门的共同愿景。从管理角度来看,它是自上而下的推动结果。从闭环的角度来看,一个有效的数据运营体系要回答以下逻辑上密切关联的 5 个问题:一是要做什么? 引导出目标数据的制定。二是现状是什么? 通过数据分析,以报表形式呈现。三是数据变化的原因是什么? 梳理数据变化原因和潜在规律。四是未来会怎样? 即利用数据开展预测活动。五是应该做什么? 关系到数据应用和运营决策,这是一个持续迭代改善的闭环过程。针对体系需求,结合架构理论(详见第三章),提出一个数据化运营体系设计思路,划分成 4 层架构:数据收集层、数据产品层、数据运营层、用户触达层。每一层架构都逐步演进互相依赖,每一层又不可缺少。数据化运营体系架构如表 5-2 所示。

表 5-2　数据化运营体系架构

层级	各层级内容			
数据收集	行为数据	数据流量	业务数据	外部数据
数据产品	数据清洗	商务智能	数据指标	用户画像

层级	各层级内容			
数据运营	风险	卡、券、营销	活动运营	电商运营
	客户关系管理	积分中心	用户运营	内容运营
用户触达	短信息服务、推送、电子邮件营销	个性化推荐	广告	呼叫中心、关键意见领域

1. 数据收集层

数据化运营体系的底层是数据收集层,通过实现数据规范来为数据体系建设工作打好基础。需要收集的数据分成4个主要类型:行为数据、流量数据、业务数据、外部数据。

(1)行为数据。它是用户在产品上一系列操作行为的记录的集合。行为数据的核心是描述某用户在某个时间点、某个地方,以何种方式完成了某类操作。比如用户打开 APP,浏览页面是行为,收藏商品、查询信息也是行为。行为数据通过埋点收集,主要涉及用户 ID、用户行为类别、行为时间戳等最主要的字段。对行为数据进行分析一方面可方便了解用户的偏好、页面停留时间的长短、浏览频次、评价等;另一方面按用户的不同行为,如购买、评论、回复等,可对用户分层分群。

(2)流量数据。如果说行为数据在产品端,流量数据则是从用户访问的网页端产生。两者的最大差异在于,流量数据能够知道用户从哪里来,是通过搜索引擎、外链等渠道还是直接访问。这也是 SEO(search engine optimization,搜索引擎优化)、SEM(search engine marketing,搜索引擎营销)及各渠道营销的基础。流量数据主要字段有用户 ID、用户浏览页面、页面参数、时间戳等 4 类。流量数据的统计方式比较成熟,如 Google Analytics(谷歌分析)和百度统计都是知名的第三方工具,但是它们只能提供统计数据,不支持私有化的操作(如将数据直接保存在企业自有的服务器上)。如要知道某个页面有 1000 人访问,但这 1000 人是谁不能定位,数据也无法记录在数据库中。一些新式工具不断开发出来支持这种更精细的需求。随着可靠和先进的技术手段的出现,行为数据和流量数据统一到一起是未来的趋势。

(3)业务数据。业务数据伴随业务而产生。比如在进行电商促销时,有多少用户领取了优惠券,有多少优惠券被使用,这些优惠券又用在哪些商品上等,都属于业务数据。这些数据和运营息息相关又无法通过行为数据和流量数据做出解释,就归类到业务数据的范畴。常见的有用户快递地址、商品信息、商品评价、促销、好友关系链、运营活动、产品功能、库存信息等。业务数据没有固定结构,不同行业的业务数据是不一样的。因为结构不能通用,业务数据需要在后端研发配置。业务数据和行为数据、流量数据被统称为原始数据,是指没有经过任何加工的数据。

(4)外部数据。这是一类特殊的数据,不在内部产生,而是通过第三方来源获取。比如微信公众号,用户关注后公众号运营方就能获取他们的地区、性别等数据。还有公开数据,像天气、人口、国民经济的相关指标等。

这 4 类数据构成了数据化运营的基石。数据结构逐步从 SQL(structured query language,结构化查询语言)到 NoSQL(not only SQL,非关系型数据库);信息源更加丰富,图形和声音数据越来越多;数据存储方面由单服务器演变成分布式存储服务器;响应从离线批处理到实时流式,这些新情况都成为数据收集的挑战。在尽可能收集一切数据的前提下,应遵循两个原则:宜早不宜晚,宜全不宜少。

原则1:宜早不宜晚。从创立阶段起,就有收集数据的意识。数据化运营贯穿产品全阶段,不同阶段有不同的运营方法,对不同阶段数据的收集、存储、分析,有助于产品的更新迭代。

原则2:宜全不宜少。历史数据、变更记录数据或者细节操作方面的数据,都存在开发价值,因此,应尽可能全面地搜集数据。

2.数据产品层

原始数据并不能直接为运营部门所用,数据产品层可以对数据进行加工和利用,统一不同系统中相同字段的数据类型、数据值,建立合理的维度、度量及数据模型。它不是传统意义上的数据产品(如广告系统),而是以发挥数据价值为目的,对数据进行加工的过程。这一层的产品模块有元数据管理、指标库、作业调度管理、数据质量管理等,都是为了让数据可追溯、可管理,从而持续改进数据质量,产出高质量的数据。

(1)数据清洗。数据清洗(extract-transform-load,ETL)描述将数据从来源端经过萃取(extract)、转置(transform)、加载(load)至目的端的过程,是构建数据仓库重要的一环,是商业智能的核心和灵魂。比如用户在微信朋友圈看到一则感兴趣的活动,于是下载APP,注册后参与了活动。这里的行为数据和流量数据是完全独立的。微信朋友圈的浏览数据,记录的是用户weixinOpenId和cookie,下载后则是产品内部使用的userId,两者无法对应,这就需要数据整合,将cookie、手机号、userId等信息映射(mapping)到同一个人。这是技术层面的数据清洗。

(2)商业智能。商业智能(business intelligence,BI)。通过BI,将原始数据按维度和度量聚合,用来解决数据开发和挖掘、标签制作和使用、算法调用、数据调用等问题。对应的数据产品模块有:开发管理、标签平台、算法平台、数据接口、运维监控。可根据业务和场景决定数据的不同使用方式。这里最重要的是先有指标。

(3)数据指标。建立指标有助于从庞杂的数据中找出分析方向,指标在数据化运营体系中是承上启下的润滑油,它由原始数据加工而来,反过来又驱动其他产品。

(4)用户画像。用户画像是常用的数据产品,原始数据越全,用户画像就越丰富。推荐系统、精准营销、广告投放都是常见的基于用户画像的应用。比如要推送健身器材促销活动,选择男性标签的用户肯定成功率更高,更进一步来说,如果运营知道用户偏好哪类运动,效果会更好。

3.数据运营层

数据运营层将数据转化成运营策略,引入精细化运营模式,对最适合的用户在最恰当的时机采取最合适的手段以产生最大的价值。例如,从CRM中找出最有价值的客户去维护,在进行活动推广时筛选出对产品真正感兴趣而不是只对降低活动感兴趣的用户,重点关注积分中心最优质的那批客户。可见,要构建好数据运营层,一是要提高员工的数据化运营意识,二是提升数据产品的计算机自动化能力。

(1)预测功能。仅仅了解过去发生的事无法适应快速迭代的竞争环境。把握当下意味着需要能获得数据的即刻反馈。如要推广一个活动,可以提前挑选1%的用户做一个A/B

测试,获知用户的反馈——响应程度和转化率。然后按照测试结果,决定后续的运营是继续、改进或放弃。在未来的机器学习领域,可通过数据建模,获得概率性的预测——用户会不会流失,是否会喜欢和购买某个商品,新上线的电影会否吸引年轻观众……运营部门则利用这些概率做出针对性的策略。

(2)运营工具。在数据化运营体系的搭建过程中,运营人员会用到很多的工具。如用户积累到一定数量,可引入积分中心以增加用户黏性;通过 SCRM(social customer relationship management,社会化客户关系管理)维系客群等。这些与运营息息相关的工具,日益在数据运营体系中发挥重要的作用。为了更好地达成目标,可将其功能独立出来构建运营模块/运营后台。好的运营后台和用户端的产品同等重要,也需要后台产品经理合理规划。

(3)自动化。整个运营流程不断改进:哪些方法好用,哪些手段效果好,哪种活动能持续做,把这些都好的经验成果加以总结,将其打造成运营的产品的后台支撑内容。这种系统化思维也叫"复用"。逐渐地,系统将变得越来越自动,功能越来越强大。

以上种种,是将数据、产品运营、系统和人员四者结合起来,形成策略,整体发挥作用。数据本身没有价值,变成策略才有价值。

4.用户触达层

前面三层中,数据收集得再多,加工得再好,运营得再努力,如果不将它们传递给用户,这个数据化运营体系就是失败的。用户直接感知到的是产品的推送通知、横幅广告、广告位、活动、文案、商品的展示顺序等,在数据化运营体系的最后一个环节需要面向用户。在与产品交互的过程中,用户会直接表达自己的喜恶:感兴趣的会点击,喜爱的会购买,讨厌的会退出……这些构成了新一轮的行为数据,形成了反馈指标:点击率、转化率、跳出率、购买率等。这些指标就是用户触达层的结果体现,也是数据化运营的结果体现。用户触达层不是数据化运营体系的结束,它是另外一种开始。通过反馈获得的数据去优化去改进产品。

(三)数据运营的价值

随着各行各业互联网企业的产品和服务越来越丰富,吸引并留存用户的难度与成本在不断攀升。影响用户生命周期的诸多因素越来越复杂,仅靠经验无法做出判断。许多互联网企业建立自己的数据平台,能否赋能营销和运营及促进两者融合,成为数据驱动增长的关键之所在,从数据化运营升级到智能化运营成为必然选择。从提升业务和创造价值的角度来看,数据运营的价值可以归结为以下3点。

1.开展智能决策

数据运营可以辅助智能决策,比如判断哪些渠道转化效果更好,哪些功能模块更加受到用户欢迎。互联网运营决策包括运营监控、产品改进和商业决策3个方面。

2.实现产品智能

智能是一种学习能力,产品智能就是人工智能概念(artificial intelligence,AI)。产品本身具有学习能力,可以不断迭代。比如个性化推荐,通过采集海量用户行为数据,训练用户兴趣模型,然后给用户推荐信息,再将用户的使用数据反馈给模型。精准推送广告就是类似的模型。

3.布局智能化运营

数据化运营要达成智能化运营的布局,涉及3个方面。第一,实现业务数据的收集。比如动态的跨端数据的处理能力、动态的分析能力,这是实现智能化运营的基础。第二,能够进行复杂场景下的分析和决策。用户数据的支持,加上强大的分析能力,可以探讨用户在什么场景下会自动触发运营策略。第三,用户每个周期采用自动化运营策略。如果将延长用户的生命周期看作是一个闭环,能够在闭环上实现自动化运营才是智能化的目的和最终解决方案。比如用户下载之后,会有运营策略引导用户完成注册,注册之后又有对应的运营策略自动推送,激发用户转化为活跃用户。如果用户未注册或者转化不成功,又会使用其他的运营策略再次激发,最终目的是实现用户转化。

很多行业如今能解决基础数据决策驱动问题,更高级的智能化需求只有过了这个阶段才会集中爆发。对于大部分可落地的场景,数据仍然是影响智能化落地的主要瓶颈,如何低成本生产和采集数据很多时候比用什么算法更有助于智能化落地。最终都要考虑成本问题,无论企业自建还是采购外部智能化解决方案,必须考虑投入产出比因素。

二、数据运营流程

企业在实现数据运营驱动业务优化的道路上困难重重,常见的场景有:排队等待工程师跑数据、仪表盘只能看到宏观数据、无法破除数据孤岛现象等。实现高效的数据运营,必须解决两个核心问题:一是如何从习惯上将原来拍脑袋决策的方式转变为依据数据做好辅助决策;二是如何让公司各部门能容易地获得和使用数据驱动的能力。数据运营实质上涉及一条数据"流",数据建设就是要不断地完善这条"流"。按照数据的流向,可以将数据运营分成图5-2所示的5个阶段任务。

图 5-2　数据分析流程

(一)数据采集

数据采集种类涉及业务数据、日志数据、OA(office automation,办公自动化)数据、财务数据、BD(big data,大数据)和外部第三方数据等。数据需要经过采集、抽取、转换和装载,为数据分析奠定基础。

(二)数据建模

数据经过清洗加工,资深BI人员整理出一份数据字典,方便数据分析人员开展数据查询与分析,生成实时报表,并开展数据深度建模与挖掘。数据模型作为对现实抽象化数据的展示,往往具有针对性,可能换了一个使用场景,就起不到预期的效果。

目前较为有效的模型是多维数据模型,它是为了满足使用者从多角度、多层次进行数据查询和分析的需要而建立起来的基于事实和多维的数据库模型。其基本的应用是为了实现OLAP(online analytical processing,联机分析处理)。

多维数据模型主要由事实表和维表两部分组成,可以构建出多种多维模型,包括星形模型、雪花模型和星座模型。维表是对事实表中事件的要素的描述信息。比如一个事件会包含时间、地点、人物、事件。事实表记录了整个事件的信息,但对时间、地点和人物等要素只记录了一些关键标记,比如事件的主角叫"Tom",那么Tom到底"长什么样",就需要到相应的维表里面去查询"Tom"的具体描述信息了。

在建立多维模型之前,我们一般会根据需求首先详细地设计模型,如应该包含哪些维度,应该让数据保持在哪个粒度上才能满足用户的需求分析等。

(三)数据分析

在数据运营内容中,数据分析及其结果的应用是核心所在。通过数据分析得到规律,梳理并定位问题,从而精准化地提出解决方案。详见本章第三节内容。

数据分析
能力的重要性

(四)数据指标

上述数据分析虽然灵活且有深度,但受问题或需求驱动,分析效率太低。更多时候,我们需要一个仪表盘,以快速掌握总体的运营情况。建设一套有效的数据指标体系,需要探讨3个关键问题。一是数据指标从何而来?我们可以以两个基本概念为基础,来探讨适合业务特点的数据指标。首先,最小经济单位。它指能反应业务发展水平的,体现收入与成本关系的某个最小运作单元。比如共享雨伞项目中最小经济单位包括了雨伞和用户两部分。其次,业务模型。它包括业务流程模型(指从业务流程角度,通过识别业务关键节点的方式,表征整个业务运营过程)和业务营收模型(从财务的角度,衡量收入与最小经济单位之间的关系)。二是如何实现从数据指标到数据框架的构建?如果说数据指标是砖头,那么数据框架就是搭建数据运营指标体系这座房屋的整体框架,它是连接数据与目标的桥梁。通过数据框架,可以快速地明确数据指标之间的结构关系,识别出影响业务发展的关键影响因素。数据框架在数据指标体系中通常解决"是什么"及"为什么"的问题,主要分为总运营指标[OKR(objectives and key results,目标和关键成果)、KPI]、用户类指标、渠道类指标等三大类。三是如何实现从数据框架到业务数据模型的搭建?业务数据模型围绕业务核心目标,根据数据框架提炼出业务发展关键节点模型。

(五)可视化

可视化是数据分析必不可少的一部分,用以呈现和表达分析结果。最基础的数据可视化方法就是统计图,一张好的统计图有4个特点:准确、有效、简洁、美观。常见的统计图有:柱状图、饼图、直方图、折线图、散点图、箱线图、矩阵图、文字云等。具体见本章第三节内容。

三、数据智能运营

互联网或者"互联网+"对社会改变可以分为3个阶段。第一阶段是连接网络化,即连接人和物,连入互联网,这个连接产生了网络效应,改善了信息不对称问题。电商就是一个典型的商业应用形态。第二阶段是数字化,设备和人在数据空间和网络空间中会产生大量的数据,再将数据中的有效信息提炼出来用于精准的预测,如广为流传的沃尔玛的"尿不湿与啤酒"的故事。第三阶段就是智能化,组织通过挖掘内外部数据中所蕴含的信息,可洞察客户需求,进行智能化决策分析,制定更加行之有效的战略。

(一)数据驱动商业决策

数据驱动是现代企业发展最基本的要求。管理者应推动企业的数据决策文化,建立以数据为决策依据和衡量标准的价值观和制度体系。数据驱动的商业决策具有三大应用价值。首先是数据赋能企业全面和准确的分析能力,提升企业的商业决策质量,规避或降低经营风险;其次,内部无法达成共识时,让数据说话,可降低企业沟通成本;最后,数据驱动赋予企业洞察力,率先抢占商机,在不确定市场环境中做出有价值的判断和决策。

一般而言,管理者在业务活动中通常会关注 3 个问题:发生了什么、为什么发生及将发生什么。这 3 个关注点可以从业务层面、数据层面和决策层面入手,形成数据驱动的商业决策的特征框架,如图 5-3 所示。

图 5-3 数据驱动的商业决策框架

1. 关注现况

业务层面反映了当前业务经营的整体状况,如市场份额变动、KPI 运营表现等。数据层面需要体现业务经营的数据粒度,利用数据,了解和把握不同粒度的业务状态。如采集、分析、融合等。决策层面需要站在问题的全局视角,整合多方面的信息,得出比较客观的判断,如按时统计报表、实时信息查询等。

2. 洞察原因

业务层面需要反映业务及要素之间的关系,分析业务特定状态的发生与哪些环节和要素存在关联性。数据层面需要体现不同业务数据路径的连接,即不同粒度层级和跨界关联的业务数据是否有效打通?是否能够支持对数据的分析处理?如多维、切分、回溯等。面对许多问题的处理,决策层面需要识别出关联业务与要素之间的因果关系,梳理出业务逻辑和状态转换的机制,才能做出有效的决策,如产品线开发、进入新市场、业务增长等。

3. 预判未来

业务层面需要勾勒业务发展的轨迹,预判决策或变化导致的业务趋势和走向;数据层面呈现出数据的动态演化情况,进行数据建模,支持智能学习和不确定推断;决策层面需要提升前瞻能力,摸排潜在风险,因势利导决策情境。

挖掘用户行为数据价值的一系列智能应用有用户画像、精准用户运营、搜索引擎点击模型、智能评价系统、反作弊分析、流失用户预警系统等(见表 5-3)。

表 5-3　智能应用方法

应用场景	解决的问题
用户画像	描述用户数据的变量集合,如用户属性、行为与期望等可用于个性化推荐、广告系统、活动营销、内容推荐等领域
精准用户运营	根据用户浏览和购买等行为信息向客户推荐最有可能被转化的产品,个性化推荐用户喜欢的内容,精准广告推荐则向用户推送最有可能感兴趣的广告
搜索引擎点击模型	基于海量用户检索的点击行为,调整检索结果中高频点击项目、排序内容
智能评价系统	自动用户评价追踪,抽取关键文本内容
反作弊分析	判断用户的"作弊"行为
流失用户预警系统	提前预警用户潜在的流失倾向,提供优惠券、促销活动,延长用户生命周期

资料来源:改编自桑文锋.数据驱动:从方法到实践[M].北京:电子工业出版社,2018.

(二)产品智能化

产品改进的方式很多,结合数据运营,改进过程更可靠,结果更有效。如 MVP 理念强调以最小的代价推出一款最小的可用产品,以此为基础开展迭代改进和升级。在这个过程中,数据运营是非常关键一环,通过数据评估和分析,找到薄弱环节和不合理的地方,保持产品正确的迭代方向。很多互联网企业在产品优化时,哪怕对于局部小范围的优化,都要通过灰度发布和数据验证,产品开发人员密切关注任何有关用户体验的数据。数据更大的价值还在于赋能产品智能化。

1.产品智能化的概念

所谓产品智能化,指的是产品的一种"学习能力"。即借助算法模型,将得到的分析结果反馈到产品中,赋予产品智能。如果说数据驱动决策将分析结果用于管理者的决策使用,那么数据驱动产品智能更加强调数据的处理结果供机器训练学习,这种数据分析的算法往往比较复杂,本身具备自我迭代的特点。比如百度搜索引擎依据用户的点击自动调整排序,今日头条根据用户阅览的新闻推荐相关类型。

为了实现产品智能,需要完善数据平台及针对场景的算法模型。用户行为数据可以被应用在产品/服务的各个层面,而底层的数据平台则是实现这一切的基础。为了支撑各种可能的数据应用,一个数据平台要具备对数据的灵活处理能力,包括接收、清洗、存储、计算、查询等,整个过程既高效,又具备一定通用性。只有构建一个灵活、易用的数据平台,才能实现高效的数据迭代,实现真正意义上的数据驱动业务。

2.基于规则的用户智能应用

在数据流完备的前提下,应用经过实践检验与专家认可的基本规则,能取得较好的效果。比如某电商新上架一款便携式果汁机,希望在特价活动时段,将它推荐给最适合的用户。然后由自有或第三方推送系统向这些根据规则筛选出的用户推送具体的新产品信息。

(1)规则一:1 个月内的活跃用户。为推荐该款产品,运营人员决定先向最近 1 个月内的活跃用户发送促销消息。找到过去 1 个月活跃用户的 ID 清单,结果会发现用户数量太多,考虑到推送内容的广告色彩过重,会被顾客当作骚扰信息,产生负面效应。

（2）规则二：1个月内购买关联产品。缩小范围，只向在过去1个月中购买过电子产品或厨具的用户发送。这些用户更有可能会对该款产品感兴趣，不太会反感推送信息，有利于提高推送信息的转化率。

（3）规则三：1个月内购买过高价值产品的用户。由于该新产品定价较高，目标用户应是具备一定的消费能力。故继续筛选潜在目标人群，限定于上个月购买过高价值产品的目标人群，保证推送信息的转化率。

还可以继续增加更多的筛选规则并不断细化，直到找出符合的目标用户群体。从上述例子可以看出，基于规则的用户智能运营可以快捷、高效地应用于各类场景，满足很多运营需求。但是，如果规则没有办法很好地界定，或者说复杂到无法人为描述时，那么需要用到机器学习的方法。

3．基于机器学习的用户智能应用

机器学习算法分为哪几类？

1956年，几个计算机科学家在达特茅斯会议（Dartmouth Conference）提出了"人工智能"的概念。人工智能的先驱们梦想着用当时刚刚出现的计算机来构造复杂的、拥有与人类智慧同样本质特性的机器。这就是我们现在所说的"强人工智能"（general AI），目前能实现的一般被称为"弱人工智能"（narrow AI）。弱人工智能是能够与人一样，甚至比人更好地执行特定任务的技术。例如，图像分类、人脸识别等。机器学习专门研究计算机怎样模拟或实现人类的学习行为，以获取新的知识或技能，重新组织已有的知识结构使之不断改善自身的性能。机器学习最基本的做法是使用算法来解析数据，从中学习，然后对真实世界中的事件做出决策和预测。与传统的为解决特定任务、硬编码的软件程序不同，机器学习应用大量数据来"训练"，通过各种算法从数据中学习如何完成任务。它的应用已遍及人工智能的各个分支，如专家系统、自动推理、自然语言理解、模式识别、计算机视觉、智能机器人等领域。

（三）智能化运营

运营监控是借助数据运营进行流程改进和优化过程，这是一个基础级的能力，而智能化和自动化的运营模式将会成为未来趋势。

1．运营监控

运营监控是指运营人员密切关注互联网运营各个环节的运营实况，通过日常对一些重要数据的观察，科学评价、优化和改进运营流程与问题。比如"用户留存率"就可以作为判断产品价值的重要标准，用户愿意留下来，说明产品有价值。那么该如何提升用户留存率呢？这就需要找到留存的"Magic Number"（魔法数字）——用户在执行了某些操作序列后，更容易成为一名黏性用户。这个数值的实质是指用户了解到产品的价值，并转化为终身用户的那个临界点。比如当初 Twitter 用户流失率曾高达75%，时任增长团队负责人的乔什·埃尔曼深入研究了其余25%用户的留存原因，发现用户在10天内关注30个大V的留存率更高，"关注30人"指标数字就成了这家企业的 Magic Number。又比如"10天内交到7个朋友"是 Facebook 的 Magic Number。

用户能留下来的核心原因是产品功能设计满足了客户的核心需求。Magic Number 的方法论本质是通过分析找到致使用户留存率最高的那个行为,并将其运用到产品设计和运营上,让所有新用户尽可能地体验到产品价值,从而持续地留下来(详见第九章"增长策略")。比如当发现第 1 次消费与第 2 次消费相差 4 天的用户的留存率最高,我们就要通过各类运营策略引导并提醒用户在第 1 次消费 4 天后回来消费。运用各类优惠券并设置有效期等运营策略,引导其在 4 天内消费。

2.智能运营

智能运营是多层次的。第一,关注业务数据的收集能力,比如动态的跨全端数据的处理能力、动态的分析能力,这是实现智能运营的基础。第二,能够在复杂的场景下分析和决策,设计出用户在特定场景下自动触发运营的策略。比如某门户公司经历了从编辑主导逐步过渡到智能推荐主导的阶段,那么智能推荐是如何在门户公司逐步落地的呢?首先是选取一个新频道进行"推荐",以此频道作为切入点,证明比编辑分发效率高且收益高,逐步取代更多频道并采用机器分发,最后甚至从单产品做到多产品,形成智能推荐平台为其他产品赋能。在这个过程中,原有的组织架构、流程和系统都发生了变化。由于被证明的良好效果和竞品的倒逼,智能化最终在产品和运营侧落地,门户公司由编辑主导,逐步转变为编辑为推荐系统提供高质量数据素材,实现高效的人机协同。智能运营的高级阶段让用户感觉到产品的人性化,让产品感觉到用户的个性化。

3.自动化模板

(1)报表模板化

报表是一种用于沟通和交流的可视化形式。针对应用场景,运用数据分析原理和方法,展示有价值的信息(现状、问题、原因、规律),为管理者的科学决策提供坚实的依据。常见的数据分析报表有三大类。第一类是定期数据报表,如日报、周报、月报、季度报、半年报和年报等;第二类是专题分析报表,如用户流失分析报表、用户留存分析报表、优惠券使用报表、新上线产品运营分析报表等;第三类是综合分析报表,如综合运营分析报表、用户运营报表等。

对业务数据化运营和编制报表是一个持续的过程。比如各业务部门和运营团队需要每天关注近期运营数据,数据支持团队则需要每天定时编制运营报告。因此搭建一套数据管理模板,实现分析报表模板化尤为迫切。数据化管理模板能有效地将数据分析过程产品化,方便重复使用,能极大地提高工作效率。比如一份标准的自动化报表(报告)需要定期更新数据源表中的数据,这样在正文中选择相应的日期则会形成相对应的报告。而作为中间过程的数据转化表,并不需要定期更新,而是需要去做一些维护和优化工作。经过实际验证的数据化管理模板,还可以进一步地通过分析过程的逻辑化,实现分析结论自动化的目标。

(2)Excel 数据管理模板步骤

首先,做好创建报告的准备工作。梳理报告所包含的数据指标,设计报告内容与表现格式,根据报告正文的版式确定需要用到的图标、函数和控件等内容。常见的管理报告模板包括报告的标题和文字、日期控制单元、数据源表区域、数据动态引用区域、报告数据表格、报告图标等。

其次,实现报告自动化。编制一份个性化的 Excel 数据管理模板分为三步:第一步,需要根据分析维度搭建数据报告的框架,设计好具有公司风格的报告版式;第二步,厘清指标之间的逻辑关系,按逻辑关系设计报告的内容,建立数据源表和数据转化表;第三步,按照设计调整报告元素及版式,设计自动化流程。通过从数据源表导入数据即可在报告正文页得到最终需要的结果。Excel自动化流程如图5-4所示。

图5-4 Excel报告自动化流程

资料来源:赵宏田,江丽萍,李宁. 数据化运营:系统方法与实践案例[M].北京:机械工业出版社,2018.

①数据仓库。数据仓库是决策支持系统(decision support system,DSS)和联机分析应用数据源的结构化数据环境。如对企业日志数据及业务数据等异构数据源集成存储,方便数据运营从数据库中提取数据,做有系统的分析整理。

②原始数据表。用于存放每次报表所需关键指标数据的汇总表,它们是从数据库中提取出来的,一般经过初步的数据清洗及数据预处理。

③中间数据表。动态调用数据源中的数据,进行数据转化、指标计算、图标绘制及报告文本处理等工作。

④报告正文。依据前提设定的报告框架,应用加工过的数据、绘制成的图标及文字材料,用规定格式"组装"成文。

第二节　数据采集与埋点

互联网企业高度重视数据的质量,对数据需求不仅局限于简单的PV(浏览量)、UV(unique visitor,独立访客),而是重视用户使用行为数据的相关分析。用户通过不同的终端设备在系统上进行一系列的操作,比如在新闻系统上阅览、收藏,或者点赞、评论等,会触发系统下不同的微服务,记录用户的行为信息,用于分析用户的行为偏好,这个过程涉及数据采集策略。采集的数据质量的好坏直接决定了数据分析是否准确有效。

一、数据采集法则

通过业务数据库采集数据会存在哪些常见问题?

一般互联网企业采集数据会选择3种途径:业务数据库、第三方统计工具、web日志等。如友盟、腾讯分析、百度统计、Google Analytics等第三方统计工具,通过嵌入APP SDK(software development kit,软件开发工具包)或接入JavaScript SDK(简称JS SDK,是业务端与区块链平台沟通的桥梁,提供基础的API功能)来直接查看统计数据。这种方法简单、免费,能基本满足宏观基础数据分析需求,如访问量、活跃用户数量等。

互联网企业数据采集法则如下。

(1)全数据。企业采集海量数据时应从系统全面角度去考虑,尽可能采集全量数据,而不是抽样数据。比如对于用户行为分析来说,除了采集客户端数据,还要采集服务端日志、业务数据库,以及第三方服务器等数据,做到全面覆盖。

（2）全维度。粒度要细，要采集不同维度的数据。对于用户行为事件来说，应采集4W1H[4W 即 when(什么时间)、who(谁)、what(做什么)、why(为什么做)，1H 即 how(怎样做)]等信息，包括每个事件的维度、属性、字段等，形成一个事件快照。

（3）时效性。企业采用实时采集和分析数据的方式，才能保证分析结果的最大价值。如"双十一"活动，海量的用户涌入，通过实时调整策略，及时替换购买情况不好的产品，确保流量的转换率，不至于错失良机。

二、数据采集与选择

(一)数据采集方式

数据埋点是数据分析的基础，一般用于对用户行为的监控和分析。要确定采集哪些数据首先要明确产品定位及目标，然后，在各个流程或环节中设置数据埋点。例如电商涉及的数据就是用户的访问路径、页面停留时长、跳转率、转化率等。科学的数据采集方式主要为代码埋点、全埋点、可视化埋点。为了减少系统耦合性，还可以采用导入辅助工具等方法，如采用日志、数据库的方式生成数据，转换数据后通过实时或批量工具完成数据导入。

1. 代码埋点

（1）概述

所谓代码埋点，就是为了数据分析的需求在原本复杂的代码逻辑之上再加入 N 行获取数据的代码。在正常的业务逻辑中嵌入数据采集代码的过程，就是"埋点"的过程。代码埋点分为前端代码埋点和后端代码埋点。

①前端代码埋点

也叫客户端埋点，类似于全埋点，是在可见的界面上进行埋点，在前端嵌入 SDK 的方式，能得到的数据比较表面。但与全埋点不同的是，对于每个关键行为，需要调用 SDK 代码，将必要的事件名、属性字段等写入代码，然后发送到后台数据服务器。

②后端代码埋点

也叫服务端埋点，它是将相关的事件、属性等通过后端模块调用 SDK 的方式，发送到后台服务器。相比前端代码埋点，后端代码埋点具有更好的数据可操作性，并且能实现一处埋点，不用从各个 APP、web 端进行埋点操作。

（2）代码埋点采集方式的优劣势

①代码埋点的优势。一是数据由手动编码产生的，灵活性比较大，可以更好地支持一些扩展数据。二是代码埋点由于是按照埋点逻辑进行的预处理，所以对此后的分析较友好，分析效果也较为理想。

②代码埋点的劣势。一是代码埋点必须提前确定收集什么样的数据，所以埋点容易出现的问题就是漏埋，一般来说在发布前一定要经过谨慎的校验和测试。二是在产品迭代过程中，如果忽略了埋点逻辑的更改，会导致后续的分析逻辑错误，甚至导致产品程序的漏洞。

2. 全埋点

（1）概述

埋点技术都要在原有的业务代码上进行改动。全埋点通过编程语言自身的特点来完成数据收集的自动化过程。前台全埋点其实就是通过监听事件,把页面上发生的所有事件都采集下来。后台全埋点实现比较复杂,将网络数据进行旁路反解析,前后端交互的数据肯定都会经过网络,所以网络中应该包含了绝大多数业务数据。

比如,百度曾经开发了一个 Click Monkey 产品,只要页面上嵌入 SDK,就可以采集页面上所有的点击行为,绘制出用户点击的热力图,这种方式对于一些探索式分析还是比较有用的。境外的 Heap Analytics 把这种方式加以优化,尽可能全方位地采集 APP 的用户行为,通过界面配置的方式对关键行为进行定义,这样就无须工程师的配合便可完成数据采集操作,这是它的一个优点,也被称为"无埋点"的数据采集。要使用这种方案,必须在产品中嵌入 SDK,等于做了一次统一的埋点,所以"无埋点"这种叫法本身就不严谨,实际上是"全埋点"。

(2)全埋点采集方式的优劣势

①全埋点的优势。第一,使用与部署简单。只需要嵌入 SDK,采集的是全量数据,所以产品迭代过程中是不需要关注埋点逻辑的,最大限度地避免了因需求变化、埋点错误(漏埋、误埋)等原因导致的重新埋点的复杂工作。第二,用户界面友好。直接使用鼠标操纵,自动向服务器发送数据,可避免手工埋点的麻烦和失误。第三,收集的是全量数据,可以减少运营和产品的试错成本,带来更多启发性的信息。比如通过展现 PV、UV 等宏观指标、每个控件被点击量等,可更好地了解到用户行为,为进一步数据分析指明方向。要注意超范围索取权限、过度收集用户个人信息等问题,遵守《中华人民共和国个人信息保护法》。

②全埋点存在的缺陷。第一,适用大部门,通用的场景、标准方案的采集或自定义属性的采集需要代码埋点来辅助。每个用户的交互行为有许多属性,全埋点无法深度到更细、更深的粒度。比如用户点击"购物车"是一次交互行为,全埋点会忽略用户信息、商品品类等其他维度信息,此时需要代码埋点来辅助采集数据。第二,兼容性不足。当前第三方框架较多,容易造成全埋点兼容性问题。APP 界面中相同功能按钮会有不同名称,给筛选所需数据时带来困扰。第三,全埋点采集全量数据,带来数据传输和服务器运营的压力。

3. 可视化埋点

(1)概述

可视化埋点通常是指用户通过设备将用户行为分析工具的数据接入管理界面,对可交互且交互后有效果的页面元素(如图片、按钮、链接等)直接在界面上进行操作实现数据埋点,下发采集代码生效回数的埋点方式。这种方式所见即所得,可跳过代码部署、测试验证和发版过程,能极大地提升效率。

支持可视化埋点的 SDK 会在被监测的网站或移动应用被访问时向服务器校验是否有新的埋点,如果发现更新的埋点,则会从服务器下载并且立即生效。这样就能确保服务器收到最新的埋点后,所有客户端都能在下一次访问时得到部署了。

(2)可视化埋点方式的优劣势

①可视化埋点的优势。可视化埋点可以直接在网站或移动应用的真实界面上操作埋点,几乎实时生效,能验证埋点是否正确。对于没有权限触碰代码或者不懂编程的人都可以非常低的门槛获取到用于分析的数据。

②可视化埋点的劣势。可视化埋点只是针对可见元素的,其中可见元素最常见的就是点击行为。对于点击操作的埋点也确实是目前可视化埋点的主攻点。但从实际情况来看,

复杂页面、不标准页面、动态页面都给可视化埋点增加了无法采集的风险,这种情况下只能采用代码埋点。

上述埋点的方式在业务系统繁忙的情况下,会对数据采集系统产生大量的请求,若数据处理不及时则会拖垮数据采集服务。为了减少系统耦合性,可借助消息中间件(是基于队列与消息传递技术,在网络环境中为应用系统提供同步或异步、可靠的消息传输的支撑性软件系统);如果对时效性要求较高,可采用推模式对数据采集系统进行推送;如果对时效性要求不是很高,可采用定时任务拉取数据。同时用多个系统订阅消息中间件中不同 Topic 的数据,能重复使用数据。后端多个数据分析系统之间互不影响,减轻了从业务系统采集多份数据的压力。

(二)埋点方式选择

要真正实现精细化运营,企业数据采集要科学选择埋点方式。

1.代码埋点、全埋点或可视化埋点

一旦企业有复杂的分析需求,就需要利用代码埋点,否则采集的数据无法保证有效且灵活自由下钻。灵活的自由下钻功能有助于洞察深层数据,能极大地提高分析效率。

如果仅仅为了了解宏观数据,没有精细化分析的要求,并且是对客户端做分析,那么就可以选择全埋点。比如开发阅读类、词典类工具性 APP 的企业,在其发展初期的产品运营阶段,产品功能较为初级,无明确的业务数据、交易数据,利用 PV、UV、点击量等基本指标分析即可满足需求。

可视化埋点和全埋点有着对埋点和分析全然不同的追求。可视化埋点是为提升原工作流程的效率,依然要梳理需求、设计埋点;全埋点则是将工作流程都进行了简化。这两种埋点也不是排他的,完全可以同时使用。

2.前端埋点或后端埋点

大多数情况,建议采用代码埋点,并且采用前后端混合的模式进行埋点。定性的数据适合用前端埋点,因为前端埋点主要收集交互式数据,会有 5% 以内的数据不准确的情况。而代码的服务端埋点可以做到 100% 数据准确,定量的数据,建议采用后端埋点方式。

例如,在产品运营的初期,产品功能比较简单,或者有些行为与后端不存在交互操作,故可以选择前端埋点方式。又比如,后端采集数据,例如采集后端的日志,实际上是将数据采集的传输与加密环节交给了产品本身,认为产品本身的后端数据是可信的。后端采集数据通过内网传输到分析系统中,这个阶段不存在安全和隐私问题,也不会因网络原因丢失数据,传输的数据真实地反映了用户行为。为了保证核心数据的准确性,推荐后端埋点的方式。

三、数据采集的准确性

数据采集质量是指数据采集的准确性和及时性。其中,准确性的要求是第一位的,它不仅决定着采集的数据是否有价值,也是衡量数据采集质量高低的根本标志。数据采集质量是数据分析结论有效和准确的基本保证。在进行数据分析的前后,经历了很多道工序,从数据定义、采集、上报、汇总、加工到分析使用,每一道工序都可能出错。如果底层数据有问题,将直接加大数据分析过程的误判风险,甚至得出相反的分析结论。

(一)数据采集不准确原因

在应用中,有可能出现第三方统计工具采集的数据和业务数据库中的数据不匹配的现象。如果数据出现较大偏差的现象,比较容易被发现。但是如果数据的偏差控制在很小的范围,就不容易被觉察。总的来说,数据采集不准确的主要原因有以下几种。

1. 统计口径不统一

看似同一指标,因统计口径不同,会造成实际数据的偏差。比如统计活跃用户时,启动APP属于活跃,还是首页加载完成才算活跃,或者需要用户完成其他关键行为才算活跃?

2. 代码质量问题

埋点时有可能因人为失误遗漏某些行为事件的采集。存在众多的开发平台和发行版本,也会导致 SDK 在某些情况下不能被有效调用,或者重复发送行为,都会产生数据不准确的问题。

3. 多来源数据混用

同一个数据,会有多个渠道来源。有些可能来自埋点平台,有些来自服务端记录,甚至还有些来自人工记录。这些数据可能存在细微差异,使用的时候需要统一一个来源,使用同源数据,不要盲目拼接混用,这样容易出错。

另外,无效请求情况下,返回的数据会不准确。比如恶意网络攻击、Spider 抓取操作,都会导致数据的异常。

(二)数据采集准确性提升策略

1. 开展事件设计和明确统一口径

(1)完善元数据管理。元数据管理包括业务词汇表的发展、数据元素和实体的定义、业务规则和算法、数据特征等,可精细化管理每个行为事件的属性、类型、定义。

(2)数据定义一致。有时候甚至同一种来源里,也有很多不同的记录和统计逻辑。在使用数据前,需要确认数据定义的一致性。比如,同样都是人均消费数量,如果甲的理解是人均消费数量=消费总数量/日活人数,乙的理解是人均消费数量=消费总数量/消费人数,那么人均消费数量的数据完全不可比较。

(3)拆分关键行为。SaaS 统计系统采用通用的统计指标模型,但是对于部分用户,特别是边界用户(如一个用户在一段时期内,通过多个渠道访问官网,那么在统计时,该用户究竟应纳入哪个渠道统计呢?)需要设置一些自定义指标。应采取事件设计,拆分出关键用户行为事件,以及事件相关的维度。对于关键行为,如注册、订单交易等,推荐后端 SDK 埋点方式,提升数据采集的准确性。

2. 数据来源控制

(1)谨慎对待人工处理的数据。在现实数据来源中,自动化方式处理的数据远比人工处理的数据来得放心,也更容易批量处理。如果一定要人工处理,也可以通过一些模板,设置格式要求,来预设输入范围,在提高效率的同时,也能避免离谱错误发生,减少后期的纠正成本。

(2)排除错误数据。有的时候,功能迭代更新后,数据上报会出现问题,导致某个阶段的数据没法正常统计,这些数据需要排除,否则会极大干扰结果。不同类型数据互相转换的过程中容易出错,如在字符串类型转数值、浮点转整数等时,容易丢失信息。

3. 数据校验

数据校验,也就是检验数据的准确性。应管理好跟踪埋点的数据量、校验通过量等,出现异常时要能够及时发现。没有经历这一步的数据分析,都将存在潜在风险。数据校验有很多种方法。

(1)外部数据校验。这是指对多个数据源的数据进行相互比对,如果发现对不上,就可能存在着问题。不能忽视这些偏差,而认为其只是误差。这些偏差的背后,往往隐藏着一些程序上的错误,或者流程中的漏洞。

(2)数据相互校验。它是指数据处理过程中的前后对比,比如数据处理前后,同一个指标的平均值竟然出现了显著差异,出现这种情况不符合逻辑,说明处理过程出了问题。

(3)数据合理性判断。数据指标有自己合理的取值范围,比如用户每天登录的次数大概在十几次,每次阅读文章大概在几分钟内。如果出现了异常的值,那么就值得注意。此外,除了这些参考值以外,还可以同比、环比、横向比,如果发现某个值不符合预期,那么也应该仔细分析。

4. 举例

下面以电商 APP 的订单结算页面为例,说明数据埋点和数据质量控制问题。当用户点击"去结算"按钮时,不同埋点的使用对比如 5-4 表所示。

表 5-4　不同埋点的数据准确性比较分析

埋点方式	埋点成本	用户流量开销	数据准确性			对业务的影响	新埋点是否对所有客户端版本生效
			数据时效	数据可靠(安全性)	数据可回溯		
代码埋点	−	−	−	−	−	−	−
全埋点	+	+	−	−	−	+	+
可视化埋点	−	−	−	−	−	+	+
Measurement Protocol	−	+	+	+	−	−	−

注:Measurement Protocol 简称 MP 协议,即测量协议。它是一套规则,只要应用遵循规则就可以向服务器发送原始数据。测量协议通常用于跨设备跟踪和收集用户的交互数据并将其发送到服务器,这个设备可以是手机、平板电脑、数字设备等。

"−"表示"差","+"表示"好"。

(1)客户端代码埋点复杂,采集在客户端保存的信息,包括去结算订单的金额、商品名称、用户等级等信息。

(2)服务端代码埋点可以采集到商品库存、成本等其他关联的信息。服务端代码埋点获取到事件以外的关联属性,但该部署会影响到线上业务代码逻辑和架构。因此,对于这种外围信息,建议离线通过 Join 函数完成。

(3)如果用到的数据比较简单,几乎全是前端的交互事件,不需要属性等信息,可以用全埋点方式,采集到用户在某时某刻的点击量。如果用到的数据都来自交互事件,而且属性简单,可以采用可视化埋点方式。

第三节　数据分析方法

在日常的数据分析中,常用的分析方法有 8 大模型:事件模型、用户画像、漏斗分析模型、热图分析模型、留存分析模型、黏性分析模型、全行为路径分析模型、用户分群模型,其中,事件模型对于很多业务人员来说相对比较陌生,但它却是用户行为数据分析的第一步,也是分析的核心和基础。下面分别从逻辑方法、统计方法和实验方法等维度,选择代表性的分析方法对数据分析进行说明。

一、用户行为事件分析

企业一般都希望能实时采集数据并做实时分析,也就是能全景式地还原用户使用轨迹,了解不同用户的访问特征,通过研究与事件发生关联的所有因素来分析用户行为事件背后的原因、机制等。行为事件分析法就是研究某行为事件对运营的影响路径和影响程度。行为事件分析法具有强大的筛选、分组和集合功能,逻辑清晰且使用方便,已经被广泛应用。行为事件分析法一般经过事件定义与选择、多维度分层下钻分析、解释与结论等环节。

(一)事件定义与选择

什么是事件? 齐泽克(2016)将事件界定为超过了原因的结果,而原因与结果之间的界限,便是事件所在的空间。事件发生之后,一切都不再相同。即事件的一个基本属性为它总是以出人意料的方式产生的新东西,它的出现会破坏任何既有的稳定架构。这句话道出了事件的本质:转变。例如,因为下了一场雨,马路由干爽变成湿漉漉的,下雨成为一个事件。这里的"转变"既可以是形态的转变——由干到湿,也可以是认知的转变——由迷茫到恍然大悟。

事件有三要素:操作、属性、指标。操作定义一个操作动作(如点击、拖拽),属性是描述事件的维度,而指标是反映出属性的内容。事件、属性和指标是可以灵活自定义的。通过引入这一组概念,极大地节省了事件量,提高了工作效率,便于后续的数据洞察和精准的交叉分析。比如"购买"类型的事件,需要记录的字段有商品名称、商品类型、购买数量、购买金额、付款方式等;"搜索"类型的事件,需要记录的字段有搜索关键词、搜索类型等;"点击"类型的事件,需要记录的字段有点击 URL、点击标题、点击位置等;"用户注册"类型的事件,需要记录的字段有注册渠道、注册邀请码等;"用户投诉"类型的事件,需要记录的字段有投诉内容、投诉对象、投诉渠道、投诉方式等;"申请退货"类型的事件,需要记录的字段有退货金额、退货原因、退货方式等。

(二)多维度分层下钻分析

行为事件分析要能实现任意下钻分析(drill-down analysis,即沿着特定属性维度的层次下降,以获取更详细的数据)和多条件组合筛选的要求。行为事件分析具有追踪事件和属性的强大功能,为企业提供有关动态变化趋势、多维对比等各类有价值的分析结果。

在多维度分层下钻分析某个主题的表现时,就是从顶层指标逐级向下分层拆解,找出一个"影响最大"的链路。多维度分层下钻分析提供了两种思路:一是人工配置方案。这是具有共性的拆解逻辑,也就是维度顺序。二是自适应搜索方案。完全通过某个优化目标值搜索实现,具有不同的顺序。从一个业务分析问题,归约为一个技术问题。通过一张多维度的事实表(输入),或者更准确地说是一张汇总表,得到一个问题定位链路结果和对应的解决方案(输出)。目前解决方案完全是基于规则的,如图5-5、图5-6所示。

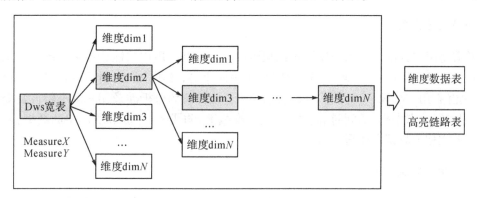

图 5-5　人工配置法

RuleSet(base on the data and highlight chain:
1.case when layer(1)=dim2 and dim2(value)=Vx and
layer(2)=dim3 and dim3(value)=Vy and ... then "xxx"
 as solution
2.case when...

⇨ 建议方案表

图 5-6　自适应搜索

在人工配置方案中,对于不同的商家来说只有数据不同,而结构是类似的。将底层的数据结构设计为一棵多叉树。而从端上来看,需要展示分析树、高亮链路和解决方案3类数据。因此从存储结构设计上,对于树的存储,在数据库里就是一个节点表和关系表。而针对"影响最大"的链路,存储在另一张计算好的节点链的表中。解决方案存储在解决方案表。

(三)解释与结论

此环节要对分析结果进行合理的理论解释,判断数据分析结果是否与假设判断相符合。如果误差过大,则应该针对不足部分进行再次分析与实证检验。

二、用户画像

用户画像也称为用户角色,用于勾画用户(用户背景、特征、性格标签、行为场景等)和分析用户需求。这是一种用户行为分析方式,用户在网上浏览、点击、评论等碎片化的信息被组织并加以存储,形成了一系列的标签,从而能够实现从海量数

📝如何改善物流体验得分项较低的现象?

据中提炼出有关用户信息的全貌。

用户画像越来越多地被应用到各种领域以满足不同的需求。如 Jisun An 等人设计了一种基于社交媒体实时数据的自动分析方法,实现了用户画像的实时创建。统计分析建模、数据挖掘技术形成了一整套用户标签体系,可预测用户未来数据,支持了精准营销的实现,从潜在用户的挖掘到吸引新用户,再到老用户的维护与流失用户的回流,体现出用户画像方法的商业价值。

用户画像的构建分为数据采集、用户行为建模、构建用户画像 3 个部分。构建用户画像的关键是对用户画像中的标签进行标识、验证、推理和解释。

(一)数据采集

通常将用户数据分为用户属性数据和用户行为数据。用户属性分析中的静态数据如姓名、性别、年龄、籍贯、薪资、职业、教育程度、消费水平等,在用户注册时可以通过统计直接获取,绘制静态用户画像,可对用户群体加以细分。用户行为分析涉及用户动态特征及变化趋势,如用户行为点击率、访问时间、访问深度、收藏率、购买率、评价等所产生的数据,从用户行为日志或相关数据中获得。

(二)用户行为建模

用户画像建模往往就是用户信息标签化的过程,将用户的行为偏好数据存储和分析,形成精准的语义信息。可使用文本挖掘、自然语言处理、机器学习、聚类算法、预测算法等技术建立行为模型,对用户加上合适的标签。标签作为客户特征化的定性表达和量化反映,需要遵循相关性、有效性、适用性、全面性原则,实现客户标签全方位覆盖与多视角展现。标签的合理分类对标签使用至关重要,标签分类应充分考虑到业务条线或各管理领域的要求,避免分类的交叉、重复,造成资源浪费。

(三)构建用户画像

当讨论产品、需求、场景、用户体验的时候,用户角色应运而生,抽象出表征用户角色的用户画像。

1. 用户画像概念和模型

那么什么是用户画像? 交互设计之父阿兰·库珀最早提出了用户角色模型(persona)的概念:"Persona is a concrete representation of the target user",即 persona 是真实用户的虚拟代表,是建立在一系列真实数据之上的目标用户模型。大卫·特拉维斯认为一个令人信服的用户画像要满足 7 个条件,具体如下。

(1)P-Primary research。代表基本性,指该用户角色是否基于对真实用户的情景的访谈获取。

(2)E-Empathy。代表移情性,指用户角色中包含姓名、照片和产品相关的描述,是否能引起同理心。

(3)R-Realistic。代表真实性,指对那些每天与用户打交道的人来说,用户角色看起来是否像真实人物。

(4)S-Singular。代表独特性,指每个用户角色是不是独特的,彼此很少有相似性。

(5)O-Objectives。代表目标性,指用户角色是否包含与产品相关的高层次目标,是否包含了用于描述该目标的关键词。

(6)N-Number。代表数量,指用户角色的数量是否足够少,设计团队能否记住每个用户角色的名称和一个主要用户角色。

(7)A-Applicable。代表应用性,指设计团队是否能把用户角色作为一种实用工具进行设计或决策。

2.用户画像绘制

产品设计、运营人员通过用户调研,根据他们的目标、行为和观点的共性与差异,将他们区分为不同的类型,然后从每种类型中抽取出典型特征,赋予名字、照片、人口统计要素、场景等描述,对用户的基本属性、购买能力、行为特征、兴趣爱好等进行标签和确认,开发出一个虚拟人物原型(user persona)。如表 5-5 所示,一个细致的用户画像,除常规的信息之外,还需要从用户行为、触媒习惯、消费态度、关键差异等多维度进行画像。当然也要避免如下情况:"目标用户是一群年轻人""目标用户是 25～35 岁之间的付费用户",这样的用户定位描绘经常出现在很多产品的目标用户定位中,过于宽泛和模糊的定义会给后续的用户基础累积和特征分析造成困难。

表 5-5　典型用户画像

基础信息 姓名、人物类型、人物简介	消费态度 情感、认知、行为	关键差异 消费能力、兴趣喜好 品牌偏好、价格弹性
用户特征 性别、年龄、学历、职业	用户行为 品类、渠道、频次	用户观点 满意点、口碑点 担忧点、投诉点
触媒习惯 微信微博、朋友圈、检索	用户期望 用户痛点、消费预期	目标 引起用户关注、激发消费体验、打造品牌口碑

注:改编自李明轩.运营有道:重新定义互联网运营[M].北京:机械工业出版社,2017.

3.用户画像应用

在得到一个完整而清晰的用户画像之后,我们就能够基于画像中的人物类型进行场景提炼,探讨所选择的用户会在哪些场景下遇到问题,并且通过产品和服务解决用户痛点和需求。比如在产品原型设计、开发阶段,产品经理围绕这些用户画像的需求、场景,研究设计用户体验与使用流程。当产品设计出现分歧时,产品经理能够借助用户画像,避免一些干扰,重新聚焦到目标用户,不必纠缠于这个功能的去留,而是讨论用户可能需要这个功能,如何使用这个功能等。具体思路如图 5-7 所示。

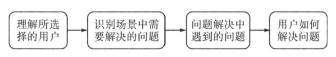

图 5-7　用户使用场景提炼流程

4.用户画像更新

(1)另一种用户画像

产品上线后,一方面真实用户数量不断增加,另一方面产品不断迭代升级,用户画像难以有效评估用户需求,也难以确定用户画像虚拟的人物是否为真的目标群体,而且真实用户群体随着时间推移会产生变化。随着"千人千面"消费理念深入人心,许多互联网公司希望能建立自己的用户画像驱动产品智能。因此,针对在设计阶段虚构的用户画像反应滞后的问题,引入了另一种用户画像(user profile)。它根据每个用户在产品中的行为数据,产出描述用户的标签的集合。与 user persona 相比,user profile 更关注以下方面。

①真实性。user profile 的字面意义是关注人口属性、生活状态等静态信息,但这些信息并不一定直接反映出用户兴趣。运营关注的是某用户"最近准备买什么类型的手机""最近喜欢看哪些类型的抖音"视频等。

②动态性。用户消费兴趣在随时地发生变化,需要及时更新用户标签。比如用户最近一次浏览的信息,在他进行下一次浏览之前就能体现并更新到 user profile 上。

③覆盖度。user profile 既要体现用户感兴趣的内容,也要记录用户不感兴趣的信息,以更好地满足运营需要。但是也不应执着于提升标签的准确度,而是可以通过设计更多清晰描述受众需求的标签,提升用户画像的覆盖度,提供更细粒度的画像。

因此,user persona 来源于产品设计与运营人员对客户的理解、调研与总结,可以作为判断用户需求的依据。user profile 从真实的用户行为,结合具体业务场景构建各种标签,在用户生命周期中不断刻画用户意图,辅助运营。

(2)建立 user profile 标签体系

有哪几种思路来构建用户画像的标签体系?

user profile 一般通过标签体系落地,简单说就是把用户分到多个类里面去,每个用户可以分到多个类别。这些类是什么、类之间有何联系,就构成了标签体系。具体来说,参照数据化运营体系架构,标签体系可以分为 3 个部分——数据加工、数据服务、数据应用。

①数据加工。作用是收集、清洗、提取和处理数据,提供最基础的数据原材料。

②数据服务。作用主要是实现业务方的数据要求,如定义业务方需要的标签、创建并执行业务标签实例、提供相应数据等。

③数据应用。数据应用的任务是赋予产品和营销人员构建标签体系的能力,聚合业务数据,使业务方能够根据需求来使用,比如精准化营销、个性化推送等。

三、A/B 测试法

(一)A/B 测试概念

在网站和 APP 的设计、产品的运营中,经常会面临多个设计/运营方案的选择。从按钮的位置、文案的内容、主题的颜色,再到注册表单的设计、不同的运营方案,都有不同的选择空间。比如一个新品上市后所取得的良好销售结果,很难说到底是新产品本身的吸引力带来的,还是别的因素带来的。实验是最有效的证明因果关系而非相关性的方法,通过实验可以把产品本身的影响跟别的外在因素的影响区分开,产品每做一次小的改变,都跟对照组进行对比,这就是 A/B 测试(也称分割测试或桶测试)。A/B 测试可以帮助我们做出科学选择,降低甚至消除客户体验设计中不同意见的争执。

(二)A/B 测试流程

一个完整的 A/B 测试主要包括以下几个步骤。

1.分析现状,定位问题原因,建立假设

分析业务,确定最高优先级的改进点,做出假设,提出优化建议。除了部分用户体验项目以外,绝大多数情境下的 A/B 测试,包括功能设计、UI 优化、页面逻辑等,都是围绕下面公式分解进行的,如图 5-8 所示。

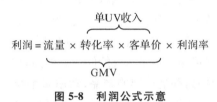

图 5-8　利润公式示意

2.设定指标

通常来说,应选定一个或几个指标来分析实验结果,以避免主观挑选实验结果。设置主要指标作为衡量版本优劣的参照,设置辅助指标来评估其他因素的影响。但是仅仅看一个指标也是不行的,很容易就错过全局,造成一叶障目,因此,在设置指标时应考虑不同维度。

3.设计与开发

这是指设计优化版本的原型并完成开发。A/B 测试不是只有 A 方案和 B 方案,实际上一个测试可以包含 A、B、C、D、E……多个方案,但是要保证测试的是单变量,比如按钮的 7 种颜色,那么这 7 个方案是可以做 A/B 测试的。但如果某方案在旁边新增了另一个按钮,即便实验结果产生了显著差异,也无法判断这种差异的成因究竟是哪种因素带来的。

4.确定测试时长

A/B 测试的难题在于实验时间多久最合适？结束太早可能产品的真正效果还没有足够时间体现出来,实验拖太长又会影响产品迭代改进的效率,这对初创公司或是追求快速迭代的公司来说,都是很困难的事情。那么到底实验应该进行多久呢？通过各种复杂的统计分析,Airbnb 总结出了一套动态决策边界(dynamic decision boundary)系统,综合考虑 p 值和实验进行的天数。

5.确定分流/抽样方案

确定每个测试版本的分流比例及其他分流细节,应该保证同质性、唯一性、同时性、均匀性。

(1)同质性。要求分出的用户群,在各维度的特征都相似。可以基于用户标签进行分群,每一个 A/B 测试试验都可以选定特定的用户群进行试验。

(2)唯一性。即要求在测试中,用户不被重复计入。

(3)同时性。分流应该是同时的,测试的进行也应该是同步的。

(4)均匀性。要求各组流量是均匀的,现在一般由专用的 A/B 测试工具负责。

6.采集并分析数据

这是指收集实验数据,进行有效性和效果判断。在判断用什么检验的时候,首要考虑的条件是样本量,其次是总体服从正态分布的情况。比如在样本容量大时(统计学上一般认为样本容量大于等于 30),总体的均值和标准差未知,不要求总体近似服从正态分布。根据中心极限定理,样本容量大,则样本均值的抽样分布服从正态分布,总体标准差可以用样本标准差来估计,可用 Z 检验;当样本容量小于 30,且不满足总体近似服从正态分布,不能用 Z 检验和 T 检验。

7.给出结论

回归分析常用有哪几种方法?

一般结论有 3 种:确定发布新版本;调整分流比例继续测试;优化迭代方案重新开发,回到步骤 1。在确定结论时,一定要慎重,因为不管是自己打造的 A/B 测试系统,还是使用第三方的系统,都有可能出现问题。有时候可能是使用过程中出了问题,有时候可能是系统本身的问题。最简单的办法是做一次 A/A 测试,也就是实验组和对照组都是一样的产品,然后看系统结果如何。微软专家罗恩·科哈维等在 2014 年发表 *Seven Rules of Thumb for Website Experimenters*(《网站实验者的七条经验法则》)中总结了 A/B 测试的 7 项重要法则。

第四节　可视化应用

可视化(visualization)是利用计算机图形学和图像处理技术,将数据转换成图形或图像,并进行交互处理的理论、方法和技术。它已经成为研究数据显示、数据处理、决策分析等一系列问题的综合技术,虚拟现实与增强现实都是可视化的应用。

可视化示例

可视化具有重要意义,它能展现全貌,简化复杂性,有利于理解和讨论,也方便处理异议。因此,数据可视化涵盖了广泛多样的应用情景。在实际使用中,要使数据可视化更加美观,除了需要出色的分析能力之外,还需要具备设计图形和讲述故事的技能。如 2 轴思维方法不仅能将现存的思维框架及理论进行重构,而且能够帮助人们轻松解决各类复杂问题,进行流畅表达并自信展示。

一、矩阵图

为了更好地表现出数据之间的联系,我们经常使用柱形图、饼图来展示多维数据。不过这些图表最多只能展示二维数据,如果需要展示三维数据,此时可以使用矩阵图来实现。

什么是矩阵图? 矩阵图是从多维问题的事件中,找出成对的因素,排列成矩阵图,然后根据矩阵图来分析问题,从而综合多种指标进行判断的一种多维可视图表。比如常见的波士顿矩阵图、麦肯锡矩阵分析法使用的都是矩阵图。

一般我们对每种产品的判定,经常要根据市场占有率、增长率和利润总额来进行综合判断。如表 5-6 所示,分别是 A、B、C、D 4 种产品对应的指标数据,其中不同产品的判断标准如下:现金牛产品 A——低增长率、高市场占有率;明星产品 B——高增长率、高市场占有率;问题产品 C——高增长率、低市场占有率;瘦狗产品 D——低增长率、低市场占有率。这也是波士顿矩阵方法。为了更加直观看出某种产品符合什么标准,通过矩阵图就可以快速对产品性质进行比对。

表 5-6　产品性质

产品	增长率/%	市场占有率/%	利润/万元
A	13	35	150
B	38	25	210
C	25	12	100
D	8	4	45

在 Excel 中选中实例中的数据,点击"插入"—"图表"—"所有图表"—"XY 散点图",选择其中的"气泡图"—"增长率",在表中插入一个常规的气泡图(见图 5-9)。

选中表示 A 产品的气泡图标,点击菜单栏的"图表工具"—"设计"—"选择数据",在打开的窗口勾选 A 产品,点击"编辑",在打开的编辑窗口依次进行如下设置。

系列名称选择 A2(即 A 产品的名称),X 轴系列数值选择 B2(即市场占有率数值),Y 轴系列值选择 C2(即增长率数值),系列气泡大小选择 D2(即利润数值)。这样我们通过一个气泡结合 X 轴、Y 轴,可以表示 A 产品对应的 3 个指标数值(见图 5-10)。

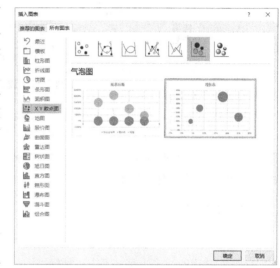

图 5-9　气泡图示意

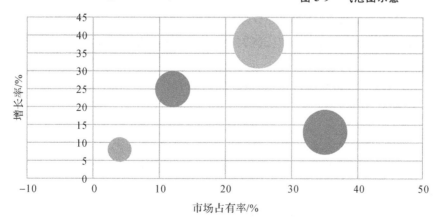

图 5-10　气泡图示意

点击图 5-10 中的坐标轴,按鼠标右键,选择"设置坐标轴格式"—"坐标轴交叉"—"坐标轴值",此处分别选择 X 为"15%",Y 为"20%"。从图 5-11 中可以看出,4 种产品被分成 4 个区域,根据前面的波士顿矩阵理论,分成"现金牛产品""明星产品""问题产品""瘦狗产品"。

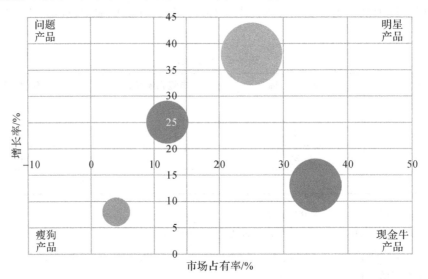

图 5-11 波士顿矩阵

很多数据都可以通过矩阵图来进行多维展示,这里需要注意的是,行和列的元素必须是各自独立的,一个元素的变化不会影响到另一个,要与相关或独立分析区别开来。采用四象限的方式展示多维数据时,一定要先规划好分类的标准(如上例的产品分类),同时使用合适的坐标刻度使得气泡的分布更为均匀。

二、文字云

文字云是对文本数据中出现频率较高的"关键词"在视觉上的突出呈现,直观显示词频的大小,关键词的渲染形成类似云一样的彩色图片,从而一眼就可以领略文本数据的主要表达意思。文字云是在新媒体图文、PPT、科研和宣传中较为适用的工具。生成文字云的工具很多,微词云(Mini Tag Cloud)、WordArt 等都能较好实现。

微词云是一款非常实用、简单的在线文字云、在线词云生成器,可以很简单地做出令人眼前一亮的文字云。

第一步,进入微词云在线编辑工具,调整到自己的作品中,然后点击创建词云。输入一段准备分析的文本,可得到文字汇总信息如下(见图 5-12)。

2019 年"双十一"主要电商平台销售额均再创新高。据星图数据统计,"双十一"当天,各电商平台销售额约 4101 亿元,同比增长 30％,再创新高。分平台看:(1)天猫:"双十一"主战场,社交互动营销发力,2019"双十一"全天成交额 2684 亿元,同比上一年的 2135 亿元增长 25.7％,延续较快增速;天猫"双十一"活动商品总数超过 1000 万件,超过 100 万款品牌新品在天猫首发,超过 10 万商家开通直播;(2)京东:"双十一"期间(11 月 1 日至 11 日)成交额 2044 亿元,同比上一年的 1598 亿元增长 27.9％;生鲜 1—10 日累计销售 4 万吨;1—11 日,全国 90％区(县)实现 24 小时达;(3)苏宁:发力全场景智慧零售,"双十一"当天全渠道订单量增长 76％,

新增 Super 会员数超过百万,旗下的家乐福中国"双十一"累计销售额 31.2 亿元, 同比增 43%。

(资料来源:数读双十一:主要电商销售额同比增 3%[EB/OL]. [2023-0-01]. https://baijiahao. baidu. com/s? id=16499590339 41587016&wfr=spider&for=pc.)

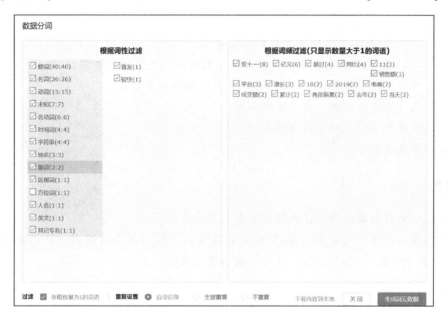

图 5-12 文本的文字汇总信息

第二步,切换到合适的形状后便可进行文字云展示,如图 5-13 所示。

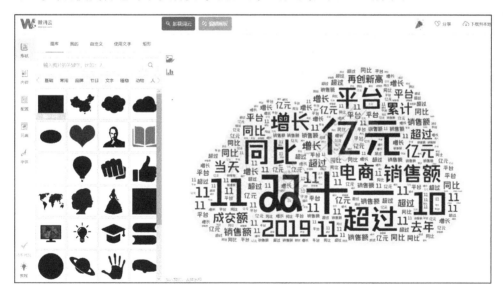

图 5-13 文字云示意

从图 5-13 中可以看出 2019 年"双十一"的关键词有"双十一""销售额""同比""增长""超过""亿元""再创新高""平台"等。

目前可以完成可视化的工具和方法层出不穷,本节只是列出两种较为常见的方法和思路,在实际工作中可以参考其他专业的可视化应用工具。

可视化时
如何避免视
觉误导现象

▶▶ **复习题**

1.简述数据分析的流程和步骤。

2.简述数据化运营体系的架构。

3.数据采集埋点有几种方法?其各自的适用场景如何?

4.对比两种用户画像方法,简要说明二者的区别和相通之处。

5.简述几种典型的数据分析方法和工具。

6.简述数据分析结果的呈现及要求。

7.如何掌握数据分析技能?

▶▶ **讨论题**

1.设计一款科技类新闻产品的简化的数据化运营体系。

2.某电商企业最近成交量下降,公司要求运营人员找出其中的原因。试用多维对比下钻方法,分析下钻框图,指出运营人员需要查看哪些数据?

▶▶ **延伸阅读**

1.陈国青,卫强,张瑾.商务智能原理与方法[M].2版.北京:电子工业出版社,2014.

2.克罗尔,尤科维奇.精益数据分析[M].韩知白,王鹤达,译,北京:人民邮电出版社,2021.

3.桑文锋.数据驱动:从方法到实践[M].北京:电子工业出版社,2018.

4.王汉生.数据思维:从数据分析到商业价值[M].北京:中国人民大学出版社,2017.

5.张文霖,刘夏璐,狄松.谁说菜鸟不会数据分析(入门篇)[M].4版.北京:电子工业出版社,2019.

第五章小结

第六章　新媒体运营

> 媒介革新的版本一再地忽视了大众文化的复杂性。

——亨利·詹金斯

新媒体迅速崛起，激发了一直"保持沉默"的用户群体，唤醒了他们参与的欲望，新媒体日益成为互联网企业引流的一个营销主阵地。新媒体运营成为互联网企业运营的一种不可或缺的重要方式，它既有传统媒体的"控制"需求，也有社交媒体的"失控"倾向，从这个角度来说，新媒体成为新媒体运营、活动运营、内容运营及社群运营的内在逻辑基点。在这一章中，将回答以下问题。

- 新媒体传播的重要原理是什么？
- 新媒体运营包含哪些工作内容？
- 如何搭建一个新媒体矩阵？
- 如何进行算法推荐？

第一节　新媒体运营概况

一、新媒体的分类和特征

（一）新媒体分类

早在 1967 年，曾担任过美国哥伦比亚广播公司技术研究所所长的彼得·卡尔·戈登马克就提出了"新媒体"的概念。时任美国传播政策总统特别委员会主席 E. 罗斯托在 1969 年向美国总统尼克松提交的报告书中，多处使用了"new media"（新媒体）一词，此后"新媒体"一词就开始在美国流行，也逐渐成为全世界的热门话题。

自媒体、社交媒体和新媒体之间的联系与区别

关于新媒体，联合国教科文组织给出的定义是：以数字技术为基础，以网络为载体进行信息传播的媒介。美国《连线》杂志给出的定义是：所有人对所有人的传播。很明显，前者从技术的角度强调新媒体的互联网属性，而后者从传播的角度强调了传播者从机构变为个体。列夫·马诺维奇总结了新旧媒体之间的几个主要区别：新媒体具

有数字化呈现、模块化、自动化、多变性、跨码性等 5 个法则。依据上述分析,新媒体可定义为利用数字技术和网络技术,通过互联网、局域网、无线通信网、卫星等渠道,借助计算机、手机、数字电视等数字终端,提供信息和娱乐服务的传播形态,一般是涵盖所有数字化媒体形式的统称。

大量新兴媒体平台涌现,逐步形成了不同的新媒体生态,大型互联网公司从各自的生态出发,构建了各自的新媒体平台类型,如表 6-1 所示。如腾讯生态包含了 QQ 空间、微信公众号、微视、企鹅号、腾讯网等新媒体平台。

表 6-1 典型新媒体生态及新媒体类型

新媒体生态	新媒体平台类型				
百度生态	百度搜索	百度贴吧	百度百科	百度知道	百家号
阿里巴巴生态	淘宝	天猫	支付宝	钉钉	虾米音乐
腾讯生态	QQ 空间	微信公众号	微视	企鹅号	腾讯新闻
字节跳动生态	今日头条	抖音	西瓜视频	头条百科	头条搜索
其他	趣头条	快手	哔哩哔哩	豆瓣	知乎

从新媒体运营内容及特点来看,可分成社交类新媒体、娱乐类新媒体、信息资讯类新媒体、分享社群类新媒体等。多屏融合和新媒体矩阵方法的广泛应用,一方面塑造了新媒体的特色,另一方面加速了各类新媒体的跨界渗透,构成了新媒体网络。它们各自的特点及运营策略如表 6-2 所示。

表 6-2 新媒体平台类型、特点及运营策略

新媒体平台类型	平台例子	特点	运营策略
社交类	微博	传播速度快,用户基数大,娱乐、社会热点扎堆	热点、事件、活动渠道
	微信	超大用户量,活跃度高,传播速度一般,体系和功能完善	用户互动、服务、传播渠道
娱乐类	喜马拉雅 FM	内容丰富,制作门槛较高	内容栏目
	优酷	内容专业、栏目化,机制健全	栏目合作、IP 合作、高质量内容
	抖音	强娱乐化、碎片化,易传播	短视频、创意内容、建立 IP
	虎牙直播	强娱乐化,强互动	IP 合作
信息资讯类	今日头条	超大用户基数,内容定制化且分类复杂	高质量内容、公关软文
	腾讯网	用户基数大,内容定制化	新闻、热点
分享社群类	知乎	以知识人群为主,内容深度有价值	垂直用户群、问答、高质量内容
	豆瓣	文艺人群、兴趣群居多,体系完善	垂直用户群、活动、兴趣组

资料来源:改编自李明轩.运营有道:重新定义互联网运营[M].北京:机械工业出版社,2017.

（1）社交类新媒体。这类平台是新媒体运营的主要战场,核心服务是社交。如微博、微信、贴吧等即时通信工具。

（2）娱乐类新媒体。满足用户社交娱乐的需求,以视频、图片内容或工具类平台为主。如抖音、喜马拉雅 FM 等。通常以 KOL、专题、系列节目等内容 IP 进行运营,引流至社交类平台。

（3）信息资讯类新媒体。以信息共建类为主的新媒体平台,是新媒体辅助的运营渠道之一,如头条、百家号、网易、知乎等。此类平台成为公关宣传、软文宣传等运营重地。用户可在此获取感兴趣的信息,它有助于产品引流。

（4）分享社群类新媒体。通常是以上 3 类大平台工具为依托的亚文化生态,如逻辑思维的罗友会等是通过社群形式出现的新媒体。不同社群有不同的目的,从社交、娱乐到资讯的交流分享,故与其他 3 类新媒体运营有交叉之处。

以上 4 类是新媒体运营的主体,在投入运用这些媒介渠道时,应结合各类新媒体的特点和功能,在新媒体矩阵中准确定位。

（二）新媒体特征

新媒体是一种产品形态、一种传播方式,更是一种新的游戏规则和运营模式。

1. 新的语言风格

新媒体语言风格鲜明,先天具备强大的传播基因。从语言内容和表达形式来看,新媒体语言存在 3 种创新:音同义异、形同义异、义同形异。其次,新媒体语言实现了对语法规则和字形的创新突破,呈现出显著的简易性,更为生动形象。最后,新媒体语言具有较强的幽默感、亲密感。推文类型或用词基本会利用网络用语或一两个"梗"来吸引用户,铺梗就是为笑点做铺垫,如可利用方言,打造地域特色,拉近和受众之间的距离,从而建立一种情感认同和文化认同。

2. 新的传播方式

新媒体可采用新的传播介质,如 PC 电脑、手机移动端、平板电脑等。其传播特点如下。

一是传播的复合性。表现为传播形态与形式的复合性、传播信息手段的多媒体融合、传播功能的多重性。

二是传播的开放性。与传统媒体相比,新媒体可以全天候地发布信息,整个传播过程的各个要素与环节都处于开放状态。

三是传播的多级性。在传统媒体的多级传播中,一级之后的传播通常是在媒体之外完成的。新媒体的多级传播则可以全部利用网络或手机媒介实现。

四是传播的双向性。传统传播模式中"传"与"受"的单向关系被双向互动的网络关系替代,受众由单纯地接受信息转变为在信息链各个环节发挥自身作用。自媒体实现了传者与受者身份的合一,集大众人传播、人际传播的特性于一体。短视频、VR(virtual reality,虚拟现实)技术、移动端等新的技术手段的出现,能迅速收到用户反馈的新媒体在一定程度上改变了传统媒体的把关流程、把关方式。把关人不再只是传统的专业新闻从业人员,把关人的范围被扩大了,个人可以自主决定某些信息是否发布,而是否发布大致归因于个人的价值判断和道德标准。自媒体时代的把关方式从"以组织把关为中心"向"组织把关、个人把关、协作把关"等多元把关方式转变。如微信以朋友圈和微信公众平台两大功能,充分满足了用户的社交联系、信息获取、娱乐等需求。微信公众号的留言和后台互动功能,使得管理者能够及时收到用户反馈,从而做出相应调整。微信公众号等自媒体更注重受众所关心的内容,其把关标准除了传统的社会背景、业界因素、媒介组织愿景,还加入了受众所想。

3. 灵活主动的受众

在新媒体时代下,受众表现出了很多不同于传统媒体的特征。受众是具有个性、有强烈表达欲望的人。传播者可以自己灵活调整"议程设置",策划需要传播的内容。这一议程内容既可以是同传播者自身相关的内容,也可以是结合当今社会热点的现象或事件。

在圈层内的信息传播是一种精准化的传播,具有便捷性、私密性和选择性。如微信朋友圈的把关人是每个使用朋友圈的用户,他们在人际圈内传播想要传播的各类信息,期待收到点赞、留言等反馈。

新媒体时代下的受众,还具备主动性、个性化的特点,对热点事件的持续关注,使"沉默的螺旋"不会一直沉默下去。

4. 新的运营机制

新媒体呈现出新的内容生产方式和传播模式,更重要的创新之处在于新媒体运营机制激发出内容生产的活力和传播的创新效果,特别是对于媒体的运作方式,应从渠道运营模式逐渐转向内容运营与内容营销。

为什么要从渠道运营转向内容运营?

渠道运营多为传统媒体的运营思路,渠道在传播内容的同时也要承载广告任务。因而传统媒体的运营方式往往是想尽一切办法去做好渠道运营。通过铺开和铺好渠道,形成一个从媒体到受众的高效传播通道。比如对纸质媒体而言,做渠道就是做好发行;对电视媒体而言,就是要提高收视率。在这样的运营逻辑下,即使媒介形式有了新的呈现方式,传统媒体人还是会延续原有思路对待新媒体,即沿用渠道运营的方式运作网站,工作重心并不是放在应该如何打造更适合媒体传播的内容,而是停留在追求如何为网站带来流量、带来点击率。

5. 新消费行为模式

新媒体的出现不仅体现出生产原理和工具的改变,更重要的是随之而来的消费者行为也发生了转变。而消费者行为的转变又对媒体的内容生产和运营产生了巨大的冲击。在传统的消费者行为模式中,消费者从接触商品信息到最终购买,中间会历经多个阶段:一是商品引起消费者关注。消费者通过大众化媒体广告、终端促销等方式获知商品信息,引起对商品的关注。二是消费者对商品产生兴趣。即消费者对成功唤起自身关注的商品产生兴趣。三是培养消费者欲望、消费者形成记忆、实现最终购买等。通过以上阶段,完成了消费者从接触商品信息到消费行为的转化。这是一个漏斗型、单向、转化逐渐递减的模式。

在新媒体时代,消费者的行为模式是:创意吸引关注—互动激发兴趣—搜索信息辅助决策—发生购买互动—分享体验形成口碑传播效应。有以下两个显著特点。

第一,消费者的行为是闭环的。从关注到最终的分享是可循环的,而不像大众媒体时代是单向的,消费者完成购买就意味着一次传播行为的终结。

第二,消费者的行为是可界定的。对于商家和品牌而言,品牌信息分散在消费者购买过程中所接触到的各种新媒体,尤其是社会化媒体中。互联网公司要在新媒体中布局营销触点,吸引消费者自发传播,从而获得更大的营销效果。同时,在微信、微博等客户端发生的消费行为都可以界定到个体,个体的贡献很容易测定。

二、新媒体运营概念和价值

(一)新媒体运营概念

新媒体运营的岗位职责

新媒体时代,各个企业越来越重视利用新媒体运营为其产品服务。那么新媒体运营究竟包含什么样的工作内容呢?

关于新媒体运营的定义也并不唯一,如"以新媒体为杠杆,以培育深度的用户关系为核心的运营工作"(李明轩,2017),"新媒体运营,就是通过利用基于互联网的微信、微博、今日头条为代表的新兴媒体平台工具进行产品宣传、推广、产品营销的一系列运营手段和过程"(苏海海,2018)。本文给出的新媒体运营的定义为:它是以新媒体平台为工具,综合应用互联网运营知识和方法,发挥杠杆作用,以培育深度的用户关系为核心的运营工作。

(二)新媒体运营机制

新媒体运营给互联网运营管理带来的影响是全方面的。如 Huang,Potter 和 Eyers (2019)通过对以往文献的梳理总结出使用社交媒体的运营和供应链管理活动,包括预测和库存管理、营销、采购、产品开发和生产、交付、外包、退货和逆向物流,以及运营和供应链风险管理。

社交媒体的功能在不同的运营、供应链管理活动中是通过连接工具机制和数据源机制来发挥作用的。

1. 连接工具机制

连接工具机制指的是社交媒体将孤立的个人或组织联系起来,并在运营和供应链活动中促使更多有效和高效的沟通发生。与传统的通信技术相比,通过社交媒体实现的连接促进了 OSCM(operation and supply chain management,运营和供应链管理)两种类型活动的交互现象。第一种类型的交互现象是由两个以前完全不连接的节点之间的链接生成的,而第二种类型的交互是从两个节点之间的链接中产生的,这些节点之前的链接涉及许多中介过程。前者提高了网络覆盖范围,而后者缩短了网络距离,这意味着可以更及时地共享更丰富的信息。此外,通过缩短传输距离降低信息失真的概率,也可以实现信息的完整性。

2. 数据源机制

数据源机制指的是以社交媒体作为数据源来支持运营和供应链分析,从而使公司具有更高的感知能力。其中,"数据"涉及所有可访问的社交媒体帖子,有时数据量很大,被视为大数据。这些数据不仅包括通过社交媒体发送给公司的帖子(例如客户对新产品设计的评论),还包括所有其他可能相关的帖子——这类帖子的发布人不打算与公司共享,但其他人可以在社交媒体平台上访问。在数据源机制下,不同的 OSCM 活动可以受益于社交媒体所提供的高感知能力。例如,在预测和库存管理中,可以通过将社交媒体分析添加到传统的时间序列预测方法中来感知市场趋势和波动,从而做出更好的补充决策。

（三）新媒体运营价值

上述分析表明,社交媒体可以通过提高运营和供应链活动中的沟通效率和感知能力来提高运营管理与供应链管理的绩效,具体体现在以下几个方面。

1. 促进运营沟通

社交媒体对组织沟通起着重要作用。在组织内部,员工之间通过社交媒体沟通,可提升公司内部的沟通效率,使沟通具有可见性和可追溯性。从组织外部看,社交媒体使公司能够与客户或更广泛的公众进行沟通,并与他们能够建立良好的关系。

2. 增加渠道黏性

当商家集中以后,谁能在流量竞争中胜出?那些具有创新能力的头部商家才能脱颖而出,这就需要通过品类来捕获市场增长的机会。一批用户代表一种新的增长力量,而这些新的群体需要开发新的品类来满足其需求。所有的美妆、食品、服装鞋帽等品类,都是按照这个逻辑产生的。具体来说,当已有品类不能满足新用户群体需求时,新的细分市场就诞生了。当大市场被大品类分割完,能推动业绩增长的一定是碎片化的小市场,这时针对不同的社群及相应的代表性个体,可采用"毛细血管＋KOL＋咨询＋运营＋内容"的方式,增强好渠道的黏性。

3. 助推产品发展的杠杆

把新媒体当成产品的杠杆,做好规划,就能助推产品发展。新媒体深入各类业务流程和需求端,结合数据和运营情况,反馈产品品牌和业务状况,形成完善的流程体系,强化以新媒体为杠杆的闭环串联与整合创新。一是通过在社交媒体平台上发布广告信息,企业可以推广产品和品牌,提高销售额。二是通过运用数据挖掘技术,可以分析客户社交媒体帖子的文本内容和情感,以评估和调整营销策略。

4. 促进用户成长的杠杆

除了创造需求,公司还利用社交媒体建立和维持客户关系,提高客户忠诚度。首先,通过建立社交媒体社区,吸引不同的用户。其次,结合用户运营、内容运营、活动运营等,将形成有影响力的新媒体平台,创造高黏性用户群体/社群,引爆口碑传播,最终实现用户深耕和转化。最后,公司还可以利用社交媒体作为派发礼品的渠道,改善用户关系和提升用户忠诚度。

5. 提升运营效益

用户参与社交媒体的活动现象表明了运营和营销共享一个界面。相关研究表明,在整合社交媒体营销之后,显著提高了运营管理的绩效、需求生成和客户关系管理的效率和有效性。

6. 撬动企业增长的杠杆

新媒体运营就是要开拓一切可以利用的资源和流量来触达更广大或精准的受众。企业发布的消息需要新媒体渠道传播,企业开展的活动需要新媒体渠道吸引流量,而各种搜索引擎、垂直新闻端、垂直论坛渠道都是重要的用户来源渠道。在一定程度上,新媒体运营拓宽了互联网的运营边界。因此,应重视新媒体对公司的战略意义,充分考虑新媒体在公司内部的定位和策略布局,让新媒体成为撬动组织增长的重要杠杆。

由此可见,新媒体运营在传播的基础上增加了推广产品和销售这两个目的。对于互联网企业来说,新媒体不仅是一种渠道,而且还可能是一个部门,在企业中,新媒体从嵌入到融合的嬗变过程,似乎又回到传统的运营范畴。不同 web(网络)时代的新媒体运营内容汇总如表 6-3 所示。

表 6-3　不同 web 时代的新媒体运营能力

web 时代	运营目的	运营核心	运营平台	运营特征	运营思维	运营能力
web 1.0	传播	内容传播	网络论坛	网络—人	内容思维	内容生产
web 2.0	传播	高效互动	微信、微博	人—人	流量思维	创造互动性
web 3.0	产品服务、品牌宣传、电子商务	个性化推荐	新媒体	人—网络—人	用户思维、数据思维	创造用户价值

资料来源:改编自龙共火火.高阶运营:从小编到新媒体操盘手[M].北京:人民邮电出版社,2018.

三、媒介传播理论

在 21 世纪的后"语言学转向"中,法国的雷吉斯·德布雷提出了"媒介学转向"这一新观点。媒介形式不断丰富,表现为承载了声音、语言、文字等信息的不同传播载体。弗里德里希·基特勒就这些媒介给人类带来了哪些影响进行了历史性的探究,在 1998 年出版的《留声机、电影、打字机》一书中,开篇便提出"正是媒介决定了我们所处的环境"。指出受众的角色转换、参与性的增强及其对信息内容的个性化需求,都使得受众的权利范围不断扩大。无论是传播的内容、形式,还是整个传播过程,多媒体融合趋势都在日渐加快。社会信息传播机制完成了从大众传播、网络传播、自传播到智能传播四大机制的演进过程。

(一)媒介理论

媒介是如何促使人类行为和社会结构发生转变的呢?从历史的发展来看,每一次新媒介的到来,都会改变信息流的传播模式,人们的行为模式和生活图景甚至因此而发生改变。经典的媒介理论有以下 3 种。

1. 马歇尔·麦克卢汉的媒介理论

马歇尔·麦克卢汉(以下简称麦克卢汉)的媒介理论认为,媒介帮助人类五官延伸,每一种新媒介的出现都会改变人们的感官平衡,进而影响生活方式。

2."场域"理论

戈夫曼的"场域"理论解释了为什么人们在不同的环境下会出现不同的行为。他把场景分为"后台区域"和"前台区域"。在"后台",人们更加放松,反映出真正的自我。在"前台",人们对环境因素变得敏感,更加倾向于根据情境来调整自己的行为。

3.媒介影响行为的传播观

网络视频新媒介给场景造成了哪些影响?

麦克卢汉注重媒介效果,但没给出原因。戈夫曼侧重交往场景,但忽视了媒介的作用。梅罗维茨以麦克卢汉和戈夫曼理论为基础,提出了自己对媒介影响行为的传播观:"对人们交往的性质起决定作用的并不是物质场地本身,而是信息流动的模式。"进一步地,梅罗维茨在《消失的地域:电子媒介对社会行为的影响》一书中提出,新媒介的出现导致了场景的变化,而场景的变化改变了人们行为和结构。具体来说体现在 3 种行为和结构的改变:人们对于群体身份的观念改变、社会的等级制度改变、儿童的社会化过程改变。

(二)传播方式和内容分发原理

用户接受内容或传播方式有 3 种状态。

1.主动订阅

订阅是预定付款、定时送阅的意思。在互联网行业发展早期,订阅行为有着重要的作用。订阅模式一般流程为:内容发布—粉丝打开—粉丝转发—非粉丝打开,如图 6-1 所示。

图 6-1　订阅模式下的内容分发流程

在上述流程中,创作者要控制文章的打开率,就要通过有影响力的意见领袖转发文章以提高分享价值。在所有环节中,最好控制的就是粉丝基数。除了推送内容、涨粉,创作者很难通过其他办法快速获得大量的曝光机会。所以内容创作者多秉持"粉丝=影响力"的观点。这一观点需要两个基本点来支撑:信息接收者对信息的诉求较高,信源有足够的公信力和影响力。从信息传播的角度来看,订阅是一种低效的方式,创作者的能动性太低,仅靠优质内容很难在信息的海洋中被用户看到和关注。在订阅模式下,对内容生产者来说,获得流量的唯一方式就是拥有足够大的影响力,内容和口碑是流量的基石。如 Netflix(奈飞)是一家会员订阅制的流媒体播放平台,2022 年 1 月时全球订阅用户已经达到 2.2 亿,市值已经超越迪士尼。

2.因需搜索

面对海洋般的信息,出现了对信息做分类的搜索引擎优化工具。它对全网的信息进行采集和处理,然后根据用户搜索的关键词,按照一定规则呈现搜索结果。搜索模式下的内容分发原理如图 6-2 所示。

图 6-2　搜索模式下的内容分发原理

进入搜索模式后,对内容创作者来说,关注焦点从"推送""涨粉"转变为"收录"(内容所在的网站被搜索引擎纳入信息采集的范围内),内容中是否包含与用户搜索相关的关键词,成为能否展示在搜索结果页的关键。内容创作者通过搜索引擎优化,创作更精准、更流行的关键词,以获取更多的展示机会。在比较订阅时代和搜索引擎时代,架构清晰的网站和足够细化、丰富的关键词配置是获得流量的基石。存在的弊端是流量的分发权限容易被平台方控制。

3.算法分发

对信息接收者来说,订阅和搜索都是一种主动获取信息的行为。面对已经过度饱和、良莠不齐的信息现象,出现了"推荐"这种信息触达方式。个性化推荐就是对海量的信息和用户进行分类,赋予不同的标签(比如现在年龄在 30 岁左右的女性,已经结婚,而且喜欢在购买婴幼儿产品的同时,关注一些潮品、化妆品,那么淘宝给予这类客群的标签就是"30 岁左右、喜欢潮品的辣妈"),把相关产品信息与用户通过推荐的方式加以匹配。由于个性化推荐是通过计算机算法实现的,所以又被称为"算法推荐"。算法推荐模式下的内容分发流程如图 6-3 所示。

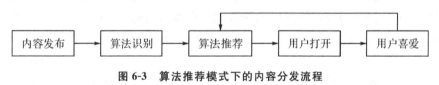

图 6-3 算法推荐模式下的内容分发流程

在算法推荐中,对内容传播范围而言,粉丝的价值不再具有举足轻重的作用,内容打开率也没有那么重要了,内容是否被系统推荐才是最为重要的。当影响算法推荐的指标变成用户喜欢程度、内容完播率后,关键词的价值也随之降低,创作者需要跳出"关注""涨粉""SEO"等传统内容分发思维。视频内容的推荐算法与图文内容的推荐算法又是两种完全不同的推荐策略,如果让算法理解内容,内容与受众之间的关系变得更为重要,那么联结二者之间的标签则成为流量的基石。

(三)新媒体的多级传播机制

传播学者伊莱休·卡茨、保罗·F.拉扎斯菲尔德等人对 1940 年美国大选进行了研究,提出了"两级传播"的概念,即大众传播并不是直接"流"向一般受众的,而是要经过意见领袖这一中转环节的,意见领袖在其所处的人际网络中为其他人筛选、解释并扩散自己的所见所闻。两级传播比直接的大众传播更具说服力,经过意见领袖再加工的信息更具针对性,更易被受众相信和接受。对两级传播的批评意见认为,意见领袖与其他受众往往并无明显界限,某些场合受众可直接获取媒介信息,不存在中间人,实际的传播过程可能有更多级。传播的多级性也可以看成是传播的多次性。传播面可以与初次传播一样,甚至更广。尽管有时候再传播者与受众是同一实体,但其角色却是不同的。再传播者有时是简单转发,但更多时候充当内容的再生产角色,根据自身需要对原始内容进行加工,或者将个体的意见、态度等相关信息黏附在原始内容上。

美国社会学家 E. M. 罗杰斯在考察农村革新事物的普及过程时,提出了"N 级传播"的模式,认为大众传播过程可以解析为两个方面。一是作为信息传递过程的"信息流",二是作为效果或影响的产生和波及过程的"影响流"。前者可以看成是"一级",而后者则是"多级"的。

多级化传播的作用范围更广,程度也更大。多级传播可以具有非常多的组合形式,网络、手机等传播通常是大众传播渠道、群体传播渠道与人际传播渠道等三者的结合,有时还通过组织传播。当然,并非所有的信息都会以多级方式流动,信息能进入多级流动需要一定的条件。比如信息与受众兴趣的吻合度、信息发布的时机与方式等。

多级流动延伸了信息的传播范围,使信息影响变得更加复杂化。因此,多级化的信息传播方式,是新媒体传播中的一个值得重点关注的问题。

(三)传播效果理论

著名的"把关人"理论是关于大众传播的微观控制理论,有关大众传播的宏观社会效果理论有议程设置理论(agenda setting)、议程融合理论(agenda melding)、沉默的螺旋理论(spiral of silence)等。

1."把关人"理论

网络传播结构指的是网络传播中各要素的关系构成与运动方式,即传播者、受众、传播内容、传播渠道、传播环境等的相互作用的方式。在网络传播中,主要有两种类型的内容在进行传播,一种是信息流,一种是意见流。信息是指那些由各种组织或个人发布的新闻和其他信息。意见则是指由信息所直接激发的主观认识与观点,而并非网上所有的信息。信息的传播与意见的传播虽然有极大的相关性,但也有区别:信息本身是触发物,而意见是触发的结果,它们具有不同的传播结构。

从网络传播结构看,在群体传播中,信息的传递是在一定的"通道"内流动的,在这些通道内都存在着把关人,对进入通道的内容进行筛选,只有符合群体规范或者把关人价值标准的信息才能被传播。"把关人"这一概念最早出现于1947年,由美国社会心理学家、传播学的奠基人之一——库尔特·卢因在《群体生活的渠道》中提出,后主要应用于新闻研究。

(1)信息传播方面的把关

网络中的信息传播结构分为信息的发布结构、信息的扩散结构和信息的循环结构。信息发布环节通过选择信息发布的模式,可以直接控制某些信息的发布方式;信息扩散的过程就是信息的复制过程,所经过的渠道是各色各样的,在任何一个渠道上,对信息加以控制与过滤都是可能的;在流动过程中,信息会进入各类数据库,利用技术手段,可以对用户提出的查询请求置之不理,或者屏蔽掉查询内容。

(2)意见传播方面的把关

信息的意见传播结构分成3个层面:意见形成结构、意见冲突结构、意见流动结构。意见表达的主体是网民,会形成一种自然选择机制,使得网络中某一种或几种声音越来越强大,而其他声音渐渐弱化,形成"沉默的螺旋"现象,这是意见把关的一种重要表现。而政府、网站或其他结构对于意见的把关,更多地体现为一种调控,包括对网民意见的直接控制、控制者意见的直接表达、扶植意见领袖等。

2.议程设置理论与议程融合理论

(1)议程设置理论

它是大众传播理论的一个重要假设,由美国传播学家M.麦库姆斯和D.L.肖提出。它的主要观点是:大众传播具有一种为公众设置议事日程的功能,传媒的新闻报道和信息传达活动以赋予各种议题不同程度的显著性的方式,影响着人们对周围世界的"大事"及其重要性的判断。议程设置理论暗示了传播媒体对外部世界的报道不是镜子式的反映,而是一种有目的的取舍选择活动。美国学者 G. R. 芬克豪泽提出了 5 种媒体运用议程设置的机制:媒介顺应事件的流程、过度报道重要而罕见的事情、对总体上不具有价值的事件选择报道其有新闻价值的部分、制造具有新闻价值的事件、对事件的总结报道等。在网络中,议程设置不仅是专业机构的活动结果,受众自身的活动也起着不可忽视的作用。

(2)议程融合理论

M. 麦库姆斯和 D. L. 肖等又提出了议程融合理论,认为媒体设置的议程具有一种聚集、融合社会群体的能力,这是源于人们都有一种对于群体归属感的需要。人们通过积极地选择融入议程的方式来加入群体,这也反映出媒介在进行社会整合方面所起的重要作用。议程融合的视角让我们对受众在信息扩散、意见传播中的高度选择性动因有了进一步的认识。

3. 传播的效果

网络传播的效果可以从传播效应与作用效果、微观效果与宏观效果、短期效果与长期效果等不同的角度去衡量。

(1)传播效应与作用效果

传播效应指特定对象的传播范围与影响面。对于单一传播对象,网络传播的效应包括放大效用(一个小话题或小事件的影响不断放大,直至最后在整个网络,甚至对整个社会产生影响)、削弱效应(当这种情况发生时,通常说明媒体的选择判断与网络受众的选择判断发生偏离)、催化效应(意味着事物的属性在人们眼中发生变化,催化作用中的催化剂是网络空间和网络的复杂传播过程)和裂变效应(话题在传播过程中不断被分解,衍生出大量新的话题,产生强大的传播能量)。上面的各种传播效应并不都是相互排斥的,有时是同时发生的。作用效果指所传播的事物在受众端所引起的反应。作用效果包括引起受众注意的程度、激发受众接受的程度、影响受众态度的程度、影响受众行为的程度。

(2)微观效果与宏观效果

网络传播的微观效果可以从操作层面上研究影响网络传播效果的实际因素,例如传播手段、传播渠道、传播情境等对传播效果产生的影响和机制。研究网络传播的宏观效果,有助于认识网络在政治、经济、文化等活动中所扮演的角色,以及它与社会活动的各种因素之间的互动作用。在研究网络传播的宏观效果时,传统大众传播理论的一些代表性理论往往具有借鉴作用。如议程设置理论、议程融合理论、沉默的螺旋理论等。

(3)短期效果与长期效果

短期效果往往是传播活动在短期内所带来的效应,而长期效果则是各种传播活动及网络本身日积月累的影响所带来的长远效应。短期效果的表现是传播对象当时的影响面,以及当时受众所受到的影响、社会的即时反应。它更多地表现在人们的态度、意见和具体行动等方面。而长期效果则表现为长期使用网络的人们的价值观、行为方式、思维方式等发生的变化,以及社会和文化的累积变化。

课堂讨论

数字技术对于协调日常活动越来越重要,甚至改变了人们计划活动和享受生活的方式。

人们能随时随地联系到他人，一起制订计划。个人经常在最后一分钟或在活动途中制订或重新安排计划,这种现象被称为"微协调"(micro-coordination)。请讨论这种微协调的好处与坏处。

四、新媒体运营内容

新媒体运营由内容规划、内容制作、渠道测试和投放、数据反馈方案调整等 4 个环节组成。

(一)内容规划

适合新媒体渠道营销目的的内容规划不同于内容生产,在了解自己的产品和目标用户的基础上,重点在于内容规划(而非内容生产),明确目的及 KPI,规划内容渠道矩阵。该部分内容可以结合"内容运营""活动运营""用户运营"一起阅读,形成相对完整的知识链。新媒体内容规划不仅要追求内容的阅读量,还要做到可持续。

1. 分析内容营销的受众

分析受众喜好的内容特点,绘制有关品牌、店铺、主题产品的用户画像,了解该用户群体的购物链路特点,以及链路中"种草""长草""拔草"的时间点在哪里。

(1)购物链路。购物链路一般为:搜索—展现—点击—浏览—下单—售后。这是一个完整的淘宝类平台的购买逻辑,也可以称之为购买链路。

(2)"种草""长草""拔草"。"种草"是一个网络用语,是指展示某种商品的优良品质以激发人的购买欲望的运营方式。此词汇最早流行于各类大小美妆论坛与社区,在移动互联网时代又扩散到微博、微信等社交媒体平台,泛指"把一事物推荐给他人,让他人同样喜欢上该事物"的过程。与"种草"相关联的词还包括了"拔草""长草""草族""自生草"等一系列"草"系词语,很多词语在其使用过程中往往会产生两个截然不同的用法,具体的意思需要结合上下文语境来判断。"长草"是指对该物品的占有欲蓬勃"生长"。"拔草"就是把购买欲给"拔"除了,一般是发现之前"种草"的东西并没有展示中的那样好或者价格超过了个人的承受能力而不得不放弃。

2. 制定内容运营规划

综合考虑运营因素,制定每年、每季度、每月、每周的内容运营规划,筹划全年大促日常活动,确定推广资源预算等。

3. 明确目的与 KPI

一是拉新及流量,主要 KPI 有新访客和流量、新会员 7 天回购率,二次回购率、新增粉丝数。二是沉淀粉丝,主要 KPI 有粉丝阅读数、粉丝点击数、粉丝互动数(点赞、评论等)。三是转化和销售,主要 KPI 有客单价、转化率、复购率、停留时间、深度访问、收藏、销售额。四是市场教育,主要 KPI 有新品咨询量、新品销售额、上新退货率。五是市场竞争,主要 KPI 有市场份额、行业占比、类目占比。

课堂讨论

假设有一家咖啡连锁店,开通了微信公众号,招聘新媒体运营人员。新媒体运营人员的岗位职责为：负责微信公众号的日常运营和维护工作，策划有传播性的内容和活动，提升产品销售额。公司给出了 KPI：每月图文发送数量不低于 30 篇，图文评价阅读量不低于 1 万，每月粉丝增长量超过 1 万。请分析一下：这个 KPI 指标设置是合理的吗？如果认为不合理，是否有更好的建议？

（二）内容制作

新媒体运营的主体核心就是内容输出。做内容即是做产品，做内容的流程其实和做产品类似，都包括规划、设计、产出、包装、输出等。这里要说明两个误区：一是原创内容稀缺性。新媒体不是所有内容都是原创的。就算再厉害的文案高手也不可能每天持续产出一篇甚至几篇的原创内容，要懂得找素材、找参考资料来辅助创作。二是转载文章的合规性。得到作者授权的转载是合法的。文章应原文转载，不要自行加工，否则有"洗稿"嫌疑。内容制作详见第十二章"内容运营"。

（三）渠道测试和投放

1. 渠道测试

文章完稿后，需要选择多个渠道进行投放测试。而不是把文章直接推送到新媒体就算完事了。新创文稿一定要在多平台发布来测试市场和评价平台反应，重点找到反响好的平台并且逐步增加权重，以期收获精准的目标群体。

2. 内容投放

一个有节奏的项目运营，会让参与者在项目开始前有所期待，参与过程时乐在其中，结束后又回味无穷。具体来说，内容投放涉及 3 个方面：投放节奏、投放频次（保证日常合理频次，避免间隔太长或过于频繁）、投放时机（大促投放布局要赶早）。

投放节奏示意

（四）数据反馈方案调整

新媒体运营密切关注内容数据的表现。对所有内容进行贴标，并跟进内容传播效果。追踪分析指标包括送达人数、阅读原文量、分享收藏、分享阅读比、净增粉丝量、取消关注量、取消关注比等，如表 6-4 所示。对每篇内容的传播效果反馈做好记录，定期进行复盘，优化数据，及时反馈问题。数据的沉淀有助于后续针对内容目标或用户群体产出差异化的内容。

表 6-4 新媒体数据对照例表

落地平台	位置	送达人数	阅读量	评论数	收藏数	转发量	点赞量	链接

这里特别要注意的是反馈的数据依据最终的实际转化，而不是所谓的阅读量、粉丝数。举例来说，一篇 10W＋的文章，可能是抽奖送手机的活动让受众关注的，也可能是受众喜欢

内容才关注的。前者带来的每 1000 个粉丝在活动结束后可能会流失掉 900 个,剩下 100 个是购买者;而后者虽然粉丝总量不及前者,但是每 1000 个粉丝中,可能会剩下 200 个购买者。

因此,要时常对新媒体运营过程加以复盘,及时根据运营数据调整方案。复盘优化流程如图 6-4 所示。

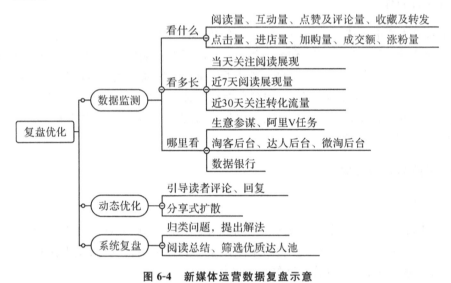

图 6-4 新媒体运营数据复盘示意

第二节 新媒体矩阵构建

如何有效地融合传统媒体,利用好新媒体平台,发挥最大化价值,实现 1+1>2 的效应?建立一个良好的"新媒体矩阵"的需求呼之而出。那么,"新媒体矩阵"到底是什么? 有什么作用呢?

一、新媒体矩阵概念、分类与价值

(一)新媒体矩阵概念

搭建新媒体矩阵,首先要明白矩阵是什么?"矩阵"原本是一个数学概念,指一个长方形阵列排列的复数和实数集合,来自方程组的系数及常数所构成的方阵。对于新媒体矩阵(new media matrix),目前行业内还没有统一的定义,目前大部分人都倾向于将它定义为能够触达目标群体的多种新媒体渠道组合。即新媒体矩阵通常指的是新媒体渠道矩阵,也就是多渠道新媒体运营。如陈勇(2017)给出新媒体矩阵定义为:在社交媒体环境下,运营者以不同名称在单个自媒体平台上开设多个账号,或在不同自媒体平台环境下分别开设账号运营,并与客户端相结合,从而形成一致对外的新媒体账号方阵,实现同类信息的多渠道传播,以及不同渠道的多层次吸粉效果。本书给出的新媒体矩阵定义为:它是依据项目特色与营销诉求,采取传统媒体、新媒体、自媒体等多种营销手段和渠道组合,在打造特色营销内容之外,形成彼此互动、互为补充的营销矩阵网络,从点、线、面、体全方位进行信息传达,形成多频率多角度的立体式信息覆盖。图 6-5、图 6-6 为两个媒体的新媒体矩阵,不同的定位,导致它们具有完全不同的媒体矩阵。

图 6-5　《中国经营报》新媒体矩阵

图 6-6　"正解局"媒体矩阵

(二)新媒体矩阵分类

从传播关联对象来看,新媒体矩阵可以分为覆盖新媒体矩阵、联动新媒体矩阵和协同新媒体矩阵,如表 6-5 所示。

表 6-5　新媒体矩阵类型

作用对象	新媒体		
用户	覆盖新媒体矩阵		
媒体		联动新媒体矩阵	
主体			协同新媒体矩阵

1.覆盖新媒体矩阵

通过各类新媒体平台不同的用户群体,筛选目标用户,针对不同属性的用户需求发布相同或者不同内容形成矩阵,增大用户覆盖率。这类矩阵大多数情况被用于导流,导入到方便转化(变现)的媒体平台,以实现利益最大化。

2.联动新媒体矩阵

两个或多个不同主体的新媒体平台,在某段时间内(通常是活动、互推)合作完成各自主体指标所形成的矩阵,两者之间必然存在着部分关联性,二者相互制动,扩大公众影响力,实现共赢。

3.协同新媒体矩阵

通过同一新媒体平台,以多个账号的方式形成矩阵,用于不同用途,同时为某一主体服务,以适应这一主体对新媒体特性的多种使用方式。例如,一个企业拥有多个产品线,每个产品线都拥有属于自己的订阅号、服务号或者微信群,为用户提供更多元化的服务媒体,最终服务于该主体。

进一步地,可以看出,上面3种媒体矩阵可以归纳为两类,即横向矩阵和纵向矩阵。所谓横向矩阵指企业在全媒体平台的布局,包括自有APP、网站和各类新媒体平台,如微信、微博、今日头条、搜狐网等,也可以称为外矩阵,不同性质的媒体存在于同一空间中,共同组成聚合传播平台。覆盖新媒体矩阵、联动新媒体矩阵属于横向矩阵的范畴。实现信息的全方位多渠道的覆盖,演变成"一次采集、多种生成、N元传播"的传播模式,使传播更加立体全面,增大曝光量和用户数,实现信息传播的最大效应。相比之下,纵向矩阵主要指企业在某个媒体平台的生态布局,是其各个产品线的纵深布局,也可以称为内矩阵。协同新媒体矩阵就属于这个类别。这些平台一般都是大平台,比如微信。在今日头条平台可以布局头条号、抖音、悟空问答、西瓜视频、火山小视频等,这便是媒体生态。

除了新媒体渠道矩阵之外,还有公众号矩阵和内容矩阵。公众号矩阵主要是针对微信公众号,同一主体会开通多个定位不同但相互之间存在关联的公众号矩阵。而内容矩阵主要是指同一主体在不同平台开设多个类型定位的不同的账号,各种内容之间可以相互联动,内容覆盖面广。

(三)新媒体矩阵作用

1.分散风险

企业集中在某一平台运营,如果遭遇到"黑天鹅事件",例如被封掉,则会前功尽弃。建立矩阵也是纳西姆·尼古拉斯·塔勒布在《反脆弱》一书中提到的遇到波动和不确定性的情况下一种可靠的解决办法。

2.内容多元化

每个新媒体平台都有独特的内容风格,通过在多个平台上建立账号,可以使传播内容形式多元化,吸引不同的受众群体。因此,在内容输出上,优质内容要有计划地铺设输出渠道,同步推送到各类内容平台上。一般会选择一个核心账号做内容输出,在用户保护重叠的情况下,选择其他辅助账号进行同步,这样可以帮助内容更加有效快速地被用户获取,达到成倍触达的效果。

3.协同放大传播效果

建立矩阵后,不同媒体平台的产品及风格可以形成互补效应。企业为了获得更多的流量,更大的曝光量,更佳的传播效果,就需要更多的平台来宣传推广自媒体的平台和产品。

而目前众多的新媒体平台,给企业提供了极大的拓展空间。

二、新媒体矩阵建立原则

新媒体矩阵建立有 3 个原则,它们分别是媒体平台信息交互的自主性原则、现代社交工具的差异化原则、新媒体矩阵的生态圈原则。这 3 个原则是媒体平台、社交工具和新媒体矩阵内在的主要功能。

(一)媒体平台信息交互的自主性原则

在互联网信息交互的影响下,媒体平台有着较强的自主性信息交互。从时间角度上来说,"自主性"主要表现在互联网信息影响效率的大小;从空间上来说,"自主性"主要体现在互联网信息影响范围的大小。

新媒体信息矩阵也有着"自主性"这一鲜明特点,新媒体信息矩阵肩负着两个重要的任务:一是新媒体矩阵要在规定的时间节点,完成对媒体内容信息的有效传播;二是新媒体矩阵要为这一传播过程的受众人数多少和活跃度高低提供保障,关注传播的影响程度和影响范围,以及群体影响效果。因此,新媒体矩阵在进行信息传播前,都会对信息的价值进行分析和评估,提高媒体信息以矩阵这一媒介形式进行多元化传播时的可靠性和稳定性,满足受众的信息需求与传播需求,也能够保证受众与现代媒体的有效互动与交流。

(二)现代社交工具的差异化原则

新媒体矩阵的建设、发展与使用,离不开现代社交工具,如微信、微博、腾讯 QQ 等,新媒体矩阵利用这些现代社交工具,将它们作为信息传播媒介的平台,能够提高信息分享与传播的效率与质量,也能够实现信息传播的实时性与交互性,在特定的时间节点保障信息不断更新,从而实现对受众的信息需求的不断满足。

不同的平台有不同的深耕方向,同一品牌在不同平台的内容表达方式上也会有所不同。例如,通过微信公众号,商家和特定群体进行文字、图片、语音、视频的全方位沟通、互动,形成一种主流的线上线下微信互动营销方式;在微博中则可以随时随地发现新鲜事,欣赏世界上每一个精彩瞬间,了解每一个幕后故事;知乎是可信赖的问答社区,旨在尽可能地让每个人获得可信赖的解答,连接各行各业的用户,用户可以分享彼此的知识、经验和见解;抖音短视频则是定位于一个帮助大众用户表达自我、记录美好生活的短视频分享平台。所以,在不同的平台对要表达的内容、活动的流程,以及对各个环节的控制都有所不同。在不同平台的内容表达一定要有所差别,建立起良好的操作管理路线,打造成合理有序的新媒体矩阵。

(三)新媒体矩阵的生态圈原则

在新媒体矩阵的构架上,首先,要收集和分析品牌媒体或者媒体平台所需要的信息数据,通过数据分析导流、对现有用户进行自动分类、对潜在用户进行收集等来提高数据广度和精度。其次,通过鼓励用户参与互动、用户评分、完善用户档案等来提高数据深度,搭建一条完整的生态链。最后,开发出"官方群＋自有媒体＋触点媒体"的模式,形成以"用户产生内容,内容形成媒体"为核心的社会化媒体生态圈。其中,官方群是社会媒体营销的中心,这里用户价值最高;自有媒体主要是与用户直接互动沟通的渠道,如微信、小程序等;触点媒体是指用户可能接触到企业及品牌信息的所有社会化媒体平台。

三、新媒体矩阵的构建

在建立新媒体矩阵之前,需要分析阶段和分析人群,作为后续构建的基础。一是梳理企业新媒体的发展阶段。在不同阶段,新媒体矩阵搭建的重心不同。例如偏媒体品牌的新媒体,在启动期搭建外矩阵,通常选择有红利的新平台进行尝试;微信内的矩阵搭建,可开设一个账号,再找到核心发力点。二是细分人群及其需求。应对不同群体加以细分,打造细分群体矩阵,分类运营,单独创建若干个账号。

确定新媒体的目标及运营对象后,选择相应的平台进行矩阵布局,这里的平台主要指可以入驻的媒体或电商平台。平台的选择分初选、复筛、确认 3 个步骤,之后还应对平台账号进行人格化建设。

(一)初选

了解一些常规的泛内容平台,关注一些新兴媒体平台,可以为初选奠定良好的基础。企业可根据垂直领域业务初选平台。例如,内容社区有头条号、知乎、小红书、简书、趣头条、百家号等;美食类领域则有豆果美食、大众点评等。也可以参考各类 APP 细分榜单或垂直网站名单缩小搜寻范围,如在考拉新媒体导航上可以方便地查到在线作图网站。

(二)复筛

初步选定平台后,进入复筛一关。假设运营一个关于年轻人图片的社交公众号,根据以上构建原则初步选择了微博、微信、一点资讯、哔哩哔哩、Lofter 等 5 个平台。那如何进行复筛,找到核心运营平台呢? 可分别从平台自身能力、平台所属企业的实力及平台对运营方的价值等维度进行综合考虑。

1. 平台评估

平台评估的评分标准主要取决于平台类型、在同类中的排名、量级和成熟度,其中成熟度与平台成立的时间长短、用户活跃情况及商业化变现情况密切相关。综合各方面情况给出平台评分,如表 6-6 所示。表中得分越高代表平台越好。

表 6-6　平台评分

平台名称	平台类型	平台主要人群	网站/APP 排名	产品量级	平台成熟度	整体评分
微信	社交	泛人群	1	10 亿	高	5
微博	社交媒体	年轻人	1	4 亿	高	5
哔哩哔哩	视频社区	"95 后"	1	1.5 亿	中	4
一点资讯	媒体	泛人群	9	7 亿	高	4
Lofter	图片社区	年轻人	1	2000 万	低	3

2. 企业评估

这里的企业指平台所属的企业,代表了平台后续发展的空间。从平台所属企业对平台进行评估主要关注 3 个方面。一是平台在企业中的地位。比如 Lofter 在整个网易系并不是重点项目,所以给了 2 分。二是平台在企业未来的潜力。如微信获得的企业扶持力度很大,所以给了 5 分。三是企业目前实力及未来潜力。评估融资或资本方面的实力时,如果企业实力不够,那么打造的平台产品很有可能是昙花一现。潜力则主要考察项目、团队和融资渠道,做出初步判断。综合这 3 个维度得出平均分,如表 6-7 所示。

表 6-7 平台所属企业评分

平台名称	产品目前地位	产品在公司的潜力	公司当前实力	公司潜力	整体评价
微信	5	5	5	5	5
微博	5	5	5	5	5
哔哩哔哩	5	5	4	4	4.5
一点资讯	5	5	4	4	4.5
Lofter	2	2	4	5	3.3

3. 运营层面评估

从运营的层面对平台进行评估时,重点关注目标用户的集中度、运营者的自由度、粉丝的价值及平台对运营者的扶持力度。一是目标用户的集中度。就是目标用户年龄或用户画像在这个平台的用户中所占比例的大小。表 6-8 中,用户集中度微信获得 1 分,是因为微信人群分布非常宽泛的,年轻人占比只有 30%;给 Lofter 打了 4 分,因为 Lofter 上的年轻人相对较多,集中度较高。二是运营者的自由度。就是运营者在平台上有多大的发挥空间。比如在微信上可以开设公众号,运营社群或者个人号,自由度是最高的,所以给微信打了 5 分;在一点资讯上,只能发文章,灵活度较低,只给它打了 1 分。三是粉丝的价值。就是指这个平台的粉丝对后续转化的贡献度有多大。比如在微信上粉丝不仅可以帮助传播,还能参与消费,因此给微信打 4 分。四是平台对运营者的扶持力度。微信给予原创者高度保护及不从作者所得的赞赏中抽成,所以打 3 分。综合这 4 个维度的评分,结果如表 6-8 所示。

表 6-8 平台在运营层面的评分

平台名称	用户集中度	运营自由度	粉丝价值	扶持力度	整体评价
微信	1	5	4	3	3.3
微博	1	4	3	3	3.2
哔哩哔哩	5	3	1	2	2.8
一点资讯	1	1	2	2	1.5
Lofter	4	4	4	2	3.5

4. 综合评估

完成上述 3 个维度的评价后,按照一定的规则再次进行综合评价,如 3 项的评分加权或者直接取一个平均数,得出表 6-9 的结果。

表 6-9　平台的综合评分

平台名称	产品整体评分	公司整体评分	运营整体评分	综合评估
微信	5	5	3.3	4.4
微博	5	5	3.2	4.4
哔哩哔哩	4	4.5	2.8	3.8
一点资讯	4	4.5	1.5	3.3
Lofter	3	3.3	3.5	3.3

从表 6-9 可以看出,综合评估的结果分成了 3 个梯度——4 分以上、3.5 分以上和 3 分以上。评分最高的是微信和微博,均为 4.4 分;接下来是哔哩哔哩,为 3.8 分;最后是一点资讯和 Lofter,为 3.3 分。所以复筛结果是选用微信及微博这两个平台来搭建前文所说的年轻人图片社交公众号的新媒体阵。

新媒体矩阵
搭建示例

(三)确认

通过初选和复筛,选择出若干个平台后便可进行试运营,搭建初始的新媒体矩阵。

(四)人格化建设

选定平台,确定矩阵结构后,还应对运营的平台账号进行人格化建设。以受众为导向,依据平台定位将平台人格化,从二维传播进阶为多维传播,从线上延伸到线下,并将媒介产品衍生至其他领域。

新媒体平台的人格化建设是一个循序渐进的过程。平台人格化应当找准账号定位,通过语言风格、企业形象打造等,在消费者心中留下独特的印象。比如企业微信公众平台"人格化"运营思路的核心在于将让受众"时刻警惕要卖东西"的企业微信转变成有具体人物形象的"朋友"。坚持"内容为王",推送客户感兴趣的话题,建立起血肉丰满的企业"人格";从多角度展开"以人为本、以情动人"的互动活动,以求增加用户对品牌的好感度,让用户依赖品牌。正如马克斯·萨瑟兰所言,每一次广告暴露的任何一次羽毛效应都在积累着"羽毛"的重量、影响着消费者心理中的品牌排序。

第三节　推荐系统

面对纷繁复杂的数据信息,用户无法或者很难从中找到满意的或有益的信息。企业面对巨大的用户数据,如何挖掘有效信息并提供给用户感兴趣的内容,这至关重要。互联网技术解决的方式有两种:搜索引擎和推荐系统。搜索引擎为较早的应用方案,用户提出需求,搜索引擎从海量数据里帮助用户快速搜寻符合要求的信息列表。推荐系统是在用户没有明确目的情况下,帮助用户找到最喜欢、最有价值的内容,实现信息挖掘和需求匹配的功能。

154

可见，信息检索系统与推荐系统是互补的方法。

一、推荐系统概述

推荐系统作为一个独立的研究方向一般被认为始于 1994 年明尼苏达大学 GroupLens 研究组的 GroupLens 系统。该系统提出的推荐算法和模型，引领了未来十几年推荐系统的发展。

P. 雷斯尼克等给出了推荐系统的一般结构，包括对象、用户和推荐算法 3 个要素。有两种基本的推荐形式，一是系统对采集的用户信息和对象数据进行计算，建立模型后向用户推荐。二是用户向系统提供个人的相关信息，并提出推荐请求，系统会根据用户的数据计算得到推荐结果。

推荐系统中用到的元数据如下。

(1)要推荐物品或内容的元数据，如关键字、分类标签等。

(2)系统用户的基本信息，如性别、年龄、兴趣标签等。

(3)用户对物品或者内容的偏好，包括用户查看物品的记录、用户的购买记录、用户对物品的评分等。上述偏好信息进一步可以分为两类：一类是显性的用户反馈。这类是用户在网站上自然浏览或使用网站以外，显性地提供的反馈信息，例如用户对物品的评分或评价。二类是隐性的用户反馈。这类是用户在使用网站时产生的数据，隐性地反映了用户对物品的喜好，例如用户购买了某物品。用户查看了某物品的信息等。

按照推荐技术，推荐系统常分为以下类别，如表 6-10 所示。推荐算法有个性化推荐和非个性化推荐，而个性化推荐又分成多种算法。个性化推荐可以实时推送信息数据给用户，满足用户实时的需求，这一类推荐主要是针对日常活跃用户而言的，通过分析他们的历史信息和行为偏好，为其开展个性化定制。非个性化推荐是对个性化推荐的补充和延续，主要针对冷启动用户模块。

表 6-10 推荐系统算法分类

<table>
<tr><th rowspan="2">序号</th><th colspan="4">推荐三要素</th></tr>
<tr><th>推荐算法</th><th>用户</th><th colspan="2">对象</th></tr>
<tr><td>1</td><td>客户对产品的平均评价</td><td></td><td colspan="2">非个性化推荐</td></tr>
<tr><td>2</td><td>用户基本信息相似度</td><td></td><td rowspan="3">个性化推荐</td><td>基于用户统计信息的推荐</td></tr>
<tr><td>3</td><td></td><td>内容的特征描述</td><td>基于内容的推荐</td></tr>
<tr><td>4</td><td>基于用户的协同过滤推荐</td><td>基于物品的协同过滤推荐</td><td>协同过滤的推荐</td></tr>
</table>

(一)非个性化推荐

对于用户量大的产品来说，往往众口难调。依靠编辑的主观判断无法满足大部分人的需求，一个客观的或者相对客观的评判标准成为内容推荐的基础。所有的内容推荐都建立在这个标准之上，通过评判标准识别出内容的受欢迎程度。在讲述内容评级标准之前，先了解一个著名的算法——PageRank(PR，网页排名)，其原理可以给评级工作带来一定的启示。

什么是 PageRank？例如在百度搜索引擎中搜“互联网运营”关键词，大概会得到 8000

万条结果,显然不能把这些结果不做处理直接推送给用户。用户只会对排在前面几页的结果感兴趣,有时候甚至是只搜寻前面几项的信息,也就是说要把评价最高的结果优先展现给用户。完成这项工作就涉及现代搜索引擎最核心的问题——如何对搜索结果进行重要性排序。

谷歌联合创始人谢尔盖·布林和拉里·佩奇于1997年设计了PageRank,目前很多重要的链接分析算法都是在PageRank算法基础上衍生出来的。PageRank是一种数学公式,通过查看链接到页面的其他页面的数量和质量来判断“页面的价值”。其目的是确定给定网页在网络(即万维网)中的相对重要性。在糅合了诸如title(标题)标识和keywords(关键词)标识等所有因素之后,谷歌通过PageRank来调整结果,使那些更具“等级/重要性”的网页在搜索结果中令网站排名获得提升,从而提高搜索结果的相关性和质量。其级别从0到10级,10级为满分。PR值越高说明该网页越受欢迎(越重要)。例如:一个PR值为1的网站表明这个网站不太具有流行度,而PR值为7~10则表明这个网站非常受欢迎(或者说极其重要)。一般PR值达到4,就算是一个不错的网站了。谷歌把自己的网站的PR值定到10,这说明谷歌这个网站是非常受欢迎的,也可以说这个网站非常重要。PageRank给出了若干提示:用统一的标准、客观的数据给某个内容背书,根据内容的权重优先级展现给用户。

非个性化推荐基于其他用户对该产品的平均评价,这种推荐系统独立于用户,所有的用户得到的推荐都是相同的。比如在商品推荐中,不会去考虑每个用户特性,不会考虑用户的历史行为,比较简单地推荐给用户销量排名靠前(比如销售榜单前十名等)的商品信息。

如冷启动用户模块推荐商品数据的来源及处理方式为:首先,公司前台会形成商品购买榜单,通过商品购买量形成对应的热度评分表,依据商品购买成交额形成商品得分表;其次,基于商品热度评分表和得分表形成榜单数据表;最后,对拿到的榜单数据表进行无效商品过滤、性别匹配过滤、四级商品组打乱等处理,将固定数量的商品数据推送至Kafka分布式流式处理平台,用于实时刷新展示。

(二)基于用户统计信息的推荐

基于用户统计信息的推荐(demographic-based recommendation)是最为简单的一种推荐算法,它只是简单地根据系统用户的基本信息分析用户的相关程度,然后将相似用户喜爱的其他物品推荐给当前用户。如图6-7所示。系统首先根据用户的类型,比如按照年龄、性别、兴趣爱好等信息进行分类,根据用户的这些特点计算形似度和匹配度。分析得出图中的用户A和用户C的口味和偏好是比较类似的。当前的用户A喜欢物品I,于是推荐物品I给用户C。

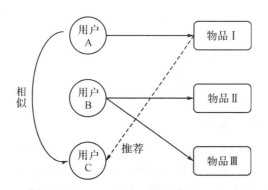

图 6-7　基于用户统计信息的推荐示意

这种推荐算法的优点是不需要历史数据,没有冷启动问题,也不依赖于物品的属性。缺点是算法比较粗糙,效果很难令人满意,只适合简单的推荐。

(三)基于内容的推荐

基于内容的推荐(content-based recommendation)是建立在产品信息的基础上的,不需要依据用户对物品的评价意见,更多地需要用机器学习的方法,从关于内容的特征描述的事例中得到用户的兴趣资料。在多数推荐场景中,物品包含了丰富的知识信息,刻画这些知识的网络结构被称为知识图谱(knowledge graph)。物品端的知识图谱极大地扩展了物品的信息,强化了物品之间的联系,为推荐提供了丰富的参考价值,更能为推荐结果带来额外的多样性和可解释性。如图 6-8 所示,系统首先对物品的属性进行建模,通过相似度计算,发现物品Ⅰ和物品Ⅲ相似度较高。系统会发现用户 A 喜欢物品Ⅰ,由此推断,用户 A 可能对物品Ⅲ也感兴趣,因而将物品Ⅲ推荐给 A。

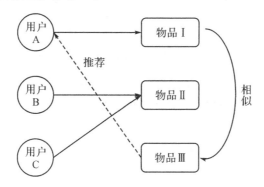

图 6-8　基于内容的推荐

这种推荐的优点是对用户兴趣可以很好地建模,通过对商品和用户添加标签,获得更好的精确度,能为特殊兴趣爱好的用户进行推荐。它的缺点是由于物品的属性有限,难以区分商品信息的准确性。在衡量物品相似度的时候,只考虑到了物品自身的因素,存在一定的片面性。以往历史经验的特点也决定了它不能为用户发现新的感兴趣的产品。

(四)协同过滤推荐

随着 web 2.0 的发展,web 站点提倡用户贡献和用户参与,基于协同过滤的推荐机制

(collaborative filtering recommendation)应运而生。协同过滤的原理是根据用户对物品或者内容的偏好,分析物品或者内容本身的相关性,或者是发现用户的相关性,然后基于这些关联性进行推荐。目前主要有两种协同过滤推荐算法:基于用户的协同过滤推荐(user-based collaborative filtering recommendation, userCF)和基于物品的协同过滤推荐(item-based filtering recommendation, itemCF)。

1. 基于用户的协同过滤推荐

该推荐基本假设是喜欢类似物品的用户可能有相同或者相似的口味和偏好。根据所有用户对物品或者信息的偏好,常采用 K 邻近算法(K-nearest neighbor,KNN),判断分析与当前用户兴趣和偏好相似的"邻居"用户群,然后基于这 K 个邻居的历史偏好信息,为当前用户做出推荐。

基于用户的协同过滤推荐机制和基于人口统计学的推荐机制不同的是如何计算用户的相似度。基于人口统计学的机制只考虑用户本身的特征,而基于用户的协同过滤机制是在用户的历史偏好的数据上计算出用户的相似度。推荐原理如图 6-9 所示。从这些用户的历史喜好信息中,发现用户 A 和用户 C 的口味和偏好是比较类似的。当下用户 A 还喜欢物品Ⅲ,那么可以推断用户 C 很可能也喜欢物品Ⅲ,因此将物品Ⅲ推荐给用户 C。

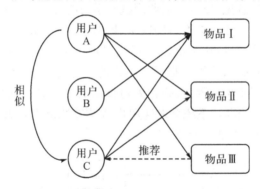

图 6-9　基于用户的协同过滤推荐算法

基于用户的协同过滤推荐算法存在两个重大问题:一是数据稀疏性。一个大型的电子商务推荐系统一般有非常多的物品,用户可能购买的只是其中不到 1% 的物品,不同用户之间选择的物品重叠性较低,导致算法无法找到一个用户的邻居,即偏好相似的用户。这导致基于用户的协助同过滤算法不适用于那些正反馈获取较困难的应用场景(如酒店预订、大件商品购买等低频应用)。二是算法扩展性。基于用户的协同过滤算法需要维护用户相似度矩阵以便快速地找出 Top N 相似用户,该矩阵的存储空间非常大,随着用户数量的增加而增加,不适合用户数据量大的情况,但是现在云技术出现,在一定程度上可以缓解该方面的不足。

2. 基于物品的协同过滤推荐

它的基本原理是基于所有用户对物品或者内容的喜好,发现物品和物品之间的相似度,然后根据用户的历史偏好信息,将类似的物品推荐给用户。如 6-10 图所示,用户 A、B、C 都喜欢物品Ⅰ,现在用户 A、B 都喜欢物品Ⅲ,物品Ⅰ和物品Ⅲ比较类似的,基于这个数据可以推断用户 C 很有可能也喜欢物品Ⅲ,所以系统会将物品Ⅲ推荐给用户 C。

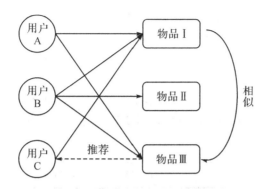

图 6-10 基于物品的协同过滤推荐算法

基于用户和基于物品两个协同过滤算法对比如表 6-11 所示。基于物品的协同过滤推荐和基于内容的推荐其实都是基于物品相似度做出的预测推荐,只是相似度计算的方法不一样。前者是从用户历史的偏好推断,而后者是基于物品本身的属性特征信息推断。

表 6-11 基于用户的协同过滤推荐算法和基于物品的协同过滤推荐算法的对比

比较项目	基于用户的协同过滤推荐算法	基于物品的协同过滤推荐算法
计算特性	用户多时计算用户相似度矩阵成本高,故用户数较少采用	物品多时计算物品相似度矩阵成本高,故物品数量要明显小于用户数时采用
应用场景	用户个性化兴趣不太明显	长尾物品丰富,用户个性化需求强烈
实时性	用户有新行为,不一定造成推荐结果立即响应	用户有新行为,会导致推荐结果实时改变
推荐效果	很难提供令用户信服的推荐解释	利用用户的历史行为给用户做推荐解释,可以令用户比较信服

在实际中该如何选择推荐方法呢?基于物品的协同过滤推荐机制是亚马逊在基于用户的统计信息的推荐机制上加以改良的算法策略,在大部分的 web 站点中,物品的个数是远远小于用户的数量的,而且物品的个数和相似度相对比较稳定。另外,基于物品的机制比基于用户的协同过滤推荐机制实时性更好一些。但也不是所有的场景都是这样的情况,在一些新闻推荐系统中,新闻的个数可能大于用户的个数,而且新闻的更新程度很快,所以它的相似度不稳定。因此,推荐策略的选择与具体的应用场景有很大的关系。

可见,基于协同过滤的推荐机制有以下两个显著的优点:一是它不需要对物品或者用户进行严格的建模,也不要求物品的描述是机器可理解的,这种方法与领域无关。二是这种方法计算出的推荐信息是开放的,可以共享他人的经验,很好地支持用户,发现其潜在的兴趣偏好。

如何理解内容推荐机制?

二、构建个性化推荐系统

推荐系统性能的好坏主要取决于个性化推荐,它可以为用户推荐个性化服务及感兴趣的商品,不断提升用户的体验,保持用户的黏性。高质量的信息推荐会使用户对系统产生依赖,提高信息使用者的忠诚度,防止用户的流失。因此,个性化推荐系统常用在提升运营效率和用户转化率方面,尤其在内容分发、电商、社交等领域的实践,都取得了不错的效果,个性化推荐已经成为产品营销方面的重要手段。但是传统的个性化推荐方法很少关注时空环境等动态的情境因素对用户需求的影响,仅在特定的情境下有效。移动定位、传感和分布式计算技术的发展和成熟使得普适环境下的个性化推荐模式具备融合传统个性化服务模式和普适服务模式的巨大潜力。

一个完整的推荐系统所需的核心模块包括内容源、内容的标准化处理、用户挖掘、排序算法、推荐搜索引擎、A/B测试系统优化,如图6-11所示。后面将概要性地逐一介绍这几个模块。

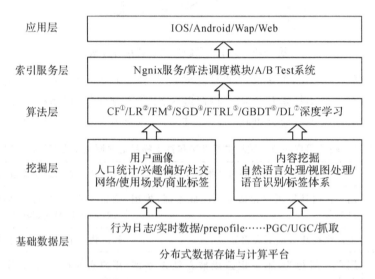

图6-11　个性化推荐系统架构

注:①CF:collaborative filtering,即协同过滤算法。

②LR:logistic regression,回归模型。

③FM:factorization machine,因子分解机算法。

④SGD:stochastic gradient descent,随机梯度下降算法。

⑤FTRL:follow the regularized leader,谷歌提出的一种在线算法。

⑥GBDT:gradient boosting decision tree,梯度提升树算法。

⑦DL:deep learning,深度学习算法。

(一)内容源

个性化推荐的本质是提升信息筛选的效率,需要大量级的可推荐内容,即个性化推荐的SKU[这是对于大型连锁超市DC(distribution center,物流中心)物流管理的一个必要的方法。现在已经被引申为产品统一编号的简称,每种产品均对应有唯一的SKU号],至少是千级或万级,而且优质内容越多、类别分布越宽泛,个性化推荐效果越好。

现实中由于来源不同,比如抓取的无版权内容、UGC(user generated content,用户生原创内容)、版权合作PGC(professional generated content,专业生产内容)等多种来源,导致内容的样式和质量可能千差万别,通常会对抓取的数据进行清洗、转码等工作,以保证样式统一。另外,可能还需要用户管理体系、反垃圾软件等配合,搭建良好的内容生态。

（二）内容的标准化处理

从内容中抽取机器和算法可理解的特征(如分类、产品库等)，具体怎么处理要依据业务需求，如是文章、新闻、微博等，采用自然语言处理；如是图片、视频，会涉及图像识别和处理；如是歌曲、电影、商品等，机器直接理解内容并赋予标签的难度比较大，一般会建立一套用户打标签的机制(或通过人工填写或抓取的方式打标签)，这是定义标准的过程。比如要给电影打标签，先定义电影种类；其次要收集大量训练样本，比如要实现给图片打标签，一般需要人工标注上万张图片，供机器学习；最后，标注的样本还要不断更新，涉及大量重复烦琐的人力劳动。业内经常称"人工智能"重点其实是"人工"。

（三）用户挖掘

数据是推荐的基础，前面两步挖掘了内容数据，第三步就是挖掘用户的行为数据，以生成用户画像，即完成用户行为日志收集、传输、挖掘和存储等工作。

1.采集

通常采用前端埋点的方式(见第五章"数据运营")，上报用户的点击、分享和收藏等行为。日志采集是数据挖掘非常重要的环节，如果采集有缺失或错误，那么后续不管怎么做都没有效果，前端和后端需要有效协同。

2.传输

用户行为数据的收集往往越快越好，这样用户的某个操作就能快速地反馈到下一步推荐中，所以要求日志的稳定传输和更新速度。但考虑到成本问题，用户画像一般不可能做到实时更新，有些会延时 1 小时，有些可能 1 天或一周更新次，还有些甚至更久。

3.挖掘

这一过程是将收集到的用户数据，挖掘加工出设定的特征(用户画像)。用户挖掘通常要与算法结合，不能凭空挖特征，没有算法应用，再多特征的用户画像也是没有价值的。用户的兴趣会在一段时间内保持稳定，需要积累用户画像。用户兴趣随时间"衰减"，设置合理的衰减系数，对用户画像也很重要。微博、今日头条等公司关注用户兴趣并实时计算，选择快速存取的数据库，如 Redis(remote dictionary server，即远程字典服务)。

（四）排序算法

在获取内容和用户数据之后，用算法对两者进行匹配。个性化推荐本质是在做 Top N 排序，包括"排序"和"召回"两个模块。比如，如果某个主题方面有 10 万条信息，但是用户每天可能只多看 10 条，那么推荐哪 10 条给用户呢？可以把这 10 万条信息从 1～10 万排序，用户从排出的序列中从前往后挑就可以了，这个过程就是"排序"。但排序法在实时索引中计算量太大，会带来较高延时，那么我们先用某种相对简单的方法从这 10 万条信息中选相对靠谱的 1000 条，再对这 1000 条排序，10 万选 1000 的过程就是"召回"。

（五）推荐搜索引擎

个性化推荐和搜索是非常相似的领域，两者都是信息筛选的方式，也都是在做一种"相关性"序次,目标函数都是很接近的(点击率)。不同的是搜索更注重用户当下搜索关键词的相关性,而推荐更注重内容与用户画像的相关性。用户每一次浏览都算成一次实时请求,因此需要实时计算当下最符合用户兴趣的内容,这一工作由在线搜索引擎完成的。但由于性能要求,在线索引不适合做太耗时的计算,一般是排序算法计算初始结果,在线引擎做算法调度和归一化排序,此外在线索引还会承担接收请求、输出数据、曝光点击排重等服务,通常还会承担业务和产品需求的二次排序(如插入广告、打散同类型内容等)。

(六)A/B 测试系统优化

A/B测试系统虽不是个性化推荐系统的必需模块,但A/B测试却能提高推荐系统优化效率,推荐系统在线评估强烈依赖于 A/B 测试,来得出信服的结论。所以一套完善的推荐系统解决方案一定要保证搭建一套高效易用的 A/B 测试框架,让推荐系统的优化做到有据可循,在数据驱动下,推荐系统真正实现闭环运营的逻辑。

推荐系统的优化本质上就是一个 $y=f(x)$,y 是目标函数。首先目标函数一定要十分明确,且是可量化的指标;$f(x)$ 由选用的算法、算法特征参数、算法调度等组成的,结合产品场景选择特征和参数,找到个性化推荐精准度的关键因素。如果有 A/B 测试系统,那么尝试带入多种参数、特征,不断迭代、优化,实验能得出最佳的 y。

当然,算法的优化不是修改参数这么简单,算法优化的过程是:数据分析发现问题—合理假设—设计实验—实现—数据分析—得出结论或新的假设。修改参数只是"实现"那一步,也是最简单的一步,而往往多数人只重视"实现",却对分析和假设的过程重视程度太低,这样优化的效果是没有保障的。在有些情况下,技术人员会走向另外一个极端,陷入盲目A/B测试的误区。漫无目的地尝试或经常做 A/B 测试,会发现 A、B 组数据没有任何差别,甚至产生了 A/B 测试效率低的想法。

上述六大模块可以帮助企业搭建一个完整的个性化推荐系统,整个体系涉及算法工程师、自然语言处理/图像处理工程师、服务端工程师/架构师、数据挖掘工程师、数据分析师、产品经理,还需要大量标注审核人员、内容运营人员等,此外还涉及前端、客户端技术人员的支持。因此想做一个好的个性化推荐系统耗费还是比较大的。但有时候并不需要做成一个系统,可能设置一些简单的规则,就能实现相对个性化,提升用户的使用效率(比如把用户最近浏览过的商品放在前面),这时候提升效率的思维和方法才是最重要的,这也是需要长期探讨的内容。

三、推荐效果评估

推荐系统是解决信息高效分发的手段,希望通过推荐更快更好地满足用户需求,那么推荐系统的精准度、惊喜度、多样性等都是评价推荐效果的重要指标。同时,推荐系统的稳定性,即在是否支撑大规模用户访问等方面,也对推荐系统发挥价值起到关键保障作用。通过推荐系统评估,从中发现具有潜力的优化点,期望更好地满足用户的诉求,为用户提供更优质的推荐服务,获取更多的商业利益。

(一)推荐系统评价维度

推荐系统是一个多目标、整体优化问题。推荐系统需要平衡诸多因素,比如商业、用户体验、技术实现、资金、人力等。推荐系统作为嵌入产品的服务模块,它的评估可以从以下 4 个维度来衡量。

1. 推荐系统自身维度

推荐系统是一套算法体系的闭环,通过该闭环为用户提供服务,从推荐系统自身来说,主要包括如下衡量指标。

(1)准确度。作为推荐系统核心的推荐算法,本身是一种机器学习方法,不管是预测、分类、回归等机器学习问题都有自己的评估指标体系。推荐系统准确度的评估是学术界和业界最常用,也是最容易量化的评估指标。

推荐算法作为评分预测模型的准确度评估指标主要有:RMSE(均方根误差)、MAE(平均绝对误差)。其中 RMSE 就是 Netflix 在 2006 年举办的"Netflix Prize"大赛的评估指标。

均方根误差公式为

$$\mathrm{RMSE}(f) = \sqrt{\frac{\sum (f(u,i) - r_{u,i})^2}{N}}$$

平均绝对误差公式为

$$\mathrm{MAE} = \frac{\sum |r_{ui} - r_{ui}|}{|T|}$$

其中,u 代表用户,i 代表标的物,T 是所有有过评分的用户,N 为测试集数据的个数。

$f(u,i)$ 为预测值,$r_{u,i}$ 为用户 u 对"标的物"i 的真实评分,r_{ui} 是推荐算法模型预测的评分。

推荐算法作为分类模型的准确率及相关的召回率、ROC 曲线公式如下。

准确率(precision,也即推荐的商品中使用的商品占比)公式为

$$\mathrm{precision} = \frac{tp}{tp + fp}$$

召回率 (recall,也即使用的商品中推荐的商品占比)公式为

$$\mathrm{recall} = \frac{tp}{tp + fn}$$

ROC(receiver operating characteristics,受试者工作特征)曲线 (未被使用的商品中推荐的商品占比)的伪阳性率(FPR)公式为

$$\mathrm{FPR} = \frac{fp}{fp + tn}$$

其中:

tp 为真阳性数,推荐的商品用户使用了,即推荐有效。

fn 为假阴性数,使用的商品是未推荐的,即推荐不足。

fp 为假阳性数,推荐的商品用户未使用,即推荐无效。

tn 为真阴性数,没有使用,也没有推荐。

上述 4 个变量的关系如表 6-12 所示。

表 6-12　推荐和使用关系

关系	被推荐	未被推荐
使用	真阳性数(tp)	假阴性数(fn)
未被使用	假阳性数(fp)	真阴性数(tn)

(2)实时性。用户的兴趣是随着时间变化的,推荐系统怎么能够更好反应用户兴趣变化,捕捉用户新的兴趣点在竞争日益激烈的互联网时代对产品非常关键,做到近实时推荐用户需要的"标的物"是特别重要的问题。特别像新闻资讯、短视频等满足用户碎片化时间需求的产品,需要快速响应用户的兴趣变化。一般来说,推荐系统的实时性分为如下 4 个级别:$T+1$(每天更新用户推荐结果)、小时级、分钟级、秒级。响应时间越短的对整个推荐系统的设计、开发、工程实现、维护、监控等要求越高。一般来说,对于"侵占"用户碎片化时间的产品,如今日头条、快手等,这些产品用户"消耗""标的物"的时间很短,因而推荐算法要做到分钟级响应用户兴趣变化。对于电影推荐、书推荐等用户需要消耗较长时间"消费"标的物的产品,可以采用小时级或者 $T+1$ 策略。推荐系统通常情况下不需要做到秒级,但在特定场景,如广告算法中做到秒级是有价值的。

(3)响应及时稳定性。该指标是指推荐接口可以在用户请求推荐服务时及时提供信息反馈,推荐服务的响应时长、推荐服务是否稳定(服务正常可访问,不挂掉)也是非常关键的。一般响应时间要控制在 200 毫秒之内,超过这个时间,用户就感到慢了。

(4)抗高并发能力。推荐系统是否能够承受高并发访问,在高并发用户访问下(比如"双十一"的淘宝推荐),是否可以正常稳定地提供服务,也是推荐系统的重要能力之。一般可以在接口上线前对接口做打压测试,事先了解接口的抗高并发能力。另外可以采用一些技术手段来避免对接口的高并发访问,比如增加缓存,web 服务器具备横向拓展的能力,利用内容分发网络(content delivery network)资源,在特殊情况下对推荐服务进行分流、限流、降级等。

(5)鲁棒性。推荐系统一般依赖用户行为日志来构建算法模型,而用户行为日志中会包含很多开发过程中系统或人为(比如黑客攻击)等因素产生的垃圾数据,推荐算法要具备鲁棒性,尽量少受"脏"的训练数据的影响,才能够为用户提供稳定一致的服务。为了提升推荐系统的鲁棒性,这里提 4 个建议:一是尽量采用鲁棒性好的算法模型。二是做好特征工程,事先通过算法或者规则等策略剔除掉可能的"脏数据"。三是在日志收集阶段,对日志进行加密、校验,避免人为攻击等垃圾数据的引入。四是在日志格式定义及日志打点阶段,要有完整的测试案例,做好冒烟回归测试,避免开发失误或者将漏洞(bug)引入垃圾数据。

除了上面说的这些指标外,推荐模型的可维护性、可拓展性、模型是否可并行训练、需要的计算存储资源、业务落地开发效率等也是推荐业务设计中需要考虑的重要指标。

2.标的物提供方的维度

标的物的提供方通过为用户提供标的物获取收益(如京东上的商家通过售卖物品获取收益),他们关心怎么将自己更多的标的物更快地卖出去。评估推荐系统为标的物提供方创造价值的指标,除了下面的覆盖率和挖掘长尾能力,还有更多的其他商业化指标。

(1)覆盖率。为使提供的标的物都能够被用户"相中",推荐系统需要将更多的标的物推荐(曝光)出去,才有被用户"消费"的可能。覆盖率(coverage)的计算公式如下

$$coverage = \frac{|U_{u \in U}R_u|}{|I|}$$

其中,U 是所有提供推荐服务的用户的集合,I 是所有标的物的集合,R_u 是给用户 u 的推荐标的物构成的集合。

(2)挖掘长尾的能力。推荐系统的一个重要价值就是发现长尾,将小众的标的物分发给喜欢该类标的物的用户。度量推荐系统挖掘长尾的能力,对更好地满足用户的小众需求从而提升用户的惊喜度,以及促进长尾标的物的"变现"都非常有价值。

3.用户的维度

用户最关注的是更快捷方便地发现自己想要的标的物。常用指标有准确度、惊喜度、新颖性、信任度、多样性、体验流畅度等。在这些指标中,有些是可以量化的(比如精准度、流畅度),有些是较难量化的(比如惊喜度、新颖性),所有这些指标汇聚成用户对推荐模块的满意度。

(1)多样性。用户的兴趣往往是多样的,通过推荐挖掘用户新的兴趣点,可提升用户的体验感。人在不同的时间段兴趣点也不一样(如许多人喜欢早上看新闻,晚上刷抖音),也会受心情、天气、节日等多种因素的影响。要尽量推荐多样性的标的物,让用户从中找到自己感兴趣的点。

(2)惊喜度。所谓惊喜度,就是让用户有耳目一新的感觉,无意中给用户带来惊喜。这种推荐超出了用户的预期,推荐的不一定跟用户的历史兴趣相似,可能是用户不熟悉的,但是用户感觉很满意。

(3)体验流畅度。是否卡顿、响应是否及时,对用户的体验感和行为决策非常关键。流畅的用户体验,是推荐服务的基本要求。出现服务不稳定,响应慢,会极大影响用户体验,导致用户卸载产品。

4.平台方维度

对于平台方来说,商业目标是最重要的指标之一,平台方的盈利目的需要借助用户来实现(无论是用户消费还是广告收益都需要大量用户),所以平台方除了关注绝对的收益外,还需要关注用户活跃度、留存率、转化率、使用时长等用户使用维度的指标。推荐系统怎么更好地促进收益增长,促进用户活跃、留存、转化等就是平台方最关注的商业指标。同时,为第三方提供平台服务的平台方(如淘宝商城),还应该谋求商家生态的稳定发展。所以,从平台方维度来说,最重要的评估指标主要有以下 3 类:用户行为相关指标、商业变现相关指标、商家(即标的物提供方)相关指标等。

(二)推荐评估流程

推荐算法本质上就是一个机器学习问题,可以选择认为合适的算法模型,并部署到线上推荐业务中,利用算法模型来预测用户对标的物的偏好,以用户的真实反馈(是否点击、是否购买、是否收藏等)来评估算法效果。同时, 在必要(不一定必须)的时候,需要跟用户沟通,收集用户对推荐系统的真实评价。

在公司不同的阶段,衡量权重也不一样,创业前期需要大力发展用户,多以用户体验为主。当有足够的用户量后,可能会侧重商业变现,尽快让公司实现盈利。推荐模型求解是满足整体最优的一个过程,不能保证每个用户都是预测最准的,也不是所有目标都能实现。评估后怎么做到各个目标的平衡,成为推荐系统设计中关切的问题。

本文按推荐业务流的时间线的先后顺序将推荐系统评估分为 3 个阶段:离线评估、在线评估、主观评估。整个过程可以用如图 6-12 来说明。

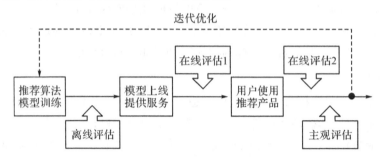

图 6-12 推荐评估流程

1. 离线评估

离线评估是在推荐算法模型开发与选型的过程中对推荐算法做出的评估,通过相应的评估指标来选择合适的推荐算法。

推荐系统的目的是为用户推荐一系列标的物,精准击中用户的兴奋点,刺激和诱导用户"消费"标的物的行为。所以,一般都是为用户提供 N 个候选集,称为 Top N 推荐,尽可能地召回用户感兴趣的标的物。这个过程评估的是推荐算法是否可以准确预测用户的兴趣偏好。准确度评估是最重要和最常用的评估指标,具有实现简单、可操作性强和可比性强等优点。准确度评估的是推荐的标的物是不是用户喜欢的。如推荐的电影用户点击观看了,说明用户喜欢,看的时间长短可以衡量用户的喜好程度。但是要注意,用户没看不代表用户不喜欢,也可能是这个电影用户刚在院线看过。这里所说的准确度更多的是用户使用的主观体验感觉。

根据推荐算法模型类型采用不同的评估方法。一是将推荐算法看成预测(回归)问题。预测用户对标的物的评分,比如 0~10 分。二是将推荐算法看成是分类问题。可以是二分类,将标的物分为喜欢和不喜欢两类。也可以是多分类,每个标的物就是一个类,根据用户过去行为预测下一个行为的类别。三是将推荐系统算法看成一个排序学习问题,利用排序学习(learning to rank)的思路来做推荐。上面 3 类推荐算法方法都可以转化为 Top N 推荐。

第一种思路,推荐算法作为评分预测模型。预测出用户对所有没有行为的标的物的评分,按照评分从高到低排序,前面 N 个就可以当作 Top N 推荐(得分可以看成是用户对标的物的偏好程度,所以这样降序排列取前 N 个的做法是合理的)。针对评分预测模型,采用准确度评估指标。

第二种思路,推荐算法作为分类模型。一般会得出在某个类的概率,根据概率值也可以类似第一种思路来排序形成 Top N 推荐。针对分类模型,评估推荐准确度的主要指标有:准确率、召回率、ROC 曲线。

第三种思路,推荐算法作为排序学习模型。思路本身就是一个有序列表,取前 N 个做 Top N 推荐。上面两类评估指标都没有考虑推荐系统实际做推荐时将标的物展示给用户的顺序,推荐的标的物展示给用户的顺序对用户的决策和行为是有很大影响的。不同的排序,用户的实际操作路径长度不一样,比如智能电视端一般通过遥控器操作,排在第二排推荐的电影,用户点击就要多几次操作按键。当然是希望将用户最可能会"消费"的标的物放在用户操作路径最短的地方(一般是最前面)。那怎么衡量这种不同排序产生的影响呢? 这就需要借助排序指标,这类指标有 MAP(mean average precision)、NDCG(normalized discounted cumulative gain)、MRR(mean reciprocal rank)等。读者可以自行了解学习,这里不再介绍。

2. 在线评估

经过离线评估的算法部署上线后可以为用户提供推荐服务。推荐系统的在线评估可以分为两个阶段,其实这两个阶段是连接在一起的,这里的划分主要是方便对相关的评估指标做细分讲解。

第一阶段,是推荐算法上线服务到用户使用推荐产品这个阶段。用户通过使用推荐产品触发推荐服务(平台通过推荐接口为用户提供服务)。这个阶段评估的指标有:响应及时稳定性指标、抗高并发能力指标等。

第二阶段,是用户通过使用推荐算法产生行为评价的阶段。主要有用户行为相关指标、商业化指标、商家相关指标。最重要的用户行为指标有转化率、购买率、点击率、人均停留时长、人均阅读次数等。通过收集分析用户行为日志来评估相关的指标。漏斗模型可以非常直观形象地描述用户从前一个阶段到下一个阶段的转化,非常适合商业上的定位问题,通过优化产品流程,提升用户在各个阶段的转化。

3. 主观评估

通过主观评估的方式来获得用户对推荐系统的真实评价。具体的方式可以是用户问卷调查、电话访谈、跟用户直接见面沟通等。这些方式可以很直接、直观地知道用户对推荐产品的反馈和想法,是很重要的一种评估推荐系统的补充方式。主观评估要想真实地发现推荐系统存在的问题,需要注意很多方面。比如要规范设计问卷,要给予用户的参与一定的激励,抽样方法科学性,采用一定的沟通技巧,尽量真实挖掘出用户的想法等。

四、推荐系统改善

在实际使用中,推荐系统存在一些典型的问题,它们有的是推荐技术自身带来的弊端,有的是商业化导向形成的问题。有必要对这些问题做探讨和梳理,认识到推荐的困境,想一切可能途径来持续地改善,以提高推荐质量和降低推荐风险。另外,算法应用必须遵守国家网信办等四部门联合发布的《互联网信息服务算法推荐管理规定》。

(一)推荐重复问题

在内容生产门槛不断降低、数量指数级攀升的背景下,当某个事件发生后,自媒体会从不同角度评论权威新闻通告,搬运工也会大量生产出蹭热点的内容。如此繁荣的内容生产过程也带来了信息过载的问题。用户会厌恶列表页上千篇一律的标题,更会因为点击了标题后却发现内容了无新意而有一种上当感。因此,对于内容推荐来说,"重复"是一个首先要克服的挑战。

美国学者尼葛洛庞帝在《数字化生存》一书里预言了一种数字化时代个性化的信息服务,称之为"《我的日报》"(*The Daily Me*)。而进入数字时代,《我的日报》的定制已成为现实。事实上,人们得到的是"窄化"的信息,推荐重复问题经常跟"回音室效应""信息茧房""过滤泡"等概念联系在一起。

"回音室效应""信息茧房""过滤泡"等概念的相互关系

(二)推荐密集问题

密集是指用户的推荐列表中同一类内容的占比过高。产生推荐密集的原因,一方面是用户的短期兴趣点比较明确,常因特定事件或人物而快速聚焦。伴随热点的涌现,用户的消费也会在这一阶段显著地攀升。另一方面,因为推荐系统对用户的兴趣点理解不够,或是追求点击导向而放大了用户的强兴趣相关内容,忽视了用户的弱兴趣部分内容。比如,系统汇总得出用户喜欢财经,围绕财经内容持续推荐,或是在财经内容和科技内容所构成的候选集对比中,由于财经内容点击预估显著高于科技内容,系统就推荐财经内容。

从点击率角度来观察,局部的密集推荐满足了用户需求,往往会带来短期消费量的快速提升。人们可以用它来进行用户冷启动,以新、热内容来满足用户的短期需求,短期留存用户。但是,不同用户短期兴趣点的衰减速度是不可预知的。为了防止用户体验发生断崖式的下跌,通常采用滑动窗口规则,以连续多条多属性内容推送,降低用户的视觉密集感。

密集的衡量取决于对内容的拆分维度,拆分出的维度越细致,打散策略就越精细。典型的拆分维度有题材载体维度、作者维度、类目(话题)维度和实体词维度等。题材和作者属于内容的固有属性,类目和实体词则是基于语义理解抽离出来的属性。比如实体词维度中出现某一实体词的内容过多,在系统对于类目识别准确的前提下,依靠类目打散都不能解决误词刷屏的问题,只能通过实体词进行打散。关于密集打散的收益,在短期可能会降低点击率,但长期来看,多样性更好的内容对用户留存是有帮助的,不必争朝夕之短长。

(三)易反感内容问题

在内容推荐系统中,将用户的行为拆分为列表页的消费体验和详情页的消费决策两部分。如图6-13所示。列表页中展现出了标题和封面信息供用户判断,用户点击了前两篇内容,没有点击第三篇内容。详尽页中,用户点击了第一篇的详尽页,并给出评论与分享的动作。但是对于第二篇详尽页给出了不满意点击的反馈响应。无论是详情页的消费体验差还是列表页的消费体验差,都是需要处理的问题。

图6-13 列表页消费与详情页消费

从内容质量维度看,低质量的内容一定会引发用户的反感,如文不对题的标题党、传播虚假信息或耸人听闻的信息、质量低下的无聊水文、因时间识别错误导致的旧闻问题等。出现这种情况时,用户在被标题吸引点击后可能很快就会退出,或是在内容当中举报,留下负面评论内容等。可以通过用户的反馈行为来发现第二类内容的不足,以降低它们对用户体验的影响。

对于列表页刷过却没有被点击的内容,又该怎样处理呢? 通常,没有被点击的内容视作对用户无损害,它也起到了如兴趣探索、广告变现等方面作用。

如果部分内容因题材问题而非质量问题,对部分敏感用户的列表消费体验造成负向影响,可将之归结为易反感内容。常见的易反感内容有:迷信类内容、鬼神类内容、恐怖血腥类内容等。

易反感内容
处理通用流程

在推荐过程中,对易反感内容的推荐处理是一个强化负反馈的过程。在列表页、展示层,对普通内容而言,如果用户不点击的话可以视作无损,而对于易反感内容来说,即使用户不点击,也应当视作一个负向反馈,拉长此类内容的二次探索周期。在令用户反感的行为上亦然。用户往往只会点击页面上的关闭按钮,而不会选择说明原因。如果一篇内容同时命中多个点的话,容易引起反感的原因理应受到更大的惩罚值。

故宫品牌
年轻化

▶▶ 复习题

1. 简述新媒体运营的内容。
2. 如何理解经典的 3 种媒介理论?
3. 简述新媒体矩阵的类型及其搭建的步骤?
4. 算法推荐是否改变了"内容为王"的说法?
5. 协同过滤推荐和基于用户统计信息的推荐、基于内容的推荐有何区别?

▶▶ 讨论题

选择某个互联网公司,分析它的新媒体矩阵,并提出改进空间。

▶▶ 延伸阅读

1. 龙共火火.高阶运营:从小编到新媒体操盘手[M].北京:人民邮电出版社,2018.
2. 马诺维奇.新媒体的语言[M].车琳,译.贵阳:贵州人民出版社,2020.
3. 麦克卢汉.理解媒介:论人的延伸[M].何道宽,译.南京:译林出版社,2019.
4. 闫泽华.内容算法:把内容变成价值的效率系统[M].北京:中信出版社出版,2018.
5. 张基温,张展赫.新媒体导论[M].北京:清华大学出版社,2017.

第六章小结

第七章　供应链管理

> 市场上只有供应链而没有企业。现在,真正的竞争不再是个别企业与企业的竞争,而是供应链与供应链之间的竞争。

> ——马丁·克里斯托弗

越来越多的互联网企业认识到供应链管理的重要性。从各自供应网络中收集、分析和分享的数据中获取更多价值,将现有的供应链成本中心转变为以客户价值为中心的弹性供应网络是个大挑战。以前被忽视的数字化工具和先进技术,如机器人、无人机和计算机视觉等其他技术,如今已变得极其重要,可以用以提升供应链团队的效率、效益、生产率和安全性。在这一章中,将回答以下问题。

- 供应链管理对顾客价值的影响如何?
- 供应链战略常见的形式有哪些?
- 如何从供需匹配角度分析供应链战略选择框架?
- 供应链战略应重点考虑什么内容?
- 信息技术赋能供应链的主要方式是什么?
- 数字化供应链转变的要求是怎样的?

第一节　供应链管理概况

供应链的提出最早可追溯至 20 世纪 80 年代,陈荣秋、马士华(2013)认为供应链管理始于物流管理。供应链的研究不断拓展至服务业领域,扩充了供应链的边界。依据在供应链管理中对产品与服务的关注程度,Lin, Shi 和 Zhou 等(2010)等提出了服务分类矩阵,将服务供应链分为一般供应链、产品供应链、服务供应链及产品服务化供应链。服务供应链的出现为完善服务行业流程奠定了坚实的基础。服务供应链系统,顾名思义服务为主体,定义为"由供应商、服务提供商、消费者和其他支持单位形成的网络,它们执行生产服务所需资源交易的功能,将这些资源转化为支持核心服务的能力,并向客户提供这些服务"。

目前,供应链发展出新的管理动向。首先,新零售的兴起深刻影响着供应链的竞争策略,从传统的以产品或服务为中心转向以用户体验为核心,供应链也向产品与服务融合和集成的产品服务供应链发展。产品服务化供应链成为产品供应链和服务供应链的混合模式,既有产品流又有服务流,不仅包括制造商、零售商和消费者等参与主体,而且包括提供不同类别服务的服务提供商,形成了以产品服务供应链生态系统为中心,以价值主张、资源整合、服务传递、价值共创、价值共享和价值目标为支撑的闭环结构。其次,经济增长给环境带来负外部性,环境要素被纳入供应链管理范畴中,实现了资源从获取、制造、使用到回收全过程的完整供应链的绿色管理。最后,不确定环境下的供应链金融应运而生,它不只是关注物流环节与各单位在业务流程上的合作,而是开始关注链条上资金的流动,这有助于协同链条企业解决资金短缺问题,抢占市场份额,形成抵御风险的利益共同体。

一、供应链管理概念

目前没有统一的供应链管理概念,它的基本内涵是集合管控链路中的信息流、资金流和商品流,实现低成本、高效率和客户满意的目标。本文采用芬兰学者格鲁罗斯(2019)给出的供应链管理定义:它是用于有效集成供应商、制造商、仓库与商品的一系列方法,通过这些方法,使生产出来的商品能以恰当的数量,在恰当的时间,被送往恰当的地点,从而实现在满足服务水平要求的同时使系统的成本最小化。从上述定义中可归纳出以下几个重要的主题。

(一)供应链管理的内在本质

它是满足顾客需求,对顾客的需求做出响应,提供和传递价值的过程。供应链管理的有效性取决于链内各节点是否形成协同效应,快速响应市场需求,并做到显著地降低成本和价格。除此以外,供应链管理还着力于改善客户服务、加快资金周转、提升市场份额,促进组织增长,提高组织生存能力。2016 年,面对小米低谷时期,雷军下定决心"补课三年",亲自下场接替供应链管理工作。"'补课'成绩应该会得到大家的认可。"2020 小米核心供应商大会上,雷军如此说。

(二)供应链管理的核心目标

它强调整个系统的效率和成本效应,而不是简单地最小化运输成本或降低局部库存,追求系统综合成本的最小化。比如,虚拟仓库(virtual warehouse)的应用,将地理上分散的、分属不同所有者物品的储存、保管和远程控制等物流设施进行整合,形成具有统一目标、统一任务、统一流程的暂时性物资存储与控制组织,虚拟仓库的信息透明化和实时化,实现了不同状态、空间、时间的物资有效调度和统一管理,扩大了服务半径和货物集散空间,企业在组织资源的速度、规模、效率和资源的合理配置方面都是传统的物流配送企业不可比拟的。

(三)供应链管理的关键特征

从整个供应链的流动过程分析,它具有若干关键特征。一是需求的不确定性及多变性带来的管理问题。如牛鞭效应是销售商与供应商在各自需求预测修正、订货批量决策、价格波动、短缺博弈、库存责任失衡和应对环境变异等之间博弈的结果,增加了供应商的生产、供应、库存管理和市场营销的不稳定性。二是全球化背景下的供应链提前期问题和安全性挑战带来的管理问题。随着近几年国际政治经济形势的变化,许多国家贸易政策收紧,这方面的问题显得尤为突出和紧迫。比如新型冠状病毒疫情的原因造成汽车芯片供应严重不足,引发诸多汽车公司的生产线减产或停产。三是完善的供应链体系,奠定企业竞争的基石。戴尔、苹果、耐克等公司的迅速崛起离不开其构建的完善的供应链体系,这些供应链体系独具竞争优势,并难以被超越。沃尔玛的崛起史也是其供应链从无到有的建设史,供应链上的优势,给沃尔玛带来了丰厚的利润,毛利率已连续多年稳定在 25% 左右,而同为美国零售标杆的开市客(Costco)超市毛利率仅为沃尔玛的一半。沃尔玛供应链管理的独特之处主要有两点:第一,它拥有全球领先的信息系统,打通了与供应商之间的商品销售、采购、库存等环节,提高了商品的周转率。第二,信息化的供应链管理造就了沃尔玛高效的物流配送能力,它的物流成本占销售成本的比例仅为 1.2% 左右,远低于美国零售商 4%~5% 的物流成本。供应链对传统零售商的溢价效应,同样适用于数字时代的互联网零售商。在全场景零售的大背景下,数字化技术助推线上与线下运营融合,为互联网零售商的供应链提供了新机会,也提出了新要求。

二、供应链管理价值

在消费互联网中,顾客驱动的市场逻辑下,产品或服务不再起主导作用,而是整个与互联网企业交往过程中的顾客感知价值在发挥积极的作用。顾客对价值的感知依赖于顾客个体,以及他们所处的环境。顾客感知可以分解为与需求的一致性、产品选择、价格和品牌、增值服务、关系和体验等 5 个方面。那么供应链管理是如何从这 5 个方面影响顾客感知价值的呢?

(一)与需求一致性的市场调节功能

供应链管理的基本要求是具备向顾客提供所需要产品的能力,包括可获得性和可选择性,马歇尔·L.费舍尔(以下简称费舍尔)称之为供应链的"市场调节"功能。在供需不匹配时,将支付"市场调节"功能的相关成本:供给大于需求,表现为库存成本;需求大于供给,有可能会损失销售机会和市场份额。机会和成本的平衡问题涉及创业的服务水平。服务水平是典型的、定量评估公司的市场一致性的工具。服务水平与公司按顾客要求交货的能力相关,可用准时交货率或提前交货率来考察。服务水平评估对公司赢得市场份额的能力十分重要。顾客服务水平并不是随意设定的,需要有安全库存来保障。有关安全库存内容本章后续将加以讨论。

(二)满足产品多样化的供应方式

许多产品有各种规格型号,是式样、颜色和形状等属性的组合,它们从不同方面满足客户需求。产品多样化会影响到预测功能,要具体预测某种产品的需求更是愈加困难,互联网企业除了加大库存应对,还可以针对不同顾客需求,选择不同业务模式供应多样化的产品样式,包括专门提供单一类型产品(如抖音)、可以"一站式"提供各种产品的超级商场(如亚马逊)、专门提供某一类产品的超级商场(如各类垂直平台)。

(三)营造价格和品牌优势

在互联网时代,产品价格和服务水平对维持客户关系有重要影响。任何产品具有有限的可被接受的价格范围,通过供应链创新,获取成本优势,提供符合或超过顾客预期的价格有助于吸引更多客户。在良莠不齐的互联网环境中,服务良好的企业的品牌价值就在于其依然发挥着重要的信誉担保作用,而且互联网助长了赢者通吃的概率。如京东物流,它以快捷、安全而著称,顾客更愿意在京东平台购买价格稍贵的电子产品。"一家以供应链为基础的技术与服务企业",是京东集团的新定位。

(四)增值服务符合顾客期望

移动互联网和其他信息技术的出现,使得供应链也可以为客户提供增值服务,内容包括金融、物流及供应链周边服务等。越来越多的顾客期望信息的可视化、数字化,企业能否为客户提供更便捷的信息服务也成为供应链管理的竞争要素。如顾客自行利用包裹跟踪系统获知订单实时进展状况,不仅提高了服务水平,而且顾客的参与也帮助信息提供者节省了员工服务成本。又如有些企业提供良好的售后服务等增值服务,可能成为某些产品的重要竞争优势。

供应链管理的核心理念示例

(五)关系和体验管理

提供复杂的顾客交互能力与生产、分销产品的能力是非常不同的能力范畴。顾客和公司之间建立全供应链条的各节点上的紧密联系,可以降低顾客品牌转换的意愿,提高复购销售额并留住顾客。互联网企业的一般做法是根据用户行为数据,绘制用户画像,开展个性化推荐,帮助客户与企业建立亲密关系。与此同时,一些公司还增加和优化顾客的独特体验,如搭建交互式社区,建立各种社群,与顾客共创商业价值,共享成长价值。

第二节　供应链战略

互联网和云计算促进了商业数字化的变革,线上线下融合,消费互联网和产业互联网的融合成了趋势。相比传统企业,互联网企业面对的是快速变化的市场,互联网企业借助现代技术手段和网络本身的特性,整合和发挥供应链优势,以用户运营为核心,快速渗透和拓展市场,形成个性化定制到爆品的商业模式。如"衣邦人"是互联网上门服装定制平台,在服装定制业最先引入"互联网＋上门量体＋工业4.0"模式。互联网企业有效地发挥出了供应链的战略价值,这涉及3个层面的内容:①供应链战略选择。通过与产品特点、不确定的市场需求进行,在此匹配基础上选择供应链战略形式。②供应链战略内容。③全球供应链安全与风险。

一、供应链战略分析

(一)供应链战略形式

供应链战略形成常见的有推动式、拉动式两种类型,以及它们的混合形式——推—拉式。在互联网企业的运营管理中,用户拉动作用和企业的推动作用都十分重要。

1.推动式供应链

推动式供应链战略形式依据长期需求预测信息来做生产和分销的决策。这种长期跨度的决策思路容易导致对市场链变化的忽视,存在需求调整的延迟现象,适应不了互联网企业快速变化的需求环境,在供应链路中容易产生大量积压。比如,在一个推动式供应链中,由于生产的紧急转换会引起运输成本激增、库存水平变高等情况。

2.拉动式供应链

在拉动式供应链中,生产和分销是受客户需求驱动的,而不是依靠对需求的预测。在供应链中建立一套快速的信息传递机制,可以对订单做出反应,能将顾客的需求信息高效地传递到供应链相关方。通过更好地预测零售商订单的到达情况,可以缩短提前期。这样一方面减少了零售商的库存,同时也降低了供应链面临的变动性。随着变动性的降低,厂商的库存水平将降低,资源的利用率将提高。相比于推动式供应链,拉动式供应链虽然难以利用生产和运输的规模优势,但是实际成本要低很多。如快消品企业通过销售网络中的数据收集和信息整理,可以及时地根据市场情况调整产品供应。

3.推—拉式供应链

在推—拉式供应链战略中,供应链的最初几个层次以推动的形式出现,同时其余的若干个层次则采用拉动战略。推动层和拉动层之间的接口处被称为推—拉界面。如图 7-1 所示。图中的供应链时间线指的是从采购原料开始到将商品送至用户手中的这一段时间。推—拉边界位于供应链时间线的某处,在这个点上,企业应当从最初使用的推动战略切换至拉动战略。

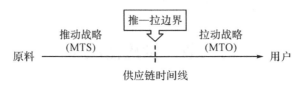

图 7-1　推—拉式供应链战略

比如一家个人计算机生产商,它的部件库存是按照预测进行管理(即库存式生产,make to stock, MTS),但最后装配是根据用户实际订单进行的(即订单式生产, make to order, MTO)。这是一个推—拉式战略例子,它的推动部分是在装配之前,而供应链的拉动部分则从装配之后开始,所以推—拉边界就是装配的起点。这个例子中,厂商充分利用了总体预测更为准确的原则(虽然很难预测顾客对单品库存单位 SKU 的需求,但若预测一个产品系列内所有的 SKU 单位的总需求会容易许多),对所有产品都会用到的部件需求相当于一个总体需求,所以部件需求的不确定要比每种产成品需求的不确定性要小,可以降低安全库存。戴尔计算机非常成功地运用了该战略,并成为推—拉式供应链战略的一个应用典范。

(二)供需匹配的供应链战略选择框架

马歇尔·L.费舍尔认为供应链的设计要以产品为中心,充分考虑产品类型与供应链结构之间的匹配性。对一个给定的产品,应当采用与产品相匹配的供应链战略。如图 7-2 所示,横轴表示生产和分销的规模经济的重要性,纵轴表示顾客需求不确定性的信息。

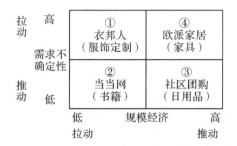

图 7-2 产品相匹配的供应链战略选择框架

①区表示该行业具有较高不确定特征,而生产、安装和分销的规模经济不突出,建议这类行业或产品采用拉动式供应战略。典型例子如服饰定制领域的衣邦人,以个性化定制来满足消费者不同的需求。

②区表示的产品具有较低的需求不确定性,适合推动式供应链。但同时它的规模经济重要性较低,说明适合拉动式供应链。当当网的图书销售恰好属于这一类产品。在这种情形下,就应当进行权衡处理,选择哪一种取决于成本与需求的匹配。

③区表示需求不确定性较低且规模经济较重要的产品,社区团购的主打商品——日用品属于这一类。传统的推动式战略更为有利,根据以往数据较好的预测来管理库存,建立稳定的上游供货能力,强调供应链的效率,并利用大规模运输降低运输成本,以较低价格交付,获得持续的竞争优势。

④区表示的是那些需求不确定性高且生产和运输过程中规模经济十分明显的产品和行业。如提供一站式全屋家居网购商城的整体家居品牌——欧派家居。家具属性组合(尺寸、颜色和结构等)往往个性化,运输成本相对也较高。在这种情况下,有必要区别生产与分销策略。即采用拉动战略按照实际的需求进行生产,采用推动战略根据固定的时间进行运输。也会涉及产品开发的问题,比如采用组合家具设计思路,尽可能降低产品款式,引入标准化模块设计思路,方便家具的运输,也符合用户 DIY 组装的趋势。

供应链中存在许多合作伙伴,需要一种统一的度量方法,采用合适指标来评估供应链绩效。如供应链协会提供的 SCOR(supply chain operations references,供应链运营参考)模型,该模型以流程为参考,分析公司流程和目标的现状,对运作绩效进行量化,并将其与标杆数据进行对比,开发出一套供应链绩效衡量指标。

二、供应链战略内容

(一)供应链战略难点

要想保持可持续的增长,供应链管理至少应考虑到如何通过实施战略联盟提升产品开发质量、采用信息共享技术优化全域系统、运用风险管理策略等来改善供应链绩效。具体来说,有以下 3 个难点。

1.供应链与开发链的交互作用

开发链是指新产品导入相关的一系列活动与流程,包括产品结构、生产/采购决策、供应商选择、供应商早期参与及战略联盟等决策。开发链与供应链交叉于生产环节,如图 7-3 所示。

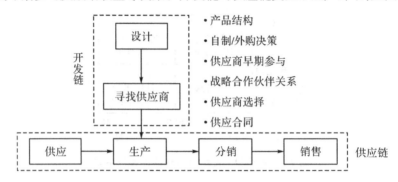

图 7-3　供应链和开发链的关系

开发链的特征和决策内容会对供应链产生巨大影响。反之,供应链的特点也会对产品设计发挥策略性作用,从而对开发链造成影响。

(1)技术更新状态。这指所属产业的技术更新状态(速度和水平),会对产品设计及开发链带来影响。这一点在互联网行业上体现得更为明显,不断涌现的 AI、区块链、人工智能等数字产业链的底层技术和应用技术,正在全方位地重塑开发链和供应链,并加快两者之间的互动与合作关系。

(2)产品结构状态。这是指一个产品必须拥有的模块性及完整性。模块化产品是由一系列模块组装而成的,每个模块也存在着多种选择。通过这种方式,产品主体的制造可以在选择模块和最终产品装配之前完成,为后续经营提供了调整思路(提前期和经营策略),极大地提升了产品开发和经营模式的灵活性,也为互联网企业的商业模式创新和发展,开辟出新的空间和路径。

(3)生产/采购决策。这是指内部自主生产和从外部供应商采购的决策。各种商业平台的出现,赋能互联网企业的生产和销售。为消费者参与提供了渠道和机会。消费者作为一个突出的力量,全方位地卷入互联网企业的生产和产品开发过程中,如 UGC 内容生产、消费者评价等。

除此之外,还有其他链在与互联网企业的开发链和供应链发生连接和交互作用。如绿色供应链中的逆向物流链(即与产品或包装回收相关的链)和备件链。因此,在制定供应链战略和产品设计策略的时候,应充分考虑产品的技术更新速度和需求的不确定程度,建立起产品开发和供应链战略相匹配的运营模式。

2.全局优化目标

在保持系统的服务水平前提下,促使系统综合成本最小化,设计并运作一条供应链,这个开发系统最优策略的过程被称为全局优化。从环境、策略和趋势等方面来看,全局优化存在诸多制约因素,使得互联网企业在实现全局优化目标时变得非常具有挑战性。

(1)复杂的供应链网络。全球化视角下的供应链会形成一种高度复杂化的网络结构:地理上的分散化布局,导致风险比任何时候都要多。比如地区动荡、各国政策调整等都在时时刻刻影响供应链上众多节点的安全性和稳定性,增添了供应链网络运营的不确定性和复杂性。

(2)内在冲突的目标。供应商希望生产商能够稳定地大批量采购,而生产商面对的是多样性的顾客需求,这样供应商的批量目标与生产商对灵活性的期望之间天然存在差异。在很大程度上,生产商具备的供需匹配能力将体现在如何根据实际的需求信息及时调整供应量的管理能力。另外,大批量生产的目标与仓储和配送中心要求降低库存的目标相互矛盾,降低库存水平在增加运输成本(增加了采购批次)的同时降低了服务水平。可见,协调整个供应链中不同主体的利益,从而达成综合优化目标,本质上是来自于供应链内在管理的要求。

(3)系统的动态优化。顾客需求、成本结构、供应商能力及供应链中关系不是静态的,它们会随着时间不断改变,打破原有的平衡状态。这使得维持系统成本最小化,并满足顾客需求的有效供应链战略变得愈加困难。但是供应链系统变动也成为企业或者企业群体实现业务流程重构的契机。尤其是新技术的涌现,带来全局优化的解决方案。如阿里犀牛制造代表了行业数字云原生探索,它是全球第一个制造企业核心要素全面上云的公司,第一次实现了从需求、设计、研发、生产、供应链等资源的全局优化。

3.管理不确定性和风险

在不确定的环境中,供应链运营所提出的众多应对策略,会引发供应链系统偏离全局优化的目标。

(1)供需匹配是主要挑战。需求预测被认为是做好匹配工作的第一步,但是互联网企业预测结果表现不尽如人意,虽然预测环节有助于改善供需平衡工作,但是不能解决匹配有效性的问题。另外,独立需求并不是影响不确定性的唯一因素,交货提前期、制造产出、运输时间及部件可获得性都会给供应链带来挑战。如不同主体出于自身利益的考量,人为层层加码预测需求,最终会误导生产商的生产决策,出现牛鞭效应。

(2)降低成本的管理措施会增加风险。外包、离岸化等供应链行为和精益生产、JIT等生产策略,虽然提升了局部的优化目标,但是往往会引发需求不确定性的问题,明显地放大了企业风险等级,打破了全局最优的预期设想,引起了系统波动。

上面因素交织在一起,无疑更加剧了供应链管理的复杂性。要驾驭住这种复杂性,供应链管理需要开发出以下3种能力。

第一,匹配产品特性与供应链战略的能力。产品设计策略与开发链和供应链的特性密切关联,比如技术频繁变化的产品和产业,它的供应链战略不同于低频产品的供应链战略。

第二,替代传统供应链的能力。在传统供应链管理中,每个参与方往往各自独立做出决策,很少会考虑到对其他合作伙伴造成影响。而正是基于多方共建的思路,才能培育出全局优化的供应链。

第三,降低管理不确定性和风险的能力。通过产品设计、网络建模、信息技术、采购和库存策略,提高供应链柔性、韧性和冗余度,降低供应链不确定性和风险。

(二)供应链战略关键内容

供应链战略关键内容几乎贯穿企业的经营活动,从战略层到战术层,再到运作层,分属不同的链类型(开发链、供应链)。实现全局优化、管理风险和不确定性的供应链战略关键内容,如表7-1所示。

表 7-1　供应链管理中的关键内容

序号	关键内容	内容所在层面			链类型	全局优化	管理风险和不确定性
		战略	战术	运作			
1	顾客价值	√			开发链、供应链	√	√
2	产品设计	√			开发链		√
3	战略伙伴	√			开发链	√	
4	供应合同		√		开发链、供应链	√	√
5	生产采购		√		供应链	√	
6	配送战略		√		供应链	√	√
7	配送网络	√			供应链	√	
8	库存控制		√		供应链		√
9	外包和离岸化	√			开发链	√	
10	智能定价			√	供应链	√	
11	回收和备件			√	逆向物流链		
12	信息技术			√	供应链	√	√

表 7-1 中 3 个层面的关键内容如下。

一是战略层。战略层决策对于企业而言,存在长期的战略效应,这些决策包括了顾客价值、产品设计、自制与外包决策、供应商选择、战略合作、仓库和制造厂及物流网络的数量、布局和容量决策等。

二是战术层。战术层决策往往指的是那些需要每年或每季度进行更新的活动安排,通常包括采购与生产决策、库存策略与运输策略等。

三是运作层。运作层决策是每天或每时每刻都在发生的活动,它包括调度、制定路线和车辆装载等作业内容。

三、全球供应链安全与风险

全球采购和电子商务已成为企业供应链的重要组成部分。数字时代的供应链建立在先进的网络、远程通信技术和电子商务模式的基础上,供应链可以变得更长更复杂,覆盖的环节将更多。而全球政治经济环境和运输中的不确定性的增加,以及信息网络自身的脆弱性特点,使得现代供应链面临着严峻的安全与风险挑战。

(一)供应链形式、安全与风险

1.全球供应链形式

全球化的运作与供应链形式有很多种,根据应用程度不同,以下为常见的几种模式。

(1)全球分销系统。这是指生产体系保留在本土,但分销及部分营销在境外开展的供应链系统。

(2)全球供应商。原料和零部件由境外供应商提供配套,但最终会在境内完成组装、检验和包装工作。

（3）离岸加工。产品生产的整个过程基本上都在境外的某个地区进行，而产成品运回境内进行销售与配送。

（4）完全整合的全球供应链。在该系统中，产品的采购、生产和销售的整个过程都在全球的不同工厂完成。

2. 供应链安全

从互联网企业运营来看，全球供应链和网络空间供应链这两个方面的安全尤为重要。

（1）全球供应链面临的安全问题。如果一国自己掌握着全产业链，则该产品的生产不受外部的影响或控制。但是，当该国处于全球供应链的下游环节，需要进口上游核心零部件时，该国的生产将有可能受制于外国零部件的供给政策和环境状况。一旦供给出现短缺，该国的生产将受到影响。如果出现零部件断供，短期内又无法找到替代供应商或自己无法满足，则将面临停产的威胁。更为重要的是，某产业的供应链是面向全球的，任何一个国家的供给出现问题，由于产业的序列生产性，该产业都将受到波及。

（2）网络空间供应链的安全问题。针对信息采购中可信赖产品评估问题，网络空间供应链安全概念（cyber supply chain security）在1980年被首次提出来。目前普遍接受的定义是2009年由美国科学应用国际公司（Science Applications International Corporation, SAIC）及马里兰大学史密斯商学院供应链研究中心共同给出的。网络空间供应链安全是指整个信息设施的运营者、政策制定者、系统集成商、网络提供商和软硬件厂商，共同定义、规划、建设、管理和维护网络安全。网络空间供应链安全涉及信息技术及供应链管理两个不同学科的交集，已经成为全球范围内的重要议题，主要从网络空间供应链安全标准、网络空间供应链安全风险评估及供应链风险应对等方面展开。

①网络空间供应链安全标准。供应链管理流程中应统一标准与方法。目前美国国家标准与技术研究所（National Institute of Standards and Technology, NIST）发布的《关键基础设施网络空间安全框架》是广泛接受的标准，它强调建立一套可适用不同组织规模、安全风险程度及安全复杂性的安全标准。

②网络空间供应链安全风险评估。政府与产业较为关注的议题是如何评估网络空间供应链安全风险，对各种安全风险进行探讨并建立了不同的评估方法。如参考境外在供应链安全管理方面的政策措施，提出信息通信设备采购与供应链安全评估制度。

③供应链风险应对。该领域提出一系列安全保护参考模型，如基于传统供应链风险模型引入"网络弹性"；供应链核心企业和伙伴企业在信息安全方面的决策博弈；结合 NIST 网络安全框架，从来料到客户交付端到端流程中识别和控制供应链风险的策略。

3. 供应链风险

全球化的外包和境外生产意味着供应链在地理空间上越来越多元化，更容易遭遇到各类风险。如 Wagner 和 Bode（2006）认为3种最重要的供应链风险是需求风险、供给风险、灾难性风险。对于风险管理，Arshinder, Kanda 和 Deshmukh（2008）强调供应链协调的重要性。我们从协同和干扰两个维度来分析运营和供应链管理的内在风险。

（1）协同风险。供应链协同风险与供应链的日常管理有关，包括安全库存、安全提前期、延长时间等。JIT 和精益生产的发展显示，在比较先进的供应链中，库存水平是很低的。一且发生不可预见的风险,这些模式就会由于缺少原料或零部件而导致生产线生产中断。如2002年初,福特汽车公司旗下品牌陆虎汽车就因为其供应商破产而陷入困境,实际上,由于陆虎汽车只有一个底盘供应商,它的供应链早已处于危险中。

(2)干扰风险。这是由自然或人为灾难造成的,如地震、台风、流行病或恐怖主义等。如2011年3月日本大地震中,丰田公司的供应链及丰田生产系统被意外摧毁,丰田公司花了半年时间才恢复生产。

(二)供应链风险管理策略、原则和步骤

1. 供应链安全管理策略

打造稳定的产业链和安全的供应链,可以从宏观和微观两个层面来分析。

一是积极打造基于组织与网络韧性的全球供应链。在全球治理过程中,各国之间进行利益调整、补偿和改进,形成国家价值链(national value chain,NVC)导向的可平行、可交互式供应链,促进了国家之间平等的合作和交流。具体来说,从国家内部来看,需打造完整的工业体系,形成供给有备份与需求可替代的境内应急供应链;从国家外部来看,需构建基于时空转化而能够角色互换的外部弹性供应链。

二是实施主动供应链战略。企业过去以建立合资企业或实行代工(original equipment manufacturer,OEM,原始设备制造)策略,"被动"地融入全球供应链中,现在则不再局限于世界工厂的思维定式,应突破被动战略的桎梏,积极主动地接入全球供应链大循环。作为链主或核心枢纽地位的企业需建立具有自主选择权或不可替代性的主动供应链,整合全球性的资源和资源配置。具体实施时,一方面是基于"微笑曲线"的思路发挥优势。供应链上主要增值的环节是在制造前端的设计区域,以及在制造之后自有品牌的建立,前后两端协同发力。另一方面,企业要建立一套比较稳定的、有弹性和韧性的企业管理制度和治理体系,提升安全标准和质量标准,奠定弹性供应链的基础。

2. 风险管理原则和步骤

风险管理是供应链战略中高效运营可以顺利开展的极其重要的部分。供应链风险是指对公司不断满足消费者产品或服务需求造成影响的干扰。这些干扰包括计划外的、未预料到的事件,它们会对产品和原料的正常流动产生影响,也会带来运营与财务风险。

(1)风险管理的原则

2018年财政部出台了22项管理会计应用指引。根据应用指引的定义,风险管理是指企业为实现风险管理目标,对企业风险进行有效识别、评估、预警和应对等管理活动的过程。在风险管理方面有两个指引,分别是风险管理和风险矩阵,这两项应用指引应结合起来使用。

风险管理处理相当复杂,一般应遵循以下4个原则。一是融合性原则。企业风险管理应与企业的战略制定、经营管理与业务流程相结合,有助于推动风险管理从上到下的贯彻落地。二是全面性原则。企业风险管理应覆盖企业所有的风险类型、业务流程、操作环节,确保没有遗漏重大的潜在风险。三是重要性原则。企业应对风险进行分类分级评价,确定进行重点监控的风险,有针对性地实施措施,做好预案,及时识别、有效应对。四是平衡性原则。企业应权衡风险与回报、成本与收益之间的关系。

（2）风险管理的步骤

企业一般按照设定目标,识别和分析风险,对风险进行检测、预警、应对并沟通风险信息,考核和评价风险管理等步骤,具体如下。

①识别潜在的干扰源。可预测的风险比较容易控制,而不可预测的风险是非常难控制的。故企业应聚焦于最不可能发生但会对正常的运营产生显著干扰的事件上。这些不可预测风险类型包括了自然灾害、产能不足、供应商问题、设备故障、商品波动、军事行动或文明冲突等。

②评估风险的潜在影响。关键在于量化风险的可能性及潜在的影响。评估有不同侧重点,可以是基于对潜在的生活、环境的影响,对品牌声誉、财务的影响,业务发展的可行性等。

③通过有计划部署来降低风险。针对具体的问题,制订详细计划来降低风险。

如何搭建
风险矩阵?

（三）供应链安全与风险应对措施

全球供应链面临许多不确定性,如过程、供应、需求及控制的不确定性。为了应对不确定性及其诱发的安全风险,供应链必须拥有一定的弹性及实现该目标的信息技术应用和安全库存管理方式。

1.弹性供应链

弹性供应链可以使供应链具有在受到干扰时做出响应并快速恢复正常供应的能力。为使供应链富有柔性和留有余地,可通过以下途径实现:增强与供应商的协作性,提高供应链的可视性,提升供应链的敏捷性。

（1）柔性。柔性设计是消除由外界环境不确定性而导致的安全风险的一种重要手段。主要的柔性设计方式有:将供应转向第二条渠道的能力、与上游供应商签订灵活的需求合同、雇用多技能的劳力、设计适应多种产品和快速转换的设施、签订额外的运输合同等。

（2）缓冲能力。能力剩余和库存都能使供应链"松弛"以避免涌浪效应(surge effect),有效应对需求不确定性。为达到这个目标,在仔细权衡供应链的各种成本的基础上,供应链应拥有适当的缓冲能力。实践中的做法有保持一定的安全库存、选择一个以上的供应商、拥有额外的转产或生产能力、多处作业场所、专用运输队等。

（3）适应性。供应链内成员单位出于同一目标而协同工作,共享收益,成为供应链联盟发挥作用的坚实基础。另外,企业自身增加感应与应对的速度,也能帮助公司克服不可预测的风险。

2.先进信息技术监控方式

信息技术在带来供应链效率提高和成本降低的同时,也为供应链带来了致命的信息安全风险。

一是信息系统的安全风险。如网络传输速度/容量、算力、软件漏洞、病毒等。互联网企业的供应链活动主体必须有效地防范这种风险,否则会遭受来自病毒和黑客的攻击,导致信息泄露,严重时危及公司声誉。

二是信息不对称、不共享带来的风险。供应链上活动主体之间的合作,会因为彼此之间

何为供应
链可视化?

的信息系统不连通、不兼容或信息封锁和保密,而导致信息不对称、不共享的风险。总之,这种供应链活动主体之间缺乏信息共享成为制约供应链安全与效率的瓶颈。由于需求信息在从最终用户开始沿着供应链向零售商、分销商、制造商及原材料供应商的传递过程中逐级放大,信息发生歪曲,形成牛鞭效应,导致了供需脱节的风险,增加了成本和经营风险,还促使上游企业盲目扩大生产能力。因此,企业与其他各方共享信息越及时越充分,供应链就会变得更安全和更有效率。

为了更有效地防范供应链安全风险,需要利用先进技术有效监督和控制整个供应链运作过程。其中,信息技术成为保障供应链安全的关键技术。

3.安全库存管理

库存管理是运营管理的一个主要内容,它是为了满足未来需要而暂时闲置的资源。具有以下3个方面的重要作用:①缩短订货提前期,当维系一定量的成品库存时,顾客可以采购到所需要的商品;②稳定作用,成品库存将外部(波动)需求和内部(均衡)生产分离,像蓄水池一样起着稳定作用,能很好地防止短缺和防止中断现象的出现;③分摊订货费用,采用经济订购批量的方式,降低采购费用和调整准备费用。库存管理虽然如此重要,但是会占用大量的资金。不仅如此,库存还掩盖了管理中的问题。因此库存管理的目标不是增加库存,而是在保证一定服务水平的基础上,不断降低库存。安全库存与服务水平及提前期存在着紧密的关系。为了说明这个问题,下面分析随机型库存管理。随机型库存指的是需求率和提前期中有一个为随机变量的情况。

图 7-4 中有两个重要概念:安全库存和服务水平。

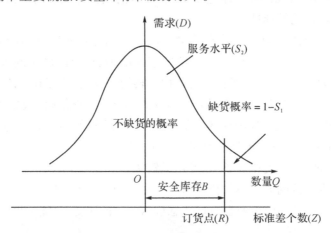

图 7-4 库存管理模型

安全库存(safety stock,SS)是一种额外持有的库存,它作为一种缓冲器,用来补偿在订货期内实际需求量超过期望需求量,或实际提前期超过期望提前期所产生的需求。它对公司的成本有双重的影响:在降低缺货损失费,提高服务水平的同时,又会增加维持库存的费用,而且仍然不能保证顾客的每次需求能得到满足,缺货是不可避免的。安全库存最重要的是确定再订货点,具体公式如下

$$再订货点(R) = 平均需求(D_L) + 安全库存(B)$$

服务水平(service level,SL)是衡量随机型库存系统的一个重要指标,它关系到库存系统的竞争能力。我们取提前内需求 D_L 不超过再订货点 R 的概率作为服务水平,公式如下

$$S_l = p(D_L \leqslant R)$$

安全库存与服务水平的关系,很明显,服务水平越高,安全库存量越大。但是服务水平过低,将失去顾客,使利润减少。因而确定适当的服务水平是十分重要的。从图 7-5 可以看出,两者关系如下

$$安全库存(B) = Z \times \sigma_L$$

式中 σ_L 为提前期内需求量的标准差,对于提前期内各单位时间内需求分布相互独立的情况,有

$$\sigma_L = \sqrt{(LT)\sigma_p^2}$$

式中,LT 为提前期所含时间单位数,σ_P 为提前期内各单位时间需求量的标准差。

举例如下。

某商品过去的历史数据显示,周需求的标准偏差是 50,但是订购周期是 4 周,那么订购周期内的标准偏差是多少?如果周期服务水平为 90%,安全库存量为多少?

$$\sigma_L = \sqrt{(LT)\sigma_p^2} = \sigma_p \sqrt{LT} = 50 \times \sqrt{4} = 100$$

$$B = Z\sigma = Z_{90\%}\sigma = 1.28 \times 100 = 128$$

进一步思考,当服务水平提升到 95%时候,Z 值为 1.65,则

$$B = 1.65 \times 100 = 165$$

比较两种不同服务水平下的差异,计算如下

$$\frac{\Delta B}{B} = \frac{(165 - 128)}{128} \times 100\% \approx 28.9\%$$

即在不同服务水平下,安全库存量发生了巨大的改变。这也使我们要认真对待公司的服务承诺,科学确定合理的服务水平。

课堂讨论

韩都衣舍内部已有近 300 个产品小组,在小组制的推动下,全公司每年能够上新 3 万款产品。韩都衣舍的订单是多款别、多批次和小批量的。相比之下,快时尚领域的领导品牌 ZARA 每年仅推出 1.8 万款新品,传统线下品牌的年上新数量更是不超过 3000 款,生产环节就无法通过小组直接对接供应商完成。那么韩都衣舍的供应商管理部门该实施什么样的顶层的采购计划和生产规划呢?

第三节　互联网供应链

信息技术是互联网企业运营和供应链管理的重要支撑和保障,大量信息技术涌现,赋能供应链数字化升级,推动着消费者互联网和产业互联网的进一步融合,成为数字化运营的先行示范。

一、信息技术系统

(一)信息技术系统概况

对于互联网企业而言,信息技术系统扮演了重要的角色,日益成为供应链管理的有效工具。信息技术系统在供应链管理中的主要目标是紧密连接生产点同购买点、交付点,追踪产品的物理运动产生的信息轨迹,依据数据预测提前期,进行科学计划。

技术设施和标准是信息技术的重要组成部分。其中,信息技术基础设施是数据收集、交易系统接入信息的基础,通常由 4 个部分组成:接口/显示装置、通信、数据库和系统架构。最为常见的接口设备有手机、电脑、终端设备、互联网设备、条形码扫描仪等,系统架构是各种组件(接口设备、数据库和通信设备等)配置的方式。

信息技术系统领域经历了高度标准化的发展阶段,标准化可以降低系统组件开发、一体化和维护的成本,这来自 4 个方面的驱动力。一是市场拉动力。企业用户选择市场既有的标准,可以便捷地降低系统开发和维护成本。二是连接推动力。企业连接不同的系统和跨网络工作诉求,提出了标准编制的目的,进一步推动了标准的出台。三是新的软件开发模式。互联网产生了新的开发架构和系统部署的软件需求,架构中模块化技术的广泛应用,确保标准技术可以深嵌系统的应用中。四是网络效应的本质要求。为尽快形成正效应的网络效应,信息技术系统通过采用标准化的策略,带动显著的规模经济,获得网络效应。

相关研究表明,信息技术策略、有效的业务流程和供应链绩效之间存在紧密的联系。在实施互联网供应链战略以降低成本、缩短提前期、提高服务水平、差异化增值服务的时候,信息的实时性和可获得性显得尤为关键。信息技术系统给顾客和互联网企业带来了巨大的价值,表现如下。

一是促进 B2B(business to business,企业对企业)的协同。通过互联网信息技术,向供应链提供需求信息和生产数据,强化了供应链的协作关系。在确保互联网企业对产品或服务提供保护及有效控制的情况下,鼓励互联网企业外包某些重要业务,吸纳 B2B 业务优势。

二是提升企业的竞争力。互联网企业利用互联网供应链获得丰富数据,提升企业对顾客需求的感知能力,及时提供有竞争力的新产品和服务。互联网企业还能借助数据挖掘技术来分析采购类型的关联度,洞察用户偏好和梳理出用户消费模式。

三是增强了顾客的个性化体验。随着顾客与互联网企业之间的信息边界的开放,信息也成为产品/服务提供给客户的重要组成部分,成为新的顾客价值的组成内容。互联网方便了信息的可获得性,降低了开发长期信任关系的必要性,提高了连接和断开连接的能力。由于这种能力和交易便捷性,使得顾客提高了对各种行业的类似服务的期望值。因此,信息技术系统的广泛使用,为顾客提供了个性化定制和体验的能力。

(二)信息技术系统应用架构

1. SOA 架构

为了解决独立系统间的整合问题,高德纳公司于 20 世纪 90 年代中期提出的面向服务架构的概念(service oriented architecture, SOA)。OASIS(一个 SOA 标准组织)给出的SOA 定义是:SOA 是一个范式,用于组织和利用可能处于不同所有权范围控制下的分布式系统。SOA 主要思想是在传统业务层和技术层之间增加一个服务层,服务层通过一套协议或规范把应用程序从底层技术层调出去,加以封装。再根据业务层需求,服务之间通过定义良好的接口和规范以松耦合的方式灵活组合。一个完整的 SOA 架构由五大部分组成,分别是基础设施服务、企业服务总线(enterprise service bus,ESB)、关键服务组件、开发工具和管理工具等。

(1)基础设施服务。它的核心组件是应用服务器等基础软件支撑设施,提供运行期完整、可靠的软件支撑。

(2)企业服务总线。ESB 是指由中间件基础设施产品技术实现的、通过事件驱动和基于 XML 消息引擎,为 SOA 提供的软件架构的构造物。因此它是实现 SOA 运营的重要支撑平台,成为 SOA 解决方案的核心要素。ESB 提供了可靠消息传输、服务接入、协议转换、数据格式转换、基于内容的路由等功能,屏蔽了服务的物理位置,协议和数据格式。

(3)关键服务组件。SOA 架构通常由交互服务、流程服务、信息服务、伙伴服务、企业应用服务和接入服务等关键服务实现。它们是一些服务组件(组件只有输入输出、无状态组件,和具体业务无直接关系,它们是软件系统中具有相对独立功能、接口由规则指定、和语境有明显依赖关系、可独立部署、可组装的软件实体,强调复用)、服务接口等组成,接入 ESB 后进行集中统一管理。

(4)开发工具和管理工具。提供完善的、可视化的服务开发和流程编排工具,涵盖 SOA 项目开发生命周期中的服务设计、开发、配置、部署、监控、重构等环节。

2. SOA 实现机制

要解决软件领域长期以来存在的"如何重用软件功能"问题,SOA 通过标准化封装、软件复用、松耦合可编排等 3 个途径来解决。最终目标在于让信息技术系统变得更具灵活性、更快地响应不断改变的互联网企业业务需求。SOA 实现机制如图 7-5 所示。

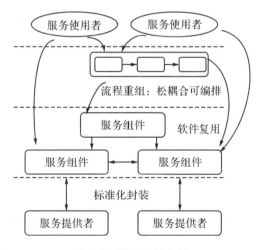

图 7-5 SOA 实现机制

(1)标准化封装。SOA 要实现互操作,就是通过一系列的标准族来实现访问、连接和语义等各种层面的互操作。

(2)软件复用。即软件的重用,是指同一事物不做修改或稍加改动就多次重复使用。从软件复用技术的发展来看,就是不断提升抽象级别,扩大复用范围。

SOA、微服
务的主要区别

（3）松耦合可编排。在不同服务之间,SOA 要求保持一种松耦合的关系,也就是保持一种相对独立无依赖的关系。SOA 架构通过服务的封装,一个服务就是一个单独的代码模块,实现了业务逻辑与网络连接、数据转换等完全的解耦。

(三)云计算的 3 类服务模式

云计算主要是为了解决计算机硬件资源问题,它通过虚拟化方式大大降低企业数据中心的应用成本。云计算技术按照服务模式可以分成 3 类:基础设施即服务、平台即服务、软件即服务,如图 7-6 所示。它深刻地改变了互联网企业供应的底层架构和运营方式。

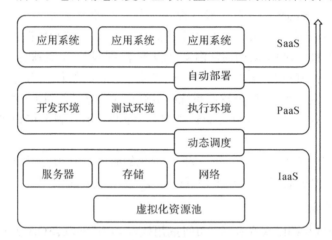

图 7-6　云计算的 3 类服务模式

1.基础设施即服务

基础设施即服务(infrastructure as a service,IaaS)主要是将所有计算基础设施(服务器、存储及网络资源)虚拟化,将虚拟后的资源作为服务提供给用户。用户能够部署和运行任意软件,包括操作系统和应用程序。

2.平台即服务

平台即服务(platform as a service,PaaS)为用户提供一个包括开发、测试环境及文档等的开发平台,用户可以在此开发平台上编写应用,能控制部署的应用程序,也可能控制运行应用程序的托管环境配置,并且不用关心服务器部署、网络和存储等问题。

3.软件即服务

云计算与
SOA 架构如
何融合?

软件即服务(software as a service,SaaS)提供给客户的服务是运营商运行在云计算基础设施上的应用程序,用户可以在各种设备上无须安装客户端界面便可直接访问使用,如浏览器。用户不需要管理或控制任何云计算基础设施,包括网络、服务器、操作系统、存储等。普通用户接触到的互联网服务,几乎都是 SaaS,如客户管理服务 Salesforce、团队协同服务 Google APPs、储存服务 Box。

互联网企业利用云计算架构进一步解决存在的烟囱式问题,降低 IT 运营成本、提升 IT 资源的利用率,促进企业自身 IT 建设从粗放型向集约型进行转变。

二、数字化供应链

贸易全球化要求供应链和物流管理变得更高效、更智慧和更安全。用数字化来改造供应链,打造新的供应链竞争力,日益成为各个互联网企业面对的课题。

(一)数字化物流

淘宝在最初的时候,用户网上订单一般都是同城交易,一手交货一手交钱。后来有了快递,但是用时较长。随着网购井喷式地发展,快递业迅速成长起来,快递送货时间大幅度地压缩。物流的快速发展与数字化进程有着密切的关系。

1. 传统物流仓配问题

传统物流仓配存在以下诸多问题。

从库存设置来看,库存无法共享,分仓不合理,甚至有单仓发全国的现象。遇到节假日需要提前大量备货,库存占用资金高。如果备货少,容易断货。会给企业带来很大的运营困难。

从管理上来看,传统物流线上线下货品和仓库分离,各渠道的数据不全、不准和不通,销售周期长,容易误导企业决策质量。

从基础设施来看,传统物流自动化、数字化程度低,大多数物流企业还大量采用人工操作,差错率高,效率低。

2. 数字化物流

数字化物流就是综合利用 5G、大数据、云计算、条形码、传感器、人工智能、定位系统等先进的数字技术、物联网技术,通过信息处理和网络通信技术平台,提高整个物流行业的信息化传递速率。智能化物流在实施过程中强调的是数据在线化、网络协同化和决策智能化。广泛应用于物流业仓储基本环节,实现货物运输过程的自动化和高效率管理。

数字化物流将全面实现无人化——无人仓、无人机、无人车、自动流水线、智能分单等,这些无人的物流基础设施把每个业务节点的数据传输到物流数据中台,形成物流大数据。通过复杂的算法模型、高效的数据运算,全渠道数据科学分析,可视化呈现,为商家决策提供可靠依据。

传统物流与数字化物流的对比如表 7-2 所示。

表 7-2 传统物流与数字化物流对比

项目	传统物流	数字化物流
存储布点	单仓发货	多点多仓布局,整体优化
仓库配置	自有仓,按照高峰配置资源,存在浪费	自有仓+社会仓,按需错峰配送,资源利用率高
货仓关系	线上线下货品和仓库分离	线上线下多级正向逆向混合,店仓一体、虚拟库存(库存透明化)
计划性	缺乏规划,物流被动实施	供应链全局优化,滚动预测

续　表

项目	传统物流	数字化物流
技术性	依靠人工,差错率高	使用 IoT、智能机器人、自动传送带,减少差错
周转率	一次性发送,货品周转率低	多级缓冲,多次快速补货,高周转率

注:IoT,即 internet of things,物联网。

资料来源:改编自新商业学院.数据驱动为新增长[M].北京:电子工业出版社,2021.

(二)数字化供应链

当物流仓配业务实现数字化和智能化后,供应链转变为数字化供应链,它从全网供应链的高度、广度和深度来实施全面的数字化供应链规划布局。数字化供应链具有以下作用:一是生产端生产计划联动优化,智能算法提高库存周转率,大幅度提升资金使用效率。二是数字化辅助物流精准分仓,商家可做到销量预测、预售下沉、精准补货。三是智能算法提高了消费者履约能力,让消费者的体验更佳。可见,优化后的数字供应链起到了释放资金,提高资金周转,从而提升企业效益的综合作用。

数字供应链要做到全渠道、全链路的实时数字化,并通过各类人工智能技术进行预测和补货。比如盒马鲜生是数据技术赋能的供应链体现。送货小哥取到要配送的商品后,依据消费者购买商品的特点,系统会统一规划路线,选择优先配送的生鲜食品,所有这些都是通过数字化来完成的。具体来说,要发挥数字供应链的优势,需要通过以下两个方面的整合工作。

1.全链路信息协同

这指的是全链路信息透明、可追溯与共享。从消费者下订单那刻开始,供应链介入并利用数据运算,实现多级仓库配货,多级分拨,终端站点就近配送,一直到商品交付给消费者为止。

2.仓储供应链连接

预测爆款、以销定产——"迅犀"如何变革供应链?

现在商家都有多个渠道,来自不同渠道的订单都要做到及时履行。为此,应把供应链打通,仓库数据做到实时同步。仓储供应链不再仅仅是一个存储物流部门,而是供需匹配的核心枢纽。如菜鸟供应链数字平台与天猫平台协同,让商流和物流做到了一体化。

三、电商供应链

2021 年 10 月 26 日,在商务部、中央网信办、发改委印发的《"十四五"电子商务发展规划》中提到,通过电子商务技术产业化行动、电子商务平台智能化提升行动、电子商务绿色发展行动高质量发展电子商务,推进商产融合,助力产业数字化转型。产业链的完善对电商企业尤为重要,供应链直接制约着电商行业的发展,使电商供应链成为消费互联网和工业互联网融合试验的领域。

(一)电商供应链的发展历程

在 2008 年之后,我国电商企业数量与营收规模快速增长,为适应这一变化,大型电商企业开始着手建设电商供应链体系,以淘宝、京东为代表的电商供应链链主逐渐掌握了整个供应链的主导权。同时,为实现电商供应链成本的最优化管理,逐渐形成了层次化的电商供应链战略体系,开辟出以快递为主要模式的 C(customer,客户)端配送机制,这些重大措施促进了供应链各节点的市场化运作。

进入 2018 年,电商企业的获客成本支出大幅度增加,电商平台/企业竞争白热化,出现了两个新变化。一是社交电商的发展。购物作为一种内容消费,在互动性、娱乐性方面表现强劲。如拼多多在微信体系内利用社交裂变快速崛起,这些社交电商不断探索供应链品牌、反向定制等企业发展方式。二是线上线下融合加速。购物场景多元化,推动线下零售企业的数字化转型升级。线下渠道稳定的流量,成为线上平台的重要流量来源。盒马鲜生、苏宁小店等一批新型线下零售业态相继出现。面对上述两个趋势,电商供应链建设上也需要新的变化。供应链的流动性、稳定性等日益成为保障电商企业安全运营的重要保障。

(二)电商供应链的特点

在移动互联网大背景下,电商供应链发展出以下特点。

1.体系化

电商供应链发展的关键在于将前端的产品生产与后端产品采购、仓储管理、物流运输、产品配送无缝衔接,形成一个体系化的链条。然而现阶段的电商供应链还存在各自为政的现象,缺乏供应链体系化意识,忽视了供应链体系化对降低管理运营成本等方面的贡献。通过电商供应链的体系化,实现了供应链体系中的信息共享与风险共担,构筑起"电商命运共同体",提高电商供应链的抗风险能力与市场竞争力。

2.智能化

"云"协作数字化赋能,培育数字化的供应链生态体系。利用大数据技术构建市场模型,对产品原材料、消费者需求、同类型产品等相关信息进行动态监测,挖掘内在规律,获取市场风险指数,在进行预警的同时,也能够为电商供应链战略发展决策提供依据。

3.规范化

电商企业的逐利性导致供应链陷入零和博弈的困境,成为电商供应链发展中要重点治理的问题。针对这种情况,需通过法律制度体系与内控机制来加强电商供应链的规范化有序管理。首先,引导法律制度约束下的电商供应链战略规范化。相关规章制度的出台,对电商领域中的部分行为进行了合规整治,如国务院反垄断委员会《关于平台经济领域的反垄断指南》。其次,电商供应链发展出完善的内控机制,包括立项审批机制、项目管理机制、质量管理机制、物流运输管理机制、仓储管理机制、产品寿命管理机制、产品销售管理机制、产品售后管理机制等。

供应链转型升级最终要回归到企业经营本质——降本增效、创造价值。因此,从数智治理角度来看,业务治理是目标,通过数据治理找出问题和解决问题的办法。同时为了更好完成业务的治理,需要构建整个数据治理的框架。

(三)电商供应链的趋势

电商的用户消费渗透率的提高,以及消费品类的增加,越来越多用户开始将商品供给的稳定性、末端配送覆盖的密度、配送的时效性,视作购物消费体验的重要衡量因素。电商企业将自身供应链打造成一套从采购到末端配送的立体物流体系。供应链系统的是一个不断投入、不断试错的过程,对电商的技术能力、资金等都是巨大考验。如京东巨额投资自建物流,带来的快速配送能力,是获得与淘宝差异化发展空间的主要原因,成为供应链实力构筑电商护城河的典型范例。

电商拥有的最核心战略资产是大数据,显然供应链进化重点方向是数字化、协同化、智能化、绿色化。充分利用电子商务平台的信息集散和整合能力,创新盈利模式,深耕社群,增强顾客黏性,探索电商新模式。因此,电商供应链战略重点在于构筑无边界供应链与销售链闭环,为柔性化生产、C2B(customer to business,从客户到企业)定制化生产奠定基础。整合优势资源,从优化生产计划与需求间的动态平衡,到电商多渠道销售的库存分配和补货,快速反映市场变化。打造专业垂直电商平台,重构扁平化的产业链格局,寻求建立产、供、销及客户间的战略合作伙伴关系,构建高效协同与可视化的商业产业生态圈。

🔖外爆火的
SHEIN

复习题

1. 供应链管理对顾客价值有哪些方面的影响?

2. 如何理解推—拉式供应链战略?

3. 简要分析产品链和供应链之间的关系。

4. 供应链战略中风险管理如何评价?

5. 试着分析 IaaS、PaaS 和 SaaS 之间的关系。

6. 数字化供应链转变的前提和发挥作用的条件是什么?

7. 当前电商供应链有哪些特点与趋势?

讨论题

1. 利用本章的供应链选择框架,举例分析互联网企业如何选择供应链战略。

2. 试分析产品开发链、物流链和逆向物流链之间的关系。

延伸阅读

1. 波尔斯特夫,罗森鲍姆.卓越供应链 SCOR 模型使用手册[M].3 版何仁杰,虞毅峰,译.北京:中信出版社,2015.

2. 大卫·辛奇-利维,菲利普·卡明斯基,伊迪斯·辛奇-利维.供应链设计与管理:概念、战略与案例研究[M].3 版.北京:中国人民大学出版社,2010.

3. 克里斯托弗.物流与供应链管理[M].5 版.何明珂,等译.北京:电子工业出版社,2019.

4. 新商业学院.数智驱动新增长[M].北京:电子工业出版社,2021.

第七章小结

第三篇
互联网企业运营改进

互联网企业运营改进

第三篇主要关注运营系统改进工作,互联网企业运营最大的特色是快速迭代性,能在短时间内实现高速增长。但要实现这一点,涉及多方面的优化与改进。第一,应建立一套自动高效的流程体系和制度方案。第二,推进增长策略,用户管理成为业绩增长的首选策略,应考虑如何提高用户的体验感,如何提升用户的黏性,如何发挥用户的价值等。第三,爆品策划,无爆品无增长,爆品是推动增长的燃料,应采取有效措施打造爆品。第四,聚焦活动运营,活动是增长的添加剂,它能快速地拉动需求,应采取多种方式发挥这一助推功能。第五,持续做好内容运营,内容作为产品传达的价格和信息,渗透在整个运营工作的方方面面,使得产品被用户接受,因此,应重视内容创作的各个环节,使内容更好地为产品服务。

第八章　流程管理与改进

流程是为作战服务，是为多产粮食服务。不可持续的就不能永恒，烦琐的管理哲学要简化。当然，不能简单直接减掉一个流程，因为可能会产生断裂带，引发矛盾冲突，就不会成功。

——任正非

流程是基础性的价值创造结构，它们的设计、组织、管理和执行方式直接转化成企业的绩效。如产品从原材料到半成品，再到成品，要经过一系列的加工环节，即经过一个完整的生产流程才能形成。在这一流程的各个环节中，不断地消耗各种人力、物力、财力资源，成本不断地升高，因此产品和服务应该不断升值。对流程进行规划、分析和改进是运营管理的核心内容之一，不增加价值的活动应该尽量减少，甚至去除。如在加工和服务过程中的等待、生产过程中的物品搬运等环节。流程优化不仅是价值创造的驱动力，而且也代表了一个企业未来创造价值的能力。在这一章中，将回答以下问题。

· 流程管理与传统的职能管理的区别是什么？
· 流程绩效如何衡量？
· 有哪些重要的流程系统设计方法？
· 流程改进有哪些方法？
· 流程自动化有哪些典型的应用场景？

第一节　流程管理

一、流程概念

流程是运营管理的重要概念之一，有关流程的定义及其构成存在许多的说法。如迈克尔·哈默在《企业行动纲要》一书中，把流程看作是有组织的一组相关活动，它们一起能够把一个或多个投入转变成对客户有价值的输出。托马斯·达文波特认为业务流程是一系列结构化的可测量的活动集合，并为特定的市场或特定的顾客产生特定的输出。ISO 9000 中将流程定义为一组将输入转化为输出的相互关联或相互作用的活动。不同的定义强调了不同的要点，但归结起来可以发现，"流程"的定义包括了这样 6 个要素:输入资源、活动、活动的相互作用(即结构)、输出结果、顾客、价值。本书认为流程是有输入和输出的一组相关转化活动,流程输入和输出的可以是任何东西。

流程常被认为是组织工作任务的一种管理工具,它对企业的发展和管理发挥重大作用。主要有以下4个方面的重要作用。

第一,流程是战略调整和驱动的机制。流程是一种独特的方式,它始终能把一家企业与其竞争对手的产品区分开来,流程系统也代表着一家企业的战略,它说明具有竞争力的战略得以实现的蓝图,同时也是富有竞争导向的市场战略的体现。企业的战略是通过一系列与之配合的流程活动来实施的,竞争优势源于公司的战略活动之间良好的配合度及它们之间的相互增进效应。

第二,流程有助于促进整体运营协作。流程使用普通术语,系统地描述了企业运营和内部各个部门、单位之间相互沟通的方式和途径,促进了各组织单元之间的协作。

第三,流程是日常工作的指导规范。要使运行和工作保持一致性,制定流程是必要的。可用于培训员工,成为产品生产、服务提供和信息收集等具体活动的指南。流程是创建和监控指标的基础,方便核算工作量的动态变化。

第四,流程提供持续改进工作的框架。流程有助于管理层了解运营的各个环节,并在考虑其可能对更大系统产生影响的基础上,通过制订计划来做出改进部署。一个把流程视为工作框架推动绩效管理和改进工作的企业,非常重视流程管理,并将其看作运营管理的核心,流程管理运营奠定了企业精细化管理和数字化驱动的组织基础。

二、流程标准化

(一)流程标准作业

1. 何为 SOP?

SOP,即 standard operation procedure,指标准作业程序。就是将某一事件的标准操作步骤和要求以统一的格式描述出来,加以规定并贯彻执行,使之标准化,用来指导和规范日常的工作,形成一个可复用业务搭建工作流,包括作业流程、作业方法、作业条件。

SOP 的精髓,就是将细节进行量化,用更通俗的话来说,SOP 就是对某一程序中的关键控制点进行细化和量化。具有以下的特征。

(1)SOP 是一种程序。SOP 是对一个过程的描述,不是对一个结果的描述。同时,SOP 不是制度,也不是表单,是流程中某个程序中有关控制点如何实现规范操作的程序。

(2)SOP 是一种作业程序。SOP 是一种操作层面的程序,它是具体可操作的,不是理念层次上的东西。因此,SOP 成为企业最基本、最有效的管理工具和技术数据。

(3)SOP 是一种标准的作业程序。所谓标准,有最优化的概念,即不是随便写出来的操作程序都可以被称为 SOP,而一定是要经过反复实践后总结出来的、在当前条件下可以实现的最优化操作程序设计。即尽可能地将相关操作步骤进行细化、量化和优化,这个改进的尺度应该是在正常条件下能够被理解而又不会产生歧义的。

(4)SOP 不是单个的程序,是一个体系。虽然可以单独地定义每一个 SOP,但从企业管理角度来看,SOP 不可能只是单个的,必然是一个整体体系。

2. 为什么企业要做 SOP？

(1)提高企业的运行效率

公司的日常运营有两个基本的特征，一是一些日常工作的基本作业程序相对比较稳定，二是许多岗位的人员经常会发生变动。通过 SOP 方法，持续地将企业积累下来的技术、经验，记录在标准文件中，不仅避免了因技术人员的流动而使技术流失，而且经过短期培训，员工可以快速掌握较为先进合理的操作技术，减少了因人员变动而导致的作业波动。同时，由于 SOP 本身也是在实践操作中不断进行总结、优化、持续改进的产物，在这过程中积累了许多人的共同智慧，因此相对比较优化，能提高做事效率。伴随每个 SOP 对应工作效率的提高，企业通过整体 SOP 体系必然会提高整体运行效率。

(2)提高企业的运行效果

由于 SOP 实现了生产管理规范化、生产流程条理化、标准化、形象化和简单化，对每个作业程序的控制点操作进行优化，这样每位员工都可以按照 SOP 的相关规定来做事，就不会出现大的失误。即使出现失误也可以很快地通过 SOP 检查发现问题，并加以改进。同时，有了 SOP，保证了我们日常工作的连续性和相关知识的积累，也无形中为企业节约了一部分管理投入成本。

从每一个企业的经营效果来看，关键的竞争优势在于成本最低或差异化。对于同等条件的竞争企业来说，差异化往往不是体现在硬件，而是在软件。软件的差异化又往往不是体现在大的战略方面，而是在具体的细节方面。细节的差异化不是停留在理解层面，而是体现在能否将这些细节进行量化，也即细节决定成败。因此，从这个意义上来看，SOP 对于提高企业的运行效果也有非常好的促进作用。

3. 如何做 SOP？

这需要做好 3 个方面的工作。首先，明确某项工作的业务流程、步骤及要求；其次，确定每一个需要做 SOP 工作的执行步骤；最后，撰写 SOP 文档，确保符合公司的标准模板。

如何绘制
流程图？

(二)流程绩效的度量

在实际中有多种流程绩效指标的计算方法，使用时必须详细了解每一个特定的行业或公司，因而指标的计算方法会有不同的内涵。比如，一位经理说利用率是 80％，一般要询问是如何计算出来的。指标通常是针对特定流程的各个工序而言的。

流程性能指标提供了一个标准，能衡量流程改进的效果和不同阶段生产率的变化。普遍应用的指标如下。

1. 生产周期

生产周期是完成连续单元所需要的平均时间。对一项作业来说，生产周期是完成一项活动的平均服务时间。

2. 瓶颈

瓶颈是限制产量的因素。通常瓶颈作业成为最慢的作业，它限制了整个流程的生产周期。对过程瓶颈的理解，可以参见艾利·高德拉特和杰夫·科克斯《目标》(Goal)这部管理小说，它成为运营经理的必读书目。

3. 产能

这是指当满额运转时对单位时间输出的测量。

4. 产能利用率

利用率是最经常使用的流程指标,经常用于衡量资源的使用情况。如生产率是指产出和投入之间的比率。产能利用率是指当满额运转时,实际完成的产能输出是多少。追求非瓶颈作业的全产能利用率,会导致过程中的不必要工作,也不再有系统产出。

5. 过程全部时间和过程连续时间

过程全部时间是指顾客从到达到离开完成全部过程所花费的时间,即关键路径全部时间加上所有排队的平均时间。过程连续时间是指在无排队的情况下从开始到结束完成整个系统流程的时间。

6. 准备时间、运行时间和运作时间

准备时间是指生产特定产品的设备所需的准备时间。运行时间是指生产一批零部件所用的时间。运作时间是指一台设备生产一定批量的产品所需的运行时间和准备时间的总和。

7. 流程时间

包括产品的实际加工时间和产品在队列中等待的时间。

8. 效率

效率是指流程实际产出与标准产出要求的比率。如一个包装工序设定的工作速度是 20 包/分钟。实测发现,该设备的工作速度是 25 包/分钟,那么设备的效率是 125%(即 25÷20×100%=125%)。

一些主要的流程绩效的衡量指标如图 8-1 所示。

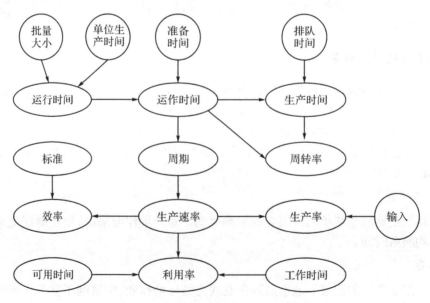

图 8-1 主要流程绩效的衡量指标关系

三、流程化管理

管理大师彼得·德鲁克曾说过："管理得好的企业,没有轰轰烈烈,有的只是平淡无奇。"这是企业流程化管理的外在表现。流程化管理从迈克尔·哈默提出的流程再造的基础上发展而来,强调了流程有两个关键要素——顾客和整体。流程化管理(business process management,BPM)是一种基于业务流程进行管理、控制的管理模式,强调以流程为目标,以流程为导向来设计组织框架,同时进行业务流程的不断再造和创新,以保持企业的活动。它不断被很多企业广泛应用,但从未像今天互联网时代这样有如此重要的体系性需求。

(一)流程化管理与传统的职能管理的区别

在职能管理的模式下,各部门专业化程度较高,但部门之间配合比较困难,会出现"组织孤岛"的困境,如图 8-2 所示。各个职能部门的努力方向并不一致,且偏离顾客需求和期望的满足。事件的具体信息一般保留在直接处理事务的人员手中,而高层管理者"看不透"组织,很少能够了解到公司基层的真实情况。由于缺乏准确的信息,高层管理者会在缺乏对公司运营状态全面了解的情况下,做出误导性的决策,其后果往往是相当严重的。

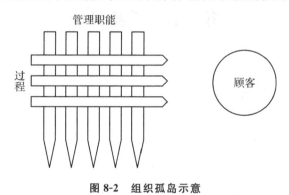

图 8-2　组织孤岛示意

(二)端到端流程

满足顾客对整体解决方案价值的追求,构建与顾客的持续关系,要求将原来各司其职的企业各部门,如核心产品生产、产品宣传和传递、售后、日常结算等不同要素,整合到一个有机的管理流程之中,为同一目标而协同工作,即"端到端流程"。它指的是以客户、市场、利益相关者为输入或输出点而形成的一系列连贯有序的活动的组合。端到端流程是企业流程的大动脉,从全局的角度来组织内部流程的大流转,注重的是系统性和整体性。更重要的是,从生产率和盈利的角度看,在企业这一管理流程上,只有那些能够创造价值的活动可以保留下来,其他的应当被删除。按照传统的职能管理模式,这是很难实现的,也正因为如此,作为一种现代管理模式,互联网技术提供了端到端的方便性,而互联网运营方式本身也要求企业必须具有流程化管理思维。工程和任务管理类型的企业率先开始应用流程管理模式。

(三)流程化管理的核心

与经理人负责一个职能部门不同,流程责任人负责点到点流程的方方面面,主要工作在于对流程的日常执行和监督、指导操作人员、实施影响流程的策略及维持流程效率。由于前面提到的许多重要的点对点流程都跨越了不同部门或单位,流程管理部门需要专门指定人员参加对企业极为重要的工作活动。

(四)流程重组优化

当然,仅仅只有流程管理模式还是远远不够的,企业要高效运营,必须对原有组织流程进行重组优化,使其成为顾客价值链上有机的一环。流程再造和其他改进方法重点聚焦在点到点的管理流程上,这样相互关联的流程就被划分到点对点的流程中。比如从订单到现金、从聘用到退休、从概念到设计,这些都是点到点流程的典型例子。

因此,流程化管理是一种基础的管理手段,其本身就是一种企业业务架构与管理架构的标准化过程。不仅使得管理内容或工作内容有了明确的分类,而且标明了各个内容模块之间的动态逻辑关系。在这个基础之上推行其他规范化或标准化管理手段可以有的放矢,层次清楚,逻辑分明。

第二节　系统设计

一、服务系统设计矩阵

(一)服务体系设计矩阵概述

服务系统能以不同的方式加以构建,图 8-3 中的服务体系设计矩阵给出了 6 种典型的组织设计类型。在左下端,服务接触通过邮件互动方式来完成,顾客与系统的交流很少。在右上端,服务通过面对面的接触方式实现,顾客按照自己的要求获得个性化的服务内容。

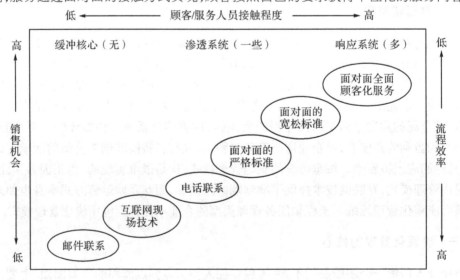

图 8-3　服务体系设计矩阵

1. 矩阵横坐标

表示顾客与服务接触的程度。根据接触程度从低到高,依次可分为缓冲中心、渗透系统、响应系统等3类。缓冲中心表示服务与顾客是分离的;渗透系统表示顾客通过面对面或电话等方式,进行沟通和接触;响应系统是接收和回应顾客的要求。

2. 矩阵左纵坐标

表示与顾客的接触机会和存在的销售机会之间的关系。一般来说,接触机会越多,销售机会就越大。

3. 矩阵右纵坐标

矩阵的右边表示随着顾客卷入运营系统的程度与服务效率的关系。

(二)设计矩阵应用

1. 运营管理方面的应用

矩阵在运营方面的应用包括员工要求的识别、运营核心和技术创新,如表8-1所示。例如,从对员工的要求来看,邮件联系与书面技巧、互联网现场技术与辅助技能、电话联系与接听能力及口头表达能力之间的关系是明晰的。面对面服务的严格标准特别需要程序技能,员工必须遵循标准化程序(SOP);而面对面服务的宽松标准则需要交易技能来设计服务;面对面全面顾客化服务则需要能判断顾客需要的专业技能。

表 8-1　6 种典型的组织设计的考虑重点

考虑项目	邮件联系	互联网现场技术	电话联系	面对面服务的严格标准	面对面服务的宽松标准	面对面全面顾客化服务
员工要求	书面技巧	辅助技能	语言技巧	程序技能	交易技能	判断技能
运营核心	文书处理	需求管理	脚本编写	流程控制	能力管理	客户组合
技术创新	办公自动化	常规方法	数据库	电子辅助	电子自助	客户/工人团队

2. 运营战略方面的应用

矩阵在运营战略方面有很多的应用,表现为集成性、结构性、动态性和组合性等方面,主要应用场景如下。

(1)系统集成。在实现运营和营销系统的集成方面,交易变得更加清晰和重要。出于分析的考虑,至少要将一部分主要设计变量进行具体化。例如,服务公司采用严格的服务标准,在销售方面可以投入较少的员工。

(2)组合类型。当公司将矩阵对角线上的服务方式进行组合时,不同服务组合类型,其作业流程也会变得多样化。

(3)对标分析。公司应当仔细研究其他公司(同行或非同行)是如何提供特殊服务的,有助于突出竞争优势。

(4)虚拟应用。在虚拟服务环境中,运营管理面对的挑战是如何保持技术的功能更新速度,保证突发状况发生时有解决问题的能力。

(5)动态调整。公司在发展过程中会出现变革或生命周期的变化,在提供服务时可以沿着对角线的任一方向发展,以实现服务量和工作效率的平衡。如面对面服务的宽松标准,典型代表是餐厅,现在很多连锁餐厅一方面通过大数据的分析,确保菜单更加精练,提高产品系列的点击率;另一方面,餐厅设立中央厨房,标准化的生产线制造半成品菜肴。通过多方面的改造,原来面对面服务的宽松标准,变成事实上的面对面服务的严格标准。随着连锁餐厅的发展,企业又会开辟有特色的餐厅,满足部分消费者需求,这样又转变为面对面服务的宽松标准。所以,要以动态的眼光来认识矩阵。

另外,在分析流程类型时,还需思考生产和服务类型之间的关系,表 8-2 列出了它们的统一性。

表 8-2　生产/服务流程类型及其挑战

流程类型	特征	服务案例	管理挑战
项目	一次一件式	咨询行业	人员安置和进度安排
加工车间	专业化的部门	资源行业	平衡资源使用和安排进度
批量生产	相同方式招待一组顾客	航空业	服务的定价
流水线	固定顺序操作	咖啡店	根据需求波动来安排班次
流程型生产	不间断的交付	电力公用事业	日常维护和能力峰谷平衡

二、服务蓝图

(一)概述

什么是服务蓝图?服务蓝图是详细描画服务系统与服务流程的图片或地图。这个蓝图涵盖了服务传递过程的全部处理过程。20 世纪 80 年代美国部分学者将工业设计、决策学、后勤学和计算机图形学等学科的有关技术应用到服务设计方面,为服务蓝图法的发展做出了开创性的贡献。

服务蓝图直观上可以从以下几个方面展示服务:描绘服务实施的过程、接待顾客的地点、顾客雇员的角色及服务中的可见要素。它提供了一种把服务合理分块的方法,再逐一描述过程的步骤或任务并执行任务的方法,从而提供顾客能够感受到的有形展示。服务蓝图与其他流程图最为显著的区别是服务范围涵盖了顾客及其看待服务过程的观点。在设计有效的服务蓝图时,值得借鉴的一点是从顾客对过程的观点出发,逆向工作导入实施系统。每个行为部分中的方框图表示出相应水平上服务人员提供服务的步骤。图 8-4 为一家豪华酒店的服务蓝图。

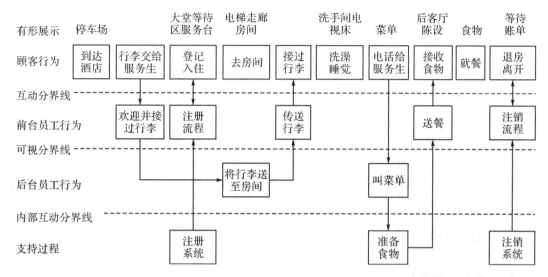

图 8-4　豪华酒店的服务蓝图

(二)服务蓝图的主要构成

从与顾客接触程度上划分,服务蓝图可分为顾客行为、前台员工行为、后台员工行为和支持过程等 4 个板块内容,它们由 3 条分界线加以分开。同时以"有形展示"部分加以展现。

1. 有形展示

有形展示部分是让顾客可看到(如酒店外装修、大堂设计)和体验到(如就餐、入住服务)的服务外在表现。管理人员可能重点关注这些服务提供是否与顾客的期望相一致? 与酒店的形象是否相吻合?

2. 互动分界线

互动分界线的活动是购买、消费和评价的过程中,顾客所采取的步骤、所做的选择及与服务人员进行的互动。每一条与互动分界线交叉的垂直线描绘了顾客与组织之间的直接接触。

3. 可视分界线

在可视分界线上方的顾客活动完全可以看到,提供此类服务的是前台接待人员,如入住登记和搬运行李。在可视分界线下方的活动,顾客是看不见的,提供此类服务的是后台服务人员,如通过电话接受订单。在服务蓝图中,可视分界线的位置能够表示出在服务传递过程中的顾客的参与程度。

4. 内部互动分界线

在内部互动分界线的下方是支持过程,与内勤系统能力相关,如一个高效可靠的预订系统。

服务蓝图是服务传递系统流程和标准的呈现,帮助管理者对服务质量进行检验。服务蓝图也可以辨别出潜在的失败点和机遇来方便问题的解决和产生创造性的思维。例如,哪些信号对方便顾客活动是必要的?是否有一些处理过程是可以被去掉或顾客自助服务的?

哪些处理过程是潜在的失败点？当然,绘制服务蓝图的方法并非一成不变,因此所有的特殊符号、服务蓝图中分界线的数量,以及蓝图中每一组成部分的名称都可以因其内容和复杂程度不同而有所不同。当深刻理解了服务蓝图的目的,并把它当成一个有用工具而不是什么设计服务的条条框框,所有问题就迎刃而解了。

服务因"人"而存在。商业本质是从"买卖关系"过渡到"服务关系"。因此,必须体现对人的尊重与关注。

未来,消费者需要的是一种"关怀",这种关怀更需要面对面的交流与体验才能实现。这就是"需求升级"的本质——消费者需要从对产品的满意感转型为精神层面的满足感。因此,商业竞争正在从"价格"变成"服务",这就是"消费升级"的本质——从一个交易的时代,进入一个关系的时代。

三、数据中台

(一)数据中台概念

自阿里巴巴提出"大中台,小前台"战略后,数据中台在互联网领域取得了快速的发展。中台概念是相对于"烟囱"林立的管理体系而设计的。大部分公司发展初期,都只有一条业务线,每一条业务线都是自行完成闭环管理,这个闭环是一个烟囱,包括了前后台。然后,随着公司发展壮大,成立了新的业务线,多条业务线就构成了多个烟囱及相配套的多个前后台。这样就产生了两个深层次的问题:一方面,多一个"烟囱"就意味着多了一个开发维护的产研团队,需要专门的服务器和专门的管理人员。不同业务线间互不沟通,组织越来越臃肿,容易引起重复建设、资源浪费现象。另一方面,传统前台和后台就像是两个不同转速的齿轮,前台需要快速响应用户的需求,突出的是快速创新迭代,所以转速越快越好;而后台面向的是相对稳定的后端资源,符合法律法规审计等相关的合规要求,系统要求稳定至上,越稳定越好,转速当然是越慢越好。随着企业业务的不断发展,这种齿轮速率"匹配失衡"的问题就越加明显,双方冲突日益加大。针对上述问题,一种解决思路是把功能类似的模块合并,缩编团队,形成创业的能力复用平台——中台。数据中台建设以数据驱动业务创新为目的,具有机动快速、灵活反应的技术与组织体系建设能力。越来越多的互联网企业搭建了自己的数据中台体系。它的特性总结如下。

1. 中台的目的

利于业务部分更好地进行试错创新,在提升创新速度的同时,降低新业务研发成本。

2. 中台的本质

中台的本质在于系统复用,有层次、程度之分。通过抽象出各种配置来支撑定制化这件事的本质也是复用——复用配置系统。对于很多中小公司,当他们走出生存困境,进入高速发展阶段时,会遇到很多的问题,但大概率会遇到的一个问题是,过往的业务模型,产品能力很有可能没法完全承接住大规模用户增长带来的压力。这也是为什么许多公司会"生于拉新,死于留存"的一个原因。中台作为一种产品设计思路,或者系统架构思路,并不受限于公司的规模,理论上讲,任何一家即将或者正在面临业务高速增长状态的企业,都很值得利用和借鉴中台的思路,将目前业务当中大量可复用的功能和场景进行梳理,为业务的高速增长做好准备。

3.中台的实施原则

中台的实施原则为抽象通用能力＋开放设计。一是专注领域复用能力建设。能力系统的建设应当聚焦某一领域,切实地去解决众多前台业务的某一类复杂性子问题,并封装出简洁的接口提供给前台业务开发使用。二是配置效果大于研发投入。这个平衡点看似很简单,但是极具挑战性,配置如何做到化繁为简很关键。如果发现配置复杂度比研发还大,那就失去了中台的效用。

数据中台的发展演进大致可以分为 3 个阶段:企业数据仓库阶段、大数据平台阶段及数据中台阶段。第一阶段,2000—2010 年,企业数据仓库(enterprise data warehouse,EDW)蓬勃发展,配套商用的关系型数据库(Oracle、DB2、SQL Server)及一些 ETL/OLAP 套件,实施成本相对高昂,数据仓库建设主要集中在金融、电信、大型零售与制造等行业。第二阶段,2011—2015 年,大数据的发展,Hadoop 生态技术开始逐步在境内大范围使用。基于 Hadoop 分布式的计算框架,可以使用相对廉价的 PC 服务器就能搭建起大数据集群。第三阶段,2016 年至今,即数据中台及云数据技术阶段,大数据在方法和组织的变革上也有了新的进展,主要体现在 4 个方面:数据统一化、工具组件化、应用服务化及组织清晰化。

(二)中台系统架构

一个中台由前台的支撑系统、基础设施层之上的通用业务层和与其对应的后台系统共同组成,如图 8-5 所示。

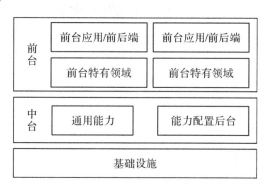

图 8-5　中台结构示意

前台是用户的可视化界面,比如 APP 的界面、PC 端的网站,都是前台系统。后台系统是为这些前台系统提供数据访问服务的,一个系统如果缺少有效的配置管理能力,往往意味着系统会因为需求的变更而频繁发布。

中台是居于前台和后台之间,提供共享数据支撑的一个中间层,中台有自己的管理网站,有自己的接口服务。基于模块聚合、功能解耦的原则,数字中台建立在后台系统的能力基础上,以业务中台、数据中台、管理中台和运营中台的能力支撑场景多样化的前台触点。

1.业务中台

业务中台将资源、交易、账务等公共需求形成服务,利用微服务、容器化开发部署能力,实现业务数据化。

2.数据中台

数据中台将数据模型、标签、算法等分析需求形成服务,利用大数据、云计算,实现数据业务化。通常认为由 5 个核心架构部分组成,包括基础数据层(包括数据采集平台、计算平台、存储平台,这些可以使用云计算服务,也可以自建)、公共数据层(包括数据仓库,负责公共数据模型的研发,还包括统一标签平台,负责把模型组织成可以对外服务的数据)、应用服务层(负责以公共数据区的数据提供对外服务,包括数据分析平台、数据接口平台、数据可视化平台、多维查询平台等)、数据研发平台(涵盖数据开发的各类工具)、数据管理平台(针对全链路的数据管理,保证可以监控数据流向、数据使用效果、数据生命周期,以衡量数据的价值与成本)。

3.管理中台

管理中台是为企业业务系统提供完善的、统一的管理,包括人员管理、系统管理、权限管理。好的管理中台,可以对接多个业务系统,并为业务系统提供稳定的、舒服的安全权限管理和人员授权管理。

4.运营中台

运营中台将工具、推广、分发等运营需求形成服务,利用智能探针、地理定位技术能力实现运营智能化。

第三节　全链路改进

一、改进的基础

(一)持续改进的理念

持续改进的理念源于威廉·爱德华兹·戴明(以下简称戴明)的全面质量管理学说。曾经普遍认为,高质量的产品只有更高的成本才能实现,也就是说高质量、低成本是不可能共存的。戴明学说推翻了这个观点,他的理论基础建立在 3 条原则之上。

第一,顾客满意。在员工的心目中,以满足顾客需求为焦点的理念应该是至高无上的,并形成一种将顾客放在首位的工作态度和将该原则作为工作目标的信念。

第二,对人的尊重。认为全体员工都有自我激励和创新思维的能力,给予员工支持,并且在一个相互尊重的环境中征求他们的意见,才能有效实施全公司范围的质量改进计划。

第三,事实管理。为鼓励科学方法的应用,管理者必须收集数据作为决策依据。该方法要求企业的质量改进小组进行规范的数据收集和统计分析。

(二)持续改进的模型

戴明的质量保证和改进方法让企业认识到产品质量在检查环节去查验为时已晚,而应注重过程控制,以预防为主。著名的戴明环,也称为 PDCA 循环法,它包括 4 个步骤:计划

(plan)、执行(do)、检查(check)、行动(action)。如图 8-6 所示,PDCA 是一个不断重复的循环,质量上的改进来自于持续不断地运转戴明环。

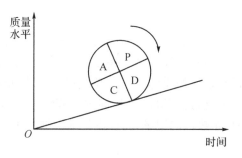

图 8-6　戴明的质量改善环

1. 计划——选择和分析问题

计划始于问题选择,问题随着重要顾客指标的变化而出现,如流失率、抱怨率等。可以缩小项目的焦点并描述改进的机会,通过收集数据、用流程图绘制出流程的当前状况,分析根本原因并达成共识。开发一个行动计划包括解决方案、成功性指标、公认的执行目标等。

2. 执行——在试验的基础上执行计划方案或者进行流程变革

通过各种手段监督计划的执行情况,如收集绩效指标数据,将执行进展情况与原来设定的阶段性目标进行比较。

3. 检查——回顾、评价变革结果

检查制定的方案是否会产生期望的效果,提出执行该方案时可能出现的没有估计到的情况。

4. 行动——对解决方案加以反思学习并标准化

如果达成预期目标,将流程变革进行标准化并按照新方法开展培训。针对其他的问题重复 PDCA 循环。

二、改进的方法

改进的方法有很多,这里介绍 3 种典型的改进方法:复盘法、咨询法和精益法。

(一)复盘法

互联网时代的到来对企业的内部经营管理方式提出了巨大的挑战,外部环境的动态性和复杂性要求企业必须具备强大的学习能力,才能不断适应动态环境。工作复盘方法就是一种有效的组织学习方法。

1. 概述

复盘,本是围棋术语,也称"复局",原指对局完毕后,复演该盘棋的记录,以检查对局中招法的优劣与关键得失,研究哪些地方存在差异以找出更好的下法。这与美军的行动后反思(after action review, AAR)和英国石油公司的"事后回顾"的做法基本一致。复盘重在对某一事件进行专业性讨论,着重于表现标准,使参加者自行发现发生了什么、为什么发生,以及如何保持优势并改进不足。

复盘学习模式是应对外部环境压力、主动寻求自我突破与成长的学习模式,对当下很多公司特别是互联网运营公司有着非常重要的意义和价值。

2.复盘与工作总结的区别

从形式上看,复盘和工作总结形式相似,但复盘并非总结这么简单。两者之间的显著区别在于:首先,复盘以学习为导向。工作总结往往以陈述成绩为主,是平面行为;而复盘属于立体行为。其次,复盘是置身事外的思考。工作总结是沉浸式回忆,而复盘是事后重建,可从画外看画的角度,更理智地进行批判性反思,促进深度学习。第三,复盘是结构化的总结方法。工作总结更多的是流水账似的记录,而复盘是基于结构化思维的思考模式。

3.复盘学习模式

复盘学习模式主要包含4个步骤:回顾目标、评估结果、分析原因、总结经验。这是企业中进行复盘的"底层逻辑",它是进入 PDCA 循环之中的组织学习机制。

(1)回顾目标。这是指在事件完成以后不论成败,回想当初事件的目的或者所期望达到的结果是什么。

(2)评估结果。在既有的目标设定的基础上,对事件完成的结果进行评估与分析,来观察其与最初目标存在的差异。

(3)分析原因。对比出现差异的情况后,对所出现差异进行分析,并着力寻找产生差异的若干主要原因。

(4)总结经验。通过复盘和分析,对该事件过程中的正误得失进行探讨,尝试总结出具有规律性的内容,并思考下一步的做法。通过对某一事件的复盘得出一系列规律性的内容,纳入公司层面的知识库,并逐步构建一整套的学习经验,以此为基础为以后的事件提供借鉴思路和指导准则。

复盘学习模式强调不断叠加与前进,在一个时间点的复盘学习会成为另外一个时间点事件的借鉴和指导,通过对复盘结果的不断累积和沉淀,最终形成类似知识库的智慧结晶。

(二)咨询法

1.概述

运营咨询的目的是帮助客户制定运营战略和改善运营流程。有效的运营咨询将战略和流程结合起来,改善客户的商业绩效。战略制定的核心是根据企业的竞争战略来分析它的运营能力。例如迈克尔·特里西和弗雷德·维尔斯马均认可通过以下3种方式来获得市场领先地位:产品领先、运营出色或与客户保持密切关系。每种战略的落实都需要不同的运营能力,并有所侧重。运营咨询人员须帮助管理人员理解其中的差异,并且设计最有效的技术和系统的组合,开展企业战略的实施工作。在流程改进方面,重点是运用分析工具和分析方法,帮助运营经理提高本部门的运营水平。

生产制造咨询领域,可重点关注生产运作管理,生产运作管理是对生产资源的管理活动,生产资源由 5P 组成,具体为:人力(people)——如人员招聘、培训、晋升,工厂(plant)——如新工厂的选址、扩建,工艺(process)——如质量改进、工作标准的制定、学习曲线,零部件(parts)——如制定或外购策略,计划与控制系统(planning and control system)——如物料需求计划(material requirement planning，MRP)、供应链管理等。这些问题许多是相关的，解决方案需要覆盖整个系统。

服务业的咨询一般具有很强的针对性，专业的服务业咨询业务主要包括以下几个方面：财务服务、医疗服务、运输服务、招待服务。

2. 运营咨询过程

运营咨询着眼于战略层次或战术层次，咨询过程通常会广泛接触雇员、经理和顾客。运营咨询提出的建议往往会改变实际流程或信息流程，改变的效果可以迅速测量。而一般的管理咨询行业通常侧重于态度和文化的潜移默化的改变，因而需要更长的时间才能看到实际的效果。

运营咨询的角色可以是专家、助手、协作者或者流程咨询人员。在运营管理咨询项目中，协作者和流程咨询人员的角色通常是最有效的。图 8-7 为典型运营咨询流程的步骤。

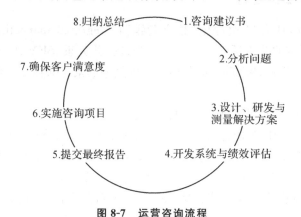

图 8-7　运营咨询流程

为提高运营咨询的有效性，还需要大量的运营咨询工具，可以分为以下几类：界定问题、数据收集、数据分析、成本影响与收益分析、方案实施。这些工具汇总在表格 8-3 中。

表 8-3　运营咨询工具汇总

序号	咨询工具分类	咨询工具列举
1	界定问题	问题树、顾客调查、差距分析、员工调查
2	数据收集	组织架构图、流程图、工厂参观、工作样本
3	数据分析	问题分析、瓶颈分析、统计工具、计算机仿真
4	成本影响与收益分析	平衡记分卡、决策树
5	方案实施	责任图、项目管理技术

(三)精益法

精益法可扫描二维码详细了解。

三、全链路改进模型

随着进入数字化时代，互联网企业与消费者之间的触达和连接更是几何级

📄何为精益
服务？

数增长。渠道和触点两者已经没有清晰的界限,通过数字化运营,实现了从全渠道零售(omni-channel retailing)、全链路营销,融合转变为全渠道营销链路,即建立起完善的全渠道体系,实现线上、线下全触点和消费者的连接,对应消费者的购买旅程(用户洞察、营销策划、用户触达、用户转化、用户运营)实施有针对性的营销策略,最终影响消费者的购买决策。显然,全渠道营销链路具有三大特征。一是全线,这个全渠道覆盖实体渠道、电子商务渠道、移动商务渠道,实现了线上与线下的融合。二是全链,一个消费者从接触一个品牌到最后购买,全程会有 5 个关键环节:搜寻、比较、下单、体验、分享,企业必须在这些关键节点保持与消费者的全程、零距离接触。三是全面,企业可以跟踪和积累消费全过程的数据,及时与消费者展开互动,掌握消费者在购买过程中的决策变化,提供给消费者个性化建议,提升购物体验。

(一)整合营销与链路营销

唐·舒尔茨在 1991 年首次提出"整合营销"(integrated marketing communications, IMC),它是把企业所有的营销活动,例如户外广告、公共关系、SEM、内容营销、终端促销等看成一个整体,让不同的传播活动共同创造统一的品牌形象。即在不同的地方,用同一个声音说话。

盛行的"整合营销"在近几年来面临的尴尬处境主要体现在以下几个方面:首先,媒介越来越碎片化,广告主可以围绕 IP,把预算辐射到社交、电商、直播和资讯等各个平台端口。做全面的整合营销,唯有更大的投入才能把媒介整合在一起,方可覆盖更多的消费者。其次,品牌广告无法监测用户转化的全链路信息,比如投放到哪些渠道、点击量是多少、转化率有多大、转化线索去了哪里等,这些数据的收集一直以来都是困扰整合营销的一大难题。很显然,整合营销必须迭代和进化,从"整合"过渡到"有机整合","链路营销"在这个背景下被提出来。链路就是从一个节点到相邻节点的一段物理线路,中间没有任何其他的交换节点。在 2019 年,国内迎来了一个"链路"营销爆发年,阿里巴巴、腾讯、爱奇艺、字节跳动等中国的头部媒体纷纷提出各自的"链路"模型。根据秒针系统发布的《2019 年度中国互联网广告流量》显示,广告主对营销提出了更高的要求,其预算也更多向带动转化的效果类广告迁移,品牌广告投放呈现下滑趋势,同比降幅 10.6%。这一转变意味着品牌商更加看重广告投放 ROI,评估指标为用户点击率、购买转化指标等。

阿里巴巴最早从"全域营销"的理论框架提出了"AIPL"营销模型[①],后来腾讯提出了"全链路营销"概念。后续的其他公司也陆续提出了相应的链路模型。如字节跳动提出了一个"5A"的链路模型,爱奇艺则构建了"AACAR"链路模型[②]。

"链路营销"方法的崛起归纳起来有以下 3 个主要原因。

第一,信息碎片化的程度已经远远超过预想。整合营销已经无法完成有效整合所有的媒介的功能,需要更为高效的整合营销方式。

第二,数字营销使广告对消费者的影响周期缩短。以往因为广告和卖场是分离的,所以企业要把广告信息精简成一张海报、一段 15 秒的 TVC(television commercial,电视商业广

---

① "AIPL"分别指认知(awareness)、兴趣(interest)、购买(purchase)、loyalty(忠诚)。

② AACAR,即 attention(注意)、association(联想)、consensus(共识)、action(行动)、reputation(口碑)。

告),便于让消费者记忆。从而使得消费者在线下商超购物时能回忆起品牌。从"第一提及率"到"第一联想度"成为企业营销的努力方向和目标。而现在的数字营销,广告和卖场是一体的,广告可以所见即所购。例如,消费者看直播口红,马上就可以点击加购。所以,广告不再是一种心智占领,也可以是一种行为诱导。

第三,营销更注重效果而不是品牌。很多企业虽然表示不能放弃品牌广告,但在评价每一笔广告的 ROI 时,更注重效果。如腾讯合并了品牌和效果两个商务团队,整合集团内的品效资源,无差别地服务广告主。而效果广告对于品牌广告而言,强调可衡量的行为,即点击、下载、注册、电话、在线咨询,或者购买等,基本上可以归纳到 CPA(cost per action)的范畴,它的一个很大的特色就是:效果广告注重的是消费者从看到广告到购买商品的整个行为链条。

综上所述,"整合"是为了占据消费者心智,关注的是各类营销资源是否保持统一的声音和形象。而"链路"脱胎于整合,它把以往机械的整合,变成有机整合。链路是为了驱动消费者行为,关注的是消费者从第一个广告触点开始,直到形成购买转化的全部行为链条。企业要在消费者的关键行为决策点上布局,从而能协调各类资源,彼此各司其职地引导消费者的购物决策。

(二)全链路营销模型

"链路"营销模型也是逐步发展演变以至优化的。

1. AIDMA 模型

AIDMA 模型是 1898 年美国广告学家 E. S. 刘易斯提出的,它是最早的链路销营销模型。AIDMA 模型对商业最大的贡献就是:它描述了消费者从看到广告,到达成购买之间的消费心理过程。即"attention(注意)—interest(兴趣)—desire(欲望)—memory(记忆)—action(行动)",如图 8-8 所示。这个理论可以很好地解释在实体经济中的购买行为。

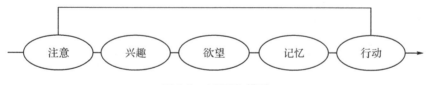

图 8-8 AIDMA 模型

(1)attention:即消费者注意到该广告。

(2)interest:感到趣味而看下去。

(3)desire:唤醒消费者试一试的欲望。

(4)memory:给消费者留下深刻的记忆。

(5)action:产生购买行为。

2. AISAS 模型

随着互联网逐步渗透消费生活,AIDMA 模型已经无法精确地解释消费者的行为路径。于是,在 2005 年,电通公司完善了这个模型,提出了一个适合互联网传播环境的广告模型——AISAS 理论。即 attention(注意)—interest(兴趣)—search(搜索)—action(行动)—share(分享),更加适用于互联网时代的消费者购物决策分析过程。在 AISAS 理论的前两个阶段和 AIDMA 法则相同,但迭代了后 3 个阶段,有两个"S",即搜索(search)与分享(share),是现代互联网对营销模式的一个突破。强调互联网中搜索和分享对用户决策的重要性,也标志着互联网对用户购买决策行为的改变,如图 8-9 所示。

图 8-9　AISAS 模型

(1)attention:即消费者注意到该广告。

(2)interest:感到趣味而看下去。

(3)search:主动搜索品牌信息。

(4)action:产生购买行为即达成购买交易。

(5)share:产生购买行为后分享购买感受。

AISAS 模型更适合一些"高决策力"的产品,如汽车、手机、房产等。因为这些产品价格很高,消费者往往需要深思熟虑,多方打听才能下定决心购买。但如果是一杯奶茶,AISAS理论中的 interest 和 search 则没有太多必要,从 attention 到 action 可能是瞬间就完成的事。进入移动互联网时代之后,大量互联网企业诞生,他们的营销目标和传统的实体企业有很大差异,消费者的行为路径再次发生了变化。

3.链路模型

一般而言,实体企业的营销目标是"卖货",而互联网企业的营销目标是"获取用户"。"拉新"替代了"品牌知名度","留存"代替了"复购",从而诞生出一些新的营销概念。"链路营销"就是一种新的网络营销模式。链路营销是指在消费者的关键行为决策节点上精准布局,协调各类资源,引导和触发消费者产生购买行为,如图 8-10 所示。"链路"在整合之余,更关注不同步骤的广告活动对消费者行为的影响,它在空间维度外,加入了时间维度,驱动消费者的行为决策。

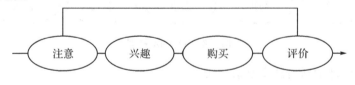

图 8-10　链路营销的原理

最著名的是"增长黑客"理论里提出的"AARRR"模型,它就是典型的链路营销模型,详见"用户运营"一章。"增长黑客"理论提倡"去广告化""老用户带新用户",把投放广告的钱用于用户补贴和技术搭建。这种理论模型追求用技术手段影响用户的行为链路,用更极客化的方法,曾帮助 Facebook、Twitter 等知名互联网企业,获得了爆炸式的市场增长。而饿了吗、拼多多,这类企业的崛起,核心更依赖增长理论,而不是品牌理论。

(三)链路营销原则

判断各大互联网公司提出的全链路营销模型究竟是否科学有效,即是否为真链路,则需要探讨一下链路营销成立的几个重要原则。

1.链路不能断裂原则

所谓链路,从概念上来说就是一个环环相扣的链条。比如,我们用当年的 AISAS 理论去做汽车客户的营销,就是一条割裂的链路。

(1)A:消费者先在搜狐网上多次看到吉利领克汽车的广告。

(2)I:有购车想法时,消费者在汽车论坛上浏览这款车的相关参数,得到了一次试驾机会。

(3)S:消费者在百度上搜索国产车相关品牌信息,对比几款同类型车车型的优劣,看到吉利最近有优惠活动。

(4)A:上次试驾留下电话后,4S 店的导购员常向该消费者推销,最终该消费者决定购买一辆吉利领克。

(5)S:汽车驾驶了一段时间后,在吉利汽车论坛的车友圈里,分享驾驶体验。

这条链路看似每一步都紧扣消费者的决策流程,但是每一环节随时有断裂的可能性,链路的断裂就意味着用户的流失。比如,消费者近期对吉利汽车的广告没印象,只记住了哈弗大狗,于是直接去论坛搜哈弗大狗的信息;再比如,这位消费者可能在百度搜索相关信息时,哈弗大狗的竞价排名更高,他最终买了一辆哈弗大狗。以往的链路,大多算一种理论链路,从广告到购买决策的链条环节太多,过程太宽,耗时太长,品牌主没法做到心中有数,牢牢把控用户的行为轨迹。

事实上,早在 2020 年新型冠状病毒疫情暴发期间,哈弗品牌就开始在线上直播,以直播形式推动营销体系的变革。2021 年 1 月 31 日,哈弗品牌携手第三代哈弗 H6、哈弗大狗、哈弗初恋等产品再次进行线上营销,赋予爆款车型更多情感附加值,营造出浓浓"新年味",完成了从内容话题、消费场景化、销量转化的链路营销闭环,引发了消费者的强烈情感共鸣。累计超万次的直播集中展现了哈弗的品牌力、产品力、口碑力、价格力,实现了高效"种草""拔草",同时兼顾了品牌建设与精准营销。

随着营销技术的发展,我们可以有方法让链路更高效,方式之一就是缩短营销链路。

2.更短的链路原则

更短的链路意味着更高效的转化。俗语讲"夜长梦多",广告营销也是如此。牢牢抓住消费者的每一步心理活动是一种高明的办法;不给消费者更多思考空间,直接激励消费者行动起来是另一种办法。但是如果能省去中间的步骤,加速消费者的购买决策,这才是更高效的链路营销,即看到广告便直接行动。想达成这样的效果,在用户看到广告的同时,就必须引起他的兴趣,降低他的心理防线阈值,最好能在购物的同时完成分享裂变。这就要求广告内容是从消费者心理去设计,而不是从产品功能去设计。如拼多多链接的"拼团",巧妙地抓住了人性的两个特点:一是占便宜,另一个是限时。"占便宜"激发了消费者强烈的购物欲,而"限时"又让他们没时间去犹豫。

因而若想要缩短转化链路,那么广告不要去灌输一个品牌理念,而是要直奔主题,唤醒消费者的购物欲望。但很多需要慎重决策的产品,例如房产、汽车,毕竟很难让消费者在短时内做出购买决策,营销链路又如何在漫长的预购周期里一直抓住消费者,减少流失呢?这就涉及另一个链路成立的关键原则:关键点是否足够打动消费者转变。

3. MOT 原则

消费者时刻(moment of truth,简称 MOT)是消费者旅程(customer journey)中的一些关键"里程碑"似的节点。例如,搜索某个产品,又或者把这个产品的信息分享给其他人。这个概念最初来源于宝洁公司。可以想象以下场景:一个客户的消费旅程,像是一条或明或暗、若隐若现又弯弯曲曲的道路,而 MOT 就像这个道路中间燃烧的火把,指引着消费者前行的方向。

虽然无法直接控制消费者旅程,很多时候,也无须参透消费者旅程到底是什么,但可以通过设计 MOT,对这个消费者施加影响,从而让他快速切变到下一个更接近于转化的 MOT,甚至直接触达转化点本身。

以下便结合 MOT 原则进行跨渠道多触点归因分析。

什么是渠道归因分析? 回到上面购买吉利领克的场景:消费者在购买领克车完成转化前,接触到了来自多个渠道的广告,有些渠道的广告还是重复接触,那么这次转化应该归因给哪个渠道的广告呢,或者说每个广告对这次转化的贡献分别是多少,哪个渠道对这次转化的购买行为起着决定的作用呢? 这就是一个典型的归因分析问题。对用户在完成转化之前所接触到的所有宣传推广渠道进行分析,被称为跨渠道多触点归因分析。

如何进行跨渠道多触点归因分析? 可参见图 8-11 所示 MOT 模型应用示例。它主要是为了确保各种营销活动的"伏线"能够激发消费者兴趣及行为的转变。

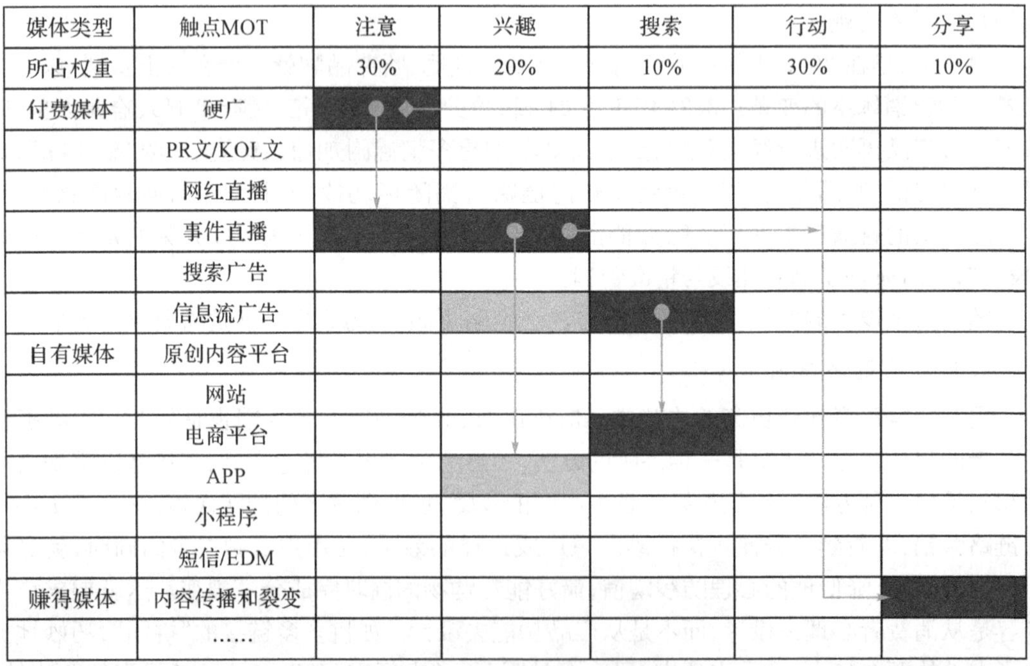

媒体类型	触点MOT	注意	兴趣	搜索	行动	分享
所占权重		30%	20%	10%	30%	10%
付费媒体	硬广					
	PR文/KOL文					
	网红直播					
	事件直播					
	搜索广告					
	信息流广告					
自有媒体	原创内容平台					
	网站					
	电商平台					
	APP					
	小程序					
	短信/EDM					
赚得媒体	内容传播和裂变					
	……					

图 8-11　MOT 模型应用示例

多触点归因模型利用了用户的广告数据,并结合各种数据建模和分析技术构建用户从开始接触广告到最终购买的整条路线,从而能够较为准确地衡量路线上每个渠道的贡献度。

图 8-11 对活动中消费者旅程设计了"索引表"。任何一个活动都有营销目标。第一行

是 AISAS 模型指导下的活动目标,且第二行给每个单一阶段目标赋予权重。在这个总目标下,再继续策划安排活动,比如,为了增加注意度,可投放硬广(如 banner,即横幅广告)活动。图中的格子颜色的深浅,表示了在每个环节资源投入的程度,颜色越深,表示投入资源越大,该项活动占有的权重也越大。另外箭头线代表了一次策划中的各个具体活动之间的关联或者转化关系,不仅如此,箭头也描述了消费者即将发生的实际旅程。在具体利用这个模型的时候,还需要在每一个格子中间填入更加细致的活动设计、数据指标、收集方法及执行方法等。

多触点归因模型可分析出渠道的贡献转化率,评估不同交互(交互组合)的影响程度。多点归因模型可以较好地衡量不同互联网广告渠道之间的协同作用,能够指导互联网企业有效地行渠道管理,并且优化广告预算分配,将资源从没有效果的渠道移走,实现投资回报率最大化。

付费媒体、自有媒体和赢得媒体之间的关系

如何提高 MOT 运营质量,这就涉及另一个链路成立的重要原则:数据和媒介的无障碍流通原则。

4.数据和媒介的无碍流通原则

很多数字营销活动为什么会出现潜在消费者流失现象? 根本原因是消费者离开了投放的媒体,自然就失去了追踪他行为轨迹的能力。比如,一个人在微信上读到了一篇智能净水器的种草文章,他并没有选择点文章尾的小程序链接下单,而是跑去淘宝购买。企业虽然获得了一笔订单,但却不知道这笔订单是怎么来的。但如果一个人在抖音上看到了一个智能净水器的广告,他马上可以点击购买按钮,一键跳转到淘宝,企业便获得了完整的用户行为数据。

(四)链路的数据能力支撑

很多公司在做整合传播规划时,试图用一个营销链路来打通全网,这也是不现实的。公司要做的是在不同的媒体生态里,采用不同的链路模型。那么,如何判断媒体的数据能力能否支撑整个链路呢? 核心要看以下两点。

1.媒体要有足量的前链路数据

从广告角度看,前链路数据就是广告行为数据,也就是用户广告的浏览、点赞、评论、观看完成率等数据指标。

为什么说这部分数据要"足量"? 根据大数据 4V 特征——规模性(volume)、高速性(velocity)、多样性(variety)、价值性(value),大数据技术成立的前提就是数据要足够多,颗粒要足够细,才能从数据分析出趋势、动向和端倪。获取的广告行为数据越大,广告能优化的空间就越大。

比如,对于长视频媒体广告,其形态核心是贴片而不是信息流,而贴片不是一种可以充分互动的广告形态,用户无法像玩抖音一样,对贴片广告产生划过、点赞、评论等行为。所以,贴片广告更适合维护品牌在用户心智中的形象,而不是驱动用户行为。长视频媒体如果想让自己的营销链路有效,就要改变广告形态,产生足量的前链路数据才行。

2.媒体具备有效的后链路数据

所谓的后链路数据,也就是市场端数据。如对"三只松鼠"来说,后链路数据就是天猫和京东店铺的销量数据;对"拼多多"来说,后链路数据就是 APP 的会员拉新和购物数据。

为什么一定要有"后链路"数据? 正如上面所强调的,链路是为了驱动消费者行为——是最终的购买行为、下载行为、留置行为等,而不是广告的点击行为和观看行为,因为一切营销都要服务于最终的转化成果。可以说,只有打通后链路的数据,结合新媒体矩阵,才能有效指导广告如何定向、内容素材如何制作、选择什么样的广告位置,这些是最基本的广告投放问题。

第四节　流程自动化

面对数字化世界中的海量消费者、各式各样的数字化的触点,面对千人千面的场景、不间断营销(always on)甚至实时营销(realtime marketing)这样的客户沟通模式,面对企业内部及外部生态体系下的复杂内外协同,面对敏捷营销与运营所必需的快速迭代和解耦业务技术需求,只有通过自动化才能具备大规模运营客户的能力。

目前典型的流程自动化有机器人流程自动化、业务流程自动化和程序化营销等手段。比如在电子邮件营销的场景里,企业大量发送邮件,会得到部分人的回复,查询回复的工作变得十分烦琐。所以 1992 年前后,出现了用自动化程序检查客户反馈信息的方式,这一方式自动触发预设的后继动作,并进行产品推荐工作;跟进大量顾客线索时,大部分线索其实是无效的,要么是需求不匹配,要么不是联系客户的最佳时机。营销与运营自动化通过采集用户在交互过程中的行为数据,自动判断出匹配度和活跃度,然后通过和 CRM 的协同,能快速提供这些关键信息,提示最值得跟进的潜在客户,提高获取用户的效率;面对大量潜在客户,与其市场部门从早到晚重复性地跟进培育,不如结合内容运营与营销,由业务自动化来大规模培育,直到系统判断出关键时刻,再由市场部门跟进转化点获取用户。

一、机器人流程自动化

(一)机器人流程自动化概念

机器人流程自动化(robotic process automation,RPA)是目前人工智能技术领域最流行的趋势之一,自 2020 年开始,大量的企业开始部署 RPA,RPA 的应用成为企业数字化、智能化转型的关键之一。RPA 以机器人作为虚拟劳动力,依据预先设定的程序与现有用户系统进行交互,允许计算机程序或机器人以自动、可靠和可重复的方式复制手动流程。

(1)机器人(R)。具备一定脚本生成、编辑、执行能力的工具、模仿人类行为的软件,都可以称为机器人,如点击、击键、导航软件等。

(2)流程(P)。为达到所需结果所采取的步骤顺序。

(3)自动化(A)。在没有任何人为干预的情况下执行过程中的步骤序列。

在互联网行业,身为运营的业务人员,每天需要处理大量用户回复、流量数据等,利用 RPA 定时自动抓取相关信息,除了可以提高工作效率,竞争策略也会更为明智和客观。如电商零售行业使用 RPA 定时抓取同行店铺产品用户评价,可以针对用户的痛点开展营销活动,还可以抓取店铺 SKU/SPU(standard product unit,标准化产品单元)、评论、客单价、客户群、销售额、每日价格趋势分析,并自动制作数据报表,大大提升运营效果。用户运营中利用 RPA 可以自动抓取全网的相关客户求购、竞标信息,做数据分析,筛选目标客户,分析同行产品数据、流量、客单价、客户公司各方面的数据,促成成交。

(二)常用的 RPA 工具

1. UiPath

Uipath 成立于 2005 年,是目前市场上最受欢迎的 RPA 自动化工具。Uipath 的优点在于它为想要学习、练习和实施 RPA 的人们提供了社区版。

2. Blue Prism

这是 RPA 工具的领导者。Blue Prism 能够提供由机器人驱动的虚拟劳动力。它可以帮助企业以灵活且经济高效的方式自动化业务流程操作。

3. TagUI

TagUI 由 AI Singapore 维护,是一个 RPA 的命令行界面工具,可以在任何主要的操作系统上运行。需要指出的是,对多操作系统的支持是开源 RPA 工具一个共同特征,这与某些商业工具有所区别。TagUI 强调"流"的概念来表示运行基于计算机的自动化流程,该流程可以按需完成或按固定的时间表进行。通过这种方式,TagUI 中的流程就是其他人所称的脚本或机器人。TagUI 强调其语言的简单性或自然性。

4. RPA for Python

以前称为" TagUI for Python",它是用于 RPA 开发的 Python 软件包。用于 Python 的 RPA 是基于 TagUI 构建的,它具有网站自动化、计算机视觉自动化、光学字符识别及键盘鼠标自动化等基本功能。

另外,开源的机器人过程自动化工具使企业可以低成本地使用 RPA。与许多的软件实现一样,企业在构建 RPA 时,可以选择先从开源起步。尽管某些开源项目会以开发人员为中心,但提供了多种可能,比如强调易用性,提供无代码或低代码工具等。原因是 RPA 涉及从财务、销售到人力资源等各种业务功能。工具的采用在很大程度上取决于这些部门自行管理 RPA 的能力,最好以与 IT 部门协作的方式,而不是完全依赖于 IT 部门的方式使用。所以在选择开源工具时,要着重关注开源 RPA 是否做到了足够的易用性。

(三)应用注意事项

将机器人投入应用的门槛相对较低,在制定 RPA 战略时应保证其持续产生价值。投入应用前应评估 RPA 项目的战略架构是否正确,是否充分理解业务流程,是否能有效地实现大规模自动化。

1. 企业将更加关注机器人自动化的流程

大多数公司都直接实施部署 RPA,或者说没有进行流程梳理就直接实施 RPA。这会导致企业对流程缺乏战略层面的认识,自动化效率降低。结合流程挖掘和流程管理可以大幅度提高 RPA 项目的成功率——这样企业不会为了自动化而自动化,而是关注 ROI 和提高成功率。因此,要重视针对流程本身的技术和实践(例如流程挖掘)。相关技术工具包括:流程发现工具、流程智能工具、流程优化工具和流程协同工具。这些工具会和 RPA 紧密联系在一起。

2.提升客户体验是 RPA 及流程挖掘应用的新兴领域

当今企业部署了数百种应用程序来提高其客户满意度,因此如何通过各类应用程序找到潜在的瓶颈和风险点就显得至关重要。在改善客户体验之前,我们必须先了解客户与企业的互动关系。如果流程本身不适合或者质量低下,应用自动化只会加速降低客户体验。因此,将 RPA 推广至不同的业务领域,企业只有在充分理解业务逻辑的前提下,RPA 才能发挥出最大的作用。

3.对机器人流程自动化涉及的数据安全更为重视

从道德层面考虑,企业有责任去解决任何可能滥用这些先进技术的风险点。比如将 RPA 应用场景拓展到人力资源等部门,引出另一个值得关注的话题:与 RPA 相关的数据安全问题。这不仅与扩大 RPA 使用范围相关,也因为企业正在增加应用类似技术,如流程挖掘。随着跨系统地部署 RPA 和其他相关技术越来越普遍,系统间的数据挖掘和数据转移变得越来越简单,同时风险也随之增加。

二、业务流程自动化

(一)业务流程自动化概念

为了更好地理解业务流程自动化,让我们先来回顾了解一下什么是业务流程。业务流程是企业的命脉,它是为达到特定的目标,使用者按照规定的组件时序,从控件交互关系图中选择的一条路径,表现为从指定入口到出口的一个使用者动作事件序列。一些常见的业务流程包括完成客户订单、批准贷款应用、处理费用报告,或者新员工入职等。一个事件序列代表一个使用者交互,即使用者的一个行为,例如点击鼠标按钮、触发应用程序交互关系的、应用程序通过执行对应代码响应等事件。若将业务流程中的 Excel 表格、单据转化为在线表单,将原有的合同、手册变为电子版本,将原有的出差、报销等管理支持功能转到线上,只可称之为"信息化",而非"自动化"。

RPA 与 BPA 的关系

业务流程自动化(business process automation,BPA)是在原有数据化的基础上,使用技术来简化和自动化企业中重复的日常任务或流程,对数据结果和业务环节依据事先设定好的规则和权限进行处理,无须每一个环节都由人工介入,以系统自动流转实现智能触发计划好的业务步骤,最终实现系统全流程的自动化运行。可见,业务流程自动化是真正切入经营、业务的流程中而诞生的。业务流程自动化的升级更关注如何提升数据传递中的时效性、准确性、高效率和自动化。例如,销售人员出差后,发起出差单,系统会自动更新工资单,将差旅补贴数据添加到工资单。完成报销申请后自动进入付款流程。也就是更关注"全流程"的把控,而不是从每一个环节点进行掌控。

BPA 的目标不只是自动化业务流程,而且还要简化和改善业务工作流。业务流程自动化具有以下 3 个显著特点。

一是 BPA 帮助企业和公司减少对人工干预的依赖,优化时间密集型的运营,以执行多步骤任务,例如入职员工、采购货物、应付账款、合同管理等。

二是灵活自由,清晰透明,让员工效率翻倍。让烦琐的任务自动化完成可以让员工专注于高价值的运营,从而提高工作效率和满意度。

三是在更短的时间内自动输入和管理数据,可保障准确性、减少人为错误的空间。同时还可将合规风险降至最低,使流程更具成本效益。

在保持竞争力的时代意味着迅速适应变化才能在竞争中立于不败之地,业务流程自动化是数字化转型的难点,也是关键点。企业通常将 BPA 作为数字化转型战略的一部分,以便于简化工作流和更高效地运维。业务流程自动化不仅是提高生产力和盈利能力的一站式解决方案,还标志着数字化转型和自动化正在组织中发挥效用,显著提高当今企业的客户满意度,BPA 是企业数字化转型必不可少的工具。研究表明,通过实施包括直通式处理流程、整合客户、信息系统、针对客户服务和行政职能设置的面向服务架构等技术大幅提高了效率,同时也大幅降低了成本。

BPA 与 BPM
的区别

(二)业务流程自动化实施

1. 应用场景

随着企业对降低成本和简化运维的重视,使用业务流程自动化软件来帮助改进业务的特定领域,成为企业关注的重点。这些领域包括入站检测、决策自动化、增强及自动化响应。

(1)入站检测。在处理使用多个数据文件作为输入/输出数据,或处理作为临时文件的、经常重新运行的、可以更好地分配到其他地方或人的、来自许多分解的遗留系统的数据时,可用入站检测。

(2)决策自动化。重复工作、有严格规则的、需要合规和审计试验等工作,由于人为干预存在高昂的错误成本风险,这些业务流程自动化也最容易与其他流程和系统协作,实现互惠。

(3)增强及自动化响应。时间敏感且成本高、复杂且需多人操作的、耗时的流程往往存在自动化改善的机会。

2. 构建方式

业务流程自动化受到越来越多的企业重视。由于云服务、SaaS 的发展,实施业务流程自动化的成本也越来越低。那么该如何判断何时为实施业务流程自动化的"最佳时机"呢?

流程的完善是实施业务流程自动化的关键,故需要梳理企业的业务流程。只有已有业务流程具备一定的基础,才能够启动业务流程自动化改革。如果业务流程本身还是支离破碎的,且管理层没有足够的决心,短期内业务流程自动化反而会变成一个累赘。尤其不要指望软件系统来代替企业管理。系统只能在业务流转过程中提升效率,并不能改变企业混乱的局面。

一般来说,采用低成本的快速尝试,是接触和启动业务流程自动化比较好的方式。实施业务流程自动化符合 PDCA 循环法,具体实施过程可分为如下 5 个步骤。

(1)搭建一个企业的工作流。可以先从一个很小的工作流作为起始,思考工作流中的数据、流程、参与人员和权限。评估当前系统是否满足需求,即使当前的工作流程符合业务目标,仍然可以改进流程以提高效率。如果达不到目标,就很有必要抓紧更改。确定好改进业务目标,用一个简单的试用开启业务流程自动化。

(2)确保工作流清晰而明确。复杂、难用的业务流不仅没有办法很好地实现自动化,反而可能会降低效率。企业可选择参考一些"最佳实践",对标别人的操作流程。对每一个步骤进行确认,并且与每一个参与的成员沟通了解,确保最终落地的业务流能够简洁而有效。

(3)选择合适的平台、系统或工具。建议企业选择"赋能型"的工具,而非传统意义的"软件",这样才能够给企业的业务流程自动化带来长久的生机和活力。

(4)创建表单和工作流。进行表单和流程的线上化,进一步理解系统"能做什么"。通过表单、流程、权限、报表、邮件、超时提醒、自定义打印等功能,进一步把企业需求具体化和可视化。如果缺乏"搭建"的能力,可以采用外包服务。

(5)试运营、优化和固化。当做完自动化流程,或者在第一次实施的过程中,要关注和收集有关工作流程管理中暴露出来的问题,它们往往是存在着严重阻碍流程的瓶颈,比如寻求帮助或服务的客户等待时间长,一些员工可能经常无事可做,长时间花在非增值任务上,在特定的操作部分或每天的特定时间经常出错。在评估业务以改进工作流程时,应收集员工的定性数据。同时也要注意到很多工作流程改进后确实提高了业务生产力水平,但也可能会导致员工倦怠和高流动率。通过一些数据的积累和不断的优化,业务流程自动化也会越来越"适合",如果使用一段时间后表现正常,那么就可以固化流程,进入下一轮循环改进工作。

在实施业务流程自动化的时候,要注意到,如果完全由 IT 团队负责建立或更新业务流程,就可能导致流程失去具体的目标。业务流程是由业务而不是由企业的 IT 环境驱动的,IT 和企业管理者必须通力合作才能获得真正有效的企业业务流程应用。

(三)预期效用

1. 有效的自动化集成

大多数企业都有一个由许多不同应用程序组成的复杂管理系统,通过业务流程自动化,可以使所有应用程序无缝协作,转换为一个总体解决方案,这是业务流程自动化的最大优势。

2. 高质量业务决策

为了确保企业运行顺利,能够做出高质量的业务决策,需要关注以下两方面的问题:一是快捷、高质量地获取数据。由于应用程序众多,数据量大,在手动输入数据或共享文件时,可能会发生人为错误,纠正这些错误的成本非常高。业务流程自动化可以通过自动化输入数据来解决这些问题。二是自动生成准确的报告。编辑数据和手动创建报告是一项繁重且耗时的任务。通过实现业务流程自动化,可自动创建准确的报告,这些报告可以在与之关联的数据更改时实时同步更新。

3. 快捷的自动化审批

项目中的大部分环节需要等待上一级批准才能开始工作,这会导致进度的耽搁。业务自动化工具可以使申请像单击按钮一样轻松地获得批准,在将所有数据和文件添加到工作流程后,审批者可以直接收到通知,检查相关文件后立即批准或拒绝它。并且通过业务流程自动化工具简化向审计员提供公司信息所涉及的流程。例如,如果需要遵守数据安全和保护法规时,可以通过自动化对公司各个级别的数据进行加密。

4. 开放协同优势

与其他方法配合使用时,BPA 可以帮助组织完成以下任务:一是更好地理解组织流程与业务流程管理(BPM)端到端之间的相互作用;二是使非技术的最终用户能够使用低代码BPM 软件,根据预定义的模型设计业务流程;三是借助人工智能为提高效率和吸引用户提供支持服务。

三、程序化营销

(一)程序化营销概念

技术和大数据正在改变营销,从程序化购买到程序化营销革新,这是一个重要的革新方向。程序化营销(programmatic marketing)就是一种快速、可循环,经过持续测试的,具有学习能力并不断优化的科学营销方法,使营销部门可以自动获得高复用性的营销决策。程序化购买、程序化创意与程序化洞察构成了程序化营销的闭环,如图 8-12 所示。

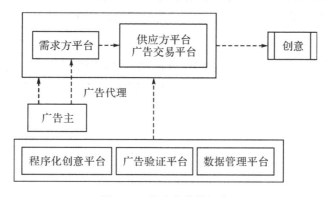

图 8-12　程序化营销示意

1. 程序化购买

程序化购买是通过自动化程序和大数据技术实现广告主与媒体之间的广告交易的营销方式,包括实时竞价模式和非实时竞价模式。程序化购买连接无数的媒体资源,依靠大数据,自动分析屏幕后面人的价值,实现了出价、比价到投放的过程。在这个程序化的过程中,以合适的价格和合适的方式,精准、高效地将企业希望传达的信息传递给目标用户。

在传统的购买模式下,广告主需要预先制定半年到一年的预算,其后需要进行媒体排期。一旦合作细节敲定之后,广告的投放相对固定,如中途变动,调整的流程将会比较复杂。程序化营销注重方法而不是集中于内容,通过程序化购买的广告位,广告主可以随时进行购买,购买后即可投放。投放形式、投放时间、预算分配均更加灵活,可提升广告投放效率,减少协商成本,这比一般的经验型决策来得高效。

2. 程序化创意

程序化创意从产品图片、字体、颜色、场景等基本元素开始,采用随机组合模型,比如这 4

个变量元素,每个元素可以包含 3 个选项,那么可能的创意组合数量将达 81 种($3^4=81$)。再考虑到程序化目标变量,如年龄、性别、收入、之前的广告接触度等,采用不同的排列组合,在这种情况下,就形成了一个包含庞大选项的创意"工具箱",然后借助不同的背景和顺序使广告更智能,更具针对性。

程序化的创意还可以进一步拓展到代言人、促销活动、推荐的产品组合等更多方面。程序化创意实现了创意的自动生产、创意的自动筛选优化,以及根据目标受众及其需求,实现选择性创意呈现。

3. 程序化洞察

传统的基于抽样调查的洞察模式正在革新为程序化洞察,企业希望获得实时、敏锐的洞察。可依靠算法来实时判断程序化购买和程序化创意是否要与消费者进行互动,以什么样的内容进行互动最有效。然而,这些算法通常依赖有限的数字接触点,如果过度依赖于直接反应 KPI(点击率、浏览率、互动等),那么可能无法洞察到消费者和品牌的实际情况。

(二)程序化营销的优势

在大数据时代下,程序化营销模式优势明显。只要打开流量数据,各大商家便能够按照移动数据反馈的信息,对相应资源展开充分利用。特别是在各种程序不断涌现的环境下,通过软件便可以实现数字化购买,增加了客户消费过程的便利性。

1. 精准的传播性

此类营销的覆盖面具有针对性,能够充分追踪、定位手机用户,结合客户日常互联网行为,对其进行较为精准的预测。能够精准、有效、及时地把广告发送至用户的移动设备,用户只要打开了流量数据,便能够顺利浏览移动网页。

2. 强大的扩散性

当前大部分手机 APP 软件都适合广告的全面传递和扩散,例如用户众多的微信、微博、QQ 等,其扩散效果极佳。而且移动广告并非单纯借助文字、图片和视频展开营销,在大数据时代下,其整合性极其强大,已经被融入游戏、电影、电视、音乐当中。

3. 较强的互动性

在网上交易过程中,往往会构建一个客户与移动广告商家展开互动、交流的信息平台,不仅能够满足客户实时沟通的实际需要,还可帮助商家宣传移动广告。

▶▶ **复习题**

1. 简述流程的特点。
2. 流程管理与传统职能管理的区别有哪些?
3. 精益生产可以运用在服务业中吗?为什么?
4. 试分析服务蓝图中 3 条分界线的意义。
5. 数据中台的特性及组成结构。
6. 试着比较 RPA、BPA 和 BPM 之间的关系。

7. 简述链路模型的演变。

讨论题

1. 实地调查一家互联网公司,绘制它的服务蓝图,撰写一份流程改进的诊断报告。

2. 查阅相关资料,探讨阿里巴巴中台的架构特点和作用。

3. 创建一份消费者旅程地图(customer journey map),并标注出 MOT。

延伸阅读

1. 高德拉特,科克斯. 目标[M]. 3 版. 齐若兰,译. 北京:电子工业出版社,2019.

2. 梁丽丽. 程序化广告:个性化精准投放实用手册[M]. 北京:人民邮电出版社,2017.

3. 邱昭良. 复盘+:把经验转化为能力[M]. 3 版. 北京:机械工业出版社,2018.

4. 王玉荣,葛新红. 流程管理[M]. 5 版. 北京:北京大学出版社,2016.

5. 沃泽尔. 什么是业务流程管理:组织价值链管理和流程改进的突破性战略(修订版)[M]. 姜胜,译. 北京:电子工业出版社,2017.

第八章小结

第九章　增长策略

我认为根本就不存在增长型行业,只有组织并行动起来去创造和利用增长机会的公司。

——西奥多·莱维特

为什么提出增长这个概念呢?在互联网红利逐渐消失的过程中,各行各业逐渐发现广告浪费资源、转化率低的弊端,人们发现了新的流量打法——增长策略。通过发现数据背后的机会,动态调整策略,为拉新、促活、留存负责。增长策略角色和功能越来越被重视,因为它可能会覆盖到产品、运营等各个方面,于是出现了增长团队,那么增长策略会关注哪些问题呢?在这一章中,将回答以下问题。

- 增长策略的底层逻辑有哪几类?
- 增长策略的要素和流程是什么?
- 增长策略在用户增长方面的重要应用有哪些?
- 增长团队如何组建?

第一节　增长策略概论

一、增长定义

公司经历了一段时间的高速增长之后,会经历一个拐点。在这个拐点之后,公司要么开始衰落,要么进一步增长,上升到一个新的台阶。公司面临拐点时,应如何突破增长瓶颈呢?传统营销组织多凭借经验,采取高投入的营销手段,但高投入并不能保证预期的增长。增长型组织如全副武装的特种部队,凭借现代的科技手法、技术自动化及数据驱动技术,快速地完成迭代和升级。由于增长团队是一个跨功能的团队,且有一定的自主权,看到机会就可以立即行动,不用花费过多的时间和精力去协调资源,因而能够实现快速增长,如图9-1所示。

传统营销组织		增长型组织
手动		自动化
高浪费		精益敏捷
赌博式高投入	增长	个性化
经验决策	拐点	数据驱动
缺乏主动权	衰退	自主权
各自为政		跨功能
传统营销模式		增长黑客

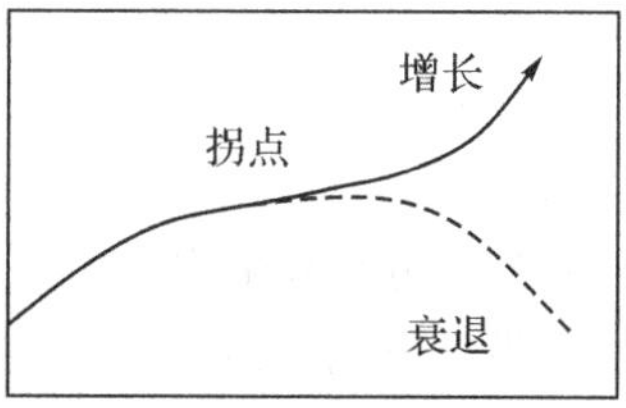

图 9-1　两种突破瓶颈的增长组织方式

互联网企业的增长先锋——"增长黑客"这一概念起源于美国互联网行业,最初于 2010 年由美国营销专家肖恩·埃利斯提出,指的是一群将增长作为唯一目标的人,实践着一套被称为"黑客式增长"(growth hacking)的策略,所做的每一件事力求给产品带来持续增长的可能性。增长黑客已经帮助硅谷多家公司完成了产品的快速增长。2017 年 3 月,可口可乐宣布用首席增长官(chief growth officer, CGO)取代首席营销官(chief marketing officer, CMO)。同年 11 月,Forrester Research 发布的报告显示,财富 100 强品牌中至少有 8 家取消了首席营销官岗位,并将其职责归入首席增长官。在硅谷,像领英、Facebook、Airbnb、Dropbox 这样的公司,早就开始使用 CGO 和增长黑客(growth hacker),来实现"用户层级与量级"的爆发性增长。近年来,增长黑客的概念传到境内,引起了众多互联网创业公司的关注。增长黑客从一个独行侠形象,演变为多个职能合作的全线增长团队,增长目标也从单纯的"围绕用户产生的数据增长"抽象成一个个可追踪的信号——品牌的"Aha"时刻,这里包含了"产品价值""用户体验""活跃用户数"等。增长黑客也逐渐转变为"用户增长"这一更加通俗的称呼,其内涵可以从最初的增长黑客定义中一窥究竟。

增长黑客是介于技术和市场之间的新型团队角色,主要依靠技术和数据的力量来达成各种营销目标,而非传统意义上靠砸钱来获取用户的市场推广角色。他们能从单线思维者时常忽略的角度和难以企及的高度通盘考虑影响产品发展的因素,提出基于产品本身的改造和开发策略,以切实的依据、低廉的成本、可控的风险来达成用户增长、活跃度上升、收入额增加等商业目的(埃利斯和布朗,2017)。

增长黑客是营销人员和程序员的混合体,他们不仅依赖传统的营销策略招揽用户,更擅长通过 A/B 测试、优化登录页、病毒式传播等各种技术手段提升产品的活跃度、留存率和营收指标(安德鲁·陈,Uber 增长副总裁)。

增长黑客的终极目标,就是要在产品身上建立一种"动力自给"的营销机制,让产品自己实现本身的最大价值(亚伦·吉恩,StumbleUpon 创始人)。

增长黑客是极客、发明家和营销人士的混合体,他们了解技术,又深谙用户心理,擅长激发创意,突破限制,兼具专注目标、数据为王、关注细节、富有创意、信息通透五大特征。他们以数据驱动营销,以市场指导产品,并通过技术化手段贯彻增长目标,通过低成本的手段解决创业型公司早期的增长问题(范冰和张溪梦,

2017)。

用户增长工作的核心,是以用户为核心,帮助企业更好地实现增长。"增",即用户数量的增加,关注用户获取的效率,追求成本质量的最优化。"长",即用户价值的成长,关注用户留存活跃度,追求用户生命周期价值最大化。关注用户数量的增长,忽视用户价值的增长,可能是对用户增长最常见的误解。对于公司发展来说,用户数量增长是前提,用户价值增长是关键,两者是相辅相成的。但是,大部分公司在发力用户增长时,正是因为用户数量增长遇到瓶颈,为寻求更多的增量用户,一般都会将用户数量增加放在第一位。

增长是一项集实验、流程、文化于一体的工作。很多刚开始启动增长策略的团队比较关注具体的实验想法和方法,其实流程和文化才是增长团队做大做强、驱动可持续增长的根基。

二、增长策略定义

什么是增长策略?在给出定义之前,首先回顾一下增长战略,又称扩张型战略、发展型战略(或成长战略),包含3个核心点:一是要明确聚焦什么样的业务,创造什么样的价值,服务什么样的客户;二是明确资源的部署和配置的模式;三是确定业务和顾客群体拓展思路。参照上述分析,增长策略是指聚焦用户增长业务,以数据驱动方式配置资源,组织增长团队打造增长引擎,以最有效的方式实现用户获取、激活和留存的方法。具体来说,包含如下内容。

(一)增长策略的内涵

1.增长策略的类型

从用户角度来说,一般分为新用户增长方式和老用户增长方式。了解全面的用户增长项目类型能够帮助用户增长团队更好地布局和落地增长项目,开发完善的用户增长项目矩阵下蕴含着的新增长机会。

2.增长策略的前提

增长策略是由实验和数据驱动的,但是依靠数据实现增长只是一个途径,更重要的还是产品过硬,且符合市场需求。有了产品这个基点,才能去发挥增长策略的杠杆作用,获取足够用户,通过对用户行为数据的分析,反复打磨产品,获取更快更高的增长空间。

3.增长策略的本质

相比传统营销,它更加关注用户整个生命周期——从获取推荐、激活到留存、变现。如果说用户获取是增长的源头活水的方法,那么用户留存则是增长的坚实基础,验证了产品质量和商业模式的有效性。当然增长策略的核心是短期内驱动用户数量飞涨,这是区别日常运营增长与增长策略的本质不同。为了实现用户量快速递增,增长团队有自己独特的增长策略,来打造增长引擎。增长的涵盖面非常广、变化非常快。

4.增长策略的关键

增长策略成功的关键,是找到"低垂的果实",尽快开始实验。什么是"低垂的果实"?在经济学中它被用来指代非常重要但又唾手可得的物质财富,比喻从中获得的收益很大,所付出的努力却很小。比如新用户激活,指的是从拉入新用户,到用户留存中间的这一步。激活就是让用户第一次体验到你的产品的价值,完成增长的关键转化点,然后才能留存下来。要获得最大的用户生命价值,还要促使他们长期持续重复使用。因为它传统上位于产品和市场这两个功能的夹缝之间,没有得到那么多的关注,但是在流量存量时代下显得很重要,而且很容易出看得见的成果。因此,可通过以下步骤尽快找到突破口:①找到 Aha 时刻,这是新用户第一次认识到产品价值的时刻;②构建激活漏斗;③应用四大原则,确立增强目标,找出关键行为,数据说话,闭环运营。后面将进一步展开说明。

(二)增长策略的方法

从资源使用角度来说,增长策略方法一般地分为用户自发自然增长、投入资源促使用户自然增长、暴力推广带来直接增长。

1.用户自发自然增长

这是指没有投入任何资源的情况下,依靠用户自发传播产生的有机增长。

2.投入资源促使用户自然增长

这是指投入少量资源,这些资源并不用于直接带动用户增长,而是投入资源接触到用户,对用户展示产品来引起用户兴趣,用户自发进入使用环节。

3.暴力推广带来直接增长

直接给用户真实利益,条件是要下载/关注产品,不关心用户是否会在很短时间内离开产品。

将前两类统一归为自然增长。在不同情境下,增长类型和方向各有侧重。增长团队必须有一套成体系发现、验证、推广的新方法,并不断尝试,不断摸索,反复修正,分析预计其结果。

(三)增长策略的实施团队

增长团队是由跨功能的团队来实现的。增长团队对于用户增长的作用,正如精益创业之于产品,敏捷开发之于生产——通过快节奏测试和迭代,低成本获取并留存用户,实现互联网企业的爆发式增长。增长团队善于在数据分析的基础上,利用产品或技术手段来获取自发增长的运营手段。如在领英的双重病毒营销方案中,老用户可以给新用户发邀请邮件,起到拉新的作用;新用户加入会给老用户发一份提醒邮件,可以起到促活的效果。这样的双重循环增长引擎,领英早期的增长团队花了一年半的时间进行打造、细化、优化,甚至为此主动延期其他功能的上线。

谷歌将广告点击区域限制在标题和链接区域的广告改版为什么会取得最后的胜利?

三、增长策略要素

增长涵盖的范围是相当宽泛的,可以尝试的方向和方法也貌似很多,要努力避免落入"扔飞镖"的误区——希望有几个飞镖能够钉在靶子上。因此做增长策略时,要找到影响增长率的最关键的两个方面。一是定量考察,包含 3 个环节,即增长北极星指标、增长模型、数据监控。其中北极星指标确立增长策略的方向标,增长模型绘制出增长路线图,仪表盘提高数据监控效率和执行质量。二是定性考察,依据用户心理决策地图帮助梳理和提升定量策略。具体详见第四章"用户运营"。

(一)增长北极星指标

北极星指标(North star metric),又叫作唯一重要的指标(one metric that matters, OMTM)。之所以叫北极星指标,是因为这个指标像北极星一样,指引着全公司所有人员向着同一个方向迈进。该指标对应公司产品给用户传送的核心价值。如亚马逊的核心指标为"商品销售量"。

设定核心指标时,必须避免"虚荣指标"(vanity metric),也就是让团队误以为好像在进步,但实际上却没有取得什么进展的浮夸指标。如在《精益数据分析》一书中罗列出的 8 个需要提防的虚荣指标:点击量、页面浏览量、访问量、独立访客数、粉丝/好友/赞的数量、网站停留时间/浏览页数、收集到的用户邮件地址数量、下载量。

那么,如何找到一个合适的北极星指标呢? 这个过程不是一蹴而就的,需要多次尝试与研究。从作用对象和指标特性两个维度共同组成一个矩阵来评价指标是否合适,如表 9-1 所示。

表 9-1 北极星指标作用对象—特性矩阵

特性	对象			
	公司	团队	产品	用户
先导性				
操作性				

1.表征产品核心价值

所谓核心价值就是产品为用户解决的痛点,满足用户的深层需求。因而北极星指标是用户体验到产品核心价值的指示器。如 Medium 是一家作者与读者交换故事想法的在线创作社区,那么它的核心指标应该与用户阅读行为有关,如"总阅读时长"。Uber 作为一家双边市场服务商,提供给司机和乘客随时匹配的便利,其核心指标并非"有多少辆车成功搭载乘客",而是"乘客从叫车到上车之间的平均候车时长",更能体现某地区驾乘双方的用户密度、匹配算法的智能性。

2.反映用户活跃程度

定义"活跃"时要考虑应用场景,不仅看用户是否持续登录,也要看用户是否完成了使用产品核心价值的"关键行为"。从日活跃用户数到累积的周活跃用户数和月活跃用户数,可能比单纯的"总注册用户数"更为恰当。

3.方便团队协作交流

北极星指标的定义不能太复杂,一般来说,应选择一个绝对数而不是比例或百分比。例如某订房网若把增长目标定为"将新用户订房成功率提高 20%",这个目标受到分子"新用户订房成功数"和分母"新用户数"两部分影响。增长团队有意识地控制新用户数量,且只允许那些高质量用户进行注册,很容易就达到了这个目标。所以选择一个绝对值"新增订房数"

作为目标,既好理解和沟通,也符合公司的利益关切点。

4.体现公司向好趋势

北极星指标应该可以从宏观上体现公司的经营状况,看出公司的发展趋势。比如外卖平台,不能只看签约注册的供应商数量,忽略消费者,以供需平衡的"总外卖单数"是更为合适的一个指标。

5.指标特性判断

一是要检查这个指标属于先导指标,还是滞后指标。先导指标的好处是能够提前看到事实,发现问题后能够尽早行动。比如月活跃用户数是一个较好的先导指标。二是指标要具有可操作性。在矩阵中应该逐项检查4个作用对象,以进一步提高北极星指标的有效性。

从上述指标的确立中可以看出,找到北极星指标有着重要作用。一是指引公司发展方向。一个明确的指标、统一的数据指标能够统领公司的力量。二是明确任务的优先级。增长涉及公司方方面面,应明确任务,抓住重点,有序推进。三是提高执行力。围绕目标,找出差距,明确进度,持续改善。总之,北极星指标有助于集中资源重点突破,尤其当公司发展到一定规模时,需要由分散型沟通转变为集中性指导,有助于大幅度提高团队行动能力和绩效。

(二)增长策略逻辑和模型

在具体展开增长的逻辑时,有必要先思考以下增长策略常见的运营问题:为什么公司产品很难取得爆发性的增长?如何设置增长的指标,并驱动团队拼命冲刺?为什么别人只花费很少的代价却能高效冷启动?有没有一种低成本试错并海量获取用户的手段?怎样激活用户是既合法合理又能让用户感到愉悦的?有哪些值得一试的免费工具资源?

1.增长的底层逻辑

对于传统企业或成熟性企业来讲,增长的核心公式为

$$盈利＝(收入－成本)\times 销量$$

这里的收入和成本指的是商品的收入和成本,在供给侧就是利用新技术和新工具降低每个单品的生产成本。供应链改革就是缩短不必要的中间环节或建立新的供应链,如小米手机价格便宜除了降低企业利润以获得更大的市场外,在供应链方面,小米砍掉了很多不必要的中间供应商,做到渠道成本最低,降低了价格。供应链和供给侧是相辅相成的,当供应链成本降低,企业获得原材料的成本就低,生产出产品的成本就低,利润就会增长;价格降低又能保证利润水平,再通过提升销量来完成盈利。

对于互联网企业或成长型企业来讲,增长的核心公式为

$$盈利能力＝(LTV－CAC)\times 市场规模\times 市场占有率$$

其中,LTV(life time value)指用户生命周期价值,是用户在这个平台的生命周期内所付出的所有成本——金钱或时间。计算LTV最基本的思路是了解用户会使用产品多少个月,平均每个月能从用户获得多少收益。比如,对于采取订阅模式月付费的产品,就是弄清楚平均每个用户订阅多久,再乘以每个月的平均费用。一个电商用户的LTV可以用平均订单价值×每年订购次数×平均生存年数来预估。而对于游戏而言,存在较多盈利模式,包括付费下载、广告、产品内购买、交叉推广等,因此在计算LTV时候,将不同渠道来源用户的数量乘以平均每个月用户的盈利,按照不同渠道的月留存曲线,按照一定的折现率,加总未来5年的

收入而预估出来。

CAC(customer acquisition cost)指用户获取成本,是为获得这个用户所花费的成本。即

$$CAC=(营销总费用＋销售总费用)/同时期新增用户数$$

总费用会根据产品属性而变化,比如对于 2C 产品而言,一般按照当月市场渠道花费除以当月新增用户数来计算 CAC。还有混合 CAC、付费 CAC、满载 CAC 等区别。

在运营前期 LTV 小于 CAC,后期会远大于 CAC。很多互联网企业和起步期的企业是没有盈利的,可是尽管一直处于亏损状态,公司的估值却是节节攀升,这是因为资本市场认为这类企业在未来一定有扭亏为盈的机会和能力,那么其盈利能力到底有多大?

(LTV−CAC)指的是用户所贡献的净价值,而(收入−成本)指的是商品的利润,二者所指完全不一样。对于互联网企业来讲,一个用户从注册到流失期间在平台所付出的成本就是企业在这个用户身上所得到的价值。按照上述盈利能力公式,(LTV−CAC)再乘以这个市场规模及公司的市场占有率就是这个企业的盈利能力。市场的大小完全决定盈利能力的上限,通过不断提高市场占有率和(LTV−CAC)净价值,来达到最大的盈利能力。

在(LTV−CAC)>0 时,LTV/CAC 的比值也体现商业模式的盈利能力。比值越大,盈利能力越强。很多风险投资公司希望创业公司尤其是 SaaS 公司的 LTV/CAC 大于 3,它说明了公司实现可盈利时所拥有主导市场份额的概率较高。

2.基本增长策略

从增长的动力来说,一般有两种基本的增长策略:一是顶层设计策略,通过巧妙地把产品本身改造为具有自增长基因的产品,实现了自增长。病毒式裂变增长属于前置式增长策略。二是发挥增长黑客能力,挖掘出增长潜力或激活增长速度,助推增长发生,这属于后置式增长策略,通常有流量漏斗变现策略和因果分解策略。现实中要抓住增长背后的本质,可混合使用两种策略,在实际增长效果中实现自增长和推广的叠加效应。当增长完成闭环时,便进入了自增长状态。

(1)前置式自增长策略

比如,一个产品还没有上线,其网站排名便飞速上升,以"自我实现的预言"设计方式,访问量暴涨。它完全颠覆了传统模式。传统模式是先推出产品,再集聚用户,用户是消费者,是受众。这里采用了自增长方式,先聚集用户,然后携用户落地业务,用户成为网络建设的主动参与者和受益方。

①自传播机制

自增长网络的本质是自传播机制。自传播是指基于事件、产品、营销活动本身的吸引力激发人们自发传播,而非仅仅靠铺天盖地的广告、反复宣传等方式来引起人们的注意。自增长网络形成至少要具备 3 个特性。特性 1:自增长前提。它具备内生的价值单位。特性 2:自增长途径。内生价值单位产生主要用于激励网络建立(用户数)。特性 3:自增长策略。强化价值单位的稀缺性,并采取增值性设计,使得价值单位的价格随着网络的建立有增值空间,也就是要具有时间价值。

比如,比特币(Bitcoin)是其系统产生的价值单位(特性 1),矿工获得的奖励有两种,第一种是验证交易的费用,第二种是成功将新区块添加到公共账本的奖励。因为这种奖励而形成去中心化支付网络(核心用途,特性 2),总量固定和减半等设计,促进了比特币在网络构建

中产生增值的预期(特性3)。这种增值的预期又进一步加强了对网络扩散的参与者的激励。

②自传播效果指标

为了量化自传播效果,常采用两个核心指标:K 因子(K factor)和病毒循环周期(airial cycle time)。

K 值最早来源于传染病学,它的值取决于两个相乘的系数——携带病毒的受感染者数量和最终致病数。对应运营工作来说,"携带病毒的受感染者"也就是每传播一条信息覆盖的用户数,以此衍生出信息的覆盖系数。比如 100 个用户传播同一条信息可以覆盖到 500 个新用户,则覆盖系数为 500/100＝5;"最终致病人数"对应到信息的转化人数,从而衍生出转化率。如 500 个新用户中成功转化 300 个,转化率为 300/500＝60％。由上述两个系数可得出 K 值为 5×60％即 3。可见,K 因子越高,产品自我获取新用户的能力越强。当 K＞1 时,用户体量就会出现爆发式增长;当 K＜1 时,用户群到某个规模时就会停止通过自传播增长。因此,在策划用户增长活动时,需要同时考虑到覆盖用户数及转化人数。

病毒循环周期是指从用户发出病毒邀请,到新用户完成转化所花费的时间。为了缩短病毒循环周期,首先应当尽可能减少用户的操作成本,如醒目的行动号召、方便的一键分享按钮、傻瓜式的下载安装注册流程、二维码直接跳转功能。其次,可以设法增加用户的"紧迫感",如 2 小时就会失效的红包优惠券、注册后能立即收到 10 元返利的承诺等。

一些传统互联网里面也一直存在此类设计,比如参与感、邀请返佣、积分奖励等,但是这些机制更多的是零散地作为产品的附属品,大多缺少一套闭环机制的自增长网络设计。比如自增长体系和传统积分奖励的区别。多数积分奖励针对分散的行为激励,对核心业务网络缺少明确的定义,所以极容易出现积分滥发,使得积分的价值感也越来越弱,激励作用也逐渐减少。新的模式要求对系统激励单位本身要有明确的定位和品牌包装,且对奖励的稀缺性和增值性要有必要的设计,增值可以是自身价格的增值,也可以是对应权益的增值。又比如,自增长体系和传统拉人返佣的区别在于:传统拉人返佣的方式邀请一次即获得一次奖励,忽略了网络的建立和持续性,所以拉人之后,还是业务方统一面向所有个人的运营。但是每次拉人其实都是一种关系网的确认,对于一些业务,比如电商,关系网之间更具主动性和制约性,合理的激励设计让关系网之间主动互动和持续发展,是新模式的重要用途。

可见,在自增长策略中,产品和网络的界限其实变得更加模糊了,变成了产品即网络,网络即产品。为了提高传播可能性,应积极寻找自传播素材,植入自传播基因。具体方法如下。

第一,寻找自传播素材。围绕产品,找到自传播素材,这些原始素材为后续的转化提供了基础。从产品层次来看,自传播素材由核心到外延,依次可以分为挖特性(即产品的高效、便捷、低价、正派、超预期服务特性)、挖数据(可以量化的)、挖内容(产品中的帖子、留言等实际生成的内容)、挖故事等。

第二,植入自传播因素。一是贴主线,让核心功能和流程具备自传播能力。在设计产品的核心功能的时候,引人参与,激发用户分享的意愿,同时做到容易分享。二是重文案,加强自传播的可能性。字斟句酌,沟通情感,考虑传播效果。三是超体验,做到极致。让用户大开眼界,做到情感深度关联,提升用户的参与感。四是个性化,有条件的产品,可实现私人定制。

第三,提高传播概率。一是深刻理解人性,通过创意来满足人们的好奇心理。比如通过猎奇方式,让用户被新奇、未知的事物吸引;懒人方式,即产品设计越简单、越省事人们越愿意传播。二是关联社会热点。穿越阶层,触达更多的人,引发群体和社会的关注和共鸣。

应用自增
长思维建设
在线课堂

比如,某网站将自己定位于未来的全球化支付网络,旨在创建一种新的支付系统,使用其自己的货币 W。该网站未来因为 W 的使用人群足够大,所以全球商户都会接入,为了达到这个目标,需要先邀请足够多的用户加入这个网络,系统会奖励参与邀请的早期用户一定的奖励币 W。那么 W 的价值是多少呢?越多的人使用,W 的价值就越大,在未来甚至会达到 1W=1 美元,所以加入越早,未来获得的美元就越多。后来,公司刻意提升了门槛,如限制 14 天只能邀请 5 个人,不及时完成会失效,被邀请人需要邀请人确认,表面上降低了效率。

实际上,邀请人的确认特权实质上是种督促,减少了被邀请人注册页面的流失。进一步增强了 W 的稀缺感和价值感。这样,在短短时间里,公司在既没有产品也没有大肆推广的情况下,就积攒起了大量用户。

(2)后置式增长策略

①流量漏斗变现策略

用户从进入网站到用户完成消费行为,到再次购买的整个过程,每个阶段用户数量逐渐减少呈现出漏斗形状,被称为流量漏斗变现策略,其公式为

$$目标指标=A_1 \times A_2 \times A_3 \times A_4 \times \cdots \times A_n$$

AARRR 流量漏斗模型广受欢迎有以下原因。移动 APP 用户采购漏斗相关指标,一方面是它简单,突出了增长的所有重要因素。流量漏斗变现逻辑指的是流量会在每个环节层层衰减,每个环节都会有一部分用户流失,而剩下的用户则流入下一个环节。同时,访问用户也经过层层筛选最终成为产品的忠实客户,最后真正实现变现的只能是部分的用户,表现出来的是各个阶段的结果变量所协同的效果。另一方面,流量漏斗变现策略围绕着每个营销人员最喜欢的增长部分而构建,因此较受欢迎。如表 9-2 所示。

表 9-2　移动 APP 用户采购漏斗

环节	增长驱动	指标
获取	APP 商场优化、等级评价、付费广告、营销	下载量、安装数、产品页面访问数、网站访问者、第一提及知名度
激活	用户启动、一步注册法	注册数、会话时长、每次会话浏览页数、一天留存数
留存	主动沟通、忠诚度活动、推送通知、再互动广告	N 天留存、月活用户数、会话频次
自传播	评级提示、一键分享、社交列表整合、激励分享	APP 商场排名和点评、转载数、网络口碑
收入	销售和促销、下载内容、个性化、更新频次	每用户平均收入、顾客终身价值、广告收益、应用内置付费、应用程序购买

②因果分解优化策略

第二个基本策略为因果分解优化策略,这是指对选定的问题进行分解,找出影响的因素,制定对应性的策略的方式。比如它可以对上述策略中的每个阶段进行分析,找出影响各

个阶段有效转化的影响因素,即通过改进各个影响因素来提高各个阶段的流量变现功能。其公式为

$$A_1 = F(X_1, X_2)$$

比如 AARRR 转化漏斗中,因果分解优化策略通过打开影响各个阶段影响结果的"黑箱",找出主要的影响因素,并改善影响因素,提高通过比率。它与漏斗变现策略相结合,可以产生叠加优化效果,实现扩大该阶段漏洞的"流量口径",使更多的用户进入下一个功能区,如图 9-2 所示。分析留存比率的影响因素,提高留存比率,可以使更多的流量进入收入环节。

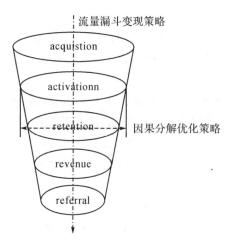

图 9-2　两种后置式增长策略

3. 增长模型

商业模型能够向投资人描述赚钱机会,增长模型重点在于增长——用户增长和利润增长,它成为团队在制定和实施增长策略时的重要依据。

从内容上讲,增长方案应能汇集于一套增长模型之中,作用于提升各关键指标,而不是零敲碎打。"增长模型是描述商业增长的唯一等式",它解释了影响产品发展的各个变量最终是如何相互作用,从而协同对增长产生影响的。

从形式上说,增长模型做到覆盖全面,逻辑精简,能以简单清晰的方式向他人阐述增长模型,拼凑成协同效果的更大图景。构建一个增长模型需要 3 个要素:输出变量、输入变量和方程式。输出变量一般来说是北极星指标,输入变量是影响到北极星指标的主要影响变量,方程式用来描述这些变量之间的关系。

从构建上说,一个增长模型,可以从理论架构出发去构建,也可以从实践场景出发去搭建。后者方法包含 3 个步骤:一是定义北极星指标,二是绘制用户旅程(记录一个用户从对产品一无所知到体验产品核心功能期间所要经历的步骤),三是组建增长模型。

从实施上说,增长模型是团队内部全体角色的行动纲领,一切方案设计、数据追踪乃至架构调整,都应当围绕增长模型展开。

时间序列模型和因果关系模型是两种主要的定量预测方法。时间序列模型以时间为独立变量,利用过去因变量随时间变化的关系来估计未来的需求。时间序列模型又分为时间序列平滑模型和时间序列分解模型。因果模型利用变量(可以包括时间)之间的相关关系,

通过一种变量的变化来预测另一种变量的未来变化。

时间序列是按照一定的时间间隔,把某种变量的数值依发生的先后顺序排列起来的序列,这些数值可能是销售量、收入、利润、产量等。通常一个时间序列可以分解成趋势、季节、周期和随机等4种成分。当随机成分的影响导致偏离平均水平时,应用时间序列平滑模型,如简单移动平均、加权移动平均、指数平滑等。实际中数值是多种成分共同作用的结果,时间序列分解模型的假设是各种成分单独作用,而且过去和现在起作用的机制仍能持续到未来。时间序列分解模型有两种:加法模型和乘法模型。乘法模型比较通用,它是用各种成分(以比例的形式)相乘的方法来估计的。

(1)加法模型

以总活跃用户为北极星指标,介绍一个用户生命周期为主要脉络的增长模型。在这个模型中,活跃用户的增长有两个来源:新增加的活跃用户、保持活跃的老用户,两者构成了总活跃用户。总活跃用户的加法模型如下

$$总活跃用户 = 新活跃用户 + 已有活跃用户$$

对于一个听歌应用来说,如果其北极星指标是"总听歌时间",那么一个访客需要经过以下步骤,才能经历到"总听歌时间"的理想状态:下载应用—注册账号—浏览页面—首次听歌—持续登录—持续听歌。然后给用户旅程的每一步找到一个相应的指标,比如每月应用下载量是多少、注册率是多大、首次听歌率有多少等。如果目前还没有用于衡量该步骤的数据,可先大概估算,同时开始设置追踪来弥补这个缺项。这些指标就是增长模型的输入变量。接下来组装成增长模型,要注意的是,每个变量尽可能分解到不能分解为止,目的是揭示出所有影响增长的单个输入变量,具体如下

总活跃用户＝新活跃用户　　　　　　＋　　　　已有活跃用户

访客流量×新用户激活率　　已有用户数×老用户留存比率

下载量×注册率×首次浏览比例×首次听歌比例 已有用户数×持续登录比例×持续听歌比例

即

总活跃用户＝新活跃用户＋已有活跃用户
　　　　＝下载量×注册率×首次浏览比例×首次听歌比例＋已有用户数×持续登录比例×持续听歌比例

(2)乘法模型

按照流量漏斗变现策略,增长模型公式如下

$$增长目标 = 影响变量1 \times 影响变量2 \times 影响变量3 \times \cdots 影响变量\,n$$

谷歌广告平台的营收来自广告主投放的广告,因而根据前面提出的流量漏斗变现策略,可以得到以下增长模型

$$广告平台营收 = 印象数 \times 点击转化率 \times 单次点击费用$$

根据因果分解优化逻辑,印象数的影响因素有广告主的数量、每个广告主发布的广告单元数量等,即

$$印象数 = f(广告主的数量,广告单元数量)$$

为了提升广告印象数,谷歌赠送价值 200 美元的广告投放体验金来吸引更多广告主试用这一产品,经过评估后有一部分对效果满意的广告主会自然转换成付费用户,从而产生更多广告投放和印象数(见图 9-3)。

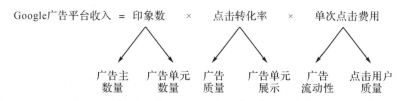

图 9-3　谷歌广告平台营收的增长模型

4. 最大化增长模型的价值

增长模型的精髓是将运营提炼和总结成一个数学公式,从而以全面、结构化、简单的方式帮助企业去思考增长。

(1)解释影响增长的所有输入变量,以量化指标指导实验。增长模型可以把抽象的增长概念,分解为一个个具体的影响增长的输入变量。列出所有的输入变量后,进一步发现增长的驱动力可以来自用户生命周期的各个阶段,成为一种持续获得增长创意和试验灵感的有效途径。

(2)帮助判断优先级,专注最具影响力的部分。通过增长模型可以清晰地看出当前的聚焦点,从而有效地排序优先级,实现结果最大化。如通过定量增长模型,进行假设分析(what-if analysis),量化不同增长项目的长期影响。具体可以见相关 Excel 应用功能。

(3)帮助分解影响大的增长指标,定量地预测增长趋势,提高预测的准确性,目标的制定变得更加有据可依。

(4)增长模型是有效的管理决策和沟通工具,直观地显示增长策略,避免不必要的意见争辩。统一团队的行动方向,也协助了思维方式和决策体系的统一,指导科学有效地设计一场试验。

(5)增长模型的量化本质可以帮助团队保持对结果的专注,它将每一次试验结论统一到一套体系中,作为判断试验结果成功与否的评价标准,便于团队成员分享经验。

(三)监控数据

数据运用是实现增长的坚实基础,但是许多初创公司往往忽视了数据的重要性,认为等做完事情后,再回头来考虑数据的事情。试想一下,汽车公司设计一款新能源汽车,没有仪表盘,不能看出当前的速度,也不知道当前电池运行状况,那么如何敢实地上路试车,去评价这辆汽车的性能呢?因此,即使比较麻烦,也需要做好数据的追踪、分析和监测等工作。

1. 关键行为漏斗

互联网公司的数据主要有用户行为数据、渠道数据、盈利数据等。用户行为数据的可操作性强,是增长团队选择的增长切入口,尤其在初创公司里,可制订用户行为事件追踪计划。

一般会采取分级分步的思路,跟踪用户行为。先定义出需要追踪的最为重要的少数几件事,然后再跟进次重要的事件。这样循序渐进的好处是,不仅能够很快获得最重要的数据,而且能够为后续工作的推进奠定扎实的基础。比如,对于一个电商网站来说,用户在网站上最重要的3个行为是:产品页面浏览—将产品加入购物车—成功购买产品。之后,可以对少数关键的漏斗,逐渐加入以下更多的步骤:产品页面浏览—产品缩略图小图点击—用户注册—产品加入购物车—用户点击购买、用户购买成功。对定义基本的事件,最好的检验方法就是能不能搭建一个基本的用户行为漏斗。通过漏洞,直观看到用户在漏洞的每一步中流失的状况。

2.增长仪表盘

构建一个关键行为漏斗可以迅速了解用户旅程中各个关键步骤的转化率。当了解这些关键步骤之后,增长团队逐渐监控更多的数据指标。如同驾驶员需要一个仪表盘一样,增长团队也应该开发一个增长仪表盘,用于显示以下指标的实际运用情况。

(1)北极星指标。观察数值及运动趋势。

(2)增长模型关键指标。指新用户激活率、头部访客量、老用户留存率、盈利情况等。

(3)关键细分指标。指与关键行为相关的指标,一些重要流程的漏斗分解等。

(4)重要用户分组。主要按渠道、用户属性、产品分类。

仪表盘监控每日数据,联动市场/产品/运营团队的各项数据,高频率地监控某些重要指标,分析特定的波动,或者预测某个业务对未来数据的影响等,并进行输出和汇报。

目前用很多方式来绘制仪表盘,如Python、Excel及各类专用软件。其中Tableau是一款较为方便的应用软件,它致力于帮助人们查看并理解数据。Tableau软件的设计理念是界面上的数据越容易操控,公司对自己在所在业务领域里的情况就能了解得越透彻。它将数据运算与美观的图表完美地嫁接在一起,只要把大量数据拖放到数字"画布"上,转眼间就能创建好各种图表。

比如,活跃用户数和新增用户数,对绝大多数产品来说都是衡量运营现状的重要指标,如果想从地理上更加直观地观测用户分布,可以用Tableau中的地图功能。对于新增和注册用户来说,由于注册属于新增的子集,可以用嵌套的柱状图来呈现,配上注册率曲线,能观测一段时期的趋势是否异常。漏斗分析是用户增长工作常用的方法,以直观对比不同地域的情况,可以用"新增—注册—充值漏斗"来进行追踪。一般来说,商用的第三方追踪平台在留存图表上都会做得比较完善,包括同期群分析、分阶段对比、用户分群对比等。但对产品本身来说,它自身的留存曲线才能比较整体地反映产品的状况,包括高流失到平缓的转折点、长期留存的留存率等。同时,如果对不同地域分层染色的话,就能非常直观地对比每个地域的情况。

四、增长策略流程

一个完整的增长策略流程就是打造一台增长引擎并维持其高速运转的过程,主要由以下7个环节组成,其中团队绩效衡量参见"增长策略团队"一节。如图9-4所示。有了清晰的增长目标和聚焦领域后,在接下来的60~90天内,增长团队就进入具体的执行阶段,也就是"增长冲刺"(growth sprint)阶段。增长冲刺是指增长团队针对某一个聚焦领域,以提高某个指标为目的,一般以一周或双周为单位,制订详尽的计划,开展快速迭代实验的过程。

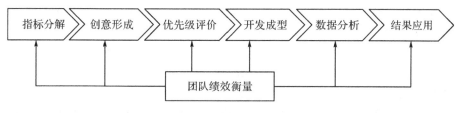

图 9-4　增长协作流程

(一)指标分解

增长策略的第一步需要找到正确增长指标,已经讨论过的北极星指标就是公司的核心增长指标。有了正确的增长指标后,还要设定明晰的目标。指标分解是发现增长切入点的不二法门。增长团队要找到对增长潜在影响最大的领域,然后集中资源和精力在那个领域开展实验,即所谓的寻找增长杠杆。

1. 增长指标

指标分解方法可以参阅前面的增长逻辑和增长模型。在加法模型的案例中,分为两个步骤。

(1)横向分解

按照用户的群组(新用户和已有用户),把大的增长指标拆分为小的指标。比如某订房网,2021 年订房数的指标分解如下

总活跃用户(2000 万)＝新活跃用户(500 万)＋已有活跃用户(1500 万)

访客流量×新用户激活率　　已有用户数×老用户留存比率

很多情况下,这种拆分和公司的增长团队的设置保持一致性,为提升管理水平,可以引入一个匹配矩阵,如表 9-3 所示。

表 9-3　增长指标与增长团队匹配矩阵

增长团队	增长指标		
	新增月活跃用户数	留存活跃用户数	流失召回活跃用户数
新用户团队			
用户留存团队			
流失用户召唤团队			

(2)纵向分解

按照用户的生命旅程,通过乘法/因果的方法将子目标进一步拆解为更细的漏斗步骤。比如对于上述案例中新用户首次订房数进行拆解,具体如下

新用户首次订房数＝新增用户数×新用户首次订房成功率×人均订房数

实现新用户首次订房数 500 万间的目标,增长团队可以考虑的方向有:一是从各个渠道获取新用户数量,二是提高新用户首次订房成功的比例,三是提高人均订房数。

2. 找到聚焦领域

考虑到资源的有限性,增长团队需要综合分析,选择聚焦领域。比如上述案例中的 3 个

方向。很显然,订房数具有很大的不确定性,根据用户实际情况,一般比较难以改变。对于拉新存在一些可操作空间和思路,比如某订房网的拉新比例是否低于行业参考值? 是否能够开辟更多的获客渠道?潜在影响最大的还是新用户首次订房的成功率,提高新用户激活率是一个半衰期更长的指标,可以提升所有新用户从获取渠道成功转化的概率,同时还能改善用户的留存曲线,尤其对长期增长影响更大。

经过上述分析,某订房网的新用户增长团队选择把"提高新用户首次订房的成功率"作为聚焦领域,而其他两个方向作为备选方向。

(二)创意形成

针对聚焦领域,制定出若干重要的探索方向,产生出一系列的备选实验想法。

某订房网的聚焦领域为"提高新用户首次订房的成功率",增长团队经过数据分析发现,很多新用户填写了订房信息,但在确认之前就流失了。经过社交媒体评价、问卷调查、用户访谈和内部讨论,形成了以下3个假设。

假设1:有些新用户在进入确认页时,看到需要先注册账号,觉得很麻烦就离开了。

假设2:一些新用户选择的房源比较多,选好了又去看其他的房源,就搁置下了。

假设3:一些新用户认为价格还会下降,过几天再做决定。

针对每个假设,团队又生成了若干个实验想法。比如针对假设3中用户的价格下调预期,提出以下实验想法。

想法1:写上"全网最低价"的醒目信息。

想法2:写上"如发现其他低价,加倍补偿差价"。

想法3:写上"最后1间",给用户一点紧迫感。

(三)优先级评价

进行优先级评价首先要考虑:值不值得优先做? 要投入多少精力? 第一个问题实质上在评价预期产出的绩效及这种绩效表现状态的维系时间,第二个问题是分析所需投入的资源。根据"高回报、高成功率、低成本"等原则,对事项做优先级的划分,可从3个维度综合评估:投入的消耗量、优先级的收益值和半衰期。

(1)消耗量:即花费的资源种类和数量,包括资金、时间、人力、精力等。

(2)收益值:即能给增长带来的贡献。

(3)半衰期:即实验创意的效果减少到一半时所需要的时间。半衰期越长,带来的影响越巨大。

3个维度的组合,形成8种增长策略。从权重来说,收益值是应首先考虑的,其次是持续时间,最后去评价为了达成收益所投入的消耗量。最理想的组合是收益值大,持续时间长,消耗量小。现实中每一种方案会有它特定的应用场景,需要认真加以甄别和考察,如表9-4所示。

表 9-4　优先组合策略

序号	收益值	半衰期	消耗量	示例
1	高	长	低	签名档病毒推广、邀请好友送空间/奖励金
2	高	长	高	Facebook 每天同时进行的数百项 A/B 测试
3	高	短	低	Airbnb 借 Craiglist 邮件系统群发广告
4	高	短	高	做出一款红极一时的爆款产品的推广方案
5	低	长	低	发布软文,使用有趣的产品方案
6	低	长	高	彻底重构产品,优化整体框架
7	低	短	低	发布一条微博信息
8	低	短	高	逐个手动推送广告信息

　　回到某订房网的例子,想法 1 写上"全网最低价"和想法 2 写上"如发现其他低价,加倍补偿差价"的预期效果较好,时效长,而且开发成本极低,应该属于优先测试的方案。

　　通过改变位于高流量页面的某个元素或改变用户流程中的某个环节,可以帮助判断哪些信息预期效果较好。有数据支持的、经过实践证明的、能增加用户动力的创意或想法都会增加成功的概率。这些都需要在实践中不断打磨形成一套属于公司独特的实验创意知识库。

(四)开发成型

　　上线 A/B 测试之前,需要撰写一份增长实验报告。其中实验假设、实验设计、实验指标、实验评级等 4 个部分是在实验开发前要完成的设计文档。实验结果、实验总结和后续计划这 3 个部分则在实验结束后再填写。以某订房网为例,如表 9-5 所示。

表 9-5　增长实验报告示例

<table>
<tr><td colspan="3" align="center">某订房网新用户酒店预订页测试
(新用户增长小组)
××××年××月××日</td></tr>
<tr><td colspan="3" align="right">编号:××××</td></tr>
<tr><td colspan="3" align="center">一、实验假设</td></tr>
<tr><td colspan="3">现况分析:新用户首次使用某订房网时,认为房源多,存在着降价的预期,因此推延购买决策。
实验假设:在订房确认页加入"全网最低价"或"如发现其他低价,加倍补偿差价"的文本,可以消除新用户的迟疑。这些政策本来已经有写明,但没有出现在预订确认页上。
预期目标:预测实验可以使新用户订房成功比例提高 15%。</td></tr>
<tr><td colspan="3" align="center">二、实验设计</td></tr>
<tr><td colspan="3">1. 在用户酒店预订确认页上加入文本:
(1)对照组:不改动文本
(2)实验组 1:在明显处写上"全网最低价"保证
(3)实验组 2:在明显处写上"如发现其他低价,加倍补偿差价"
2.通过 A/B 测试,将用户随机分成 3 组,比较结果</td></tr>
</table>

续　表

三、实验指标

每组新用户订房成功百分比

四、实验评级

消耗量	收益值	半衰期	综合评级
低	高	长	高

五、实验结果

测试组别	访客数	订房数	首次订房成功率	提升绩效	统计显著性
对照组	990	93	9.39%		
实验组 1	910	122	13.40%	42.71%	非常显著
实验组 2	850	175	20.59%	119.28%	非常显著

六、实验总结

1."如发现其他低价,加倍补偿差价""全网最低价"都显著提高了新用户订房成功率,说明是否为最低价是用户消费决策时的重要影响因素
2."如发现其他低价,加倍补偿差价"比"全网最低价"效果好,推测前者更能保障用户的真实权益

七、后续计划

1.将实验组 2 的成果应用到酒店预订页上
2.继续测试其他能够让用户放心确认的文案

资料来源:改编自曲卉.硅谷增长黑客实战笔记[M].北京:机械工业出版社,2018.

增长策略通过小范围测试,验证假设,并不断迭代成功结果。在小范围测试有所成效的前提下,可以将创意开发成实际功能,实现从小范围拓展到全局。仔细打磨某个细节,一般会遵循以下两个原则。

一是拿来主义。在如今 SaaS 工具非常丰富情况下,初创公司可以将注意力放在开发过程的科学性、结果的准确性上。但凡市场上有现成的工具,应尽量化为自用,不要重复发明轮子。

二是自动执行。增长团队应当追求一种简洁主义,尽可能将一切烦琐的机械操作,封装成系统化的运转流程,交给机器自动执行。如将手动发送邮件变成自动回复,让人工处理数据变为脚本抓取等。

(五)数据分析

实验上线后,增长团队需要监测运营数据。实验结束后,及时分析实验数据,A/B 测试具体要求可参考第五章"数据运营"的相关内容。

在分析数据时,要把实验结果放入增长指标体系中,去观测实际的效果,更好地体现出实验的价值。比如表 9-5 某订房网的实验组 2 将新用户首次订房成功率提高到了 20.59%,那么按照之前的增长模型

新用户首次订房数＝新增用户数×新用户首次订房成功率×人均订房数

根据表 9-5 对照组数据(按人均订房数 2 间)可得

新用户首次订房数＝990×9.39％×2≈186

假设其他变量不改变,新用户首次订房成功率从 9.39％提高到 20.59％,那么可以推算出这个实验一年内新用户订房数增加了约 221.7 万间。

(六)结果应用

实验成功后将实验组成果发布到全网。如果初始实验效果良好,可以继续优化,从而最大化地提升效果。如果实验不理想,或者虽然有所改善,但是并没有显著性,那么需要总结经验,分析实验需要改进的地方:是实验本来假设有问题,还是实验设置存在不合理?

善于学习的团队能够从运营中总结出经验,提高下一次胜算,发掘出其中蕴含的更多宝藏,找到优化的改进点。

第二节　增长策略应用

以用户旅程为主线,详细探讨用户获取、用户激活和用户留存 3 个阶段的增长策略。这是增长策略的应用方式。

一、用户获取

选择合适的新用户获取渠道是增长策略的重要组成内容,了解产品特点和用户群体是选择合适的用户获取渠道的重要前提。用户获取渠道一方面可根据 CAC-LTV 匹配特点来选择最佳增长渠道,另一方面可采用发挥用户自身推荐功能的增长策略。

(一)用户获取增长渠道

1. 常见用户获取渠道

(1)初创企业获取用户渠道

增长专家 Weinberg 和 Mares(2015)在其出版的《牵引力——任何初创创业如何实现爆炸性客户增长》一书中,提出了初创企业实现爆炸性客户增长的启动渠道,如表 9-6 所示。主要分为付费渠道(通过付费广告获取用户的渠道)、有机渠道(不需要直接花费成本的获客渠道)和其他渠道 3 类。如今该书已经成为创办企业前的必读书目之一。

表 9-6　常见用户获取渠道

付费渠道	有机渠道	其他渠道
小众博客	搜索引擎优化	公关
社交	内容营销	非常规公关
显示广告	邮件营销	已有合作平台

续　表

付费渠道	有机渠道	其他渠道
程序化营销	病毒传播	演讲机会
线下广告	社区	商务拓展
搜索引擎营销		线下活动
联盟		销售
会展		

(2)大规模用户获取渠道

如果已经有较大的用户规模,可以选择付费增长、病毒传播、搜索引擎优化和销售等4类渠道来做大体量。付费增长主要通过在各大广告平台上购买在线广告的方式来获取用户。如果产品本身具有社交属性或是功能涉及多人合作或共享的,更适合用病毒传播方式。当产品能够创造出内容(如着陆页、文章、评论、留言、视频等),可以生成许多页面,考虑将搜索引擎优化作为获取流量的入口。销售是一个费时费力的渠道,从一开始逐个宣讲展示,到建立一个能重复的销售流程,需要经历一段较长的时期。

为什么这4类渠道可以做大呢?

第一,反馈闭环特性。通过这些渠道获取用户,从用户身上取得的收益可以继续投入这些渠道,获得更多用户,创造更大价值。

第二,渠道规模体量。这些渠道本身具有足够大的体量,比如各大社交网络的庞大用户基数,百度和谷歌搜索引擎都是人们日常搜寻的渠道。

2.筛选用户获取渠道

从上面分析可以获悉,用户渠道是非常多样的,那么,应该如何选择合适的渠道呢? 比如一个免费的应用产品,从这个产品本身获得盈利是不足以支撑长期采用付费、销售团队等增长方式的,这个时候,采用病毒传播和搜索引擎优化等免费渠道是理性的选择。同样,如果对于游戏产品或中小企业的 SaaS 软件来说,它们能够带来一定的 LTV,可以尝试使用付费增长的渠道。当然如果是企业级 SaaS 软件,用户的 LTV 较高,可以采用销售团队的模式来做增长。可以看出,用户获取渠道还是取决于 CAC 与 LTV 之间的相对关系,根据两者匹配选择合适的用户获取增长渠道,如表 9-7 所示。

表 9-7　CAC-LTV 匹配的增长渠道

CAC-LTV 匹配	低 CAC	高 CAC
低 LTV	病毒营销、搜索引擎优化、UGC 社交网络	付费增长 中小企业家 SaaS
高 LTV	付费增长 游戏	销售团队 企业级 SaaS、阿里云

在表 9-7 中可以找到以最低 CAC 实现高的 LTV 用户获取的渠道,即付费增长和游戏。

(二)用户推荐增长渠道

用户推荐是指鼓励已有用户向他人传播产品和服务的方式,包含的方式比较丰富多样,如产品内开发的"病毒功能",对应产品之外的用户的推荐计划。可以给用户付费补贴,也可以由用户自发推荐。

用户推荐这一渠道由于获客成本低、用户质量好、转化比例高等,受到很多企业重视。老用户带来新用户,新用户加入后又可以继续带来用户,因此每个用户的价值都被放大,形成了一个"增长闭环"。另外,用户推荐除了提升转化率,反过来也会提高推荐者本身使用产品的活跃度和留存率。因为人们潜意识里都会不断地维护自己的认知和决定,特别是在介绍给别人之后,自己也会对这个品牌更加忠诚。总之,用户推荐目前已经成为产品销量早期增长最为重要的渠道之一。

用户推荐、病毒传播和网络效应的区别

1. 用户推荐类型

(1)用户推荐的驱动力

用户推荐种类很多,要梳理出用户推荐类型,就要先明白用户推荐的驱动力是什么?

一是产品驱动。因为产品或服务本身非常优秀,深受用户喜欢,用户愿意将其分享给周边朋友。

二是利益驱动。产品本身设计了推荐机制,通过分享推荐好友,伴随这种分享还可以获得一定的利益,比如返现送券、组团折价优惠、送产品等直接利益;也包括一些虚拟产品优惠,如分享便可以解锁某功能、赠送虚拟币或虚拟道具等。

三是精神驱动。精神驱动不同于产品驱动的原因在于,用户并不是因本身实际需求被满足而分享,而是产品的价值内核引起了用户精神层面的共鸣。比如用户看了内容型的产品后,撰写心得分享到社交网络中,会引起更多人的共鸣和关注。

(2)推荐类型

归纳起来,大概有以下4种常用的用户推荐类型。

①口碑传播。口碑传播较为原始但也是一种有效的用户推荐方式。口口相传的重要前提是产品给用户带来真实有效的好体验,以至于让用户觉得有义务分享给别人。为便利用户的分享,产品最好要有一个能体现自身特点的简单明了的名称,如拼多多、美团。

②展示相传。展示相传是人们向他人展示产品吸引新用户的过程。关键是要营造一种新鲜感,引起他人的好奇心。如各种流行的图片修饰APP、超逼真的AI动态图等。

③补贴推荐。补贴推荐指的是鼓励人们有偿推荐产品,如各种返券、代金券、免费空间、某种特定功能等。还有双向补贴推荐,是指对推荐人和被推荐人都有奖励。

④产品内传播。产品内传播机制如应用得当,会具有很强的增长驱动能力。一般会考虑3个方向。首先是产品功能。如果产品功能中需要用户邀请其他用户的,那么公司应该认真去优化这个流程。比如网络视频会议,会向参会人员发出邀请链接的。当参会者点击会议邀请链接时,顺便就注册了账号。各种游戏产品中可以花钱购买虚拟装备,也可以邀请好友获得虚拟产品。其次是内容分享。适用于内容型产品,比如喜马拉雅FM、小红书、抖音等。当用户把产品里的内容分享到社交网络,其他新用户阅读时,便成为其用户。最后是欢乐时刻。找到用户在使用产品体验中最开心的那刻,动态地发送推荐请求,让邀请触发有

机地融入用户体验中,比如新用户刚完成注册,鼓励他邀请好友;用户刚完成一项任务,让用户分享给好友,此时用户的参与度会比较高。

2.用户推荐流程与衡量

用户推荐有不同种类,一个基于病毒系数 K 因子的通用公式,可以用来帮助分解用户推荐的步骤,量化每一步的指标,指导通过实验来优化整个用户推荐流程。

用户推荐设计推荐人和被推荐人,存在多个转化漏斗,用户推荐公式为

新用户人数＝潜在的推荐人总数×推荐人转化率×分支因子×被推荐人转化率

根据上述公式,可进一步细分为 6 个步骤,以下举例说明。

假设某公司有 30 万月活跃用户,利用上面的通用公式,初步估计用户推荐能够带来新用户数,如表 9-8 所示。增长团队可以清晰地看出整个流程存在的瓶颈和优化潜力。

表 9-8　用户推荐流程的分解指标体系

公式变量		分解指标	示例说明
推荐人	潜在的推荐人总数	总活跃用户基数	300000
		触达到邀请机会的比例	70%
	推荐人转化率	邀请机会页面的转化率	12%
	分支因子	人均发出邀请的数量	3
被推荐人	被推荐人转化率	被邀请人接受邀请的比例	15%
		接受邀请后完成注册的比例	45%
通过邀请加人的新用户人数			5103

资料来源:改编自曲卉.硅谷增长黑客实战笔记[M].北京:机械工业出版社,2018.

表 9-8 中的相关指标含义如下。

(1)总活跃用户基数:指可以邀请新用户的已有活跃用户数。

(2)触达邀请机会的比例:指在活跃用户里,有多少人能触达邀请别人的机会。这个机会可以是一个单独的邀请页面,也可以是某个事件的对话框,还可以是一个功能。

拼多多年活用户数逼近阿里巴巴,拼多多下一步该怎么走?

(3)邀请机会页面的转化率:指活跃用户看到邀请页面或对话框后,愿意向别人发出邀请的人数比例。这是公式中推荐人转化率,也涉及被推荐人转化率。

(4)人均发出邀请的数量:指每个已有用户能邀请到的新用户数。这个指标也被称为分支因子。分支越多,可能带来的新用户就越多。此时与邀请流程设计就相当有关系。

(5)被邀请人接受邀请的比例:指被推荐人收到邀请后,点击邀请的人数。

(6)接受邀请后完成注册的比例:指点击邀请后,完成注册流程成为用户的人数,即

新用户人数＝300000×70%×12%×3×15%×45%＝5103 人

二、用户激活

用户增长的核心是用户激活,用户激活离不开 Aha 时刻,找到用户的 Aha 时刻就等于

找到了激活用户的密码。下面将分析如何确定 Aha 时刻。

(一)新用户激活概况

新用户激活包含从新用户登录、完成账号注册到第一次使用产品关键功能的这段过程。这个过程恰好处在市场部门的职责和产品部门的职责之间,很容易被忽视。因为市场部门一般更注重各种渠道的运营,想尽办法邀请新用户进来,而产品部门一般更注重开发出各种新功能,提高老用户的参与度,这样就导致了新用户激活的过程成了一个"两不管"的地带。因此,在许多互联网公司里,新用户激活往往是增长团队最容易找到突破口的潜力环节。

1. 新用户激活是增长的关键转化点

(1)瞬转即逝的时间窗口。新用户在尝试之后,只会用有限的时间去感受产品价值,从而做出继续使用或放弃的决定。如果用户没有明白或体会到产品的价值而流失,想挽回他们可能比重新获取一个新用户更难。数据显示,对于很多应用,新用户在 3 天内流失率就超过了 75%。新用户核心体验做得不好,产品其他功能做得再多、再好也是无用功。

(2)良好的放大效应。早期的用户激活率提升效果,可以传递到之后的留存曲线上,对整体的用户留存和盈利都有影响。

(3)拓展新的获客渠道。新用户激活率提高,意味着更多新用户会成为长期用户,那么获取新用户投入费用也会得到相应的提升。一些原来因获客成本过高而不划算的渠道,现在也变得可行起来,从而为增长打开新的获客渠道。

2. 新用户激活是个系统工程

成功的新用户激活不但需要引导用户完成账户设置,而且在有限的时间窗口之内,要让用户完成和长期留存密切相关的关键行为,从而尽快地体验到产品的核心功能和价值,从一个产品的"陌生人"转变为一个"使用者"。因此,新用户激活是个系统工程,需要多管齐下:一是新用户激活是个多团队参与的过程。产品、市场、增长、设计和工程人员等,全都要参与其中。二是新用户激活需要多个渠道配合推动。除了广告、产品内新用户引导、邮件营销和推送外,其他渠道,如社交网络、活动和公关等也会影响到用户对品牌和产品的认知。

(二)用户激活关键行为

1. 定义 Aha 时刻

Aha 时刻这种表述是由德国心理学家及现象学家卡尔·布勒在大约 100 年前首创的。他当时对这个表达的定义是"思考过程中一种特殊的、愉悦的体验,其间会突然对之前并不明朗的某个局面产生深刻的认识"。现在我们多用 Aha 时刻来表示某个问题的解决方案突然明朗化的那个时刻。

从产品体验角度来说,什么是"Aha 时刻"呢? Aha 时刻或者 magic moment(魔力时刻)是用户首次确认产品对自己"有价值"的那一刻。在这一刻,用户兴奋地脱口而出"啊哈,原来这个产品是用来×××的",此时,他已经真切地感受到了产品的价值所在。比较典型"Aha 时刻"举例如下。

(1)Twitter :一个新用户关注了至少 30 人,他才更倾向于转化成活跃用户,而不是随便看看就离开。

(2)Facebook:他们定义的惊喜时刻是让新用户在注册的前 10 天里添加至少 7 个好友。

(3)Zynga:如果游戏玩家在注册后的第二天重新登录,则这批人变为活跃用户和付费的可能性更高,所以将"第一天的次日留存率"视作核心指标之一。

(4)Dropbox:观测获知,惊喜时刻在于让用户上传至少一个文件到自己的网盘空间。

怎么做才能找到产品的"Aha 时刻"呢? 通过对常见产品 Aha 时刻的归纳,总结为以下 3 种形式。

一是用户关系网络密度,即在 X 天内添加/关注了 Y 名好友。

二是产生内容,即添加(上传/发布/撰写)了 X 单位的内容。

三是访问频度,即在 X 天之内发生重复访问行为。

进一步将"Aha 时刻"表示为表 9-9 所示形式加以描述。

表 9-9　Aha 时刻定量描述

谁	在	多少时间	完成	多少次	什么行为
新用户		激活周期		魔法数字 (非必须)	激活行为 (关键行为)

从表 9-9 可直观地看到,我们需要明确目标新用户(谁),找到具体激活行为——关键行为(什么行为),验证魔法数字后(多长时间、多少次),才能真正找到产品的"Aha 时刻"。比如,抖音的用户激活可定义为用户在 3 日内(时间窗口)浏览(激活行为)超过 15 个(魔法数字)短视频。

2. 找出关键行为

新用户通过采取某个特定行为了解到产品的价值所在,达到 Aha 时刻的行为即关键行为。下面 4 个步骤可以帮助我们有效识别出关键行为。

(1)列出备选的关键行为

①关键问题分析法。找到产品的长期价值,体验到这些价值需要的行为,反推新用户在短期可以完成的行为有哪些:用户是谁? 用户用这个产品要解决什么问题? 用户为什么要解决这个问题? 用户还有其他什么方法解决这个问题? 用户可能的关键行为是什么? 哪些行为用户可以迅速完成?

②用户调研分析法。如果有大量备选关键行为,可通过用户调研进一步缩小备选关键行为范围,对于有多个使用场景和功能的产品尤为重要。需要重点关注以下 3 个问题:一是找长期活跃的用户,为什么觉得产品有价值? 二是找注册后迅速离开的用户,了解为什么会迅速离开? 三是找注册后活跃使用的用户,了解为什么会留下来? 新用户激活时期做了哪些动作? 有哪些关键的体验?

(2)找到与留存相关性最强的关键行为

这一步不仅要找到潜在的关键行为,还需要确定时间窗口。首先,找到新用户的激活期,评估新用户要多快完成激活? 这里有 3 个原则。

原则 1:使用频次越高,激活越快。如社交网络,需一天激活。

原则 2:产品周期越短,激活越快。如游戏,仅半天就激活。

原则 3:基于数据找出大多数早期激活行为发生的时间窗口。如 70% 都发生在前一天,那可以粗略将时间窗口设为:一天。

然后,用同期群分析 (cohort analysis)找出关键用户行为。

第一,收集所有新用户前 30 天的留存数据。

第二,将用户按有无某个行为分组,收集留存数据。以下为常见的维度分群:人口学——不同国家、城市、年龄、性别,用户画像——不同用户画像,设备——手机或 PC,产品线——APP 或小程序、低价产品线和高价产品线,获客渠道——不同渠道来源,CRM 渠道——是否收到不同的推送和邮件,红包补贴——有没有新用户红包或补贴,客服互动——有没有和客服产生互动。

在明确了产品的 Aha 时刻后,应用怎样的方式帮助用户迅速完成关键行为,成为激活用户?

第三,绘制不同用户组的前 30 天留存曲线(详见“用户留存”相关部分内容)。

第四,对比留存曲线,找到有无该行为,找出留存差别最大的。

要强调一下,之前有很多人认为,只看留存用户的行为就可以确认 Aha 时刻的方向,但事实上并非如此,我们需要对比找出留存用户的行为与流失用户行为之间的差异,确认那些在留存用户中占比最高,并且与留存有正相关性的用户行为。例如,找到留存用户行为有添加 4 个好友,发送两条消息和浏览 5 篇文章,进行调研和评估后,我们确认引导用户添加 4 个好友这个功能可以最快实现,然后确认运营策略,调配开发资源去实现这个功能,但如果事实上,流失用户中的用户也有很大比例添加了 4 个好友,那就意味着我们有可能在开发一个无意义的功能。

(3)计算魔法数字

计算魔法数字是指用户的激活需要重复多少次。理论上,重复次数越多,留存提升越大。有些激活行为仅做 1 次就够,如电商首单;有些激活行为需重复多次,如看短视频。实际上,需找到激活行为的最佳次数,确保用户获得价值。那怎么计算魔法数字呢?

以常用的边际效益最大法为例。边际效益是指每增加一单位的某物(通常是商品)所带来的效用水平的增加量,具体方法如下。

①画出新用户首日激活行为次数的分布图。

②分析首日激活行为次数和次日留存率的关系。

③找到留存边际效益最大的点对应的激活行为次数。

要注意的是,魔法数字并不是绝对的,类似的行为可能有多种统计方式,只代表多数用户统计情况,是大多数用户的转折点。后续可以根据不同的用户画像继续细化指标,使之更加精准、更具有针对性。

(4)测试验证假设

上面的步骤找到某个早期行为的用户,同时留存率更高。与留存有正相关的行为可能不止一个,我们需要根据产品战略,技术开发的难易程度、用户调研和内部讨论进行综合评估,确认一些可以尽快将其完善成功能的行为类别作为 Aha 时刻的首选假设,之后实施研发,将其作为后续 A/B 测试的试验版本。将那些不活跃的、低质量客户设为试验受众,通过 A/B 测试观察这些不活跃、低质量用户的数据是否可以提升,只有通过实验证明用户做了某个早期行为,导致留存率更高,才能进而找出真正的 Aha 时刻。

（三）用户激活指标

1. 激活率

激活率是指新用户在一定时间内完成激活行为的比例。激活行为是上面讨论的关键行为，而"一定时间"可以是首日、次日、首周或首月等，这个与具体的产品类型有关系。

激活指标是衡量用户激活的主要指标，可以作为衡量长期留存的先导指标，也可以帮助增长团队找到聚焦点——所有的新用户引导，包括产品内和产品外的都以提高激活率为目标。因此增长团队需要监视这个指标，随时了解新用户激活动态。

2. 激活漏斗转化率

用户激活漏斗转化率是指在追踪新用户注册和激活的全程中，用户完成每一个步骤占进入该步骤总人数的比例。

图 9-5 展示了一个虚拟产品的激活漏斗。从中可以看出注册第二步与完成关键行为的比率分别为 50%、55%，这两个环节的用户流失最为明显，很显然它们成为激活漏斗中的瓶颈步骤，接下来应该仔细研究改进的空间。

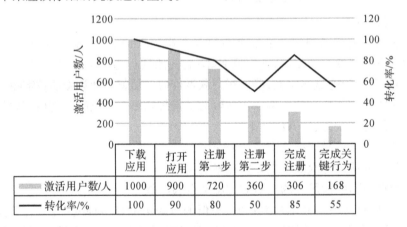

	下载应用	打开应用	注册第一步	注册第二步	完成注册	完成关键行为
激活用户数/人	1000	900	720	360	306	168
转化率/%	100	90	80	50	85	55

图 9-5　新用户激活

3. 新用户留存指标

新用户留存指标一般用来观察新用户在经过较长的一段时间后(比如一个月)，是否还是产品的活跃用户。虽然这个指标和早期激活指标会有一定的相关性，但是单独区分出来有它特定的用处。

一是早期激活指标一般只观察一周内的用户状态，而新用户留存指标将这个监测周期延长到一个月甚至两个月。同时监测两个指标，可以进一步分析两者之间是否存在分歧。

二是让新用户激活团队不只是关注新用户注册流程，而是延伸到注册后一两个月内的整体新用户体验，指导团队持续开展新用户引导工作。

三、用户留存

用户留存是建立在产品对用户有价值的基础上的,然后通过产品的优化和各种渠道触达得到稳步和加强。用户留存对互联网公司增长的影响是多方面的。比如留存带来更多忠实的老用户,不仅延长了用户的付费周期,提高了用户LTV,而且会推荐给更多的新用户。同时团队有更多预算去测试更多、更宝贵的增长渠道的机会。这些优势塑造了留存的复利效应,初始的微小留存率差别可能意味着后来的巨大用户数差异。

(一)用户留存曲线应用

1.定义留存

在界定留存用户时,公司通常会把它定义为用户注册后在一定时间内或一段时间后有登录行为,仍然继续使用该软件的用户,留存包括关键行为和相应的使用周期。这个留存定义是基于用户的登录行为,对于某些产品如游戏来说是合适的,因为用户不会无缘无故地登录打开一个游戏,用户回来一般是玩游戏的。但是对于有些产品,这样的界定是不准确的,用户留存最终也要和用户的关键行为挂钩,衡量用户留存时候仍然要从关键行为开始。留存指标也需要找到一个合适的周期,周期太短了不现实,太长了无法体现留存效果。比如一款健身应用软件的用户留存,可以将一次健身作为关键行为,那么,衡量用户是否留存就应该看这个用户是否还在健身,同时考察用户可能会每周使用几次,不需要以每天使用为衡量标准。大多数游戏类应用的使用周期是至少每周一次,因此将留存定义为每周登录比较合适。

2.留存曲线绘制

在明确了留存的关键行为和相应使用周期之后,便可以着手绘制用户留存曲线。现在很多商业化的软件都自带了绘制留存曲线的功能。

下面以Excel为例来说明如何绘制留存曲线。具体步骤如下。

假设产品的使用周期是周。

步骤1:记录每一周首次完成关键行为的用户数,并追踪这些用户在接下来的每一周中持续完成关键行为的用户数据(见表9-10)。

表9-10　产品留存数据示例

开始日期	首次激活用户数	首周后留存数	次周后留存数	3周后留存数	首月后留存数
2021-08-01	55	45	40	38	35
2021-08-08	72	58	54	50	48
2021-08-15	95	78	70	65	63
2021-08-22	98	90	85	80	
2021-08-29	92	76	68		

步骤二:计算每一周关键行为的用户占首次激活用户数的百分比(见表9-11)。

表 9-11 产品留存百分比

开始日期	首次激活用户数	首周后留存数	次周后留存数	3周后留存数	首月后留存数
2021-08-01	100%	82%	73%	69%	64%
2021-08-08	100%	81%	75%	69%	67%
2021-08-15	100%	82%	74%	68%	66%
2021-08-22	100%	92%	87%	82%	
2021-08-29	100%	83%	74%		

步骤三:根据百分比数据绘制成曲线图(见图 9-6)。

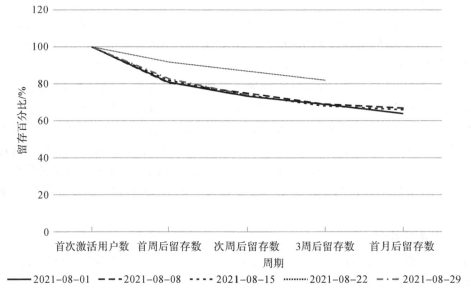

图 9-6 产品留存曲线示意

3.留存曲线的应用

对于增长团队来说,通过留存曲线,可以分析出很多有用的信息来判断用户留存动态。一般可以从不同时期用户留存曲线对比和不同特征用户分组留存曲线对比等两个角度来展开分析。

(1)不同时期用户留存曲线的对比。随着产品改进和各种留存措施的介入,相较前期用户,后续加入用户的留存曲线一般会显得更加平缓,通过对比,可以看出改善的效果。如图 9-9 中产品留存曲线所示意,2021-08-22 进入的用户的留存曲线在 2021-08-01 的曲线之上,下降更为平缓。

(2)不同特征用户分组留存曲线的对比。如果只看总的留存曲线,会掩盖许多重要信息。一个非常重要的分析思路是对比不同群组的留存曲线,挖掘更多信息,比如流量来源、用户特征和用户行为等成为细分留存曲线的有用维度,了解驱动用户留存的不同因素,可以帮助公司找到产品的不同使用场景,能够有针对性地打造更好的用户体验。

（二）用户参与管理

在获得用户后,促进用户购买成了至关重要的一步,因此用户参与度和存留率成了新的竞争力。用户留存率表征总体情况,是衡量有"多少"活跃用户的指标。而用户参与度更关注个体的参与程度,是衡量用户有"多活跃"的指标。用户参与度是指在一定时间内,用户平均有几个关键行为和有多少用户同时有超过一类的关键行为。

1.用户的参与度阶梯

对于留存用户,按照这些用户的参与程度(使用方式和使用频率)分为消极用户、核心用户和超级用户,如表 9-12 所示。

表 9-12　留存用户分类

使用频率	使用方式		
	非正确方式	正确方式	超功能
高频率			超级用户
正常频率		核心用户	
比较正常频率	消极用户		

（1）消极用户。这些用户并未以正确的方式使用产品,而是按照自己的(简化)方式以比较正常的频率使用产品。

（2）核心用户。这些用户以正常方式和正常频率,正确地使用产品。

（3）超级用户。这些用户不仅高频地使用产品,还同时使用很多功能,或者会使用大多数用户不会用到的产品高阶功能。

2.用户参与引导策略

如表 9-12 所示,从消极用户转变为核心用户,从核心用户培养为超级用户,形成参与度阶梯。具体的引导策略也分为两类。

（1）功能使用引导

首先,要鼓励用户正确使用产品的行为。有些用户会以简化方式使用产品的部分功能,比如把协同管理软件当作电子记事本使用。增长团队要帮助新用户认识到产品的真正价值。其次,引导用户使用产品的更多功能,提高他们的参与度。研究发现当用户同时使用 3 种功能时,他们长期留存的可能性极大提高。最后,向用户推荐产品新功能。选择合适时刻主动推荐,加深他们的体验感。

（2）使用频率引导

通过各种方式提高用户的使用频率,比如让用户使用多个客户端,并养成习惯。用户心理学教授尼尔·埃亚尔等提出了新颖而实用的"上瘾模型"(hook model),通过连续的"上瘾循环",让用户成为"回头客",进而实现循环消费的终极目标,而不是依赖高昂的广告投入或泛滥粗暴的信息传播(见图 9-7)。

网络社群中"90-9-1"规则

什么是上瘾型产品?

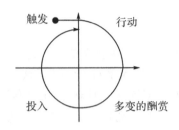

图 9-7　上瘾模型

①触发:提醒人们采取下一步行动。用户期望借助产品实现怎样的目的?他们会在何时何地使用这个产品?什么样的情绪会促使他们使用产品,触发行动?要开发习惯养成类产品,设计者需要揣摩用户的心理,了解那些有可能成为内部触发的各种情绪,并且要知道如何利用外部触发来促使用户付诸行动。

②行动:人们在期待酬赏时的直接反应。要想使人们完成特定的行为,动机、能力、触发这三样缺一不可。要增加预想行为的发生率,触发要显而易见,行为要易于实施,动机要合乎常理。

③酬赏:驱使我们采取行动的,并不是酬赏本身,而是渴望获得酬赏时的那份满足感。"有限的多变性"会使产品随着时间的推移而丧失神秘感和吸引力,而"无穷的多变性"是维系用户长期兴趣的关键。

④投入:通过用户对产品的投入,培养"回头客"。要想让用户产生心理联想并自动采取行动,首先必须让他们对产品有所投入。对产品的投入会令用户形成偏好,因为我们往往会高估自己的劳动成果,尽力和自己过去的行为保持一致,避免认知失调。

3.移动应用的增长框架

上面探讨了用户获取、激活和留存方面的增长策略,在移动互联网时代,各种渠道、技术和工具层出不穷,虽然为做好增长提供了无数多的契机,但是也让人感到眼花缭乱。增长专家安迪·卡维尔搭建了一份移动应用的用户增长管理策略框架,并且每年保持更新,如表 9-13 所示。

表 9-13　移动应用用户增长管理策略框架

获取	参与和留存	变现	分析和洞察		技术
公关	产品 (定位、功能、用户体验、用户账号)	收入模型开发 (免费、付费、广告、订阅、虚拟产品)	归因	事件追踪	深度链接
			活动测量		
应用商店优化	激活 (新用户体验、引导登录、教程、Aha 时刻)	支付处理 (运营商结算、PayPal、推广墙、信用卡等)	应用商店 数据分析和智能		A/B 测试框架
内容营销			用户分群		营销自动化 SDK
效果营销	生命周期营销	定价 (捆绑、固定/动态/区域定价、虚拟货币)	同期群分析	内容分析	归因 SDK
影响者营销	活动通知		舆情分析		变现 SDK

续　表

获取	参与和留存	变现	分析和洞察	技术
交叉销售（网站到应用，应用到网站）	社群（参与和客户支持）	广告库存管理（原生广告、赞助、直销、广告交换）	用户测试	分析 SDK
			页面流	
病毒传播（邀请和内容分享）			A/B 测试衡量	
内容索引			转化漏斗	
国际化			应用表现分析	
精准营销			LTV 建模	
合作和整合			增长会计（增长率、流失率、访问）	
转化率优化				
			增长模型和情境规划	

渠道				
推送	应用内信息	电视、印刷品和广播	聊天软件平台	应用流
搜索	邮件	自有渠道	移动需求平台（DSPs）	聊天机器人
移动展示和视频网络	短信		移动供应平台（SSPs）	影响者平台
	社交网络	应用商店产品页		

资料来源：What is the Mobile Growth Stack? ［EB/OL］. ［2022-10-11］. https://phiture. com/mobilegrowthstack/what-is-the-mobile-growth-stack-426c6e474329.

该增长策略框架可为制定增长策略提供方向，也能够发现当前执行的增长策略中的不足之处。同时也可以结合创业公司的不同阶段，面临的挑战和机遇，提出针对性的增长重点。如硅谷增长黑客肖恩·埃利斯提出了应用增长黑客系统的 3 个阶段：种子期、成长期和增长期。在种子期，产品刚上线，对市场反应一无所知，不知道如何去取悦用户并转化价值。此时就不宜盲目扩展，而是验证市场。在产品遇到阻力时，应及时调整、转型或放弃。具体要做好以下几个方面的增长工作。

（1）目标。最重要的目标就是去验证产品，达成 P/MF（product/marke fit，指产品与市场的匹配状态）契合状态。在判别市场需求是否真实存在的基础上，估计市场体量，评估是否有机会发展并形成规模。

（2）指标。紧盯留存率。如果产品留不住用户，说明市场定位或者产品自身存在着问题，此时再发力去获取新用户就失去了意义。

（3）用户规模。平稳有序地导入一些种子用户，针对用户进行各种实验，实现 P/MF 的目的。这时候 CAC 可能高于 LTV，只要不至于将公司陷入流动性困境，是可以接受的。

（4）获客渠道。在多种不同类型的推广渠道上小规模地测试投入产出比，找到值得重点投入的主力渠道，开展效果评估。

（5）产品优化。在产品方向令人满意前，着眼于大的优化点，比如更换目标人群，改善行为路径、优化核心流程等。

（6）增长团队。保持最精简的增长团队，一般由 CEO、产品经理、市场运营主管担任。

什么是 P/MF 方法？

第三节　增长策略团队

增长团队是一支由一群独特个体组成的团队,特点是精干、多功能、专注、数据驱动且富有进取心。他们总是主动学习新的增长策略,实践新的技术手段。

一、增长团队概论

(一)增长团队的兴起

增长团队的兴起是顺应增长需求的结果。增长团队的日益流行,逐渐成为互联网公司的功能标配,正是顺应了聚焦、协同和制度化的增长需求。

一是目标聚焦的需要。随着同质化竞争的加剧,互联网公司实现业绩增长日益艰难,但是增长又越来越重要。互联网公司把增长列为主要目标,聚焦于增长策略。

二是协同发展的需要。增长不是传统营销部门所负责的拉新活动,需要各个职能部门的协同,也需要单独设置一个部门,具有整合产品、营销、工程等能力。

三是持续推动的需要。迥异的产品特色,快速变化的市场需求,简单复制现有的方式不足以维系稳步的增长。互联网公司需要建立一套规则和流程,以团队形式来推动增长。

(二)增长团队的类型

增长团队大致可以分为独立型、功能型和内部咨询型 3 类。Y Combinator[①] 曾对硅谷30 个增长团队做的一项小型调研显示,有 70% 的增长团队位于产品团队内部,20% 的增长团队是独立的,10% 的增长团队位于市场团队内部。

1. 独 立 型

这类型的增长团队独立于产品部门、技术部门、营销部门以外,工作职能完全围绕增长展开,增长负责人直接向 CEO 汇报,内部拥有独立完成产品试验的所有功能,是一个全栈式团队。如增长团队的创新者 Facebook 通过这种模式取得了巨大的成功。

独立型增长团队通常由专人领导,通常被称为增长副总裁,即 VP Growth。团队成员的分配主要依据产品线,例如,注册量增长小组(signups)、新手引导小组(onboarding)、推送通知小组(notifications)等,每组配备各自的产品、研发、设计、数据分析人员。

独立型团队的优势在于,一是具有自己的文化和风格。独立团队的运作与传统的产品、市场团队有所不同,不是试图融入公司已有团队的运作模式,这保障了团队建立起数据导向、实验驱动的运作体系。二是公司视增长为重要指标,强有力的支持对于增长团队开展工作、取得成绩至关重要。

如果公司是在各个功能部门已经成型之后再引入增长的,那很难采用这种独立型模式,

---

① 成立于 2005 年的 Y Combinator 是历史上第一家创业加速器公司。作为顶尖级的孵化器,它的核心能力和业务是帮助初创公司、创业者快速提高业绩,特别是实现从 0 到 1 的提升。

增长团队和其他团队之间可能出现"相互打架"的困境。比如产品团队认为自己辛辛苦苦开发出来的功能,被增长团队改头换面,从情感上不容易接受,而且认为担心如此过分追求数据会影响到用户体验。因而会给增长团队工作的开展设置障碍,影响到增长团队工作,也不利于产品团队的工作积极性。

独立型增长团队面临的最大挑战之一是如何在"提升强劲增长"和"维护用户体验"之间取得平衡。快速增长引流新用户,加入产品社区后,对既有社区文化造成冲击,让老用户产生抵触,这可能给运营团队带来麻烦。如果缺乏有效的应对措施,会在公司内部演变成为一种相互之间的不信任。

2.功能型

在这种模式下,增长团队归属于另外一个更大的功能团队。它经常附属于产品功能性之下,所有成员向产品团队负责人汇报工作,增长团队负责人可以帮助协调团队之间的合作交流。此时,增长团队的任务并非由专门团队来独立完成,而是贯穿在各职能部门日常工作之中,由部门领导决定项目的优先级和路线图,需要将团队成员增长做出的贡献纳入考核指标。比如领英选择这种团队模式。

公司的市场团队主要负责新用户获取的渠道,所以有些公司将增长团队放置在市场团队里,和付费增长、搜索引擎优化等营销团队归在一起。这种模式需要保证增长团队能够拿到工程师资源,执行增长实验。

两种增长团队的组织方式各有优劣。独立型增长团队更着重速度及迭代,遇到的挑战是与外部现有团队如何沟通协作;功能型团队具有更大的透明度,在追求增长的路径上相对平稳,但依然不能规避"增长"与"体验"之间的矛盾。在中小型创业公司,一般多采用功能型团队。只有在具备一定规模的大公司,才有足够的资源和动力搭建独立型增长团队,并为团队提供充足的探索机会和试错空间。

3.内部咨询型

在这种模式下,增长团队独立于产品团队,但也没有像独立型团队那样覆盖到整个产品线范围,而是只负责某部分功能,比如用户注册和激活,或者某个产品,同时协助其他团队进行增长实验。有时候,增长团队甚至不负责具体产品,而是扮演一个类似于内部咨询师的角色,给其他产品团队提供增长实验的咨询服务工作。比如火狐增长团队在多个产品上进行了实验,建立了整个增长实验的方法、流程,并将所有的结果和经验放在公司内部的维基网上。

(三)增长团队的价值

相比传统的职能团队,增长团队能带来哪些独特的价值呢?

1.聚焦增长的目标

每个增长团队的核心目标和优先级都不一样,很多时候会忘记工作最终的目标是为了增长,而陷入日常的事务之中。所以,在明确增长对于公司的重要性,通过设立一个专门的团队来负责,这样会带动整个公司都聚焦在这个目标上。目标更明确之后,围绕目标开展活动的效率也会高很多。

2.回归增长的本质

富有创造力的人往往更乐于创新,但对于现有的产品或流程等会熟视无睹。许多产品经理和工程师认为自己的工作内容是不断地开发、创造新产品或增加新功能。因而他们走入了一个思维误区,忽视了产品的增长。事实上,增长并非一味地去创新事物,而是更多地采用了微创新手法,迭代的方式,重新定义已有事物,优化现有功能,开展大量试验。明确的增长目标和有效授权,被认为是增长团队取得实质性突破的必要条件。

3.寻找增长的机会

在传统的组织构架中,往往有很多增长的机会被忽略掉了。每个部门都有专属的 KPI,比如说产品部门的核心 KPI 就是上线多少个新版本、新功能,用户在产品内的使用情况如何;工程部门的核心 KPI 是代码质量、程序错误数量等;而市场部的核心 KPI 就是拉来了多少新用户、品牌的知名度提升了多少等。这种情况下,部门与部门之间其实存在着很多增长机会。只有具备两方面视野的人才能准确地洞察到这些机会,当然有的时候大家都已看到机会,比如做市场的会意识到注册的流程导致新用户的转化比较差,但是即便他们发现了,也没有资源和动力去推动解决这个事情。于是大量的增长机会就这样被忽略掉,这是组织构架的问题,也是部门协作的问题。

4.激发跨界的潜能

互联网运营需要拥有跨界思维的人才,跨界意味着可以胜任更多的角色,整合更多的资源,善于解决复杂问题。搭建增长团队,将各类人才汇聚一堂,共同解决一个问题的机制,有利于激发跨界组合的潜能。

(1)捉襟见肘的营销预算,可以借助自动化工具提升投入产出比。

(2)机械执行的代码脚本,通过设计师的独具匠心的设计而富有人情味。

(3)精美的前端界面布局,承载着产品经理的业务逻辑和分析师的算法模型。

(4)完美运转的产品背后,一群有机协作的默契配合的团队不可缺少。

5.优化价值的传递

如果希望理解自己产品传递给用户的价值并持续改进产品,首先应当确保自己成为它的忠实用户,这就是硅谷科技强调的"吃自己的狗粮"(eat your own dogfood)原则,也是提高思维和商业认知最有效的办法。比如 Facebook 的工程师每季度可以获得几百美元的广告投放预算;Airbnb 每季度会给员工一定额度的度假金额,让员工在出外旅行时预订公司平台上的酒店房源;Uber 的员工可以报销部分打车金额等。这些都是为了更好地使用自己的产品,获得一手反馈和改进意见。

二、增长团队分工与技能

把增长作为公司内部长期的系统的职能来运作,不是仅依靠一两个灵光一现的点子暂时性提升数据就可以实现的。尤其是公司成长到一定阶段,依靠早期一两个多面手单打独斗的策略不再显著奏效,此时组建专门的增长团队,引入明确的岗位,成为必然的选择。

(一)增长团队分工

典型的增长团队成员包括:增长负责人(包括增长产品经理、增长营销经理)、增长设计师、增长工程师、数据科学家/分析师等。

1.增长负责人

增长负责人的核心任务是确保团队基于试验获取增长认知,保持快速迭代节奏,并做出最佳增长策略的决策。具体来说,增长负责人需要制定增长指标,决定聚焦领域,找到增长机会,协调设计、产品、市场、工程和数据各方资源,推进实验工作。同时他要组织定期和不定期的增长团队会议,促进分享经验,并对外扮演增长团队的"推销员",为增长团队的工作取得合法性和资源上的支持。

增长负责人应该是一名善于分析、富有创意、敢于承担责任的 T 型人才,既能理解全栈工程,又擅长于说服型写作和数据分析。有两类人可以承担该职位。

(1)增长产品经理。增长产品经理主要负责产品内增长机制的开发和改进。包括产品内激活、留存和传播机制的设计和改进,通常是新想法的提出者、验证者、牵头者,增长产品经理最重要的工作是数据驱动,对数据具有非常强的好奇心和洞察力。

(2)增长营销经理。增长营销经理负责制定恰当的预算方案,追求高的营销投入产出比。一般来说考虑两个方面的功能。一是用户研究功能。通过系统的用户测试来了解用户心理,发现交互界面中的问题,给增长实验提供反馈、线索和方向。比如通过各种用户访谈调查,了解用户的生活习惯、产品市场场景和需求痛点,这些都是设计增长实验时至关重要的背景知识。二是市场渠道功能。一般是利用搜索引擎、付费广告、社交、邮件等各种可量化渠道,获取和留存用户。

2.增长设计师

类似传统设计师,增长设计师通过良好的交互界面,帮助用户体验到产品价值。除此之外,增长团队设计师还需要做到两点:一是认同和理解最小可行性测试,因为在 A/B 测试中,为了探索方向,对初始方案不追求精良,而是以恰当的设计方案满足快速上线,通过实验找到数据后再进行改进优化。二是学会实验总结,设计以效果为导向,构建科学合理的用户交互界面进行有针对性的试验和修改设计方案。

3.增长工程师

他们通常是从后端技术到前端技术都游刃有余的全栈开发者(full stack developer),思路灵活,能够快速执行,乐于奉行"先建设、后修复"(build now,fix later)的准则,以高效的方式将产品构想实现。因此,理想的增长工程师要具有商业和产品思维,他们认同增长实验的价值,不介意做些小的改动或者那些不能直接规模化的工作,实验结果和作用影响力才是他们的关注焦点。

4.数据科学家/分析师

数据分析师在增长团队中的作用至关重要,他们的工作绝不只是监测每日流量和用户数据,他们深谙数据的价值,需要协助增长负责人定义正确的北极星指标,基于数据获取认知洞见的各种分析方法,能够从定量和定性数据中提炼出指导具体行动的意见,并搭建数据监测看板以可视化的方式供团队随时查阅。

需要指出的是,增长团队的组成不是一成不变的,会结合不同产品特点,设置不同岗位。比如 Uber 的细分乘客增长团队用付费增长和病毒营销专家替代增长产品经理,因为这两个渠道对于 Uber 的产品传播和获客至关重要。另外,增长团队的组成也会受到公司主导文化的影响。比如工程师文化主导的共识,直接由增长工程师来推动增长测试。

(二)增长团队的技能

肖恩·埃利斯认为增长团队有 3 个核心要素。一是跨功能的团队,能够打破产品和市场之间的隔阂,二是快速地开展产品迭代和测试新想法,三是利用数据分析深入了解用户行为和指导增长行动。具体来说,增长团队技能包含以下几个方面。

1. 数据为王

数据为王是一种科学态度,与数据挖掘、机器学习和商务智能等范畴密不可分,同时也是一种艺术,需要在技术、想象力、经验和意愿的综合因素中寻求平衡、融合。因此数据为王本质上提供了一种增长决策机制,数据的价值不在于列举已经知道什么,而是解决该如何知道的问题,从而转化成洞见,成为决策和共识的依据。为了打造一个数据驱动的增长团队,应当注意以下几点。

如何科学地搭建第一个增长团队?

(1)数据收集。产生和收集尽可能多的数据,这是构建产品和商务智能的源头。

(2)科学度量。用积极和有效的方式度量策略,建立科学严谨的指标体系和分析体系。

(3)开放思维。每个人都应当对数据变化保持敏感,避免单一维度的思维陷阱,从不同角度发现问题所在。

2. 技术驱动

增长团队实践是在掌握规则的基础上,运用科技手段挖掘潜力,本质上是一种技术套利。比如 SEO 是对搜索引擎的主动迎合,A/B 测试是对大众行为的统计归因,爬虫抓取是对线上资源的低成本使用。

黑客式增长的关键驱动技术随时间而演进。20 年前,Hotmail 在电子邮件下方加注广告链接,就能引发病毒传播潮流;15 年前,在网页上放置众多关键词能让搜索引擎带来滚滚财源;10 年前,KOL 的博客成为最吸引粉丝的推广阵地;5 年前,社交网络改朝换代,成为私域流量的发源地;1 年前,短视频成为新的流量天地。越来越多的黑科技成为互联网运营的常规手法。其中一个趋势是技术驱动,尽可能让机器接管,减少人为干预。如人工客服每天回答同样的问题太过烦琐,可以采用虚拟机器人回复;一个个地拉用户太累,可以群发邮件触达用户;人工抄送报表占用时间太多,可依靠模板来解决。

3. 快速学习

增长团队每天都在接触大量的信息,经常要面对短期挫折的压力,快速学习与改进成为优秀增长团队的第三项素质。

快速学习者拥有开放性的思维。因为取得成效的想法往往是出乎意料的,而且以前有效的增长策略和方法,或因普及化也许已经不起作用,或因不适合公司情况而被淘汰。当尝试足够多的理论和实验之后,才能从中找出适合产品的增长途径。

快速学习者他们天生就具有一种质疑精神,尤其是对本来就存在的一些司空见惯、理所当然的规矩、做法、现象产生怀疑。他们更愿意基于数据和/或理论来形成自己的观点,但并不固守个人成见,而是在测试中一遍遍地进行验证。

4.杠杆资产

重复发明轮子的做法被聪明人所不齿,在增长团队尤其如此。一切能够现成采纳且最大化产出的第三方服务,在创业早期都是值得引入的杠杆资产。如IdeaScale、SolutionXchange、Crowdtap Brightidea 等提供的服务,将自己的创意灵感提炼、重组、升华和实现。借助 UserVoice、Unbounce、Google Adwords等量化工具,验证产品或服务是否能够满足预先定义好的标准。机器学习和深度学习两种类型的算法日益成为重要的杠杆资产,它们通过数据训练或学习历史数据掌握已知属性的知识,并能准确预测新的、未知的任务。

重要的增长团队工具箱及其作用

三、OKR 激励体系

没有绩效管理,企业就谈不上管理。因为一切管理活动都是为了获取更好的绩效。增长团队的绩效衡量是保证协作流程高效运转的基础保障和导向所在。不过,绩效管理一定要选对适合自己、有效落地的方法和模式。当前,企业绩效最常用的工具主要有 OKR(objectives and key results,目标与关键成果法)、KPI(key performance indicator,关键绩效指标管理法)、360BSC(balanced score card,平衡计分卡)考核等,也有一些例如 KSF(key success factors,关键成功要素分析法)、MBO(management by objectives,目标管理法)、PBC(personal business commitment,个人业务承诺法)等其他考核工具。

(一)OKR 概念内涵

OKR 是一套定义和跟踪目标及其完成情况的管理工具和方法。其起源于彼得·德鲁克的目标管理理论,1999 年英特尔公司发明 OKR 指标体系,后来被英特尔出身的投资人约翰·杜尔引入谷歌。自 2013 年起,OKR 率先在我国互联网公司如字节跳动、知乎和今日头条等公司得到应用。现在广泛应用于 IT、风险投资、游戏、创意等以项目为主要经营方式的企业。

OKR 由目标(O)和关键结果(KR)组成,通常是由 4～5 个目标构成的,每个目标又包含若干个关键结果,如表 9-14 所示。从表中可以看出,OKR 像把 KPI 进行了内涵或过程性的解构,它解决了 KPI 内容过于单一的问题。一般而言,OKR 仅需要一个抽象的目标就可以行动,但要求关键成果必须是可衡量的。在确定"O"之后,不能轻易改变,但"KR"具体内容可根据工作进程适时调整,它的灵活性和解决不确定的目标是 OKR 的一项优势。

表 9-14 OKR 分解示例

序号	O(目标)	KR(关键成果)
1	绩效推进工作良好	1.绩效指标设计完成97％ 2."绩效合约""绩效信息记录表"完成100％
2	促使产品到访客留存的转化率提高到8％	1.改进注册流程,提高注册转化率到35％ 2.提高 APP 的 30 天留存率到40％
3	微课转化为项目比去年增加50％	1.吸粉量超过 50000 人 2.成功举办微课分享 20 期 3.在线咨询客户数超过 500 人次

(二)OKR 与 KPI 关系

实际操作中,OKR 和 KPI 这两种方式可以并存,以何为主,具体视业态和岗位的性质而定。

传统企业在管理与生产上有着稳定的硬性要素与规则,必须达到的结果以 KPI 来表示,KPI 更加关注于岗位与结果的关系。KPI 意图通过对各岗位"成果指标"和"绩效指标"的控制,确保整体的运营状态和经营绩效。这些指标都是由管理部门自上而下制定的,各部门、各岗位之间并不要求共享相关的信息。为实现有效控制,企业往往基于人的外在动机,通过奖惩、薪酬和职务调整等手段进行激励。

OKR 与 KPI 相比更加关注具体目标的达成。互联网企业更偏向于项目化的运作模式,会针对用户及市场的改变及时设定新的目标,以稳定的 KPI 来考核不符合企业实际运作。OKR 充分激发人的内在动机,通过自上而下与自下而上相结合的方式,思考目标的意义和价值,明确实现目标的路径和方法。OKR 强调信息的公开共享,通过员工的广泛参与和密切协作,驱动整体目标的达成。部分企业会将 OKR 分为承诺型 OKR 和挑战型 OKR。事实上,承诺型 OKR 相当于必须达成的 KPI。OKR 弥补了 KPI 的缺陷,从控制转变为引导,将外部驱动化为内部驱动,为企业可持续增长注入动力。

大体上可以按目标任务的不确定性和业绩任务增长幅度这两个维度分析。如图 9-8 所示。在确定的场景中宜用 KPI,在不确定的环境中应用 OKR。比如初创公司引入 OKR 可以开展生存试错;成长和成熟期采用 OKR,则有助于消除制约增长的障碍,同时发掘新的增长机会。KPI 具有严密对接战略的优点,OKR 则多针对过程管理,具有更具体化的优点。

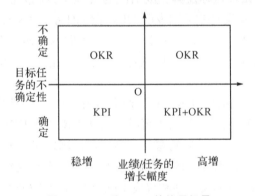

图 9-8　KPI 和 OKR 的使用场景

(三)应用 OKR 的关键

企业不可盲目抛弃传统绩效管理工具 KPI,仓促应用 OKR。而是需要仔细评估企业本身所处行业及员工特点来决定是否应用 OKR 体系。OKR 能够在谷歌获取巨大成功取决于很多特定的因素。如谷歌所在的互联网行业面临着迅速变化的外部环境压力;谷歌员工本身素质较高,自我价值驱动法能够在员工中获取较好的反馈;互联网产品本身迭代速度较快,需要目标设定频率合理且恰当;应用 OKR 时组织需要赋能团队和个人,以应对不确定时代的市场挑战。因此,增长团队在引入 OKR 管理模式时要避免一些误用。

1. 形式 OKR, 实质 KPI

OKR 能够帮助团队聚焦主要目标, 但要避免被 KPI 思维束缚, 看似 OKR 实则 KPI。在 OKR 制定中, KR 是围绕目标展开的, 需要不断围绕目标寻找有效的突破路径。在 OKR 实操中, 需要不断去验证 KR 的有效性。而 KPI 一旦确定, 员工的工作就是围绕 KPI 展开, 这是 OKR 与 KPI 在指标设定上的关键区别。因此, 推行 OKR 最容易产生 "形式 OKR, 实质 KPI"。本来是目标引导, 做的时候又回到指标牵引。因此, 运用 OKR 管理的核心是关注 "我们的目标是什么", 思考 "我们要做什么"; 而运用 KPI 的核心是关注 "我们的指标是什么", 思考 "我们的工作会被如何评价"。

2. 自下而上设定程序

在应用 OKR 的时候, 有一个非常重要的出发点, 那就是激活员工的创造性, 所以 OKR 的设定逻辑是一种自下而上的沟通机制, 让每个成员展开有意义的对话。以谷歌为例, 60% 的个人 OKR 都是员工自我设定, 然后自下而上进行沟通。首先, 每个团队中都存在一部分确定性的 OKR, 直接由承接公司战略分解为必须完成的 OKR。其次, 团队成员一起讨论制定团队 OKR, 然后再制定出个人 OKR, 思考个体能为这个团队 OKR 做些什么。这种自下而上的参与模式, 改变了传统的告知并控制的模式, 充分调动了员工的自主意识, 增强了员工对结果的承诺, 有助于实现从被动接受到主动思考的转变。正如任正非经常强调的: "让听得见炮火的人呼叫炮火。"

3. OKR 做到公开透明

找到用于衡量和追踪具体进展的指标, 仅仅设定一个目标还不能带来成功, 关键需要通过不断的摸索才有可能找到实现目标的成功路径。在 OKR 这种目标管理模式中, 有两项关键动作可用来推动探索目标的达成。一是 OKR 关注评论。关注的目的就是以他人的视角来思考 OKR 的有效性及提供实现路径的建议。这种关注和评论, 加大了团队主管和成员之间的就目标和实践路径的实时互动。二是提供 OKR 的辅导和反馈。这种团队式的互动交流方式极大地激发了团队成员的创造性。麻省理工学院人类动力学实验室主任阿莱克斯·彭特兰经过数年极具开创性的研究后发现: 激励协作带来的价值收益通常是激励个体价值收益的 4 倍。当然, 在进行 OKR 的过程中, 也并不排斥主管基于 OKR 的进展情况, 随时和下属进行一对一的教练辅导和反馈。但要提醒的是, 在这个过程中主要的出发点还是促动下属的主动思考而不是被动受教。

4. 考核评价和目标管理相分离

在运用 OKR 的时候, 将考核评价和目标管理分离开来。目标管理的环节专注思考如何实现目标, 并思考路径。如保罗·R. 尼文和本·拉莫尔特在《OKR: 源于英特尔和谷歌的目标管理利器》一书中提出, OKR 要作为一种纯粹的战略性效率工具, 设定挑战性目标, 通过保留其鼓舞人心、勇于挑战的特质, 避免与薪酬挂钩所带来的行为扭曲。而绩效考核专注于对所做贡献的公平回报, 这样可以进一步释放员工的潜力。

▶ 复习题

1. 增长策略的 3 个核心要素是什么?

2.如何理解增长策略的底层逻辑关系？

3.增长策略实施流程中的核心环节有哪些？

4.如何理解移动应用用户增长管理策略框架的应用？

5. KPI 与 OKR 的关系如何？

▶▶ 讨论题

1.Uber 进入中国后，调整了其在中国的叫车匹配算法——当有人叫车时，系统并不是自动匹配最近的一辆车，而是第二近的车辆，为什么？

2.请思考数据驱动和模型驱动的关系。

3.请清晰地描绘出某公司产品的增长模型。

4.一个好的邀请流程具备哪些设计元素？

▶▶ 推荐书目

1.埃利斯,布朗.增长黑客:如何低成本实现爆发式成长[M].北京:中信出版集团,2018.

2.查兰,蒂奇.良性增长:盈利性增长的底层逻辑[M].邹怡,译.北京:机械工业出版社,2019.

3.范冰,张溪梦.增长黑客实战[M].北京:电子工业出版社,2017.

4.汉迪.第二曲线:跨越"S 型曲线"第二次增长[M].苗青,译.北京:机械工业出版社出版,2017.

5.曲卉.硅谷增长黑客实战笔记[M].北京:机械工业出版社,2018.

第九章小结

第十章　爆品策划

> 道生之，德畜之，物形之，势成之。
>
> ——老子

传统工业时代的生存法则是品牌为王、渠道为王、规模为王，一个产品想要一夜爆红，往往具有很大的偶然性，而且代价巨大。但是到了移动互联网时代，奇迹每天都在发生，例如，漫威打造出了蜘蛛侠、超人、绿巨人，一个又一个火爆全球的现象级产品；苹果 iPhone 能成为十几年持续吸引眼球的亿万级产品；优衣库"少品种大库存"引发了一轮轮的热卖潮……这些成功案例背后的运营逻辑是什么？没错，就是互联网的爆品为王、用户为王、口碑为王法则。"互联网+"不是工具的革命，而是一种方法论的革命，它的核心就是爆品，爆品策划正成为这个时代的重要商业运营方式。在这一章中，将回答以下问题。

- 爆品的定义是什么？
- 为什么那些传统工业时代的爆品，在互联网时代却步履蹒跚？
- 一款产品能产生什么样颠覆性的能量？
- 怎么打造爆品？有哪些关键点？应该如何落地？

第一节　爆品策划概论

一、爆品定义

"爆品"一词来源于电商，爆品就是引爆市场的口碑产品，是指那些销量特别大的某一个单品或一类商品。爆品既可以是实物，也可以是服务、平台。雷军说："在当今互联网时代，要想成功，必须要做出爆品，有引爆市场的产品和策略。"分众传媒创始人江南春也说："一个靠渠道、靠营销引爆市场的时代已经结束，如果产品本身不够让人尖叫，在互联网时代一切皆会结束。"

一个企业对于爆品的策划能力决定了其吸纳流量的能力。爆品策划能力的重点有两个："品+爆"。"品"是产品、品质、品牌及人品，"品"是"爆"的发动机引擎。"爆"的逻辑是引爆、爆发。爆品，就是找准用户的需求点，解决大的痛点（风口）直接切入，集中所有的精力和资源在这一款产品上做突破，也就是单点突破，做出超预期体验的产品，核心是极致的性价比(尖叫点),体现了互联网最核心的打法。

可见,爆品策略目的是通过打造某一个明星产品获取极大的销量、口碑,为下一步的购买转化引流。爆品的最高境界是成为现象级产品,打穿和扫荡市场,甚至改变整个行业的生态。

爆品是超级单品吗?

二、爆品特征

爆品的最显著特点是用户的分享与病毒式传播,只需要很低的成本便能吸引巨大的资本,不同于传统企业花费巨资用以打造畅销品。最重要的原因是流量的转化路径不再像过去那样的单一化,而是变得越加多样化,用户获取信息的途径越来越个性化、本土化、多元化和圈层化。从此还衍生出爆品的5个特征。

(一)大规模

数量即质量,规模即利润。赢者通吃,大多数行业依然遵循着8020原则,只有爆品,才能迅速拉升规模,成为一个重要增长极,培育产业链。互联网行业中,快速增长才拥有发展的机会。融入爆品策略的互联网企业快速地实现跨越式的发展,甚至超过了耕耘多年的传统行业或企业。这是爆品的产出特征,具体还可以细化为很多的衡量指标,如阅览量、点击量、分享量、评论量、粉丝数、注册数等。

(二)去中心

用户即分享,分享即广告。移动社交媒体全方位地融入人们生活方方面面,颠覆传统打断式的营销模式(interruptive marketing),如电话推销、群发邮件等。它承认最优质的用户有忽视营销的权利,而尊重这些用户是赢得他们注意力最好的方式,在许可营销(permission marketing)后向特定人群提供预期的、个性化的相关消息,用户更愿意分享爆品。这时候爆品策略,应顺势而为,作为直接拉动试用率,甚至成交率的关键因素。

(三)小群体

圈层即兴趣,兴趣即传播。爆品具有鲜明的小群体特点,它的流行更适合一些亚文化人群,如娱乐圈、设计圈等。圈层与圈层之间很难被顺利而快速洞穿,也就是说,在一个圈子中共鸣而流行的产品有可能在另一个圈子无法掀起浪花。唯有出圈,才能引发潮流,成为爆品。

(四)低卷入

大众即跟从,跟从即引爆。爆品更适用于大众消费品行业,尤其是快消品行业。因为这类行业的消费者介入程度低,情感型和冲动型购买的概率高,因而品牌和促销活动的效果好。

(五)偶发性

网络即失控,失控即偶发。每个点都可能变成一个引爆点。营销者没法像过去那样操纵营销的4Ps模式,需要把整个核心力量放在互联网上,不知道后期哪个事件必定会火,哪个事件能变成营销点,依然需要每天用心去开拓运营。也就是说爆品的成功充满了"失控""偶发"。

经营企业无非就是专注于 3 样东西:产品、品牌和标准。产品是基础,不能一蹴而就,要持续的规划和不断迭代优化。企业要有自己的品牌,爆品策划是一种系统化的运营方法,而不是单纯的引爆操作。单纯的一个卖点,即使能引得用户一时的兴趣,但是不能够持续引爆目标市场。用户甚至连消费习惯都没有养成,企业如何引爆市场? 况且消费者教育需要巨大的费用支出。当在企业超越了树立品牌的阶段后,便可利用自身的技术优势将官方、半官方制定的技术标准提高到自己能达到而竞争对手达不到的水平,构筑更高的进入壁垒,深挖更宽的护城河。

爆品是战略单品吗?

三、爆品作用

爆品以超高性价比来获取注意力和大流量,通过量的暴涨、降低成本、流量迁移(即引流到其他产品、私域流量池或平台),或先免费再收费等方式来实现盈利的持续增长。

(一)一种流量经营模式

流量是移动互联网最宝贵的资产之一,流量背后是活生生的用户,故流量始于注意力的经营,终于用户资产的运营。吸引注意力的方式和路径主要包括广告、意外(爆品也是一种意外)、热点(如各种重大事件)、IP 化(如名人明星)、创新(如发明创造)、风口(主流趋势或普遍需求)等。应该说,爆品模式有其重大使命价值,因为在注意力稀缺和竞争白热化的互联网生态中,"爆"成为撬动市场的一种有效方式,是快速获取流量的捷径(如果不考虑成本的话)。爆品是引流非常好的切入点,让用户快速完成第一次交易,才有机会形成复购和留存,才会带来更多的流量转化。

爆品的信条是什么,或者追求的目标是什么? 是垄断。互联网时代的垄断跟传统商业时代的垄断不一样,最致命的垄断是流量垄断。如果流量碎片化、太垂直,就无法形成规模效应和范围经济。分散流量的获取,投入费用大得惊人。传统媒体贵而无效,新媒体的水又太深。境内 BAT(即百度、阿里巴巴、腾讯)和今日头条等占据互联网流量入口,它们是以互联网为底层架构,通过搜索、电商和社交垄断流量,而后以广告、电商、游戏和投资等方式和渠道加以变现,构建起各自的商业帝国。这种赢家通吃效应越演越烈。所有互联网公司的梦想,要么是成为 BAT,要么是融入 BAT 生态,那是因为它们垄断了流量入口。所以,做爆品不是创始人的信条,而是互联网公司这个新物种的信条。

(二)从爆品、品牌到平台/私域流量池的演进

爆品一定要从战略的高度去认知。如果仅从运营层面看爆品策划,容易演化成同质化竞争的消耗战。而从战略站位去打造爆品,将形成一条推动爆品、品牌到平台/私域流量池的演进主线,即从产品到流量再到用户的思路。

爆品首先带来单品效应。工业时代单品是很难产生规模效应的,但是在互联网时代把一个单品、一个卖点做到极致就能打爆市场。比如 Snapchat 就是把一个"阅后即焚"的卖点做到了极致,它的估值达到了 190 亿美元。那么单品引爆机制的关键是什么? 是这款产品要能做到品类第一。

微信红包的

爆品战略史

打造爆品,由易到难,有3种实现形态:一是功能型爆品,用一个功能打爆市场。二是产品型爆品,从一个功能升级到产品,就是一个整体解决方案。三是平台型爆品,升级到平台,引爆很多产品。品牌和平台,是流量发展的两个高级阶段。品牌是平台的根基,是流量孕育的 IP 雏形;平台是品牌发展目标,也是流量帝国的辉煌宫殿。

(三)提升组织运营能力

产品能不能"爆",除了产品本身要做得出色之外,还有很多其他的因素,拼的是互联网企业的综合实力。决策者要有好眼光,能选对产品方向。还能沉下心来,打磨好产品,形成结构性竞争优势,这才是爆品的底层逻辑。然后还要有好的渠道和海量的用户积累,所有这些因素叠加在一起,加上点好运气,才可能出爆品。能够推出爆品,成长为超级单品的互联网企业,往往具有持续的创新意识、学习能力等。基于场景的发掘创新,不仅要在垂直维度上进行持续性创新、改良性创新等微创新,而且要在水平维度上,从对新技术、新场景、新认知、新需求的洞察而引领的一种跨界型的、革命性的、颠覆式创新。

打造爆品经验对于提升团队运营能力至关重要。它锻炼团队对于产品/行业的认知能力,对于活动的策划能力,对于流量转化的理解能力,对于项目的推广能力,以及对整个项目的操盘能力。当然,一个优秀的运营团队首先要学会把一个单品卖好,才能学会如何运营一个品类,进而把 B 端和 C 端运营好,最终才能运营好一个平台。

(四)整合和提高企业综合实力

爆品模式中真正的撒手锏是超低价或震撼价,否则它与"精品""极品"模式无异。爆品思维对性价比和体验的极致追求,也是每一个互联网企业努力的方向,尤其是对痛点、品质和体验的极端重视,更是移动互联时代营销的主旋律,即使是常规产品也要尽力改善,而非爆品独有。打造爆品本身就是互联网企业运营中一个重要内容,每项工作都要下苦功。好产品很重要,高效率的渠道不可或缺,还有好的商业模式和战略,团队要足够强,再辅之以合适的激励机制,才能整合出强大的供应链。互联网公司自身也可嵌入传统产业链,整合存量资源,挖掘潜力等,每个业务板块都很重要。

(五)重新定义或改变行业生态

颠覆式创新是重新定义或改变行业生态的创新,是几乎没有竞争对手、赢者通吃的创新。此时采用爆品模式,可以一战定乾坤,确立市场地位,占领流量入口,如微信对短信的颠覆,360对杀毒软件的颠覆,滴滴对传统出租车行业的颠覆等;或者开创新市场、新品类,培养用户消费;抑或高频打低频,高维打低维,让对手无招架之力,采用爆品模式也是较好的选择。

四、爆品风险

成功的爆品策划会带来诸多收益,同时也面临3个方面的挑战。

(一)爆品是一种难度大、风险高的运营模式

痛点、极致性价比和超预期体验三者中,只要能将其中一点做到极致就是企业巨大的进

步,更何况三者同时兼备?这也正是市场上爆品如此之少的真实原因。

打造爆品的困难体现在如下几个方面:一是痛点找不准。痛点找不准,很难成为真正的"爆品",最多在小范围内引爆。如何进行产品定义成为第一个挑战。所谓产品定义,就是确定做一个产品最早的决策点。在移动互联网时代,消费者的需求、市场环境每隔半年就会发生翻天覆地的变化。做好一个精准的产品定义,是产品经理最棘手的工作。二是超低价不易。超低价难以实现正常的盈利,容易引发价格大战,招致竞争对手报复,严重时会导致整个行业生态的恶化。三是投入大。为追求极致,没有高投入不行。高成本低价格,企业如履薄冰,命悬一线。四是库存挑战。从逻辑上说,做爆品要做量,靠大体量去撬动供应链、工厂及消费者。由于量比较大,任何一个环节出现问题,将面临滞销和库存积压,就会成为互联网企业巨大的经营压力。

(二)爆品模式容易拉低品牌档次

在消费者心智中,价格水准是衡量和评判品牌档次的重要标准,是识别和树立消费者身份和地位的标志之一。爆品往往以超低价姿态切入市场,如果企业的核心产品采用爆品模式,无疑会降低品牌的档次和形象,尤其是对一些具有身份识别意义的产品来说,爆品之锚往往会成为进入中高端市场的障碍。可以说成也爆品,败也爆品。折扣会吸引来喜欢便宜货的用户,他们更关注价格,很难获得这些用户的忠诚度,因而也难以保持持续的业绩。尽管业务规模变得日益庞大,但是商业模式却不见好转,一旦可支配资金耗尽,企业就陷入了死亡螺旋,即企业逼不得已一步一步地消减成本和裁员,这个过程像一个缓慢的螺旋,它的尽头就是死亡。

因此,即便优秀如小米手机也一直徘徊在中低端品牌阵营,难以进入主流精英阶层的视野。高维营销更需要的是精品或极品、具有人格和象征意义、优质溢价的品牌,如华为、特斯拉、奔驰、茅台等,而不是超低价的爆品品牌。

(三)爆品模式是一种大众化营销模式

爆品单纯依靠超低价引爆市场的做法,只能吸引中低端消费者,难以真正撼动市场格局。移动互联时代,市场主流已经进入圈层化、小众化、人格化的营销时代。爆品模式所追求的规模制胜、一品打爆市场的做法,是一种典型的大众化营销思维。如果是颠覆式创新或无差异市场,爆品模式有可能"一招鲜吃遍天",但在大多数已经细分化的市场领域,尤其是已经人格化的消费领域,价值敏感性高于价格敏感性,很多产品的精神价值大于物质价值。当然小众往往是启动爆品的第一波群体,他们是推动续爆裂变的重要一环。

(四)爆品模式忽视了产品的精神价值

爆品,需要产品做得好,口碑爆棚,才能获得海量销售。"爆"是结果,"品"才是根本。太渴望"爆"了,而忘了"品",就很有可能剑走偏锋。比如,爆品模式往往追求的是极致的性价比,认为性价比是取胜市场的唯一武器。这又是一种不全面、不科学的运营思维,因为它只看到了产品的物质价值、功能价值,而忽视了产品的精神价值、情感价值。这里存在一个爆品与品牌定位的匹配问题,如苹果手机打造的是精品或极品,苹果公司的核心价值观是时尚和精英文化,而不是性价比。所以性价比只是一种价值方式,真正赢得用户忠诚度的是价值。

抖音如何通过产品运营引爆平台流量？

综上所述,爆品策划只是互联网环境下的一种重度运营方式,爆品适合于"偏硬"的产品。对大多数互联网企业来说,推崇不断创新,走精品或极品模式,以内容取胜。随着爆品策划能力的深入,会逐渐转向 IP 化经营模式。

第二节　爆品发生机制

要掌握爆品策划知识,必须梳理出爆品现象背后的爆品发生机制。

一、品类角色模型

营销的终极战场是潜在顾客的心智,心智角度的品类是指消费者从心智的角度对产品信息归类、命名,赋予其特定的意义。它往往不同于市场角度所指的品类内涵,如 AC 尼尔森咨询公司基于市场角度对品类给出的一个定义是:确定由什么产品组成小组和类别。品类成为消费者产生购买行为的驱动力,消费行为表现为"用品类来思考,用品牌来表达"。现实中的很多企业划分的品类是从行业的角度来划分的,这样的界定与消费者心智中的品类是不一样的,故缺乏吸引力。

零售商根据品类的不同贡献,建立了不同的角色模型,如图 10-1 所示。爆品正好就是属于品类结构里面的流量品类,扮演的是吸引客流的角色。爆品是流量经营的有效模式,但不是唯一模式。爆品作为一种流量产品,应该与核心产品或目的产品统筹运用,让流量有效迁移或转化,而不是为爆品而爆品。此时的爆品起到了广告引流的作用,相对于广告推广成本来说,爆品本身赢利与否并不重要。

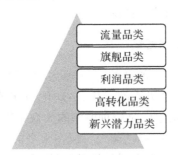

图 10-1　品类结构的角色模型

流量品类的特征主要有:销量高、单价低、价格敏感度高、毛利偏低、通用性强,通常情况下是高曝光率品类,可以通过其销售进一步促进其他品类的销售。如图书之于京东、电影票之于美团。

小米插线板卖 49 元,小米 10400 毫安移动电源卖 69 元。为什么这两款产品价格如此便宜?因为它们都是小米的流量产品。传统营销依靠渠道获取流量,互联网获取流量,必须要用互联网的方式,这种方式就是设计流量产品。什么是流量产品?就是用产品来拉动用户流量的方式,即产品自带流量。互联网公司做流量产品最常用的一种方式是免费,或者补贴,比如首单免费或优惠几乎成为所有互联网公司获取流量基本的操作。

相信很多人都会选择一些人气很旺,很多人买过且评价不错的商品,这些产品自带流量。就像人们吃饭也喜欢到一些人多的饭店而不是那种门可罗雀的小餐馆。所以,只要抓住消费者的这种从众心理,大力推广人气产品,会让消费者有一种延续性的从众判断,甚至还没有看到实物的时候就会有意识地认为这是一件不错的商品。

二、爆品培育机制

爆品培育机制,可以从情感与利益统一和爆品锁定流量这两方面来探讨,而品牌锁定流量则探讨的是如何从品牌载体跃迁到平台效应。

(一)情感与利益的统一

利益有吸引力,但是缺乏某种感召力,只有情感才能建立起深刻的关联。故事被认为是激发情感的捷径之一,它使得人们会因对于你所做事情传递出来的情感感同身受,而相信你叙述的故事。

情感主题讨论离不开对人性的洞察,可用故事去升华这种情感。尤瓦尔·赫拉利在《人类简史》中谈道:"从现代心理学来讲,正是延续了10万年的身份交流,造成了我们内心永远无法平息的空虚和不满。"借助投射,情感探索获得认同的力量。如同粉丝集聚的目的是击败自我孤独和焦虑感,获得对陪伴感和安全感的预期。比如科技类企业天生带着冰冷的气质,境内很多互联网企业标志大多采用动物形象,期望通过动物可爱的形象来软化品牌的坚硬度,但更重要的是其背后的符号意义。每种动物的秉性代表着一种精神信仰,例如狼这种动物形象,就被一些品牌作为坚毅和团结的象征。企业选择了哪种动物,就是希望那种动物的固有印象投射到品牌上。近几年互联网企业的品牌形象,从动物扩展到一些虚拟形象,试图作为企业IP战略的新起点。

爆品策划的核心工作要找到利益和情感的结合点,力争摆脱单纯的产品表述,采用用户故事叙述方式与用户共鸣,激发用户内心深处的情绪,帮助他们解开情结,找到创造爆品的契机。

(二)从品牌跃迁到平台

爆品培养初期任务比较单一,重在做好引流工作。它可以与传统的品牌建设有机统一,考察曝光量和销量指标。后期焦点引导到平台或私域流量池,铺设矩阵,留住流量。

品牌意味着注意力和流量,流量孕育IP雏形。爆品加速品牌平台化的过程,平台才是品牌发展的高阶形态,因此,爆品不只是停留在品牌打造这一目标上。比如小米手机依靠爆品引流吸粉,逐步形成IP,成立小米平台(小米生态)。品牌与平台的根本区别在于是否具有"可复制性",小米生态便做到了可批量复制IP、批量圈粉、批量锁定流量。

品牌与IP
有何异同?

三、产品口碑效应

(一)网络口碑效应

口碑传播效应的研究最早可以回溯到1954年。威廉·H.怀特发现,人们常常在"晾衣绳"和"后院的篱笆"之间的场地中相互发生影响。Katz 和 Lazarsfeld(1966)开创性地将口碑概念引入消费者行为学研究,Johan(1967)指出,口碑是影响消费者决策与行为的重要变量。Eugene(1998)将口碑传播界定为个体之间关于产品和服务看法的非正式传播,包括正面的观点和负面的观点。网络口碑效应(online word-of-mouth)定义为在网络交友或者网络购物过程中,消费者之间的互动行为对于其他潜在的消费者、生产企业乃至产品和品牌产生的影响。在信息社会中,口碑传播成为影响顾客做出购买决策的主要信息来源之一,口碑营销日益被越来越多的互联网企业作为与顾客信息沟通、促进销售的重要营销方式。

互联网产品依靠用户的社交口碑效应,很容易低成本地引发链式反应,产生病毒扩散效应。那么引发口碑效应的关键是什么? 是口碑化引爆。选择非常强的话题,在引爆的时候,找到早期的 2.5% 的极客、核心人群和核心顾客,让用户直接感知好产品的内在价值,形成口碑、好评,产生分享动机和行为。

产品是网络口碑营销成功的核心。好口碑不是来自公共关系或广告宣传活动,良好的产品或消费者体验才是激发口碑传播的传播源。据零点调查公司分析,从人们乐于传播信息的产品种类分布来看,服装鞋帽占 37%、日用百货占 28%、家用电器占 18%,食品/饮料占 16%。

网络口碑效价是一种反映消费者对于某种产品认可度的指标,口碑效价可以用来衡量消费者购买产品后的满意度。网络口碑效价分为正面、中性和负面 3 种。企业优先选择"传染型商品"(口碑型商品)作为口碑营销的传播点,这些产品拥有自我宣传、形塑口碑的秉性,能维系销售的长期口碑。

(二)消费者认知建构

什么是好产品或消费者的体验,或者说消费者眼中的好产品/体验是什么? 这里涉及一个产品口碑心理形成的核心问题,即好产品或消费者的认知是如何建构的? 诺贝尔奖获得者丹尼尔·卡尼曼在《思考,快与慢》一书中把我们的认知系统划分为两个部分:"系统 1"——反应快速、依赖直觉,不需要有意识的努力就能完成任务;"系统 2"——慢思考,工作起来就需要集中注意力,但它也理性、精确。针对上述认知方式,形成了两种有影响力的观点:一个是基于信任的定位论,对应于系统 1,多为传统企业采用。一般强调情怀、创意和明星等强势广告的影响方式。二是基于锚定效应(anchoring effect)的感知价值,业界称之为"价值锚",对应于系统 2,被互联网公司广泛采用,重在发掘理性、严谨和逻辑的强价值卖点。

1. 定位论

定位理论认为,人们心智中存在一些空隙或位置,而一家企业或一个品牌就是要占据其中的一席之地。定位的本质就是建立信任状(让品牌定位显得可信的事实,如顾客可自行验证的事实、品牌的可信承诺和权威第三方证明),商家抢占消费者的"认知阶梯"。通过清晰标识出产品的差异化,引导消费者做出快速决策,如吉列=剃须刀,沃尔沃=安全。

如果消费者心智某个位置是空缺的,企业会比较容易填补。但如果这个位置已经被竞争对手占据,替换它就非常困难了。此时,企业必须重新定位竞争对手,才能再次切入人们的心智。无论哪一种情境,企业都将消耗巨大的资源和时间,如持续做广告宣传,请名人代言等,才能够建立起信任,获得认知定位从而胜出。对于产品过剩时代中遇到的再定位挑战,定位理论创始人杰克·特劳特等在《重新定位》中提出重新定位的策略,他认为重新定位需要时间,价值是关键,而且重新定位需要勇气。总之,定位本质上是企业采用相关策略提高关系强度,增强顾客之间的信任,最终确立自己产品的影响力位置的过程。

2.价值锚

锚定效应是一种决策心理机制,它是由丹尼尔·卡尼曼与阿莫司·特沃斯基在 1974 年的"幸运轮"实验中发现并提出。锚定效应具体指在不确定情境下,判断与决策的结果或目标值向初始信息或初始值,即"锚"(anchor)的方向过度接近而产生估计偏差的现象。锚定效应是人们在判断与决策中启发式策略的一种形式和机制。互联网企业就是要寻找到用户内心对一款产品做出判断的价值锚点,成功打造爆品的核心。小米电视 2 有一个微创新,就是帮用户找到遥控器。很多人愿意为这个小小的功能去买这款电视机,因为他们觉得找遥控器是一个特别让人头痛的体验和经历。

(三)超预期口碑打造

口碑是提供超越用户预期的服务而受到的用户良好的评价。打造超预期的口碑具备 3 个条件:超预期的硬件体验、超预期的用户体验、超高的病毒系数。

1.超预期的硬件体验

硬件产品要超越预期,只强调产品的技术含量、产品性能是不够的,必须具备超预期的硬体验。什么是硬体验? 就是用户能够直接触摸、可感知的用户体验。比如苹果的铝合金外壳、机身超薄等特点。

超预期的硬体验是做硬件爆品的首选之路,最困难的环节在于如何平衡硬件技术和用户体验之间的关系? 比如根据雷军的"All In"思想("All In"是德州扑克中的一个用语,就是全下,孤注一掷),整个 2014 年华米(北京)信息科技有限公司上百人尽全力将小米手环做到极致。小米手环之所以成为爆品,主要与产品打磨阶段的三大关键选择密切相关。一是强悍的省电功能,可以 30 天不用充电。二是定位人体 ID(identity document,身份标识号)。使用屏幕不仅耗电,而且屏幕主要用来看时间的功能给用户的价值感不大。因此,小米用手环为手机解锁的功能更具价值,这意味着手环从手机配件向人体 ID 转变。三是高度关注铝合金表层和腕带等外观创新,不惜一切代价打磨腕带。小米手环 79 元售价相当于大牌手腕的 1/10,这也是小米手环成为爆品的关键原因。超预期体验硬件使得小米手环上市 3 个月销售就超过了 100 万只,6 个月后销售实现第三个 100 万只,8 个月后共卖出 600 万只。

2.超预期的用户体验

爆品源于彻底的用户思维,对顾客的需求进行深刻的洞察,通过与顾客之间互动,谋求更好的关系,并在这个基础上提供一个独到的解决方案。这个解决方案必定是极致化的,立足于顾客内心深层的痛点或渴求,让顾客感受到超乎预期的价值体验。

产品设计没有最优解,只能无限趋近最优解。产品设计不是公式,还涉及美学、体验等难以描述和定义的方方面面,这恰好体现出产品创新的魅力所在。所以,在做设计的时候,应按照运营战略所提出的集中战略,一开始就相对聚焦,然后持续接近理想化的解决方案。

定位策略和爆品策略并不是不相容的,而是可以互补的。当互联网企业资源充足,精准定位可以指导爆品策略,更好地发挥出爆品效果;当产品处于市场竞争后期,品牌影响力逐渐占据上位时,适时的爆品有利于巩固和强化定位。

3.超高的病毒系数

病毒系数 K 值指的是用户在使用一个产品的时候,有多大的可能传播给其他用户。互联网上很多现象级爆品,如脸萌等 APP 等都是找到了产品的病毒系数(具体见第九章"增长策略")。病毒系数对传统产品可能不太重要,但是对于互联网产品来说至关重要。

总之,好产品自带流量,围绕场景做好内容生产,并通过重路径或社群,天天在线,实时互动,全网全点,全接触等方式,以情感超链接,建立在线信任,完成从营销到销售的转化。但重路径也并非全有效,考虑到很多中小企业缺乏资源,可以尝试轻路径的方式,即 IP 化的内容加社群(种子群、粉丝群等),完成一个传播扩散的过程。另外,互联网企业多属于轻资产创业运营,没有实体店,也没有促销员,更没实力邀请明星代言去抢占消费者的认知阶梯。只能以极致的应用体验作为强卖点,用价值锚驱动,采用让产品"尖叫"的爆品策略。

四、流行创造原理

谁创造了流行? 流行的奥秘何在? 如何才能创造流行? 这 3 个关于流行的难题,可以进一步地表述为:内容如何成为流行的源头? 如何实现内容的广泛传播? 为什么有些东西能引起广泛传播?

(一)内容如何成为流行的源头?

在打造"内容式"爆品方面,社交媒体具有免费的、消息传递和交易摩擦极低、说服力强和转化率高等显著优势。通过内容信息的打造,把一个产品信息变成一个流行的内容源头,让它在微信、微博、今日头条、抖音、快手等社交平台上传播,把目标用户聚集在一起,形成一个内容的"喂养系统",便可以将产品信息自发且迅速扩散开来。

(二)如何实现内容的广泛传播?

1.流行三法则

马尔科姆·格拉德威尔在《引爆点——如何制造流行》中提出了流行三法则:个别人物法则(law of the few)、附着力因素法则(stickiness factor)和环境威力法则(power of context)。

(1)个别人物法则

当任何一场流行时尚到来时,总能发现几个非常关键的人物。他们独有的特点和社会关系,再加上他们自己的热情和个人魅力,能够最高效快速地将信息在一定范围内散播开来。企业引爆潮流的第一步就是要从人群中找出这些个别关键人物,利用他们来传播营销信息,点燃流行潮。

个别人物可分为 3 类人:有传播信息的"联系员"、提供信息的"内行"、说服别人接受信息的"推销员"。他们拉近了与用户之间的距离,将产品中的创新性功能和高度专业化的信息转换成大众能够明白的语音,打破了与用户之间的信息壁垒。通过这些特殊的人物对产品进行不断传播,最终带来引爆点。

（2）附着力因素法则

所谓的附着力就是能够在短时间内吸引人的注意力，并让人记忆犹新的方法。该法则关注的其实是理解及记忆的过程，通过有意识地创造一个理解新事物的过程，并通过各种形式来帮助受众记住要点。也就是说，企业在传播自己产品的过程中，要关注受众的理解能力。一个新的技术要点、一个全新的概念是否可以得到目标市场的理解，是影响未来该产品前景的关键因素之一。理解的同时要想办法来强化受众的记忆。可以将信息进行重新包装，把复杂信息转变为简单信息，它的附着力就会大大提升。

（3）环境威力法则

该法则认为消费者深受自己周围环境和周围人格的影响，甚至一个微小外部环境的变化，就能决定流行或者不流行。当然，环境威力的影响也是需要时间积累的，一旦环境威力形成影响，便可能成为一种持久的影响。那么，如何利用环境威力法则引发潮流呢？这需要团体的力量，人在人群中做出的推论或决定，和他们独处时给出的答案会截然不同，一旦我们成为群体中的一员，就容易感受到来自身边众人的压力，以及社会规范和其他形式的影响，这种种影响会裹挟着我们加入某个潮流中。

2. 引爆点行动

马尔科姆·格拉德威尔总结出了引爆点的两条重要的经验。

一是集中资源。想发起流行潮，要把有限的资源集中用到关键方面。这种高度集中、目标明确的处理方式更容易找到引爆点，从而获得广泛传播。

二是骤变理念。为理解流行潮的机制，必须了解人与人之间的交流有一套不同寻常又有悖于直觉的规则。成功发起流行潮最重要的因素，是要具备一种基本的信念：制造变化是可能的，人们能够在一些特定力量的驱动下，骤然改变自己行为和观念。这个巨变的世界，我们需要修正自己的思维偏误。诺贝尔经济学奖得主理查德·塞勒和卡斯·桑斯坦共同提出了助推理论，旨在不需要强制性手段的情况下，巧妙地引导人们做出选择。比如美国Opower电力公司在进行降低用电量"助推效应"研究时，每个月会寄发用电报告给用户，同时会对用户和邻居的用电量做比较，特别强调"上个月你的用电量比邻居多25％"或"上个月你的用电量比邻居少14％"，并附上的柱状图使对比更加直观。实验结果表明，总耗电量减少了2％！助推本质上是一种引导的行为或者鼓励的方式，那么如何有效助推呢？事实上，我们深受自己周围的大环境、小环境和周围人们的影响，只要找准引爆点位置，轻轻一推，它就可能偏离平衡产生引爆效果。

（三）为什么有些东西能引起广泛传播？

为什么一些内容无处不在，而另一些则默默消失了？乔纳·伯杰在《传染——塑造消费、心智、决策的隐秘力量》一书中揭示了其中的隐性因素，包括人类的模仿天性、差异化背后的动机、熟悉感与新鲜感之间的对立关系、人们的动机作用等。乔纳·伯杰还在大量实证分析的基础上，提出有6个关键点在思想流行时起到了迅速传播的作用，即"STEPPS"法则。

1. 社交货币（S-social currency）

话题是人们用于承载信息而形成交流的社交货币。我们希望交谈能给他人留下一定的印象，因此，交流的主题，要考虑能否找到主题/事物内在的独特性？能否使用游戏机制？

2. 诱因(T-trigger)

某些刺激物会瞬间激发储存在脑海中的记忆,这刺激物就是诱因。那么,什么具体环境线索能让人想起某产品或创意?如何打造环境让人们更多地想起某产品或创意?让信息受人关注,传播开来,这就需要易于理解的思想和观点,来诱导人的行为,简单来说有3种办法:找到关联关键词、关联行为、关联形象等,如大多数的品牌都会有一个简洁明了的商标,有些品牌的视觉符号甚至只是形状或颜色,这些都能让人迅速联想到某种产品或品牌。

3. 情绪(E-emotion)

情绪的分享,也帮助人们维持并加强自己的社会关系。带有情绪的内容,会具有极强的社会传播性。需考虑产品或创意能否激发人们的情感,如何才能点燃人们的情绪之火。

4. 公共性(P-public)

要想产品或思想获得传播,首先要把它放在所有人眼前,并尽可能让更多的人注意到它,认同模仿它,把它从私人的、不公开的信息,变成可见的、公开的信息,这就是公共性。即能够看到的产品,才有增长的潜力。需考虑产品或创意是否具有自我宣传的能力,别人使用产品时,其他人能否看到。如果看不到,那么该如何变不可见为可见?能否创造行为痕迹,并让它在人们使用产品后也依然存在?

5. 使用价值(P-practical value)

人们喜欢分享实用的信息,可重点关注产品或创意是否具有帮助他人的作用?如何突出产品的独特价值?如何通过心理学的手段(锚点理论),增强信息对人们的诱惑力?如何将专业、复杂的信息转变为他人愿意分享的有用信息?

6. 故事(S-story)

借助故事的形式,将产品或思想的核心信息融入其中,只要人们传播该故事,就是在传播产品或思想。因此要思考产品或创意是否已融入人们愿意分享的故事中?这个故事是否还具有传播的价值?

课堂讨论

时针拨回到2019年。当时,网易严选内部开了一次讨论网易严选的定位大会:网易严选到底是一个电商平台还是一个品牌?5年时间,网易严选从原厂好物精选平台已经转型为一个新消费品牌。不同于以往的精选制造商平价好货,网易严选超过60%的商品均为原创设计,其中包括在"罗永浩直播间"10秒就售罄的5000把人体工学转椅。此外,网易严选旗下浴室香氛、猫粮、床品四件套等多款商品销量过亿,用户年复购率达到54%。那么公司坚持将严选定位为品牌并走全渠道模式的根本原因是什么?

第三节　爆品运营法则

在这个选择极其多样的时代,一款产品仅仅比对手优秀20%、30%还远远不够。应该致力于打造优于对手 10 倍的"爆品"——10 倍的功能、10 倍的内容、10 倍的速度、10 倍的平台交易量、10 倍的网络效应、10 倍的贴心体验……

　　打造爆品是互联网企业运营重要内容之一,运营人员在每项工作上都要下足功夫:卓有成效的运营战略、完胜对手的好产品、优秀的商业模式、高效率的渠道、足够强的运营团队、合适的激励机制、强大的供应链等。总之,互联网企业懂用户、挖痛点、讲故事、强体验和自营销这些方式构成了爆品策划的重要部分。大量实践和研究表明,从提高爆品运营效率来说,整个爆品运营过程至少需关注五大关键法则:用户痛点法则、产品亮点法则、内容全域渗透法则、爆点营销法则、爆品持续法则(见图 10-2)。它们蕴含了以下爆品思维:用户起点、技术基础、战略导向、迭代方法、升维打击等。它们吸收了爆品发生机制的一个或若干方面,这是学习时候应该注意的地方,从中可以创造出更多有效的爆品运营法则。

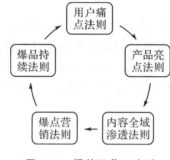

图 10-2　爆款运营五法则

一、用户痛点法则

　　什么是用户痛点?一个产品满足用户需求中最受关切的那个需求点就是痛点。找痛点是产品开发的基础工作,也是重要的创新源,因此找准痛点需要对用户需求进行深挖。所谓"1 米宽的产品,要做到 1 千米深",才能撼动市场,产品的快速引爆才有可能。

　　痛点法则本质上是用户思维,即深度理解、洞察和挖掘用户需求。爆品专家金错刀(2016)提出痛点法则有 3 个较为通用的行动策略:寻风口、找一级痛点、挖数据。风口代表一种社会性的痛点,来源于市场但又高于市场,蕴藏着爆品的巨大潜力。沿着风口潮流方向,再去寻找一级痛点。在数字经济中,上述行动的开展还必须借助于合适的数据工具,高效开展,提前布局,持续追踪用户痛点。

(一) 寻风口

　　风口就是众人最痛的需求点。

　　第一个风口来自日常生活场景。衣食住行等都是很大的市场,如能找到一个机会点,就是打造爆品的好机会。

　　第二个风口是高频消费需求。找到用户高频消费的需求点,占领用户消费的入口端。经常选择"高频打低频"的竞争方式:其一是在同一类用户需求中,先充分满足用户频次更高的需求,再进入另一个频次相对低一些的需求领域。典型案例有:在用户"出行"高频需求中,滴滴做完打车后再做拼车和专车。再如微信先在"沟通＋通信"领域建立起壁垒后,通过公众号来做内容消费。又比如过去没有人看上外卖这个市场,因为它的客单价实在太低。

但是"饿了么"看中它的高频价值,在做大外卖业务后,又做团购,美团遇到了来自"饿了么"的跨界打击。其二是在相似场景中先占据一个衍生价值更高的点,再去影响那些衍生价值相对较低的领域,会更快捷方便。如京东先做衍生价值更高的3C产品,借此黏住了用户并获得了用户信任,再做图书等其他产品,显得水到渠成,得心应手。

第三个风口是标准化。从标准化程度来看,所有产品和服务可以分为3类:标准品,如图书、手机等;半标准品,如衣服、鞋子等;非标准品,如装修等个性化产品。爆品要实现规模效应,个性化的非标准品难以实现规模化,因此需要对个性化产品进行了一定程度的标准化改造。比如爱空间是一家互联网家装公司,以往的家装都是非标品。但在爱空间一站式装修找到了一个标准化的方法:699元/平方米的可选择定制。

(二)找痛点

用户的痛点像金字塔式地分布,从上到下为一级、二级、三级痛点等。一级痛点就是用户最痛的那个需求点,也是用户产生购买动机和行为的决定因素。一级痛点并不好找,隐藏得很深。可通过反思的方式,重新定义问题,在源头上来找到这个一级痛点。用户画像的工具也被广泛使用,它的最大好处是提高了沟通效率,将用户的痛点集中到几个具有典型代表性的用户身上。

(三)挖数据

如何能持续高效地找到风口、一级痛点?对于互联网公司来说,数据智能才是找痛点的有力武器,有3个关键应用途径。

(1)关键用户数据。找到能够对产品产生决定作用的数据,即魔鬼数字。

(2)横比和纵比。横比是跟同行相比,纵比是和自己的历史数据相比。

(3)细分和溯源。细分就是按照不同的维度做更深的挖掘。溯源是查询这个数据的源头、源记录,由此分析和发现用户的行为规律。

用户痛点法则是企业寻找利润的指南针,它为用户创造价值。要高效贯彻这个原则,实现从利润到价值,全球领先的管理思想家乌麦尔·哈克在《新商业文明——从利润到价值》中提供了一个厚价值推进方案:超越、微观化、宏观化、简洁。其中超越是指站在高于市场的角度,削减信息成本,促进交换的产生,为那些长期得不到良好服务、被边缘化甚至被忽视的人群提供服务。微观化与市场的细化有关,将产品和服务切割细化,从而发掘新的市场分类;宏观化是指不但要销售产品和服务,还会将其转化成资产。比如小微金融的革新者格莱珉银行帮助贫困人群通过小微融资得最高200美元的资金支持购得移动电话,教会他们将手机租给同村的人打电话,于是移动电话变成了资产。这些小微业主不再是消费者,而是乡村电话的运营商。简洁是将复杂的事情简单化,如苹果手机用一个按键控制所有功能。

二、产品亮点法则

做爆品最难的是从0到1的突破过程,这是新产品的冷启动阶段。传统企业往往采用营销宣传手段,让用户眼亮。爆品策划选择亮点法则,就是让用户尖叫,赢得他们的口碑,发挥网络口碑传播效应。亮点法则有3个尖叫点:流量产品、产品品牌、快速迭代。流量产品是基础,通过它来创造用户口碑,这个过程不断地持续快速迭代。

在互联网上,没有完美的产品,一切都是测试版。比如,小米手机把快速迭代作为最重要的武器。MIUI 操作系统建立了每周迭代的机制,MIUI 开发版每周下午 5 点发布,MIUI 社区的点击量都在几十万到上百万次。

快速迭代是一种试错机制,可以迅速纠正、校正产品的失误和发展方向。迭代的核心是做减法,依托技术革新推动产品升级。它不会让形式"为变而变",而是一定要以技术为依托。图 10-3 显示了苹果 iMac 的基本外形没改变,唯一显著的改变是越来越薄。实际上苹果抓住了这款产品的核心点。桌面电脑最重要的卖点是什么? 一是交互显示质量要轻,二是运算能力要强大。过去需要一块大板卡,而现在只需用一个小芯片即可,内部器件变少了,变小了,性能却越来越强。电脑外壳原本需要考虑到风扇等散热功能,现在用一个部件便可代替过去 5 个部件,取消风扇,直接用壳体做散热件。于是就变成一个越来越薄、集成度越来越高的卓越产品。

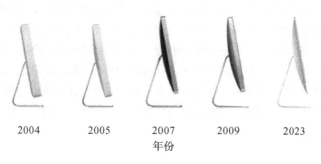

图 10-3 苹果 iMac 变化

三、内容全域渗透法则

内容运营是爆品策划导入流量的关键一环,爆品策划主线是利益、情感和故事,注重全方位增加爆品与用户之间的触达度与深度。不过,很多企业只是把爆品内容退变成了有吸引力的广告而已,而善于内容运营的互联网企业,全力以赴地将爆品内容渗透到经营活动中,即产品、渠道、组织都适时地以内容化改造,可持续性地提供强有力的爆品动力源。在做内容、养粉丝、卖产品、筑平台的爆品思路下,品牌升级成真正活着的生命体——IP。产品变成内容,品牌文化变成内容,企业家自己也要同步变成一个内容(俗称"网红")。

在一个渠道虚化的时代,如果传播按照内容和渠道二分法分类,传播仅剩下内容,渠道不再是问题。正因为如此,内容需要承担传统内容和渠道的双重角色重任,内容超越内容功能,它演变成一种新渠道。所谓内容化渠道,就是认识到渠道功能的部分丧失或退化的现象,充分关注那些能成为人们交往中介的内容,提升内容的分享力和凝聚力,以实现内容的渠道功能。相比传统渠道作为信息传播渠道和物理上的渠道,内容渠道更是一种信息上、心理层面的通道,人们拥有更多的话语空间。为此,它要求的不是那种常见的信息内容,而应是在个体认知、社会交往和价值实现过程中起到中介作用的高质量内容,这是内容渠道化的本质。简言之,内容要成为能勾起人们实现某种目标、进行某种交往的载体,具有可分享的特性。

四、爆点营销法则

一个产品要想成为爆品,用户痛点是油门,找到产品亮点,启动尖叫点的发动机功能,最终引爆用户口碑这个放大器。那么该如何引爆用户口碑呢? 爆点营销法则关注 3 个行动策略:组建核心社群、激发用户参与感、引入事件营销。

(一)组建核心社群

新产品扩散曲线,选择小众影响大众,大众引爆互联网的基本路线。引爆小众就是引爆一个亚文化群,一个核心社群,再利用 KOL 影响力迅速扩散至广大消费者。比如苹果的核心社群是设计师、小米的核心社群是发烧友、亚马逊的核心社群是文艺女生、京东的核心社群是 IT 男。如何抓住意见领袖、大 V,一个关键就是要善于嫁接热点,提升短期事件的辐射穿透力。尽量规避引起负面公共效应的事件,应倡导积极的社会效应。

(二)激发用户参与感

在互联网上,用户的参与感是一种创造力游戏。法国小说家马塞尔·普鲁斯特曾经写道:发现之旅不在于寻找新的风景,而是以全新的视角看待世界。也就是说,人类并不一定会受到新鲜事物的诱惑,反而更喜欢以新方式看待熟悉的事物。如何引爆用户参与感?可以用极具传播效应的内容激发用户的参与热情,引发用户来围观,产生很强的代入感。换句话说,上百万的粉丝免费给公司当产品经理,做体验评测员。正如克莱·舍基在《认知盈余——自由时间的力量》中所阐述的,所谓"领先用户法"并不是由产品的设计者,而是由该产品最活跃的使用者来推动的。

(三)引入事件营销

高水准的爆点营销是把一个营销活动升级为事件叙说(有关事件营销详情参见第一章"活动运营")。苹果公司擅长利用事件营销,激起消费者的预期,点燃激情,以至于每年的苹果新品发布会都能成为年度事件。苹果式事件营销法中 3 个环节环环相扣,快速制造流行:虚拟和真实的"事件"搞定发烧友,吸引媒体注意力,免费上头条,快速地制造出流行文化。再比如,全球第一大酒店品牌 Airbnb,它一不靠装修、二不靠广告,只是找到了一个核心社群——旅游发烧友,利用社交传播做成了大品牌。Airbnb 它拥有 3 个让用户积极参与的核心手段:大数据、高品位、社交电商。可以说 Airbnb 让"住"这个在传统旅行中令人头疼的部分,幻化为一个充满惊喜和故事的地方,甚至发展成为整个旅行中最有意思的一段回忆。Airbnb 的成功正是由房客、房东和他们之间的故事组成,满足用户个性化的旅行体验需求。

如何评价一项爆品营销是否成功?维基百科提出六大标准:社交网络的发展导致爆品的效果越来越显著;它必须令绝大多数人感兴趣;它必须值得朋友和亲人分享;内容必须是高质量的;必须使用一个巨大的平台去发布;为获得关注需要使用原始的激励方法,如播种、浏览购买,或者分享给粉丝。

五、爆品持续法则

爆品的出现看似偶然,但成功的背后有一定的共性。做成一次爆品很难,但更具挑战性的是如何持续成为爆品。即一方面企业要延续爆品的生命周期,另一方面企业要持续制造爆品,实现快速的增长。下面将讨论持续爆品法则的 5 个方面。然后再考察有哪些因素会阻断爆品的持续性。

(一)专注与创新相结合的爆品思维

为获得最大的学习效应,企业一般应沿着一个既定思路(已经验证有效的)专注于运营产品,通过知识管理,系统地提升运营效率,最终在竞争中形成结构性优势,这才是爆品可以持续的核心逻辑。在具体执行过程中,爆品思维要善于创新性地应用,千万不能固执己见,陷入固化套路的困境中。快速试错和 A/B 测试等方式可以帮助筛选出用户认可的产品,使产品具备成为爆品的资格。同时微创新被认为是一种比较可靠的持续策划爆品的创新思路,它是一切以用户为中心的价值链创新,从微小硬需、微小聚焦、微小迭代的角度,深挖用户痛点,推出让用户惊喜的产品,引爆用户口碑(金错刀,2016)。

(二)锁定目标用户

数据协同市场细分流程,精准找到目标用户,绘制出用户画像。如果无法明确目标用户是谁,产品开发和改进便会因失去目标而陷入尴尬的境地。

(三)高性价比潜质

高性价比虽然不是唯一的法宝,但也是经大量事实证明行之有效的方式,产品性价比不高基本上缺乏爆品的潜质。高性价比状态也不是很容易能够达到的,需要互联网企业持续创新和改善。

(四)洞察新价值创造

创造一种新的模式或者新的机制,而且这个模式是用户真正需要的,这样的模式能创造新的价值,优化客户的体验,提高行业效率等。比如传统的蓝牙耳机在使用时,需要打开耳机、打开蓝牙、选择蓝牙等一系列小动作,与此完全不同的苹果 EarPods 耳机,两只耳朵都带上时,音乐会自动启动,取下一只耳机时,音乐会停止,这源自对便利性需求的洞察和解析。

(五)顶层设计赋能

一个企业能不能持续做出爆品,一定是由组织最顶层的人决定的。最顶层的人包括最高水平的设计师及企业的最高管理者(层)。

1.最优秀的设计师

设计师重质胜于重数,即只注重能力层级的区分,而不事关人员数量。最优秀的设计师站在艺术和科学的结合点上,他们深谙人性,能很好地设计出解决人们痛点的产品。

2.有格局的企业家

如果说设计师追求爆品细节极致,那么企业家要胸怀爆品格局。爆品策划绝对是一个系统工程,它用底层技术能力做支撑,协同整个供应链网络,规划理想的成本结构、市场结构,选择进入领域最佳的机会点等。比如 EarPods 耳机里集成了全球最好的资源,使用了体积最小、性能最可靠、技术最先进的元器件。但是达到两耳协同效应的连接芯片,没有一家蓝牙芯片公司能够提供这样的解决方案。在这种情况下,苹果直接做底层开发,研发出了 W1 芯片。卓越企业家属于一个有强判断力的群体,拥有超级远见和超级感知,坚信设计的力量,给予优秀的设计人才充分信任,创造平台和空间,这些都决定了企业产品所能达到的高度。从这个层面上来说,爆品是一种意志力,是一种信仰,是整个企业运转的灵魂。如智米能成长为独角兽的

如何规避阻断爆品因素?

关键点就是短短几个月时间做出产品,抢在雾霾季之前推出小米空气净化器,年销 300 万台。在小米生态链中,100 万年销量、10 亿元年营收的单型号产品,才能被称为"爆品"。

第四节　爆品运营流程

爆品运营流程可以分解为 5 个阶段:前期评估、筹备期、爆品预热、爆品优化、爆品效应。每个阶段非常细致地划分任务,直至分解到可执行的程度。其中不仅包含"竞争对手分析""货源供货方案"等前期评估事项,也包含"客服更改话术—其他产品引流""首页更换爆款的banner"等常规引流手段,比较特别的是还加入了"关联销售准备""搭配产品""店铺类目组合深层次优化"等爆品运营方法。同时要结合和运用爆品运营原则,形成原则—流程矩阵,提高了爆品运营绩效,如表 10-1 所示。

表 10-1　爆品原则—流程矩阵

序号	爆品原则	前期评估	筹备期	爆品预热	爆品优化	爆品效应
1	用户痛点法则	☆	★			
2	产品亮点法则	☆		★		
3	内容全域渗透法则	☆		☆	★	
4	爆点营销法则	☆		☆	☆	★
5	爆品持续法则	☆				★

注:★:关键作用;☆:次要作用。

一、前期评估

前期评估分析,就是对整个目标市场进行综合的考察,确定销售目标、确定预算,完成行业分析、竞争者分析、消费者预期评估、定价、销量预测、货源供货方案确定爆品周期等环节。

具体来说,在将某一类目的某个单品培育成爆品之前,首先应了解这一类目产品在整个市场中的销售体量,目标消费群体对此类产品的需求状况、购买意向和消费潜力。一般来说,只有那些拥有庞大消费基数的产品,才具备引爆的概率。其次,要有覆盖完整的产品全链的控制力,保证产品质量。最后,利益相关者建立起合理预期,编制投入计划,做好预算控制等工作。

二、筹备期

筹备期是指爆品确定、经费落实、介绍功能/特点的图片拍摄和文案撰写、关联产品设计、搭配产品设计、厂商供货协调、新媒体/活动推广矩阵等,重点是要进行选款定价。挑选一个好的有潜质的商品款式作为爆款,是成功的开端,直接关系到爆品是否成功。注意爆品与爆款常混淆,爆款更为细致具体,可能是某个商品的一款而已,爆品则是更高的一个层次,它往往是多款的组合,容易发挥出组合效应,也符合爆款引流、爆品变现的思路。即有些产品是引流款,有些产品是利润款,互相照应,形成共振,最大限度地创造价值。

一般的选择和准备过程如下。

(1)款式的选择。计划投资做爆款的产品,拥有独特的卖点,把一两个功能点做得极致,绝大多数目标消费者都愿意为卖点买单。

(2)产品的定价。性价比是买家所关注的重点和焦点。定价一定要在同类产品中具有绝对优势,才会被大家关注并认可,产品才有爆的希望。

(3)合理的预期。建立预期,达成共识,筹措到资金,下定决心来做促销。前期不一定赚钱,但起到引流、聚人气、刷单、累计成交量的作用,为之后引爆做铺垫。

三、爆品预热

在完成市场分析、选款备货等准备工作之后,方才进入爆品的预热阶段。在这一阶段中,综合应用销售经验及对后台的数据分析能力,利用如客服话术/产品引流、首页更换爆款、秒杀、拍卖、团购、站外老客户促销互动、预热期评估等活动进行前期预热。

那么,如何持续提炼卖点吸引用户的高度关注呢?可以从以下几方面来考虑。

(一)凝练爆品的卖点

虽然前期对卖点做了系统梳理和强化,在预热阶段需要紧盯用户的消费反馈信息,测试验证用户的真痛点,唯有触达真痛点,才能扛鼎爆款的大卖点。进一步提炼出那些在短时间内吸引众多用户眼球,并引发用户疯狂转载的卖点、痛点。

那么如何提炼爆品的卖点呢?

1. 细分市场

避免进入红海市场——已经饱和的或有很强劲竞争对手的,可以选择开发一个相对细分的准蓝海领域。

2. 用户思维

对于卖点而言,不要习惯于从商人视角去判断,而要回归到消费者的认知中去寻找,从用户的应用场景去评估。

3. 表达清晰

拒绝含糊不清、定义模糊的字眼。卖点不是与人辩论,而是勾起用户兴趣。文字简洁有力,一句话代替千言万语,说出用户想说而表达不了的,让用户看了之后能引起深深的共鸣,才会成为引爆点。

(二)建立强大口碑

抓住痛点的爆品,用户使用时体验度很高。用户乐于分享这份获得感,超级用户的介入,有利于快速传播爆品的价值点,建立引爆市场的势能。

(三)催化裂变速度

在网络上形成共振的爆点,必然带着强大的口碑和强关系的推动力,在熟人的关系圈内产生裂变,引发病毒式传播。

四、爆品优化

对通过预热所得到的数据(如店铺流量、产品被访排行、进店搜索关键词、客户咨询量、成交率跳失率的动态变化信息)等进行深入研究,确定爆品的发展态势,提出优化改进工作。常见问题的优化如下。

(一)店铺整体流量少

结合进店搜索关键词,对爆品大标题进行优化。尽可能多地使用搜索热词,同时也不能冲淡或偏离爆品专属的属性,充分借助新媒体矩阵做好引流。

(二)爆品被访量低

确定主推爆品位于店铺中最显眼的区域位置,对其大标题进行优化测试,因为大标题是搜索的关键。

(三)进店搜索关键词少

了解主推产品所属类目的搜索关键词的热词,尽可能多地将这些关键词添加到自己的店铺中。

(四)客户跳失率高

如果出现浏览量大但是成交量少的现象,那么必须了解是什么让顾客放弃了对爆品的购买。此外,需完成对产品详情页的优化工作,如完善详情页,加入好评截图,文案描述等,带动站内的销售活跃度,提升转化率。

五、爆品效应

经历上述步骤之后,如果初步取得效果,相信后续的销量会逐步提升,直到进入小爆品成长期、爆品的成熟期。

(一)阶段工作要点

爆品成长期工作包括设计促销活动、站内促销活动引流、付费引流等;成熟期则重点关注整体店铺页面优化、关联销售准备、活动介绍、搭配产品、类目优化等。

(二)快节奏促销

传统线下的卖家有可能做一个广告用好几个月去循环播放,但线上销售、活动更新的频率会以"天"为单位进行变换,让用户感到"新鲜""过瘾"。如卖家今天做 0 元秒杀,明天推广限量版,后天"买一送一",大后天参加聚划算等,总之要以最快的速度不断地变换促销花样,防止消费者产生活动疲劳。

(三)增长用户黏性

更新爆品的促销主题、促销方式,目的是增强产品和消费者的黏性,让消费者养成打卡习惯,激发消费者参与互动的积极性。

(四)放大访客价值

指通过对店铺内其他宝贝进行及时的更新、优化等,提高这些爆品引流进来的访客的再次购买率,提高他们单次购买的消费金额。"关联销售准备""搭配产品"等任务旨在以爆品引流到其他产品或下个爆品产品。

(五)立体爆品法

爆品之间的互相引流、产品组合搭配、多个店铺之间的类目组合优化等都是提升营业额的有效手段。不仅要爆品,还要爆店。实现从点到线、从线到面的更好的传播效果。

爆品策划过程应流程化、精细化、可执行化,能够持续不断地打造爆款,可视化爆款的工作进度,拆解任务直接安排在客户、运营、美工等各运营人员日程之中。最后,通过 ROI 投资回报率结算、客服部信息反馈、运营部反馈等评估爆品是否进入衰退期,及时地做好新款衔接爆品的准备工作。

▶▶ 复习题

1. 简述爆品的特征、作用和风险。
2. 爆品机制及其相互关系是怎样的?
3. 如何理解爆品运营原则?
4. 爆款与爆品之间的关系如何?
5. 如何正确看待爆品选款定价问题?

▶▶ 讨论题

1. 请列举一个爆品(产品、内容、视频等),并运用本章知识分析它的爆品机制。
2. 讨论成功的爆品策划对于提升互联网公司的影响。
3. 电商企业爆品经常是昙花一现,如何打造爆品同时能让客户对产品持续上瘾?如何能让产品活得更久、更好?

▶▶ 推荐书目

1. 伯杰. 传染:塑造消费、心智、决策的隐秘力量:[M]. 李长龙,译. 北京:电子工业出版社,2017.
2. 陈轩. 爆品方法论:未来 10 年的主流商战模式[M]. 成都:天地出版社,2019.
3. 格拉德威尔. 引爆点:如何制造流行[M]. 钱清,覃爱冬,译. 北京:中信出版社,2009.
4. 金错刀. 爆品战略:39 个超级爆品案例的故事、逻辑与方法[M]. 北京:北京联合出版公司,2016.
5. 卡尼曼. 思考,快与慢[M]. 胡晓姣,李爱民,何梦莹,译. 北京:中信出版社,2012.

第十章小结

第十一章　活动运营

收入,是一连串事件。

——欧文·费雪

在各种新产品和创新应用层出不穷的背景下,互联网公司为了让自家产品能够脱颖而出,最常用的方式之一就是通过活动运营,引流用户,激活消费,提升知名度和影响力,直至达到成功引爆产品的效果。但是,运营活动往往因其实施频繁,活动上线周期短,投入预算高,给互联网运营工作带来了巨大的挑战。在这一章中,将回答以下问题。

· 活动运营框架组成结构是怎样的?
· 如何有效推进活动运营的流程?
· 如何优化活动流量管理?

第一节　活动运营基础

活动策划
职位信息

　　活动是一项日常化的运营手段。花色繁多的活动能够吸引用户的注意力,通过千方百计地鼓励用户互动,实现用户和业绩增长。活动运营工作的跨度非常之大,主要体现在以下几个方面:一是跨功能。活动运营往往在做用户运营、内容运营和社群运营等过程中,会涉及不同目的的活动类型。二是跨形式。小到一次简单的线上活动预告,大到一场花费几百万元的线下线上互动的发布会,根据不同的定位,采取不同的形式。三是跨资源。活动运营不仅消耗公司的大量资源,而且会消耗员工的大量精力。如何有效地、系统地规划好、策划好每一场活动,成为互联网运营的重要一环。尽管活动复杂,但万变不离其宗,归根结底,要重视日常的基础建设工作。为此,很多互联网公司设置了"活动运营"岗位,用于策划并有效实施活动。

　　那么什么是活动运营?有什么特征?有哪些方式?具有哪些核心组成要素呢?

　　活动运营的核心有 3 点。首先,活动运营范围涉及公司线上线下活动,需统筹考虑;其次,活动策划内容丰富,形成一个闭环,从策划、执行到跟踪活动都需要进行效果分析,并提交活动报告及建议;最后,活动运营工作非常考验运营工作者的策划能力、跨部门协调能力、项目把控能力、执行能力、数据分析能力等综合能力,需经常锻炼来提升团队的协作能力。

一、活动运营概念

到目前为止,没有统一的活动运营定义,从理论界和实务界分别给出了不同的理解。典型的有如下几类。

> 活动运营是活动策划、活动实施、活动执行跟踪、分析评估活动效果等步骤的全部过程。(苏海海,2018)
>
> 活动运营是指公司通过策划不同活动,活跃原有用户,吸引潜在用户,从而提高产品知名度和品牌度,最终提高产品销售量。(蒋小花,2019)
>
> 活动运营是通过内容和互动形式将产品进行包装,传递给目标用户并促进其参与、转化的一种运营方式。(李明轩,2017)
>
> 狭义的活动运营是指为了达成特定目标,通过设定参与规则和奖项,引导用户参与某些行为,并为符合条件的用户发放奖励的过程。更广义的活动运营,则可以理解为通过人为的资源调配来影响用户的一系列动作。(黄杰民,2018)
>
> 活动运营是通过开展独立活动、联合活动,拉动某一个或多个指标的短期提升的运营工作。活动是用户感知最明显的一项运营工作,用户或许不能直接说出某个产品的特色是什么,但很可能会记住在某个时间点,这个产品做了某个活动,让用户感觉非常好或者糟糕。活动运营可以达成许多目标,如短期拉动运营指标,也可以给产品探路,许多产品功能往往可从活动中总结和提炼出来。(张亮,2015)

狭义的定义侧重于通过策划,追求短期活动效果,即在预期时间段内快速提升相关指标(如节日推广涨粉活动)的运营手段。但是从运营目标和活动过程来看,大多倾向于广义定义,即活动运营是指公司通过有规划地策划不同活动,提高产品知名度和品牌度,活跃和吸引用户,最终提高产品销售量。本文从广义定义角度来探讨活动运营。

广义和狭义定义的主要区别在于活动运营目标的指向范围不同。广义活动运营覆盖了多层次目标,归纳为3种导向的活动运营类型:一是营销导向型。旨在实现短期的刺激效果,重点在于流量管理。二是传播导向型。强调培育品牌,要求做好规划,内容为王。三是混合导向型。通过系统策划、有序开展互动,关注增长效果,追求长期效应,属于工具理性和价值理性的混合运营方式。活动运营在互联网运营中具有重要地位,本书把活动运营看作是包含内容运营、爆品运营等在内的一系列实现增长的路径和方式,它的核心作用在于吸引用户互动,强化用户对产品的认知,从而在拉动产品销售的同时,提升企业互联网运营能力。

二、活动运营特点

(一)高度的产品依赖性

促销活动对于电商实物类产品来说是常态,它成为带动新用户或活跃老用户的标配手段。但是对于社交或内容型等数字类产品而言,很难持续地发起促销活动,后续的留存与活动本身的关联度不会太大,除非是在特定的、有明确需求的情况下,做活动才会有价值。比如通过活动,吸引一批 KOL 入驻。从两者的比较可以看出,数字类产品更需要系统地做好活动,坚持长期主义,注重长期效应。

(二)较强的运营节奏

从某种程度上来说,把握活动运营的节奏就是要洞察日常运营工作积累到一定程度的爆发点。因此,活动运营要控制好节奏,保持一个适宜的活动频次。频率太低,会感觉平台缺乏人气;活动太频繁,激励用户的边际效应会快速下降,员工也会进入倦怠期,严重影响他们的创新和效率。比如,线上周期在 20 天以上的、线下准备时间需要一个月以上的大型活动,一个季度开展一次就可以。中型活动线上周期可保持在 7~10 天,而线上周期 7 天以内的小型活动可以每月举办 1~2 次。服务好每次活动的目标用户,日积月累地涨口碑、积经验和集数据,便成为公司的一笔宝贵的财富。

(三)活动即媒体

如果一个企业坚持不懈地举办活动,且定位准确,活动用心到位,用户会对它产生一种期待,在活动的平台之上可以涌现出很多自传播的原生内容。这个媒体的势能不可小觑,因为它已经成为实实在在的媒体形式。典型的如淘宝天猫的"双十一",京东的"618"等,都是极好的活动案例。那么众多公司为何会选择一天中某个时间点,固定地做活动推广呢?答案在于这类活动可以使用户逐步养成一种"天天 X 点抢购"的体验习惯,购物狂欢节的本质是体验。线上与线下活动的结合更会让品牌的推广有效且受众广泛。

(四)蕴含强大的爆发力

相比其他营销工作,活动运营展示出了其巨大的爆发力效果。这是由于活动能够快速吸引流量,凝聚人气,从而"收割"短期收益,如 GMV 或用户活跃度的提升。活动营造出来的紧迫感,换来的是明显的时效性,往往不可持续,爆发后随之而来的是一个合理的回落期。因此,要求有节有度地运用活动运营这个特点,避免类似用活动冲 KPI 的行为,否则考核一结束,运营数据立马一落千丈。活动更应有全盘的规划,而不能期望它可以一蹴而就地解决推广问题。

(五)强化产品连接度

活动运营能较好地弥补互联网产品体验感不足的问题,而且对于产品生命力的表达方面,活动也起到了强化产品与用户之间连接的作用。这样,来自活动的信息容易传达给用户,而用户也愿意通过参与互动,体验产品或服务。甚至出现当一种活动形式成熟以后,发展为一款固定的产品的情况,这也成为衡量活动运营成功的标志性成果。

三、活动运营形式

在日常的活动运营中,已经形成了一些常规的活动形式。按照既定策划逻辑和活动形式,完全满足得了日常互联网活动运营工作的需要。

根据活动运营的目标,从顾客直接受益程度,依次分为四大类:用户返利类、趣味游戏类、品牌传播类、公益活动类等。

(一)用户返利类

1.红包补贴

红包是最受欢迎的活动礼品,用户觉得实在。如公众号中发红包活动很常见。一般会提前预告,并在活动周期的某个整点公布红包口令,用户在微信回复红包口令,或者去支付宝口令红包中输入口令内容,即可抢得红包。活动方为了控制成本,限定了红包数量,抢完即止。虽然红包补贴作为聚集人气的有效手段,但也存在"薅红包"现象,要警惕无效用户的集中性攻击,这会使得活动丧失意义。

2.抽奖有礼

在活动期间,用户完成指定要求,或符合规定类型的用户,进入活动页面抽奖,有机会获取奖品。抽奖活动的表现形式既可以是大转盘、九宫格、砸金蛋、刮刮乐、翻翻乐之类的,也可以选择创意性活动主题。呈现给用户的表现形式要富有花样,充满趣味性和新鲜感。回馈手段方面,除了设置大奖以外,还应增添更多丰富的小奖项目,提高参与活动用户的获奖概率或兴趣,拉升该次抽奖活动效果。

3.拉新有礼

除了品牌推广以外,大多数活动运营的目标在于吸引新用户,让所有已注册用户成为"合伙人",拥有他们个人的专属推广码。活动形式一般是在活动期间内,进行二维码分享。每次成功推广后,老会员可获取一定的奖励。另外,开展分享排名比赛,排序靠前的用户将获得额外奖励。为此,结合用户运营,可建立一套老会员的拉新机制,定期开展拉新活动。

(二)趣味游戏类

1.互动游戏

很多平台都提供了免费的互动小游戏的入口,用户通过这些游戏比赛,在获得一定的新鲜感和乐趣的同时,又能赢取奖励。

2.猜谜活动

猜谜的活动形式包括几种:一种是通过文字、图片或视频组织谜题,用户通过微信将谜底答案发给运营方;另一种是运营者设计一些谜题的方向,让用户去挖宝。比如告诉用户,回复与生活中的"龙"相关的词,即有可能挖到运营者设置的彩蛋。要注意的是谜语不能太难,不然猜中的用户太少;也不能太容易,容易则没有参与的成就感。好的猜谜活动与谜题的策划关联密切。

(三)品牌传播类

1.话题互动

根据当下热点、近期活动、节日庆典等,准备若干话题。类似常见方式有留言回复有礼和晒照有礼等互动话题。该类活动简单易行,用户参与度高,互动性强,可控性好,但要防止用户产生活动疲倦。

(1)留言回复有礼。让用户在活动时间内,在留言区进行回复,按照点赞数或随机筛选等规则选取中奖用户。还有一种方式是直接请用户按指定内容留言,随机抽选中奖用户,这是一种最简单的测试有意愿参与互动用户数的方式。另外还可采取征集报名类的留言方式,通过留言回复获取其他活动的参与资格。

(2)晒照有礼。这类活动互动感更强,与运营目标结合,有3种常见方式:第一种方式是设定方向型。比如设定亲子照、全家福、风景照、美食照、萌宠照等不同专题的照片,然后让用户将照片发至公众号后台,按照活动规则抽选中奖用户。第二种方式是指定转发型。旨在促进分享、促进交易或者促进其他KPI提升,比如请用户将某个/类指定图片/文稿分享到指定的朋友圈、微信群或者其他平台,截取相应的图片为转发佐证。第三种方式是实物分享型。如请用户拍摄购买开箱物品或者购物小票等,发至平台后台便给予奖励或者筛选后给予奖励。

2. 内容策划

(1)投票/评比活动。这已经成为朋友圈、微信群中较为常见且比较高效的活动形式之一。一般是比赛制,通过设立大奖,吸引用户报名,然后在微信公众号内拉票,根据最终票数或者报名内容等规则决定最后胜出者。在公众号中,投票活动一般是孩子作品比赛、员工工作比拼等,该类投票/评比活动只要拥有这些要素,活动效果大多有保证。需要注意以下3点:一是投票过程不宜太复杂,比如找到投票人都需要半天,别人就可能弃投。二是搭建专门的投票平台,需要防止刷单作弊。三是如果投票活动的目的是吸粉,需要关注后才能投票,投票后又要充实内容才可以吸引用户。

(2)有奖调研/问答活动。调研是一种收集信息的形式,而问答会引发用户对平台和产品品牌的思考和认同。具体活动形式是根据需求来设计调研问卷或问答题项,用户参与填写信息而获得奖励或红包。如果是在平台自有的调研系统完成,可直接发放奖励,刺激用户的参与。

①征文征稿和征名活动。该类活动一般可设定征求的方向,比如征集经典产品故事、征集元宵主题的文章,或者征集公众平台的宣传口号或某个新品的名称,让用户进行创作。用户创作出的优秀产品,将在微信公众平台发布和推广,同时给予一定的奖励。这类活动形式适合于对原创内容有一定要求,同时粉丝会员的质量和黏性都较高的平台。

②用户访谈。人人都是一个自品牌,用户不只是聆听的对象,有时候也可以设计某种活动,让企业成为被聆听的对象。通过策划企业自己的主题方向,邀请用户报名,一对一进行沟通访谈。用户的故事被撰写成文或设计成图,成为重要的运营素材。对于参与访谈的用户,给予一定奖励。这种活动适合专业媒体型的平台,或者是需要以用户去"感染"更多其他用户的平台。

(3)H5活动。不是每个活动都要有奖励才有用户互动,好的策划成为平台的招新功能。如曾经风靡过一时的病毒式H5活动,它作为一种广告的表现形式,基于HTML5(构建web内容的一种语言描述方式)来实现,主要在微信上宣传营销使用。可以从创意形式、所属行业、应用场景3个维度来划分H5的实际应用类型。

①创意形式:视频H5、全景VR、快闪、合成海报、游戏、数据表单等。

②所属行业:互联网/IT、文化/娱乐、教育/培训、媒体/政府、旅游/会展、其他行业。

③应用场景:一是生成器型。用户在H5页面上输入相应信息,生成风格独特的证件、照片、海报和表情包等,因其好玩、有趣或有价值的内容引发病毒式传播。二是测试型。如回答指定的问题进行智商、情商、专业度等方面的测试,或者是对照片(个体、家人、朋友)进行水平、契合度、相似度等指标的打分。

(四)公益活动类

支付宝的蚂蚁森林、腾讯公益的小朋友画廊、头条寻人……这些活动都成了经典的公益活动。2017年8月29日早上,一个腾讯公益的"小朋友画廊"一元购画的活动在朋友圈中刷屏了。活动并不复杂,也没有什么独特创意性,而是将真实的人物、绘画呈现给受众。参与购画的人群发自内心地希望能帮助到那些孤独症患者、脑瘫患者、精神障碍患者、智力障碍患者等。通过一个H5的募捐活动,激发了众多人的善念。有超过581万人次参与,捐款高达1500万元。这种"社交＋公益"的力量,为何疯狂刷屏?

公益事业借助了社会化平台的群体效应,放大了传播的力量,而参与公益事业的群体借由公益活动来展示个人的善意。类似公益事业的传播之所以能引爆有两个关键点:其一,是在一个恰当的公共空间,传播一项获得广泛认同感的正向事件;其二,参与门槛和传播成本都很低。

下面结合这两个关键点来梳理腾讯公益的"小朋友画廊"快速引爆的原因。

(1)好内容好产品奠定基础。这些画由一些孤独症患者、脑瘫患者、精神障碍患者、智力障碍患者创作,画作中透露出童真、幻想、热情和希望等意象,直触人的内心。

(2)低门槛营造参与互动感。公益不一定意味着大额的捐款,哪怕是1元钱、2元钱,也能聚沙成塔,营造巨大效应。另外,通过引入个人姓名等,增加参与的仪式感。

(3)人人公益激发善心。人人公益的方式能够激发出用户在全社交网络分享的热情,他们选择在朋友圈和微信群中广泛传播公益图片。当然,还有一些公益活动并非以捐钱为目的,通过"自身行为改变＋企业赞赏"途径完成公益,或通过社交平台实现爱心裂变传播。

与其他运营工作一样,活动运营做到一定程度,会陷入一种思维困境,如活动无非是在回复的留言中随机筛选用户进行奖励,除了话题变化其他毫无新意。但是上述各种活动形式表明,敢于、擅于创新,就会使活动运营不但具有很多可选择的形式,而且可以培育出专属的活动风格,以有感染力、表现力的方式将活动特色展现出来,让人眼前一亮,高质量地达成活动运营的预设目标。

四、活动运营基础理论

(一)活动理论

1.活动理论概述

活动理论又称文化—历史活动理论,它是分析普遍存在于人类社会的各种活动的描述性理论。起源于康德与黑格尔的古典哲学,成形于马克思辩证唯物主义。人类思维的产生和发展必须在一个有意义的、有目标导向的、人与环境交互的社会背景中理解。活动理论以活动为基本的分析单位,认为人在一生中要涉猎多种活动类型,其中游戏、学习和工作是学前期、学龄期和成人期占主导地位的3种活动形式,这3种活动中都蕴含着丰富的学习因素。以维果茨基为代表的学者提出了无认知中介思想,认为在人类行为的刺激和反应之间有一个二次刺激,相关学说被称为第一代活动理论,后来的活动理论均以此为基础。但是第一代活动理论的分析单元依然仅仅关注于个体,还没有关注到群体。第二代活动理论的代表人物是列昂节夫,他扩展了活动理论的框架,使分析单元由个体扩展到群体,并提出了活动的层次结构。后来芬兰学者里奥·恩格斯托姆(以下简称恩格斯托姆)认为列昂节夫的活动理论没有考虑到社会大背景的影响,在此基础上发展出了第三代活动理论,形成了活动的四层次结构模型:活动系统、活动、行为和操作。

活动理论中另一个重要的概念是矛盾。矛盾是一个活动不断发展的基础和动力,它促使活动系统不停地变化。活动系统中的每个节点都受到不同活动或变化的影响并产生不平衡的现象。矛盾产生于活动系统中的某一个单独的节点里、不同的节点之间、不同的活动间及单一活动中的不同阶段中。

目前,活动理论已经成为一种多学科、国际性的理论,对它的研究已经扩展到信息科学、社会研究及教育研究领域等。

2.活动理论系统

Engeström 1987 年提出活动是一个系统,包含 6 个要素与 4 个子系统。活动系统包含 3 个核心成分(主体、客体和共同体)和 3 个次要成分(工具、规则和劳动分工)。次要成分又构成了核心成分之间的联系。它们之间的关系如图 11-1 所示。

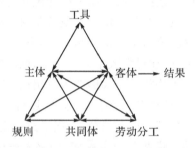

图 11-1　人类活动的结构

(1)主体(subject)。这是指活动中的个体或小组,他们按照自己的意愿进行活动。

(2)客体(object)。这是指主体操作的对象,可以是物质的实体也可以是精神或符号,是主体通过一定的活动受到影响改变的东西,并被主体转化为结果。

(3)共同体(community)。共同体是多个个体或小组通过交往与互动形成的稳定团体,他们共享客体并自我建构以区别于其他共同体。

(4)工具(tools)。工具包括将客体转化为结果的过程中用到的所有事物,可以是物质工具或心理工具,比如和谐的关系、愉悦的心情、良好的网络等都是工具。

(5)规则(rules)。规则是用来协调主体与客体的,也是对活动进行约束的规定、法律、政策和惯例,同时包括潜在的社会规范、标准和共同体成员之间的关系。

(6)劳动分工(division of labor)。分工是共同体内的成员横向的任务分配和纵向的权力与地位的分配。

完成活动过程需要不同成员完成不同任务,以使活动可以正常进行下去。这 6 个要素相互组合构成了 4 个小三角形,分别是生产、交流、分配与消费 4 个子系统。

3.活动理论原则

活动理论有五大原则:即以目标为导向原则、具有层级的结构原则、内化和外化结合原则、具有工具中介原则和发展原则。

(1)以目标为导向原则。活动是指向目标的,无论采用什么样的活动形式、什么样的活动过程,目标是一定的。

(2)具有层级的结构原则。Leontiev(1978)认为活动是有层级的,包含 3 个层级,如图 11-2 所示。第一,目的性层次。活动(activity)是客体导向的,要实现一定的目标,驱动活动的动力是主体的动机(motive)。第二,功能性层次。行动(action)是活动的基本组成部分,是要实现活动并最后满足动机,行动往往是目标(goal)导向的。第三,常规性层次。操作(operation)是指一定条件(condition)下的操作,行动是靠一系列的操作完成的,这些操作是无意识的、自动化的,且依赖于一定的条件。所有的操作最初都是行动,需要有意识的努力,随着实践和内化的进行,越来越自动化。活动分解成行动,并最终细化成操作。

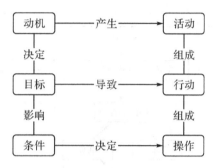

图 11-2 活动、行动和操作

(3)内化和外化结合原则。这是指活动对人的影响的两个方面。内化是将活动中的知识、技能、理念等转化为自身的知识、技能、理念等,是学习者对外在世界认识的改变。外化则是因内化而改变学习者行为及其外在表现。在活动理论中,活动由内化转向外化,由外化再影响内化。外化与内化相互影响,相互作用。

(4)具有工具中介原则。活动理论使用大量的工具,有基于人类文化的工具,如符号、语言等,也有物理活动工具,如机器、自然环境等。这些工具是活动理论的基础。

(5)发展原则。这是活动理论的要求,也是参与者参与活动的基本意义。

4. 网络信息寻求行为中的应用

活动运营的有效性取决于是否把握住了用户网络信息寻求行为的规律。信息寻求行为是为了满足信息需求而有目的地寻求信息的行为,重在探讨人类获取信息资源的种种方式。Ellis,Cox 和 Hall(1993)将信息寻求行为的特征归纳为:链接、浏览、区分、监视、提取和校正。在信息寻求行为研究中,重点研究方向为在执行活动的过程中,用户如何获取、使用信息,他们的情感、认知发生了哪些变化等。

活动理论为分析社会—文化—历史情境中的活动提供了一个框架,对上述信息寻求行为的研究是非常重要的。它考虑到了共同体、动机、目标的重要性,以及工具、规则、劳动分工可能对活动产生重要的影响。它拥有强大的生态和历史功能导向,强调认知发展、文化发展及个体发展是一个统一体,强调意义的生态和社会本质等。具体来说,从活动理论视角来看,信息寻求活动是一个历史性的概念,认为活动是在长时间的过程中形成的,个体或群体的活动目标不可能迅速转化为结果,而是通过多个环节和步骤一步一步转化的。即许多因素与环节会影响到信息寻求活动与行为的变化与发展。活动的文化—社会情境及活动与外部环境的关系组成了活动的宏观环境,而情境中目的、动机、规则、标准及劳动分工则构成了活动的微观环境等。目前关于用户网络信息寻求行为的研究,主要是关注特定情境中、有限时间内,有限用户信息寻求行为的某个或某些典型特征。为此,一方面,运营活动中就需要关注各种不同的因素,不仅包括用户的内部特征,而且包括环境和文化因素。另一方面,足够长时间跟踪是非常必要的,这有助于探究活动系统的影响因素及明晰用户的信息寻求行为与模式,进而为用户设计恰当的活动系统,使用户的信息寻求行为和学习方式发生质的变化。Bedny(2006)的活动理论模型对网络信息寻求行为的研究起到了很大的推动作用。Wilson(2006)结合行动理论和信息搜寻过程理论,提供了一个有影响力的研究信息寻求行为的框架,如图 11-3 所示。

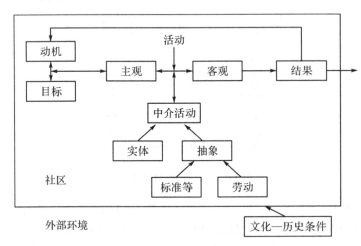

图 11-3 信息搜寻过程过程理论示意

(二)事件营销

1.事件营销定义

自西方传播学家丹尼尔·戴扬和伊莱休·卡茨在《媒介事件》一书中提到"媒介事件"(media events)这一概念以后,广告和营销策划人开始重视媒介事件的特点和价值,目前它俨然广为流行,是非常有效的市场推广和公关手段,即所谓的事件营销。事件营销又叫活动营销。活动营销是品牌的救命稻草,活动营销绝不是"四两拨千斤"、哗众取宠的"点子大王",而是消费者真正参与其中与企业产生互动的事件、活动。

Wilkinson(1988)正式对事件营销概念进行了定义,它是企业为了在特定时间内达到特定目的而策划实施的不可重复的营销活动。该定义强调事件营销的一次性和即时性两个特点。在此基础上,Graham,Goldblatt 和 Deply(1990)从公共关系学的角度加以了优化。他们认为事件营销还必须以特定要求为目的,能够引发公众心理性反应,从而形成有利于企业的行为动机。骆靖、宋倩和王笑楠(2012)给出了较为全面的定义:事件营销是指企业通过策划、组织和利用具有新闻价值、社会影响及名人效应的人物或事件,吸引媒体和消费者的关注,以求提高产品或企业的知名度、美誉度,树立品牌形象,并最终促成产品或服务销售的营销方式。

通常内容、事件、对象、空间和目的等要素共同组成了一个完整的事件营销,其中的重要特征就是消费者的直接参与体验(Donald,1997)。与促销等传统的营销手段相比,事件营销具有参与性、互动性、话题性、创意性、低成本、风险不确定性等特征。如典型的天猫(最初称淘宝商城)"双十一"事件营销,经过十几年时间的发展,"双十一"已经成为一大购物盛事。淘宝商城展开立体网络化的宣传,人们可以通过不同的渠道获取关于"双十一"的信息,"双十一"被无中生有地打造成为狂欢的节日,各大厂商获得了前所未有的流量红利。总之,成功的事件营销不在于一时产品销量的增加,而在于能有效地塑造与维护好品牌。但是境内事件营销大多注重短期效应,忽视长期发展,导致很多活动缺乏可持续性。在数字传播时代,由于受众获取信息的渠道与花费的时间越来越碎片化,营销迎来了内容为王、跨媒体、线上线下融合及多屏互动时代,事件营销若能与消费者形成共振,无疑能强化消费者对品牌的喜爱,培养起品牌忠诚度。

2.事件营销与消费者行为

事件营销发展迅猛,涉及多个行业领域,研究内容非常丰富。总的来看,以事件营销为出发点,对消费者行为和态度感知变化进行研究,将形成一个完整的闭环。现有研究基本上都和事件、消费者、企业这3个因素之间的契合相关,利用识别理论、平衡理论、契约理论、归因理论等理论对匹配性(compatibility)、合适度(congruence)、契合度(fitness)加以研究。

3.事件营销的形象传递

事件营销是为了实现目标群体情绪化的总体目标而实施的,最重要的目标是改善品牌或公司的形象,即会集中考察一个事件营销的形象转移过程及转移发生的契合条件。

安东·格洛格提出了一个营销专属的"形象转移"(image transfer)概念:形象转移不是公司采取的措施或行动,而是人们对公司的措施或行动的心理反应;形象转移不仅包括转移到目前为止还没有与对象建立的新关联,还包括加强已经存在的关联;内涵和外延特征都可以转移或强化。形象转移的特征在于互易性,即它可以在两个物体之间双向转移。

在成功的事件营销中,一方面,消费者同时受到情感和信息的认知刺激,产品和公司的内涵和外延特征都得到了传达。另一方面,事件和品牌都传递出情感和信息的效果。事件的中心功能在于引发情绪,事件传播公司主要寻求传达品牌信息。

由此可以看出,事件营销中发生形象转移的前提(必要条件)为:消费者必须同时吸收来自事件的体验价值和关于品牌或发起公司的信息。举例来说,如果完全专注于一场激动人心的足球比赛的观众没有注意到位于周界上的所有信息,那么周界上传递的品牌或企业的信息就会因为被忽视而导致广告无效。在这种情况下,不可能发生形象转移。如果消费者确实一起接收了情感和信息,但是事件和品牌之间没有足够的亲和力,或者消费者不接受事件和品牌之间(人工)构建的联系,即缺乏契合度,基本上有两种不同的后果:不会产生任何形象效果(既不是正面的也不是负面的),或者会产生负面影响。这个是在实施事件营销时必须要考虑的重要方面。

所谓契合度是指企业形象、定位、目标市场与事件形象、顾客之间的联接程度。如Lafferty,Goldsmith 和 Hult(2004)借助信息整合理论,对消费者处理信息的态度的变化进行了研究。开始时,消费者会形成一个初步的主观意识,并对企业与事件的关联程度进行判断和识别。只有当契合度高于一定水平时,才会给出正面的评价,这时候的事件营销才可能取得成效。Gupta 和 Pirsch(2006)认为,当某一事件能够引起消费者共鸣或者直接影响其利益时,在这种契合度较高的情况下,消费者会不由自主地认为企业通过该事件与自己形成了某种共识,会产生一种主人翁意识,引发对企业的关注,甚至建立依赖关系。

总之,企业在进行事件营销时,需要深入了解自身和目标市场的特质,选择与自身特质相符的事件,并通过契合度较高的方式来传递信息,从而达到更好的营销效果。同时,在数字传播时代,要注意到事件营销的伦理问题。如低俗事件营销挑战社会公序良俗,企业间互相攻击有违竞争伦理,一味博眼球缺失人文关怀等。与其他营销手段相比,事件营销最大的特征在于擅于借助"热点事件"的影响力。企业若只看重营销价值而不顾法律道德底线,那么企业的品牌形象建设有如沙上建塔,一不小心就会导致身败名裂。只有契合消费者心理的正向事件营销,才能引起消费者对品牌的最大化认可。

第二节 活动运营内容

一、前期准备工作

(一)活动运营系统框架

活动运营不是孤立的单次活动事件,而是公司有规划下的一整套活动方案。活动运营围绕着一个或一系列活动的策划、资源确认、宣传推广、效果评估等,全方位地推进项目,确保活动进度,严格执行落地。整个活动运营有效性有赖于活动策划、流量管理和数据分析等三大支撑要素,协同赋能活动运营,达到持续输出有影响力的内容的状态,推行活动过程的数据分析,控制流量的动态管理。它们的底层理论主要有活动理论、客户预期理论和事件营销,如图 11-4 所示。

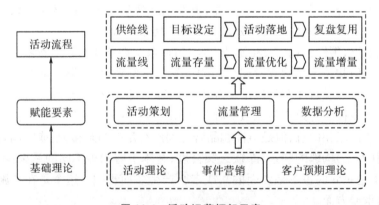

图 11-4 活动运营框架示意

活动运营赋能支撑要素具体如下。

1.活动策划

发挥出活动杠杆效应的最核心点在于创意洞察力,它几乎决定了后续的发展态势。活动策划主要考察以下两个典型的场景。

(1)品牌提升场景。公司若对"活动"的定位较高,会定期通过一些中大型的活动来提升某些核心数据或是宣传公司品牌,与此相对应的活动策划设计、执行确认等也会比较复杂,需安排专人来组织和跟进(类似支付宝集五福这样的活动)。

(2)用户维护场景。公司已有一定数量的用户,为了做好用户维系,需要定期策划和落地一些有价值的活动。又或者该项业务本身要求以持续不断的活动来助推保鲜,如淘宝、天猫的各种购物节。

2.流量管理

流量管理旨在通过每次活动吸引到更多人的关注,并能够实际参与到活动的互动中来。做好流量管理工作,一方面需要对客户的心理有深刻的洞察,能够按照用户心理进行差异化的互动设计,预设各环节的体验流畅度。另一方面重点关注站内外流量管理和效果优化,这是活动效果的基本保障,尤其是在打造私域流量池时,通过全渠道获客、私域流量运营及销售闭环的打造,辅之以数据运营,有效提升存量市场运营效率,开拓出新的增量市场。

3.数据分析

活动中数据分析是活动运营高效开展的支撑要素。整个活动必须要按照数据运营的思路,建立一套适合公司的数据科学方法论。当然不能完全依赖数据,也不宜完全 KPI 指标化,重点还在于开发出适合公司的一套优化打法和实施策略。

(二)活动运营系统认知

1.点:活动运营整体契合性

活动运营是一个整体,不应该被误读为割裂的若干次行为,它是基于业务的一整套有规划的活动体系。其中存在 3 个方面的契合点:一是活动与内容、新媒体、流程等模块之间的契合。二是活动连接产品和用户,核心在于找到两者之间的契合点。三是活动自身与活动系统之间也要找到定位的契合点。如图 11-5 所示。

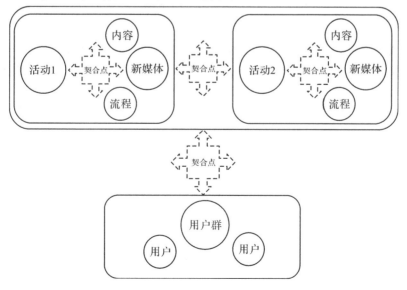

图 11-5　活动运营的契合点

2.线：活动运营与产品周期关联性

产品所处生命周期阶段不同,活动的形态和任务也会随之发生改变。比如在产品探索期,活动运营的目的在于用较为简单的形式去探索、评价、试错。一旦明确了收益,进入产品化阶段,活动运营将以常态化的形式存在,打动和吸引种子用户。在产品成熟期,活动运营的核心任务就转换到新老用户运营,以及用户价值的持续挖掘方面。

3.面：策划活动的原则

在活动运营策划层面上需要把握好以下 5 个具体原则,如图 11-6 所示。

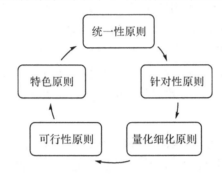

图 11-6　活动运营策划层面 5 个原则的关系

(1)统一性原则。所有活动都要从系统角度来思考,就是活动的主题、形式、内容和环境及整个实施过程等都要统一。统一性原则的第一个方面侧重于活动内容本身,活动的内容、形式要围绕着选定的主题。第二个方面侧重于确保整个活动有序、有效地开展,统一实施。

(2)针对性原则。活动方案策划要围绕活动主体的特点,聚焦主体,以奥卡姆剃刀思维,裁剪任何会分散注意力的地方,从而吸引目标群体的关注,达成活动运营的目的。

(3)量化细化原则。活动方案每一个环节应有具体的方案与人员安排,注意防范不确定因素的负面影响。每个事项做到量化,在实际工作中通过设计一些表格将重要事项一一标注。量化细化非常考验工作的落地性,也是知识积累的要求,有助于从复盘环节中提炼出有益的经验和规律。

(4)可行性原则。这是衡量活动运营的基本要求,否则最好的创意只能停留在纸面上,产生不了绩效。如果在半途被迫中止,那么更会带来不可预计的损失。活动的规模是以预算和实际情况来决定,方案目标不宜过高,内容不宜过多,形式不宜过难,环节不能过复杂。必要的时候将其拆分,把控运营节奏,以免活动变得虎头蛇尾,因为失控会让人心中没底,丧失行动决心和信心。

(5)特色原则。千篇一律的套路式活动自然无法让用户感受到新鲜感,用户遇到雷同的、相似的活动,会失去兴趣。很多活动之所以取得不菲的成绩,就在于它体现出了自己的特色亮点,博得用户眼球,让人对它印象深刻,做到这点非常考验运营活动团队的策划能力和实战能力。可以说,唯有特色,契合定位,方能发挥出活动运营的功效。

4.体：活动前期的准备工作

(1)制定合理的活动时间表。主要从活动的分级管理、活动的时间预留、活动的结果比照评估等方面来编写活动时间表。

(2)有意识地搭建活动库。从活动推荐节奏、优劣表现、用户体验流程、目标用户、创意内容、活动展现等维度进行分析—选题—落地—复用。

（3）重视活动重要度。战略项和核心业务优先，遵守产品在每个阶段的策略重点，做出排序和资源管理决策。新品牌/新功能/新 banner 优于老品牌/已有功能/已上线 banner。初期活动运营以产品体验为重，中期注重拉新，中后期以价值变现为基，后期以品牌口碑为本。全国/平台优于地方/产品线，结合这个重要度排序，开展活动资源位管理，即资源申请—需求审核—协调排期—配置审核—评估效果。

（4）选择高效的活动运营工具。从活动策划到活动执行，总结分析都可以借助一些专业工具，起到事半功倍之效。一是创意策划工具。创意策划是每个活动的"灵魂"，除了传统的头脑风暴法以外，现代也有了许多新的方法，如萃智（TRIZ）法，意译为发明问题的解决理论，它为创意的诞生提供了科学的方法。它不是采取折中或者妥协的做法，而是基于技术的发展演化规范研究整个设计与开发过程，可大大加快人们创造发明的过程而得到高质量的创新产品。二是活动流程管理工具。为了使活动流程更清晰明了，常借助一些流程图来简化问题。有很多软件工具可以实现该功能，如 Viso、亿图、ProcessOn 等。三是活动进程管理工具。高效活动的执行取决于活动进程的各项工作的协同管理水平，它涉及人员、文档、时间、成本、质量和风险等诸多方面的管理。为了更快捷方便地进行活动管理，目前已经开发出各种辅助工具。如甘特图绘制软件、Teambition 团队项目协同工具、Microsoft Office Project 等。四是活动发布工具。活动运营中会举办一些线下发布活动，市场上有活动发布推广平台工具，用户不仅在平台上发布活动，也可以选择报名参加各种各样的线下活动。如"活动行"便是一款活动发布及推广平台。

二、活动运营流程

数字化运营建立在一个完整的系统的流程基础上，活动运营的流程概括为下面三大环节：①活动目标确定与分解；②活动策划与方案设计（确认内部、外部资源）；③活动的执行与落地[活动开发准备（启动策划—部门协作—预算提报—设计—评审—开发）、活动预热（小范围 A/B 测试—活动优化）、活动实施（上线传播—活动监控—活动优化）、活动总结分析（活动总结—活动复盘—形成固定的活动套路）]。

（一）活动目标确定与分解

1.设定活动目标

活动之始设立明确目标，这既是活动运营的要求，也是互联网运营管理的基本特点。如图 11-7 所示，一场活动的目标是以引流为主还是变现为主，要考察细分的应用场景的关切点：是以吸引用户关注、拉动用户贡献为主，还是强化用户认知，或者增加用户黏性……明确目标之后，思考引导方式并将其转化成一个可量化的活动目标，再规划后续安排。目标不同，对活动效果评价提出的要求也不同。缺乏明确的活动目标，极易滑向为了活动而活动的窘境。

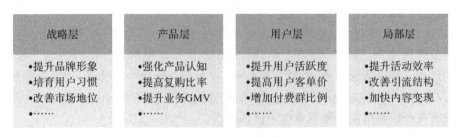

图 11-7　活动运营目标

如何达成
涨粉目标?

2.设定活动运营的指标

综合分析业务和产品/用户情况,确定活动指标。一次活动无法完成所有诉求,要有计划、阶段性地推进工作。常用 SMART 原则指导指标设定工作。

(1)目标必须是具体的(specific)。

(2)目标必须是可以衡量的(measurable)。

(3)目标必须是可以达到的(attainable)。

(4)目标要与其他目标具有一定的相关性(relevant)。

(5)目标必须具有明确的截止期限(time-bound)。

停赛期间
如何让消费
者感受到平
台的价值?

3.把握活动运营节奏

节奏指的是自然社会和人的活动中一种与韵律结伴而行的有规律的突变。节奏感是运营工作成熟的标志,可以牢牢把控产品发展阶段走向,如在哪个发展阶段,该在什么时间采取何种运营方式,各部门该在何时介入配合会比较好等。活动运营的节奏,能够更好地提升产品在用户心中的形象,不断挖掘和传递出产品的核心价值,通过创新玩法,不断激发用户活跃度,加大产品使用频率,培养用户使用习惯,提升用户黏性,延长产品的生命力,发掘客户的资产价值。

如某互联网企业,一年有 4 次大规模的运营活动——开学季、网校节,每次活动时间基本固定,可只在活动主题上稍做调整。除 4 个节点以外,会推出一些小型的运营活动,如此形成一个年度的完整活动规划。

又比如"天天有活动,日日享促销",这种节奏常见于游戏和电商运营中。每年 365 天都被各类活动覆盖,无论用户哪天登录都会收获惊喜。当用户感知到这种节奏,不时地登录参与一下,在收获意外惊喜的同时,也在不知不觉中,习惯性地参与其中,自然不愿意离开产品。

感知到竞争对手的节奏点,打乱竞争对手的节奏,能起到事半功倍效果。比如淘宝商场创立"双十一"购物狂欢节后,京东顺势在"双十一"当天也推出促销活动,并创立"618"店庆日主动出击,宣称一年有两次购物狂欢节,反守为攻,使得淘宝商场也不得不在"6 月 18 日这天"跟随建立促销活动的节奏点。

(二)活动策划与方案设计

活动策划属于活动的设计阶段,需要明确的活动主题、时间、对象、方式、预算、流程等具体事项,相当于做活动整体的规划和计划。在活动开展期间总是难免会遇到突发情况,有时候其至一个非常小的细节失误就会让一场活动的效果大打折扣。也正因为如此,一场活动往往需要周密翔实的策划方案,反复推敲,设置 plan B(第一方案不可行的情况下使用的第二行动方案)来应对突发性事件,确保实现活动效果。

1. 活动方案设计核心在于明确问题

所谓问题就是现状与期待之间的落差。如果这个落差很大,问题的强度也会很大。按照高杉法的观点,依据"距离"可以分为恢复原状型、预防隐患型、追求理想型等3种"不良状态"。恢复原状型是指将已损坏的事物修理好,如想将下跌的营业额恢复到原来的水平。预防隐患型是指现在没有大碍,但将来可能出现不良状态,从而提前做好预案,如预期将面临用户流失、资金窘境,该如何度过年终? 解决这类问题的重点在于如何在问题引爆前拆除引线。追求理想型是指期望现状能够往更好的方向发展,比如,该怎么做才能实现公司增长? 在现实中,3种类型的问题会共存,应确定核心问题的类型,做出切题提案,提案一共会考虑7个方面。其中恢复原状型主要有应急处理、根本措施、防止复发策略等3个方面的措施;预防隐患型需考虑预防策略、发生时的应对策略;追求理想型则侧重选定理想、实施措施等方面。

2. 提案中重点思考的4个层面

从用户、内容、产品交互、传播层面出发,需要重点思考以下4个方面。

(1)用户层面。依据用户画像明确一些重要信息,如活动的目标用户是怎样的一群人? 他们喜欢什么样的活动? 平时会参加什么样的活动?

(2)内容层面。通过数据分析目标用户日常关注的主题是什么? 什么内容(痛点内容)可以吸引到目标用户? 设计什么样的内容表现方式可能会更加有效?

(3)产品交互层面。产品需要什么样的功能? 该如何设计产品交互方式? 设计有效的互动形式是否具备反馈"钩子"(即 hook,指"是什么使这个活动变得特殊")? 吸引用户的地方在哪里?

(4)传播层面。通过什么渠道可以高效触达目标用户? 如何进行活动预热? 可以整合哪些传播资源? 可采用什么样的新媒体矩阵? 活动流量预估与效果评估如何?

针对上述4个层面涉及的重要问题,列出一张活动流量评估表,如表11-1所示。评估表有助于深化提案活动内容的撰写和规范。

表 11-1 活动流量评估表

流量入口	指标												
	展示量预估	流量预估点击	投放周期	预估流量总量	活动实际流量	参与活动人数	参与率	活动订单量	订单转化率	总转化率	第一天	第二天	第三天
开机屏													
下单红包													
动态入口													
……													

3. 统筹安排的活动矩阵

实际工作中经常会出现投入了很多人力、物力、财力策划活动,却没有达到理想中的效果的现象,也就是投入产出比不够理想,究其根源很有可能是运营矩阵的工作做得不够细致。运营矩阵有很多种类型,如销售矩阵、营销矩阵、口碑矩阵、产品矩阵、粉丝矩阵、会员矩阵、活动矩阵和新媒体矩阵等。活动矩阵又称为活动营销矩阵,各种各样的线上营销活动相互配合,共同形成了活动矩阵,可分为渠道和内容两个方面。线上渠道方面包括官网、搜索引擎和社会化媒体等;内容方面分为官方品牌、用户评价、广告、场景植入、用户效果反馈等。活动营销矩阵有以下几种方式。

为什么要养号?什么是 AI 智能养号?

(1)活动裂变营销。能够快速搭建企业社交互动和活动营销管理平台,支持基于企业微信的裂变营销活动。裂变营销活动前提是"养号",即提高账号的权重。虽然说企业微信是微信官方允许的最佳私域流量的载体,但是企业微信号也是需要"养号"的。只有提高了企业微信的使用权重,才能保证裂变活动的顺利进行。目前企业微信在私域方面开放的功能主要有:客户群、客户朋友圈、客户联系、入群活码、新人欢迎语、群直播、小程序、批量添加用户等功能。常用裂变吸粉的方法有转发、邀请(分销)、积赞、砍价、拼团。这些裂变活动看起来就像是为用户提供了一份奖品,只要外加一个工具,然后找到合适的渠道进行推广就能实现,显得营销活动很简单,人人都能做,但是为什么有些活动往往裂变不成?除了要重视活动流程和执行方面的要点以外,还要特别注意产品、渠道、机制等三要素及它们的协同关系。

(2)活动卡券营销。用户参与活动可自动获得活动卡券,抵扣线上商品和线下消费,活动和消费时还能获得积分奖励,切实让用户感受到利益,利益才是裂变的驱动力。

(3)高效的活动模板。活动模板即买即用,支持用户个性化定制,涵盖投票宝、集字有礼、红包幸运抽奖、线上直播、问卷调查等。因其场景相当成熟,可高效完成活动的目标。

活动营销矩阵对于品牌用户的增长至关重要,活动营销矩阵可以超越传统的活动模式,强化活动的多样化和过程化的用户管理。

4. 实现活动矩阵的 5 个要点

(1)选择适合做矩阵的项目。抽奖、推荐、活动等成为吸引用户互动的触点。奖品应该是参与人想要的,而不是公司能给的。

(2)矩阵的人脉选择匹配性。活动期间应选择拥有相似资源的渠道一起做活动,努力争取大号的支持。可以找粉丝基数或实力对等的号互推,而小号更成为热度的支持者。

(3)集中发力初爆。用几个相似的号在相同的场景、圈子、渠道推送一个活动,最大限度地提升活动曝光率,达成传播的第一步,实现第一次信息回流,活动在大众面前初露头角。

(4)跟踪参与活动。活动期间运营人员应参加互动、解答和调侃等,近距离接触参加活动的人,感受活动气氛,而不是旁观。实现第二次信息回流,强调主题和活动。

(5)活动高调收官。引爆最后一波,活动收获者转发曝光,再次进行转发,实现第三次信息回流,这也是显示诚意和信用的方式,收获最后一次品牌和口碑的转化。

(三)活动的执行与落地

1.活动开发准备

(1)活动流程图

活动策划的执行,需要有一份逻辑清晰的活动方案执行流程图,注意关键的节点,采用合适的工具,实现标准化、流程化、可视化,乃至自动化的操作方式。

(2)活动资源配置与确认

运营擅长四两拨千斤,以小成本做成大事情。活动运营也应如此,活动过程中一定要严控成本,衡量投入产出比,可重点关注以下几个方面。

①奖品配置方式。一是奖项价值分布要有梯度,不要超过5类的奖项。二是适当控制获奖人数,提高单个奖项价值,获得最大吸引力。三是奖品混合搭配,现金、实物等混合,效果更好。当然周边产品也是最省成本的一种推广方式。

②活动节奏控制。活动宜循序渐进地展开,杜绝一次活动就掏空家底的做法。如果准备举办一个大型活动,那么需要蓄好势和积累能力,以提升活动运营的控制力,否则极易失控,导致不可挽回的损失。

在进行活动规则设计时,可对活动主题与用户参与理由做一个匹配。活动的玩法和创意,力求富有趣味性,比如采用游戏化或人格化的设计。要方便用户操作,将精力放在活动细节和流程设计上。同时罗列出一切在活动中作弊的方式,如刷票、换马甲、抄袭等"薅羊毛"的行为。活动方案最后一定要加上一句:"本活动的最终解释权归×××所有。"

2.活动预热

上线前对开发完毕的活动页面做流程测试,制作检查清单逐条核实,如表11-2所示。系统化地评价活动方案,防止出现遗漏项,降低活动效果。重点如下:流程是否打通? 文案是否通顺? 规则是否完备? 召回是否靠量? 数据埋点是否恰当? 图片显示是否正常? 资源位材料是否齐备?

表 11-2 活动方案自检表

序号	模块		内容	检查项	检查人	得分
1	决策层	目标	活动重点考核指标,如GMV、新用户	活动设计是否有助于提升该指标	活动项目主管和成员	
2		时间	活动期内的时间节点,如预热期、正式期	周期是否合理、节奏是否可控、资源分配是否合理	活动项目主管和成员	
3	感知层	主题	环境、背景和契合点,如节日、热点话题	用户是否有点击和参与的欲望	用户研究组(目标用户)	
4		规则	规则设计,如活动说明	用户参与难度、活动覆盖范围	用户研究组(目标用户)	
5		奖励	奖励设计、奖励方式	奖励是否吸引人、奖励机制是否合理	用户研究组(目标用户)	

续 表

序号	模块	内容	检查项	检查人	得分
6	执行层	传播	内容撰写、渠道设计、流程环节、流量管理	内容是否有吸引力、渠道矩阵是否有效、流量效果如何	活动项目主管和成员	
7		成本	奖品、资源、人力	成本是否可控,是否减少了浪费	活动项目主管和成员	
8		风险	风险点	活动安排与开发进度是否可控	活动项目主管和成员、法务	
9		数据	需要统计分析的指标	数据埋点是否有遗漏、数据监控是否合理有用	活动项目主管和数据组成员	
10		分工	人员分工	工作责任是否到人、工作交付时间是否合理	活动项目主管和成员	

资料来源:改编自蒋小花.数字产品运营与推广[M].杭州:浙江大学出版社,2019.

上线测试完成后,撰写活动上线通报,通知相关部门对接人员做好活动上线后的对接工作。

(1)活动引导。活动在发布之前,做好活动引导,提前找好参与者。这些参与者的水平越高,活动效果就会越好。

(2)活动氛围的营造。这是贯穿整个活动过程的一个工作。比如,很多活动在设置的时候,有评论、点赞等功能。安排用户营造出活跃的活动氛围,让用户感到"这个活动人气是很足的"。

3.活动实施

在上线传播期间,全程实时监控各阶段传播效果,对表现不良的数据进行分析,及时优化调整。

(1)流量监控:数据告诉我们发生了什么,而不能告诉我们为什么发生。监视重点数据的变化状态,研判发展趋势。对于较大异动的信息,给予足够的重视。在活动效果好的情况下,力争取得更大的流量位。

(2)作品和用户跟踪:当活动中出现了爆品和超级用户时,可以安排更多的资源,或进行快速复制,拓展成一个系列活动,扩大活动的叠加效应,延续活动热度。

(3)活动氛围调节:想方设法让新来的用户感觉到活动的温度,激发参与的热情。

(4)应急性调整:活动难免出现疏漏或纰漏,一定要及时响应,做出补救措施。该改的地方抓紧整改,该加的地方抓紧填补。此时应发挥好预案的作用。

4.活动总结分析

每次活动结束之后,及时开展总结和复盘工作,对整个活动的细节、数据、过程与结果进行综合评价。将数据资料与目标之间做比较,数据产生波动的地方可以重点挖掘,找出波动背后的原因,提出优化点。关于复盘方法详见第八章"流程管理与改进"。活动运营的总结包含以下几个方面的内容。

(1)活动背景、主题、时间流。

（2）目标及达成情况。

（3）活动线上线下细节情况及数据。

（4）活动页面展示。

（5）互动传播内容及效果。

（6）活动经验总结。

（7）致谢。

当前一次活动没有实现预期目的时，应客观周全地做好复盘工作。举行一场活动，尤其是新手，不犯错是不可能的，因为细节实在是太多了。应该抓住试错的机会，尽力把每一次遇到的坑儿、坎儿记录下来，改正过来，在下一次的活动中，同样的地方，能够少犯错，尽量不犯错，这才是最重要的。与此同时，善于发现每一次活动中出现的亮点及做得出彩的地方。活动往往是细节决定成败。每次想的多一点，考虑得周全一点，亮点就会越积越多，自己也会变得越来越自信。

做活动不仅仅是攒人气、冲数据、吸引新用户参与的一种手段，其更深层的意义在于积累优质的用户，助推公司的可持续增长。高质量的用户才是一个平台的生命力，做运营要牢固树立起这对增长本质的认知。从这个意义上来说，每一次活动都将成为下一次活动的准备阶段。每一次活动中，主动跟那些优质用户建立联系，持之以恒地积累，必将拥有一个庞大的优质用户资源库，建立起私域流量池。拥有这个增长的源泉，所有运营工作都将无往而不利，营造一个协同增长的机会集合。

如何引爆一场运营活动？

三、动态活动矩阵

全链路营销是针对目标用户成交过程中行为的各个阶段进行营销植入。作为一条单链，全链路营销是一个很容易理解的模型，但在实际工作中单链布局很困难，会造成顾此失彼的情况，因为营销的单一化创意，使得营销渠道无法实现覆盖全链路营销的各个环节，那么应该如何解决这个问题呢？

当前最好的办法之一是让一条条单链组成一个类似于"巴克球"的矩阵。这个矩阵不是一成不变的，而是一组动态的矩阵，主要由 3 个矩阵组成的：创意矩阵、新媒体矩阵（营销渠道矩阵）和活动矩阵。

（一）创意矩阵

创意矩阵是指广告和营销投放过程中避开单一创意投放，而进行多创意动态投放的模式。因为目标用户消费行为具有一定的规律性，以渐进式的消费方式进行，构成从"引起注意—产生兴趣"行动的长链过程。如果按照单一创意投放思路，必然会造成创意视域之外的用户流失，单一广告创意很难做到对各阶段的全覆盖。合理的操作节奏是在不同阶段，推出契合当下情况的创意设计。即通过规划创意矩阵，最大限度地吸引不同阶段的目标用户。

一般实施的方式是将吸引不同阶段用户的创意同时进行投放，为提升效率，会对投放平台特点进行规划，如同一目标用户轮流展示或根据展示次数轮换等。若投放平台无此轮流展示功能，可根据阶段性目标进行有效的配比展示，如引起注意阶段评价的指标是品牌覆盖率，则按照以品牌展示为主、行动目标创意为辅的管理思路；如以目标转化为评价标准，则以行动创意展示为主,其他为辅。多种类型创意同时发布、推送,这便是动态创意矩阵的核心工作思路。

(二)新媒体矩阵

新媒体矩阵一般是相对稳定的矩阵,也称为营销渠道矩阵。它依据目标用户的触媒习惯,综合考虑不同的目标用户的年龄、性别、职业、学历、性格等因素,提前科学规划布局,对其触媒习惯进行有效的罗列,形成新媒体矩阵。具体详见第六章"新媒体运营"。

新媒体营销渠道矩阵分口碑布局和精准引流布局两种思路。口碑布局主要以用户及媒体发布为主,精准引流主要指广告投放。虽然新媒体矩阵是事先确定的,但是在投放的过程中宜采取动态投放的方式,以适应目标用户行为,降低投放成本。

动态活动
矩阵

(三)活动矩阵

广告创意围绕活动而来,活动矩阵也反映出除品牌和常用创意外的活动创意。活动为创意提供了素材,也为创意落地、形成转化搭建了着陆页和规则,由此,可以不断完善创意工作。活动还承载了转化的任务,如何实现转化率成为搭建活动矩阵的关键点。因此,不应该把活动矩阵狭隘地界定为一般的活动策划,动态的活动矩阵在包含平台活动的同时还囊括了产品活动(功能性平台产品非商品)和商品活动。

当然,动态活动矩阵并非仅有平台活动、产品活动和商品活动3大板块,随着实践的发展,还会开发出更多的活动类型,不断完善动态活动矩阵。动态活动矩阵的每个环节并非完全独立存在的,商品活动中的主推商品和商品优惠是针对某些营销创意的,如为单品创意和品牌创意的着陆页服务的。品牌创意着陆页是首页,首页活动是承接的载体但并非能够吸引所有流量,商品的主推和爆款活动可作为平台活动的有益补充,实现级联效应,步步引导以激发用户转化。活动产品起到了同样的作用。可见,渠道、创意和活动三部分是紧密结合的,它们在不同阶段、不同渠道和不同位置内相互作用,形成完整的动态活动矩阵。

课堂讨论

在2020年12月23日企业微信的第二次发布会上,微信对互通能力进行了升级,全面提升了客户群人数的上限,从原来200人的客户群提升到了500人。可以说,目前企业微信是私域运营的最佳工具。那么,它的最为关键的核心点是什么?为什么是500人上限呢?它会形成什么样独有的生态体?

第三节　活动流量管理

活动运营工作最主要的就是把握用户心理,打动用户,吸引用户注意力,引导完成流量转化,有序培育私域流量池。

一、流量概念

(一)流量分类

流量红利丰沛的时候,人们习惯把粉丝、用户、客户通称为流量。随着平台流量垄断性的增强,公域流量的获取成本愈发高企,它的转化率与性价比却在逐渐下降。公域流量红利的逐步消退,促使私域流量日渐流行起来。直观地说,流量像一条河流,它是公共的,用户像河里的鱼,谁都可以捕获。私域流量就是在从大河引流一部分到自己的池塘里,方便养殖和随时接触池塘中的鱼,这是私域流量的本质。

公域流量是指初次主动或被动参与到开放平台的内容曝光中的流量形式。常见的公域流量可分为4种:电商生活平台(淘宝、京东、美团等)、信息平台(今日头条、百家号等)、短视频平台(抖音、快手等)、社群平台(微博、知乎等)。对互联网企业而言,公域流量的来源除了用户随机访问带来的流量以外,最主要的来源还是以流量购买的方式获取的,如通过选择付费发布广告和特定活动信息等途径。平台使用算法推荐也可以帮助互联网企业更好地完成引流工作,例如淘宝直通车、微博推广信息弹窗、抖音开屏广告等。实践表明,通过购买导入的流量大多是一次性的、短期的,存在着流量留不下、活跃度低、缺乏黏性等致命缺陷。

私域流量是相对公域流量而言的。私域流量的概念源于电商行业,通过多种线上平台渠道,以情感链接完成"信任变现",实现粉丝"流量"转化为用户"留量"。具有可反复利用、低成本、直接触达等优点,用户通常沉淀在APP、公众号、微信群、(个人或企业)微信号等渠道。相对淘宝、京东、百度、微博等这些公域流量平台,私域流量池属于互联网企业的顾客资产。

私域流量池这种运营方式早就有了,只是不同时代连接私域流量的介质不同而已。如曾经盛行一时的书友会,分门别类地罗列出各种热门图书,通过信函这一介质,快递小册子给它的会员。书友会和会员以点对点的有"温度"的沟通方式,积极引导会员消费。又比如去餐厅吃饭时,会被要求留下手机号,在餐厅上新品或店庆之际,商家通过微信这个主要介质推送活动信息。每一个流量背后对应的都是活生生的个体,"私域流量"属于私人领域。

(二)私域流量价值

私域流量体现了用户思维,实现了和用户的直接对话。它的核心是精心运营,拉近(用户与用户、企业与用户)距离,达成持续变现的成效。可见,私域流量强调了一种连接关系,依据连接的强度,分为强关系和弱关系。弱关系的私域流量包括微信公众号、微博、抖音、快手、知乎等,虽然粉丝/用户会关注,但是无法随时随地与他们开展互动交流,甚至发送的内容,粉丝/用户也不一定都会看到,所以才有了打开率这个说法。强关系的私域流量典型的形式为企业/个人微信、社群,微信号做到了及时、直接的沟通,而社群和朋友圈实现了用户活动运营。数量庞大时,宜采用第三方工具辅助管理。公域"捕鱼",私域"养鱼",它们的区别与联系可以用表11-3来展示。

表 11-3　公域流量与私域流量的对比

类别	流量来源	转化率	流量持有性	影响购买的因素	用户黏性/忠诚度	关注点
公域流量	随机访问+购买	低	一次	价格、广告效果、促销活动	低	用户增长的增量
私域流量	导入转化	高	长期	品牌口碑、KOL 或 KOC、粉丝效应	高	用户质量

资料来源：康彧.私域流量：概念辨析、运营模式与运营策略[J].现代商业,2020(23):10-12.

相比公域流量,私域流量具有多方面的价值。私域流量离用户更近,以极低成本的代价就可增加产品曝光量。每一次曝光和互动都是在增加与用户之间的信任,信任越深,消费越多,忠诚度越高,这个增长逻辑被称为挖掘顾客终身价值。以前顾客购买交易结束,商家缺乏主动维护意识或机会,关系也基本被终止。但"私域流量池"要求运营者从关注用户增量,转变为关注用户的质量。持续经营用户关系,培育用户信任感,在提到某个产品时就自动联想到公司品牌,这就是延长了产品的生命周期。因此,通过私域流量池,不但可以低成本获客,而且还提升了投资回报率。

归根到底,流量的核心还是人。既然流量的背后就是人,那么人就会有需求、有属性、有特点。所以,流量的本身,从来都不仅仅是冷冰冰的数字,而是需要通过设计出一系列的活动模式,全方位地满足流量所代表的活生生的个体,这样就会发现再也不缺流量了。可见,从底层逻辑来分析私域流量本质,就是要读懂人性,也就要运营私域流量,顺应活动运营的规律。

二、流量动机和需求

正如所有分析指出的,独立访客背后都隐藏着一个独立人格,每一次的点击、互动和流量停留都有一个背后的行为动机。许多活动都是从需求开始的,需求激发出用户的某种内驱力。动机分为三大类:基本动机、刺激寻求动机和第二性动机。基本动机是为了维系生命的需要所必须满足的动机。刺激寻求动机是出于对刺激和信息的需要的动机,包括活动、好奇、探索、操作和身体接触等。第二性动机来自各种后天习得的需要、内驱力和目标,习得性动机能够解释人类活动的丰富性和多样性。

(一)活动运营中的动机

人性是复杂多变的,商业逻辑从不同程度上善用了人性,活动运营者更需要深刻洞察消费者心理。在活动运营阶段最常见的几种心理动机有:免费、从众、自卑等。要引起高度警惕的是,未来互联网经济的发展,一定会在更公平、可信的环境下进行的,那些利用人性弱点来设计产品的公司将很难长期生存。

1. 免费

很多免费活动可以获得新用户,如常见的扫码或转发才能赠送等,花样层出不穷,牢牢地抓住了用户喜欢免费的心理。

2. 从众

一款产品的拉新可利用用户的从众心理,通过增加曝光度,营造网红现象,让用户踊跃地加入成为新用户。

3.自卑

自卑是一种普遍存在的心理状态,比如自身有缺陷或遭遇失败、贫穷等情况时都会产生自卑。研究目标用户,努力找到能让其建立自信或是弥补其缺陷的活动来提升用户体验。

运营中常常要洞察人性,也就是要巧妙地渗透到活动运营的方方面面,春风化雨,润物无声。挖掘出每场活动自身的特点,做到事半功倍。总之,每一个活动运营者都必须走进用户的世界,站在用户的角度思考问题,满足用户的痛点和弱点,将活动运营从流量为王提升到用户为王的高度。

为何内容运营着力点在于营造美好的意象?

(二)构筑私域流量池

建设私域流量池有 3 种常见的途径:一是从公域流量里面引流一部分到自己的私域;二是从别人的私域流量里分一瓢到自己的私域;三是在自己的私域进行裂变,扩大流量池。引流是上述途径的关键难点,活动运营扮演着主要的角色。它的引流功能,按照对用户的吸引程度,从低到高可以分为利益方式、信任方式、从众方式等。

1.利益方式

利益可分为物质利益和精神利益。常见的物质利益有:线下新店开业促销、电商打折优惠大促等。对于愿意帮助裂变转发的,用户可以给其具有吸引力的利益——优惠、赠品或微信红包。

(1)打动目标群体的利益点有效拉新。如免费、拼团、秒杀、抽奖、推荐享佣金都是很好的方式。

(2)添加微信号。如果没有足够的吸引力,鲜有人会执行多个操作步骤添加一个商家为好友的。这个步骤操作起来一定要简单,否则用户缺乏动力去添加或关注。注册时,注意保护个人的信息安全。

(3)用好关键时刻。选择用户开心的关键接触时刻,用户被打动的阈值往往会比较低,少量的利益就能撬动。如用户在收到快递件的时候处于愉悦状态,不少商家会在快递包裹中塞红包小卡片,或在包裹开封处贴有红包二维码,提醒引导消费者收取红包,添加微信号等一系列回流动作。

精神利益在旅游、母婴、美妆护肤品牌的私域流量中尤为明显。举例来说,化妆品属于高频消费品类,除了给予直接优惠等物质利益外,还可发送变美的小技巧、护肤的知识点等具有精神价值的福利,吸引和留存爱美女性用户,即加强内容运营。

2.信任方式

广告增加客户对公司的认知度,但建立的美誉度与忠诚度,即信任,仅依靠广告是不够的。交易基础是建立在信任之上的,如平台信任、品牌信任、产品信任、商家信任等。不同于利益的即时性,信任感属于长期培养后的一种情感。私域流量池成为孵化信任感的重要数字空间,所以,应坚持一种长期主义,避免短期变现指导思想。

(1)拉新方式。对于有线下门店和线上店铺的商家来说,他们从 0 到 1 的阶段相对来说会比较容易。渠道消费者已经对他们有了基本的信任,这个时候转化,信任阈值最低。很多网红达人,利用了粉丝对他们本人的信任,把自己在抖音微博积累的粉丝导到电商平台或者微信流量变现。

(2)分享方式。当消费者产生信任,并喜欢某种品牌的时候,即使没有利益刺激,他们也愿意帮助分享传播。每个消费者,都可能是自己小圈子的消费达人,他们拥有自己的朋友圈、小红书等社交账号,他们的主动分享是最有影响力的口碑营销渠道。

3. 从众方式

从众心理,指的是人类的行为会在相当程度上受到周围人的影响。有两个维度的影响:从数、从权。

(1)从数。很多人觉得大多数人都在做的,就是好的。所以淘宝的销售数据、奶茶店门口排的长队等都是从"数"出发,让人产生热销错觉,触发从众购买心理,商家从中获利。

(2)从权。这里指人们往往喜欢听从权威的意见,从而对权威或专业人士推荐的产品趋之若鹜。在对标之后,激发意愿,产生行动。权威的打造,能更好地"引导"大众。

在私域流量的运营中,最难的挑战就是如何提升群的活跃度,提高变现的转化率。从众有一种内聚力,一种思想将他们联系在一起,组成一个团结的、内在同质的群体单位[①]。从众比前面的利益和信任方式更具公共性,它的影响范围大,影响力深远,并且可以快速爆发。举个例子,微信群必须要有自己的人——可以是员工,也可以是对品牌非常喜欢的忠实粉丝,群里每天推出的固定动作或引导性的活动,这时需要自己的人自觉主动站出来,衬托气氛,带动节奏。

3 个社区活动经营分析

总之,私域流量的拉新和运营,就是和人打交道,说到底就是研究人性,满足人的各种需求。虽然不同的行业、不同的受众,私域流量的拉新和运营过程具体执行方法各有千秋,但是只要把握住底层逻辑,在环节互动方式的设计上,满足人性,通过"利益""信任""从众",实现拉新、分享、互动变现,就会取得不错的效果。

三、流量优化管理

(一)私域流量的增长逻辑

企业的营收增长有 3 个底层逻辑:第一种是效能增长。比如以前完成 100 万元的销售额需要 10 个人,现在使用智能工具两个人就可以完成。不过很少有品牌企业靠节约成本来实现规模的持续增长。第二种是拉新增长。这是过去 20 年互联网的主要增长方式,因为有流量红利,企业可以不断变现流量。第三种是复购增长。这是指通过维护和运营忠诚顾客资产来延长顾客的生命周期和发掘顾客价值。这个逻辑也被称为挖掘用户的终身价值。以前当交易结束后,由于缺乏主动维护的意识和手段,与客户的关系也基本终止。但在私域流量思维下,通过持续经营用户关系,塑造信任,可延长产品生命周期,抢占用户(注意力、消费

---

① 德国新生代哲学家韩炳哲在《在群中:数字媒体时代的大众心理学》一书中提出了质疑,数字群缺少灵魂,没有思想。它汇集而不聚集,构成了"没有内向性的群体"。他们集体行动模式表现为仓促和不稳定,还显得如狂欢节一样,轻率而又不负责任。必要的互联网哲学和思维学习,可以提升互联网运营的素养,前瞻性地开辟一些新的方法。

额等)的份额,实现复购增长路径。可见私域式增长延续和拓展了黑客式增长模式。

与顾客沟通的关系,会经历从初次连接,到发生交互,再到最后建立起关系等3个层次。这3个沟通过程发生在与顾客交互的三维空间(网络空间、社群空间、终端空间)中,如图11-8所示。

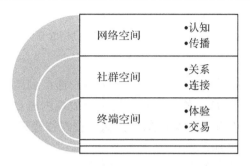

图 11-8　消费交互空间与沟通层次关系

网络空间主要解决认知问题,社群空间主要解决关系问题,终端空间重在解决交易和体验问题,三大空间共同构成了立体媒体和全域场景。认知是思想上的连接起点,关系是连接的渠道,交易是终极归宿。在不同的空间,其与消费者沟通的3个层次表现形式亦存在差异。如在线上,连接是通过鼠标的点击、再进行查阅等方式实现的,通过 APP 完成留存、体验、品牌的交互过程;私域流量(直播)也完成高质量关系的构建,正反馈机制可进一步推动私域流量的建设水平。

(二)私域流量增长方法论

在构建私域流量池的过程中,一套典型的增长方法论主要包括 5 个步骤,如图 11-9 所示。

图 11-9　私域流量池构建步骤

1. IP 化

"IP"是指互联网 IP,包含知识产权,主要由著作权、专利权、商标权等 3 个部分组成。如果说品牌化是工业化时代的产物,那么 IP 是互联网时代的产物,IP 化就是品牌化的升级。IP 化有个人的 IP 化,也有品牌的 IP 化。如史蒂夫·乔布斯是个人 IP,苹果是品牌 IP。IP 有文化属性和情感属性,具有多平台发布和自传播的特点,能够形成粉丝传播方式。

在文化自强和情感连接的时代,IP 化对互联网企业的作用越来越大。比如在微信生态中的用户运营,一般可通过建立微信 IP,打造人设[①],让品牌人格化。构建微信私域流量时,

---

① "人设"就是人物设定,该词最早用来形容游戏、动漫、漫画等作品中对虚拟角色的外貌特征、性格特点的塑造。简单来说就是创造一个有血有肉的完整人物。

为什么要人格化 IP 呢？一是为了给用户一个添加的理由。我们都愿意添加一个有趣、好玩的人，而非一个企业官方号。二是用户关注企业官方号，如果每次看到的是很浓的广告气息，不像与一个真实的人打交道，信任度自然就低了。

人格化是为了适应社交属性，培育用户对 IP 的认知，和用户建立一个共识空间，可以从宽泛的网络空间收敛到社群空间和终端空间，提高用户与企业连接发生的概率。

2. 连接

吸引用户主动添加微信号，就是源源不断地把用户连接到微信的私域流量池里。做好连接的前提是梳理流量存量，常见的分类是把流量分成端内流量和端外流量。稳定的存量一般来自产品端内的资源和自有媒体渠道，重点做好资源位管理、活动流量预估和用户管理等工作，相互关系如图 11-10 所示。

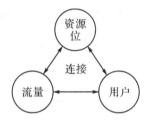

图 11-10　连接发生示意

详细分析用户行为对资源位的影响和决策，而资源位的流量转化数据，展现了用户的浏览偏好。抢占资源位有很多好处，可以有效地提高流量，实现引流效果。其次，对于提升成交率也有明显的帮助。

如打开淘宝，就会看到首页上有各种复杂的展示，这些信息展示窗口就是资源位。比如 banner、金刚区、动态入口、活动入口、广播专区等。

图 11-11　淘宝首页

图 11-11 中大图区为 banner 资源位，在 banner 资源位可以同时放置多张图片素材，采用轮播的方式，每隔几秒钟，系统会自动切换下一张，循环播放（也称为轮播图），也可以只放一张图片作为促销/广告等活动的入口。

在大图区上面几个功能区即为金刚区,通常指的是在 banner 或搜索框下以宫格形式排列的多个图标,数量上多采用 1～2 行,每行展示 5 个图标的方式,再多会显得拥挤。为什么叫金刚区呢?这个名称来源于百变金刚,由于产品迭代或功能调整变更,金刚区可以很灵活地进行替换,就像一个百变金刚一样,故称为金刚区。比如每到春节等重要节日,金刚区就可以很方便地换上一身"新衣服"。金刚区的主要作用就是把多种功能汇聚到一起,方便用户查看选择,同时起到导流的作用。

资源位的
职能和定位
分析示例

以下举例说明资源位的职能和定位。

以上根据用户路径行为对资源位进行分级,分析出资源位的交互模式和运营策略。为此,互联网企业需要建立一套资源位的申请流程,进行排期和素材投放,再通过数据迭代优化,避免在配置的时候出现内容活动混乱,导致不必要的损失。总之,这是一个相辅相成的过程。

3. 促活

用户进来后,不能变成"无效粉",通过活动、内容等加强日常互动,需要"养草"促活。核心在于做好闭环工作,重视私域数据积累,且联动公域数据形成营销的数字化闭环。

数字化营销的起点为数据,互联网企业需要积累自身的数据,这是实施差异化策略,构建自身核心竞争力非常重要的一环。对互联网企业来说,建立自己的数据中台尤为重要,尤其是在今天企业与用户的触点非常多的情况下:APP、H5 小程序、网页、头条号、微博、抖音号等,这些不同端口的用户数据都是企业的数据资产,还包括 CRM、ERP 等企业内部系统的数据。但这些庞杂的数据需要跨端打通,进行数据清洗后与外部数据结合才能形成有价值的应用,当然这方面可以服务外包,建立和利用企业的数据银行(databank)[①],实现企业数据资产的积累与增值。

所有营销过程发生的数据,都将沉淀到数据库中,来实现数据的闭环。每一次的投放数据都会沉淀下来,这些历史的积累会成为下一次营销投放决策的基础和依据,如洞察、透视、多维分析和用户画像绘制等。做触达就提供相应的数据支持,在闭环里面,数据一定是越经常使用越精准,从而进一步放大数据的价值。

4. 分层

(1)成为超级用户的 4 个关键点

如果老用户在未来有明确意向持续为企业产品和服务付费,还愿意花大量时间参与会员社群活动,这便是超级用户(super users)。用户分层是为了识别和维护这些超级用户,创造持续复购。这个定义强调了成为超级用户的 4 个关键点。

①付费的老用户。老用户愿意付费成为会员,花过钱与企业建立了契约和基础信任,有了这个基础才有后面的复购行为,进而成为超级用户。所以付费入会是重要的商业手段,区分真假铁杆粉丝的重要指标。

---

① 数据银行是指一个构建在高速分布式存储网络上的数据中心,它将网络中大量不同类型的存储设备通过应用软件集合起来协同工作,形成一个安全的数据存储和访问的系统。适用于各大中小型企业与个人用户的数据资料存储、备份、归档等一系列需求(参见石广仁. 地学数据挖掘与知识发现[M]. 北京:石油工业出版社,2012:8-9.)。

②愿意持续付费。如果用户有复购行为,就说明产品和服务得到了用户的认可。企业如果能尽早识别出这一信息,就等于提前知道这些用户在未来是值得重点维护的。

③能提前明确意向。"明确意向"这一点是筛选超级用户非常重要的一环。如果互联网企业能提前甄别谁是超级用户,就能提供针对性的服务。越早锁定超级用户,越能更多地获取用户的价值。

④热衷参与活动。成为一个超级用户,一般具有以下7种习惯:频繁地、持续地签到;自愿维系会员社群秩序;与公司建立双向关系,提供反馈建议;有帮助其他会员的真诚愿望;创建一些其他人可以获取的内容;愿意为公司介绍新会员;愿意协助新会员入会。

(2)超级用户具有的4个共同特征

①高复购率。消费频率高,需求强烈的用户成为超级用户的可能性较大。

②高消费力。消费能力强,非价格敏感型,敢于花钱。消费能力强弱跟一个人是否有钱没有绝对关系。

③高忠诚度。愿意向别人推荐产品或品牌。

④愿意分享。自愿给出和分享更有效的反馈意见,帮助他人消费决策,支持产品服务迭代。

(3)超级用户带给企业的四大商业价值

驱动企业增长,留住高净值用户,提升品牌忠诚度,创造新的商业机会是超级用户带给企业的四大商业价值。超级用户的运营能够成为助推企业增长的第二曲线①。

①驱动企业增长。企业增长主要通过获取新客增长和维护老客复购增长来实现。超级用户就是从老客户进化而来的,它的消费力将极大增长。比如,京东plus会员是非会员消费额的9倍,亚马逊prime会员是非会员消费额的2倍。另一方面,超级用户乐于向身边的人推荐和分享,实现零成本拉新,并进一步促进增长。所以,知名市场调研机构尼尔森的研究数据显示,超级用户每增加1%,会带来普通用户10%~15%的增加,会促进销售额增加20%~25%。

②留住高净值用户。高净值用户代表有消费能力、能给公司创造高利润的消费群体。超级用户战略就是给这些用户设计了一个升级的通道。比如从沃尔玛里挑选超级用户,放到山姆会员店,这样就留住了沃尔玛的高净值客户。

③提高品牌忠诚度。品牌忠诚度最直接的表现就是复购和分享,复购和分享二者是互相促进的。复购的次数越多就代表用户对产品越认可,就越愿意分享;分享的越多带来的一种满足感又可以促进复购。

④帮助企业创造新的商业机会。信任是一切商业的基础,没有信任就没有商业。而超级用户基于对企业更持久的信任,因此比粉丝对企业或品牌的信任还强。以仓储会员制商店Costco为例,它并不像沃尔玛、家乐福、永辉超市等百货超市一样靠商品的零售差价盈利,它就靠会员费,所以它的商品零售价与进货价的价差只需要覆盖最低的运营成本即可。

---

① 对于互联网企业而言,第一曲线是破局点,有一个爆款的产品非常重要,击穿阈值,成为第一曲线的破局点,就是说在一个主业上实现数一数二的竞争力,第一曲线的突破需要坚持、突破和聚焦。第二曲线是新的增长点,当旧的业务增长停滞的时候,要开启新的增长曲线,第二曲线的开辟需要梳理过去的经验和优势,结合新机遇,找到新的增长点(参见查尔斯·汉迪.第二曲线:跨越"S型曲线"的第二次增长[M].苗青,译.北京:机械工业出版社,2017.)。

这就颠覆了传统超市的商业模式。如果没有超级用户存在,就不会有 Costco 会员店这样的模式存在。

成功打造私域流量和超级用户之后,第三步就可以做超级品牌,拥有超级用户的企业就有可能成为超级品牌。这个超级品牌具有极强的生命力和延展性。以往企业与用户的连接是依托产品,在超级用户的打造中,用户逐渐跟 IP 产生信任连接。

5.复购

做好前面 4 步,复购是会自然发生的事情。只要用户有需求,通过朋友圈、微信群、点赞、评论等,每个触点都可以提醒购买。私域流量的核心还是为了增长,提高用户的消费频次和客单价。复购频率是决定一种产品或服务是否适合做私域流量的重要评判指标。

(三)私域流量增长优化实现基础

私域流量增长优化的逻辑背后有两大基础:双向交付能力和赋能机制。

1.双向交付能力

企业通过对用户的研究分析,构建出符合公司业务特点的数据中台系统。这种中台系统简单来说可以是一张 Excel 表格,复杂的话可以是一套数据系统,例如有赞 SASS (syntactically awesome style sheets,层叠样式表语言)系统(以 AARRR 模型著称)、兔展云系统、微店系统,它们都能记录、采集和分析私域客户信息,衍生出会员、新产品需求等。通过对私域客户的洞察,定制化地提供产品与服务,解决客户需求。这样实现了用户让渡消费记录给企业/品牌主,而企业/品牌主交付给客户满意的产品的正反馈机制(positive feedback mechanism)。例如,运动科技公司 Keep 会根据提交的运动能力测试数据,让用户全方位了解自己健身的目的,并且根据测试等级的不同推荐交付相应的健身训练课程。同时,用户可以根据健身课程建议合理搭配饮食,从而满足用户的健身需求。

2.赋能机制

企业除了交付产品给消费者之外,还需要设计一套赋能系统,进行裂变。这套赋能系统可以理解成客户关系管理系统、代理系统、分销系统、裂变系统,例如爆品裂变、二级分销制度等。让客户不仅待在私域流量池,还可以为企业源源不断带来新客户。

三只松鼠的
流量保卫战

▶ **复习题**

1.活动运营的广义定义是什么? 它的基本框架内涵特征是怎样的?

2.活动理论如何在活动运营中发挥作用?

3.如何理解全链路营销?

4.活动运营流程的各个关键节点有哪些?

5.动态活动矩阵如何设计?

6.如何结合人性进行活动运营? 试着举例说明。

7.为什么要重视私域流量池?

▶▶ 讨论题

1. 如何零成本地做活动运营？
2. 如何帮助一款母婴类产品获取 10 万用户？
3. 如何进行电子商务的跨渠道多触点归因分析？

▶▶ 推荐书目

1. 巴克斯特. 会员经济：发现超级用户，缔造长期交易，赢得持久营业收入[M]. 蒋宗强，译. 北京：中信出版集团，2021.

2. 霍尔，尼兹. 文化：社会学的视野[M]. 周晓虹，徐彬，译. 北京：商务印书馆，2002.

3. 吉科. 超连接：互联网、数字媒体和技术—社会生活[M]. 2 版. 黄雅兰，译. 北京：清华大学出版社，2019.

4. 卢曼. 信任[M]. 瞿铁鹏，李强，译. 上海：上海人民出版社，2005.

5. 齐佳音，吴联仁. 客户关系管理：面向商业数字化转型[M]. 北京：机械工业出版社，2022.

第十一章小结

第十二章　内容运营

谁会讲故事,谁就拥有世界。

——柏拉图

在互联网生态中,"内容"其实是无处不在的。小到一篇文章的标题,一个活动的描述,大到一个网站的分类等,都是"内容"。内容运营工作在产品生命周期中扮演着重要的角色,并逐渐发展成产品的一个重要的竞争维度。内容运营关注内容从生产到流通和传播的全过程,而算法推荐技术的涌现,已经超越了传统"内容为王"的时代,开启算法分发时代,赋予了内容运营新的增长空间。在这一章中,将回答以下问题。

- 如何做"好内容"?
- 如何做好"内容"?
- 如何做好"内容的传播"?

第一节　内容运营概况

一、内容运营概念

(一)何为内容?

内容是构成事物的内在诸要素的总和,它具有3层含义:一是事物内部所含的实质或意义;二是物件里面所包含的东西;三是事物内在因素的总和,与形式相对。"内容"最早出现在出版界,报纸、杂志、广播、电视等传统媒体中出现的一切可以吸引读者注意力的文字、图片、动画等都被视为内容。随着网络的发展,内容的定义逐渐丰富起来。用户打开网页所看到的、阅读到的、体验到的一切都可以被视为内容。因此,互联网内容是指网站(产品)中可供用户消费并且延长用户停留时间、促进用户转化的展示。

从表现形式角度来看,内容类型可分为文字、图片、音频和视频等四大类。内容和技术的融合,让内容更富质感和体验感。每种类型与受众的交互关系会有所区别,体现在活动参与度、互动性和感知等3个方面。

从内容主题角度来看,内容类型可分为热点性内容、时效性内容、故事性内容、持续性内容、方案性内容、实战性内容、促销性内容、技术性内容、产品/行业关键词内容、行业/产品使用的感受等。

从内容长度来看,内容类型可分为短文案、中长型文案。短文案好比一个标题、一个banner,中长文案好比一条微博、一个商品描述,或者一篇转化软文。

进入 5G 时代,内容将呈现 3 个新特点:全视角的内容、可触摸的内容和可参与的内容。一是全视角的内容。比如看一部电影,导演已经预先设定了观看视角,这是没法选择的。但5G 时代,影视将进入 VR 和 AR 模式,用户可以完全"进入"内容,从任意视角去观看一部战争片,比如天空视角、战壕视角、司令视角、小兵视角……二是可触摸的内容。5G 时代的内容,人和内容之间将不再是通过物理按键交互,而是通过虚拟触摸交互。三是可参与的内容。5G 时代的内容是用来"玩"的。未来,无论是电影、电视剧、综艺还是广告,它们都更像是一款游戏。

(二)内容运营定义

为科学界定内容运营,可以先看实践者是如何给内容运营定义的。

> 内容运营是指通过创造、编辑、组织、呈现网站(产品)的内容,从而提高互联网产品的内容价值,制造出对用户黏着、活跃产生一定的促进作用的内容。(张亮,2015)
> 内容营销全过程定义为"4P 理论",即运营目标的规划(plan)、具体内容的创作(produce)、活动运营的推广(promote)、结束后复盘和完善(perfect)。(帕姆·狄勒,2016)

上述定义突出了内容的价值创造来自内容生产到内容发布的各个环节的协同作用的观点,属于广义的定义。按照逻辑顺序,内容运营方式包括 3 个环节:内容生产、内容分发和内容传播。又可以细分 7 个方面:采集、创作、编辑、审核、推荐、专题、推送。内容运营就是通过对信息知识的生产和整合,借助社会化的手段和渠道,实现信息知识的转化和传递,同时满足用户的内容消费需求,达到运营目的。从狭义来看,内容运营主要指向内容生产,即内容运营中的运营指的是系统的运营工作,包括选题策划、内容策划、形式创意、素材整理、内容编辑、内容优化等。

策划不等于文案

本章从广义的角度来探讨内容运营。在移动互联网时代,虽然算法推荐决定了内容的传播命运,但是内容本身的质量是一切行为的起点,也是获得算法推荐的重要前提。从业者需要花时间分析用户喜好,撰写吸引眼球的标题,设计走心的内容,辅之以精心设计的图片,以达到更好的运营效果。

(三)内容运营分类

内容运营因其运营主体的不同,目的也有所不同。

从企业角度来分,进行内容运营的主体可以分为非媒体企业和媒体企业两类。非媒体企业生产内容的目的主要在于进行品牌传播,吸引客户注意力,达到留住客户的目的;媒体企业进行内容生产和运营的主要目的在于直接赢利。

从内容生产主体来分,除了企业以外,还存在大量个人用户(如 KOC)、一定知名度和影响力的 KOL、品牌,甚至明星。

不同业务类型的产品和公司,运营工作内容也各有不同,包括工具类、社区类、资讯类、电商类、平台类、游戏类等,但是每一个品类都有自己的内容运营规律和受众目标。

内容运营工作日益趋向复杂化,它也需要系统化思路,设计出自成一体的完整内容运营流程,绝非偶尔撰写一两篇高阅读量的文章,或制作几条观看量大的视频而已。

二、内容运营工作

在讨论内容运营之前,还需要界定清楚一对基本且重要的关系:产品服务内容还是内容升华产品?典型的例子,前者如小米,后者如苹果。内容升华产品的运营,举例来说,企业设计出自带流量的产品(而不仅仅是流量型产品),这些优质产品天然地(而不是仅仅为了吸引客户)具有吸引用户的设计特色,当客户接触后,再靠深度服务,在放大产品价值的同时,持续产生利润,这就与产品服务内容的运营有了本质的区别。以纸媒为代表的传统媒体和以互联网技术为基础的新媒体,就其本质而言,都还是媒体。虽然内容是媒体赖以生存的基础,但是原来的媒体只需个人阅读,现在的媒体个人不仅可以"看",还可以"用"。"看""用"一字之差,意味着阅读者从"受众"身份向"用户"角色的转变:用户关注的产品不仅涉及内容本身,还涉及相关的服务、渠道和技术等。如果好的产品没有好的内容,不但很难被用户接受,而且也会与用户产生距离感。反之,如果一般的产品发挥好内容功能也许会带动产品的提升,用户会为喜欢的内容买单。因此,在新媒体竞争环境下,"内容为王"需要重新定义。不能只想单纯做深度,而是需要知道用户在哪里,他们希望阅读什么样的内容,必须学会适应新媒体受众多元化的需求。

从互联网企业的内容建设进程来说,内容运营主要包括:定义内容、内容生产、内容初始化、内容推荐、内容整合和激活用户等 6 个方面。如图 12-1 所示。内容运营的核心除了对内容的把握之外,内容策划、内容形式、传播形式、传播时间、对二次传播路径的把握等都是重要的环节。当网站或产品内容逐渐丰富后,运营人员需要做一项内容整合工作,让同属大类的优质内容集结,二次开发新的内容组合。

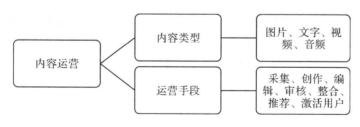

图 12-1　内容运营工作

(一)定义内容

所谓定义内容,就是用细致的规范标准,去描述或枚举有代表性的案例,这样的描述文档被称为标准,这个标准的形成过程被称为定义内容。如知乎提供了一个《知乎入门指南》作为指导新人的内容规范,百度在 2020 年全新发布了面向全网内容生产者的《百度搜索优质内容指南》,详细讲述了优质内容的标准。定义内容是内容运营管理最为重要的工作之一,也是最容易被忽视的环节。如果忽略了思考需要什么样的内容这一步骤,出现的结果可能是内容斑驳、缺乏内涵和价值,会导致内容定位模糊乃至丧失自己特色。这里的价值内容不仅要对内容传播者即企业有价值,更重要的是对内容接受者即客户有价值。对于内容传播者而言,有价值的内容包括基于产品与服务、企业品牌文化、传播者价值观的内容,强调专业性、持续性和精耕细作,让内容富有吸引力,自带流量,让客户主动上门来,而不是纯粹地依靠内容媒介曝光。对内容接受者来说,满足消费需求并值得信任的内容才是有价值的内容,并且他们更乐于分享这些内容。

那么该怎样定义内容呢?可以从质量标准、内容标准、创作者标准、类别标准4个方面来考量。

1. 质量标准——定义"坏内容"

内容营销的艺术和科学就是与目标受众分享有价值的信息。即内容营销除了包含营销元素外,也包含了内容,内容的质量决定了整个内容营销计划的成败。低质内容不仅打动不了顾客,更可能引起顾客的反感。所有的内容质量保证都要画出两条线:一条是审查红线,一条是价值红线。通过这两条线的审查才开始对内容进行初步的规范化。

(1)审查红线——客观低质标准。在强大的网络传播效应下,一个小小的风吹草动都有可能演变成一场轩然大波,左右舆情走向,造成严重后果。内容发布方有责任和义务确保内容的合理合法,避免触犯红线成为内容生产的第一要务,内容的生命线首先体现在安全线上。红线审查通常针对客观存在的问题进行审核与检查,如虚拟消息、价值观导向问题等。内容存在的技术、语言问题,如视频模糊不清、文章完全不具备可读性等,虽然不触犯红线,但也要以同样的责任心去严格把控。

(2)价值红线——主观低质标准。不同内容发布方拥有各自的内容风格(可以参见约瑟夫·M.威廉姆斯和约瑟夫·毕萨普的《风格——写作的清晰与优雅》一书),有些内容虽然能通过审查红线,但是与发布方秉持的调性严重不契合,这样的内容在发布前需要被筛选出来,避免鱼目混珠,破坏整个内容池的统一风格和调性。这方面的标准就很考验内容运营工作者的判断能力和方法。发布方需要经常更新以适应社区或社群动态变化。比如抖音的内容比较新潮,从听觉、视觉和情绪来吸引用户,同样题材的内容往往会有上千条视频。快手的内容趋向于平民化,主要靠趣味、搞怪来吸引用户。显然,快手的大部分内容在抖音里属于不符合调性的内容,不会被平台推荐。

2. 内容标准——定义"好内容"

什么是好的内容?

内容标准和质量标准两者是相对的,质量标准定义什么是"差的内容",而内容标准反过来定义什么是"好的内容"。如淘宝有针对不同品类、商品材质的描述规范,这些规范规定了什么样的内容是好内容。由于不同领域的内容千差万别,通常我们会按内容的类型(文章、视频、音频等)和类别(体育、新闻、健康等)来描述好内容特点。然后配以适当的分级管理,就能够相对客观地制定出内容标准,如表12-1所示。

表 12-1　内容级别与处置

级别	级别含义	处置
5	顶级内容:有质量、富深度,创作难度大	重点推送
4	优质内容:制作精良	优先发布
3	普通内容:完成度较高,没有明显缺陷	可用
2	粗糙内容:内容存在缺陷	部分可用
1	低级内容:内容不符合调性,存在质量问题	不可用

(1)有清晰的主线

不同类型内容尽管有不同关注的焦点,但一般来说,架构清晰的内容更容易被用户消费和理解。比如对于叙事性的内容,故事脉络要清晰,或者以时间为主线,或者以人物、地点为主线等;对于论述性或观点性的内容,要求观点和论据清晰;对于总结性的内容,着重看架构或维度是否全面清晰。

(2)表述要围绕用户的感知

内容中提出一个结论、新概念或观点,在希望获得用户认同的时候,一定需要以翔实的事实做好铺垫和前期引导,表达要合乎逻辑(逻辑混乱往往是致命的),呈现的内容要具有可读性,能触动和打动用户,引发用户强烈的感知。

(3)选择使用图表

在表达比较复杂的逻辑关系,或者需要对比表达时,尽量使用图表或图文的方式,它们比纯文字更容易讲清楚、讲明白,具有更好的传播效果。

3.创作者标准——定义好的创作者

创作者标准是在内容标准的基础上进行对创作者的评级,根据评价指标给予创作者对应的评级和奖励标准。

4.类别标准——看清什么样的内容

类别就是指对站内不同内容进行分类,如新闻、体育、娱乐等,具体分类的粒度和准确度可以根据产品需要而定。

通过不同维度的内容定义,内容运营人员就能对整个内容质量、创作者质量和内容构成一个感性到理性的认识过程。整个内容池清晰起来,可以为后面的内容运营奠定坚实的基础。在内容定义完成之后,需要经常监控定义标准的适用性,标准的执行情况,以及准确率、召回率是否符合要求等,持续发挥内容定义的指导作用。

(二)内容生产

内容生产要回答 3 个方面的问题:首先,给谁看? 内容与产品一样,需要明确定位。内容在这个平台上是发给谁看的,这决定了用户对这个平台的预期。这个前面在确定内容标准中已经加以论述。其次,采取什么样的载体形式? 不同的载体决定了用户消费心理预期和消费动机,如果选择了符合用户需求的内容生产形式,内容消费就有可能快速增长。如快手、抖音的短视频形式和 FM 喜马拉雅的音频方式。最后,生产什么类型的内容? 可以设置一些模型化的内容,比如豆瓣的影评。通过样板化展示方式,一方面让整个用户生产环节变得更加轻松;另一方面降低了用户发布的成本,提升了用户发布内容的动力。

一般来说,内容来源主要有3种。

一是专业内容生产。平台本身有自己创作内容的专业能力(professionally generated content,PGC),平台获得独占内容,能够提高平台影响力。也有人把内容的创作细分为PGC 和 OGC(occupationally generated content,职业生产内容)。PGC 产出更加自由,信息发布者多为分享自己的见闻,奉献自己的知识,而 OGC 的创作内容属于职务行为。本书不做区分,统称为 PGC。

二是用户贡献。用户生产内容模式(user generated content,UGC)主要就是引导用户贡献内容,特别是贡献出符合社区调性的优质内容。

PGC 和 UGC 二者的区别,可以简单地理解为 PGC 聘用了一批员工或付费请了一群专栏作家来生产内容,如新浪、搜狐、网易等门户网站。UGC 则是开放地让用户去发言和生产内容,从中挑选和甄选出优质的内容,如知乎、豆瓣等社区和论坛。相对于 UGC,PGC 模式更可控,但是随着内容量越来越大,人员运营成本支出也会剧增。

三是商务合作。内容聚合平台为快速获取大量优质内容经常会采用商务合作的方式。

有时候还可以通过"抓取"的方式获得相应内容,这个需要符合数字知识产权的相应规定,避免引发产权纠纷。

(三)内容初始化

没有内容的产品毫无灵魂可言,不利于互联网产品的推广,用户进来也会因失去兴趣而流失。内容初始化就是针对构建好的内容框架,在用户进入之前充实一些必要的内容运营的工作。这些内容扮演了内容运营初期网站(产品)的核心角色,形象地阐述网站(产品)的价值观。比如一个社区网站,首先要确定第一阶段的内容如何留存初始用户、挖掘种子用户,然后通过一系列运营工作,比如确定社区内的关键路径,包括新用户进入后的引导文案、初始内容所属领域的内容填充等,维系好种子用户的活跃度,协助其进行内容传播;对于交易型的网站(产品),商品信息、图片展示自然是内容初始化的重点,对应的关键路径包括注册引导文案、交易引导文案、商品基础信息、支付流程说明等。在讨论产品和用户的双向筛选时,可以应用一个产品开发过程中的概念——MVP。在启动初期往框架中填充的内容并不多,基本上是官方想要呈现的内容,通过用户使用反馈来判定用户是否喜欢该类内容。如果反馈是正向的,则说明产品方向是正确的;反之就需要及时调整。

内容初始化渲染产品氛围和场景,目的在于吸引用户访问,存在冷启动的挑战,需要解决两个问题。一是用户进来之后要有适合的内容,感受到这个产品是有"人气"的;二是用户根据内容能判断该产品是否符合自己的需求。内容初始化时冷启动常采用以下3种方法。

抖音 APP 的
冷启动运营

1. 委托公关团队

冷启动时最常用的方法之一是请公关公司在网上发帖为某些公司造势。用大量账号吸引用户,进而引导用户自发地生产内容。该方法适用于发布信息量较大的内容,例如一篇文章、一组图片或其他有用的信息。使用该方法也会产生一定的负面影响,如文案内容的千篇一律会让消费者厌倦、反感,反而导致用户流失。

2.采用机器人

对于一些更简单的内容形态,可以用性价比更高的解决方案,如机器人。比如当用户发帖子之后,可以用机器人参与简单互动:点个赞,或用简单话语写个评论等,这些小操作会给用户带来满足感。如果说机器人让早期用户动起来,进而带动更多用户参与,那么到了后期产品运营进入良性循环,就要尽量限制使用机器人,避免负面影响等。

3.实行邀请制

对于初创企业来说,市面上往往已经存在诸多同类产品,可通过独特的方式降低为这些产品提供内容的生产者的转移成本。比如 Airbnb 公司用一个非常取巧方式,从当时的竞争者巨头 Craigslist 公司迁移来大量的内容生产者。因为房东在 Airbnb 公司发布房源时,也可以同步发布到 Craigslist,用户每月可以从 Airbnb 获得一定的收益,因而吸引了大量Craigslist 的用户到 Airbnb 平台来发布信息。

(四)内容推荐

做内容运营,如果纯粹依赖人工,而没有技术和数据做支撑,是很难形成规模效应的。没有规模效应,意味着传播是单点的、孤立的,无法持续转化。如内容在生产上,可以通过大数据调查用户偏好,用于指导和检验内容的生产。内容传播最便捷的方法是从产品价值出发,列出用户使用产品的场景,对应场景列出需求,根据需求策划内容。内容融入使用流程中,借助产品为用户提供内容。具体落实到操作环节,一般有基于算法和基于关系两种路径。如通过网络爬虫抓取分发阅读数据、用户地域数据、用户终端数据,评价分发效果。这些做法与技术和产品性能有关,运营人员需要参与其中,因为运营人员最了解什么样的用户能够看到什么样的内容。与此同时引申出另外一个关切的问题:现在机器个性化推荐越来越普及,运营人员能干预到的分发流程越来越少,是不是运营的重要性就降低了呢? 不是的,运营人员对内容更敏感,具有更强的对氛围把控能力,有着对优质(热门)内容的预判能力,并能发现内容方面的问题。这些都是现阶段的机器推荐无法做到的,需要发挥运营人员的作用。

做好内容推荐需重点关注以下几个方面。

1.热点设置

头部热点内容能吸引80％以上的流量,运营好头部/热点内容就成功了一半。有如下 4种干预方式:要闻——在重要的位置展现运营指定的热点内容;推送——利用热点内容激活未打开 APP 的用户;话题——通过设置话题,提高用户参与度,创造热点;banner 位/板块——热点内容特殊性质强曝光。

2.优质内容推荐

不同于通过强曝光方式来体现产品价值观,内容运营还会采取比较温和的方式,挑选出一些优质的内容进入内容池,虽不一定被强制曝光,但是会得到一定的传播权重。

3.建立推送机制

在推送渠道的选择上,考虑两方面的因素,优先考虑渠道是否覆盖推送对象,推送内容是否直截了当等。

4. 发现问题

找出潜在的内容机会是运营人员必须要做好的功课。除此之外,运营人员还要紧盯产品内容,可以通过不同的抽样方式,如按热度、按交互方式、按负面反馈、按随机方式、按用户等维度,发现问题后汇集成大类逐一去修复。如知乎在甄别内容质量时,在产品设计上采用"赞同",以示提升内容排名;采用"反对""没有帮助",以示降低排名或"折叠",方便用户/网站互助筛选信息的方式。

(五)内容整合

内容运营一定时间后,会积累沉淀相当数量的优质内容。内容是可以多次消费的,以豆瓣为例,这种内容型和干货型社区的内容可以通过运营进行二次或者多次分发。整合优质内容,集中展示,可以起到打造产品口碑,促进产品价值传播的作用。内容运营人员依据不同的领域和主题,进行编辑整理,形成各类内容专题形式,如每周精华周刊、热点回顾、下载资源 TOP、精华问题集等。实践表明,这是一种非常受用户欢迎的形式,但是要具备相当的内容编辑功底。

(六)用户激活

用户活跃参与到发布、关注、评论、点赞和分享等与内容相关的操作和互动环节中,发生密集交互的用户留存率也显著提升。自从社群形态崛起后,人们习惯于选择阅读圈子分享的内容,而懒得自行搜索。顺势而为,持续生产出目标受众喜欢的好内容,获得用户的认可,让用户主动推荐分享,参与互动,就能赢得更多流量。

三、内容运营的作用

(一)内容运营成为增长策略

境内企业经历了 3 次增长模式的迭代。第一个时期是渠道时代,最典型的是娃哈哈。其增长逻辑是把货铺到用户能轻易买到的地方,并且要把对手排除在外,这就是渠道的威力。第二个时期是媒介时代,典型的是脑白金。其增长逻辑是密集广告,用消费提示占领用户大脑。这样,消费者在货架前就会下意识地购买。第三个时期是用户时代,典型的是小米。其增长逻辑是用社区、社群、小程序等数字化手段连接用户,只要发送一个链接,就可以先人一步触达用户。目前,这 3 种增长模式都遇到了瓶颈,而且瓶颈都跟"内容"有关。通过渠道做增长,主要依赖的是销售关系和渠道政策。但现在很多销售人员发现,现在光维护关系、给销售政策不够了,卖场开始找他们要内容策划案!比如说,想加入天猫的超品日,天猫的小二就会让各家品牌进行策划比稿,看谁家的策划案和资源更好。通过媒介做增长,主要看企业的预算和议价能力。但光有钱、光会砍价也不行了,市场人员还得懂内容。比如,元气森林冠名了三档网络综艺,流量和热度火爆。很多靠获取用户做增长的互联网企业,最开始只是通过积分、福利和会员等级等纯运营手段做增长,最开始时往往可以快速积累私域流量用户,但很快就发现,依靠这种方式引流的用户,只要停止活动,用户就会流失。所以,运营人员发现:自己必须学会策划内容活动、创造情感体验,才能赢得粉丝的忠诚度。总结下来,不管是销售部、市场部、还是用户运营部,内容能力都成为增长的必备能力。一家企业必须转型为内容型组织,建立内容中台,统筹全公司的内容调性、发起跨部门的内容增长活动,才能实现良性增长。最终,内容成为整个组织的 DNA,也成为互联网企业的战略投资品。不应该仅仅把内容当成营销的工具,而是要视其为增长策略。所谓"内容增长策略",就是把内容运营提到和产品运营一样高的地位,通过内容运营,带动企业的增长。具体来说,内容运营不仅能形成流量池,提高互联网产品/内容的价值,而且能在目标客户群的心中贴上品牌标签,从而提升用户的黏性和活跃度。

(二)从产业链到营销链

在短缺经济时代,生产出某种产品是最难的环节。传统的经营是"货找人",即先打造出一款产品,然后再想办法去推广。所形成的是一条产业链,如图 12-2 所示。

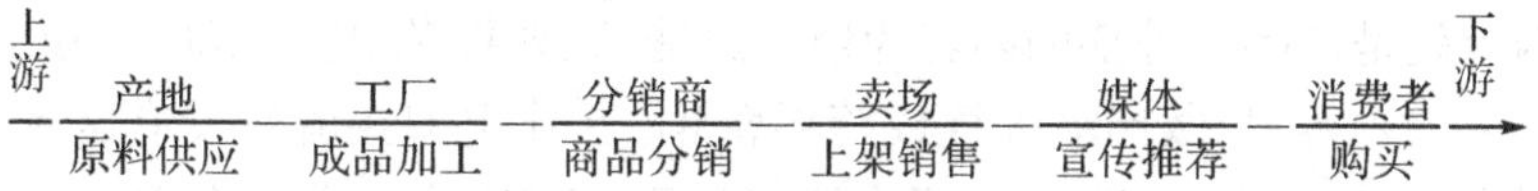

图 12-2　产业链

如今,直播电商采用的商业模式则是先通过试生产一小部分商品,针对性地测试市场反应,然后收集市场反馈信息,制订一个反向定制供应链的生产计划。这种方式的出现是在媒体渠道越来越多样、用户和流量越来越被稀释、用户的注意力愈加成为一种稀缺资源、工厂和资源降级为普通资源的背景下出现的,原有的产业链发生了重大逆转,新型的经营模式是"人找货",产业链转变为营销链,如图 12-3 所示。

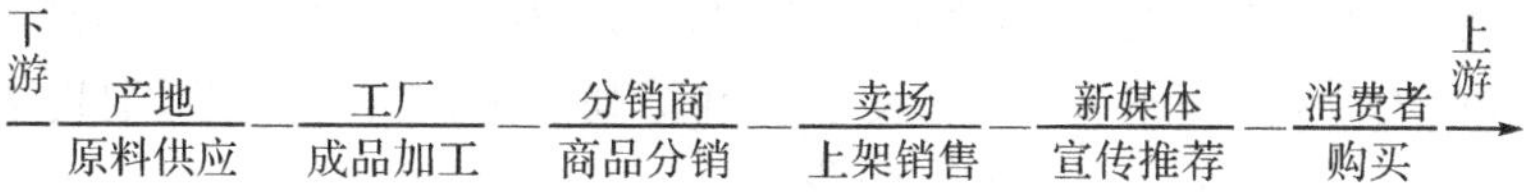

图 12-3　营销链

拥有营销链上游意味着更大的话语权。那么,如何吸引更多用户的注意力,成为上游玩家呢?内容成为重要的切入口,内容占据了上游用户的注意力。所谓"注意力",不只是触达更多的人,而是触动更多的心灵,用内容贯穿营销链路,动员下游的新媒体、商家、渠道和工厂的资源,激活和整合营销全链。营销链的形成,使得内容运营逐步成为企业增长的重要功能。

(三)内容化产品

"第二产品力"是相对于产品本身而言的,内容化产品重在开发"第二产品力",即产品上附着的内容将创造产品卖点,形成产品竞争区隔,增厚产品溢价,拓宽产品的护城河。那么,企业如何打造内容化产品策略呢?

内容化产品需要找到两种内容:不变的内容和可变的内容。

1. 不变的内容

不变的内容就是产品自己创造的内容角色、内容故事、内容价值观。2014 年,聚划算推出"三果志"的主题,即褚橙、柳桃、潘苹果三款水果的团购。开售后,结果大相径庭:上线当天,褚橙售出 8400 多单,实现销售额 75 万元;柳桃售出 476 单,实现销售额 4.6 万元;潘苹果售出 187 单,实现销售额 1.6 万元。到了 2019 年,柳桃、潘苹果已经淡出了人们的视野,只有褚橙品牌生存了下来,且历久弥新。同样是以知名企业家命名的水果,为什么褚橙能够独树一帜呢?从内容营销的角度来看,内功为基,故事开花。褚橙能够长期热卖,其根基是这个橙子真的好。褚橙有强大的内容基因,传奇人物褚时健的人生故事及他亲手栽种的"褚橙"一直广受热议。这甜中微微泛酸的橙子,像极了人生的味道,强大的品牌故事形成自传播效应。相比之下,柳传志对柳桃来说只是一个投资者,并不像褚橙那样是多年的生产者和经营者,这种情况下人格化的品牌塑造就显得很牵强。潘石屹以地产大亨为人们所熟知,他为家乡的苹果免费代言可以吸引一波关注,但之后潘苹果过高的定价使得公益代言的色彩渐淡。

2.可变的内容

可变的内容就是产品用外部的内容为自己赋能,比如综艺、电影、动漫、游戏等。大部分产品只是找外部的内容 IP 做产品授权或跨界营销,这其实和买流量没有区别。比如,京东经常进行跨界联名,把京东的 IP 和变形金刚、旺旺、LINE 等众多知名 IP 在内容上加以融合。这样既能提高京东的 IP 价值,又能触达其他 IP 的粉丝圈。

因此,用不变的内容塑造产品的内容角色,用可变的内容为产品带来新增用户人群,两者叠加可开发出产品的"第二产品力"。

(四)内容运营成就流量转化

传统产品营销有三大经典策略:代言人＋饱和式广告＋占终端。这些都是资源导向型的实施方案。请大牌明星做代言,可迅速积累用户,赢得声誉。用饱和式的广告投放,抢占用户心智;广告覆盖得越广、越密集,投入自然就越高。抢占终端货架,把货物引入更多卖场,需要庞大的销售团队,面临高额的入场费。

互联网产品营销也有一套经典打法:产品/品牌故事＋内容种草＋私域流量。这些是属于内容导向型的实施方案。产品/品牌故事重在为信任背书。内容种草考验的是互联网企业的选品能力、鉴别 KOL 的能力,这些都影响到内容的首次转化率。引入私域流量的目的是留存用户,提高复购转化率。不同于传统的产品营销,内容导向型的解决方案主要取决于一家企业的内容运作能力,即以少量的资源,获得极高的流量,从而突破资源封锁。

(五)内容运营成为决胜点

互联网发展的早期,流量决定一切。但随着互联网的主战场从 PC 端进入移动端,流量的作用产生了分化。进入后流量时代,流量获取的路径和流量的变现方式悄然发生了改变。由此,内容运营也经历了三大迭代过程:介质迭代、分发渠道迭代、变现路径迭代。

1.介质迭代

从文本到视频,内容载体越来越多元化,内容的呈现也越来越碎片化。介质迭代加速了内容的传播,影响力分布极为不均衡,带来了 KOL 的洗牌和流量迁徙。

2.分发渠道迭代

大批自媒体成长并进入分发渠道,打破了 BAT 对流量分发的垄断,进入了碎片化的分发状态。为了提高分发效率,分发渠道开启了社群化和矩阵化的组团运营模式。分发渠道从最初的平台上传、搜索分发,进入到标签分发、智能推送阶段。内容分发智能化日益成为内容运营的重要课题,它加速了"千人千面"的个性化进程。分发渠道迭代带来了媒体平台的洗牌和流量迁徙,如流量热点从微信公众号到今日头条号的转移等。

3. 变现路径迭代

虽然绝大多数低门槛的流量被 BAT 以优势集中的方式吸走,但是介质的迭代和分发渠道的变化,对流量价值的衡量趋向于从数量变为质量。因此,创业公司开启新的内容变现渠道,从单一的广告路径变为打赏内容电商和付费阅读,以及打造产品的 IP 等多元路径,并在每条细分路径上展开对用户和流量的争夺。

如果说技术应用只会决定一家企业的底层实力,那么内容运营将决定一家企业所能达到的高度。内容实力就会和技术实力、资金实力、人才实力一样,成为互联网企业最重要的硬资产。内容必将成为战略资源,内容运营将驱动未来的增长空间。

第二节　内容创作原理

一、认知基础

(一)文字符号系统

大众传播渠道和组织传播渠道中的文字符号系统,因规范性、传播性等要求,通常是对现有的文字符号系统的直接继承和应用,但是网民使用文字符号的方式具有一定的独特性,被称为网络语言。网络语言应用在社区、即时通信、电子邮件等人际传播和群体传播的渠道。网络语言形成与发展的直接动力来自降低网络交流成本、彰显个性、表达情绪、昭示态度和形成网络社交圈的需要。

理解网络传播的符号,不能仅关注其单一的符号层面,还需要从它们的组合,即文本层面来进行研究。

一是层次化文本。一个文本的完整层次包括:标题、内容提要、文章主体、关键词或背景链接、广告嵌入、相关文章阅读等。文本的层次性满足受众的个性化的选择需求,但是直接导致了网络信息消费的多级性,意味着有些层次信息处于闲置状态,信息的使用效率受到影响等。

二是网络化文本。网络化文本可通过超链接与其他文本发生联系,形成极具张力的网络,进行相互对比、解释、补充或延伸。因此在网络中,人们对于信息意义的认识与解读往往会基于多重文本而不是单一文本。

三是多媒体化文本。网络传播文本是文字、图形、图像、声音、视频等多种形式的集合。与传统的多媒体文本相比,网络中的多媒体文本具有更强的互动性,受众进入文本中与内容发生互动。受众消费的过程就是内容生产过程,原始文本提供了一个生产的框架。

(二)内容创作中涉及的认知理论

受众对不同文本的解析是不同的。比如读者在阅读文字后可以转化为自己脑中的画面,即使当场无法理解内容创作者的内涵,也有足够的缓冲时间来重新解释,直至大脑接受为止。但是在观看视频时,24帧/秒的速率会让受众无暇做出有效的解读,受众出现拒绝这个画面的心理,直接关闭视频或跳转至下一个视频,视频也就失去了高效传递信息的优势。

从上述简单认知分析,有3个关联的创作认知需要探讨。第一,如何考量受众的动机和需求? 第二,多样性文本提出了诸多挑战,如何解读受众认知心理范式? 第三,如何结构化文本,降低创作者的难度,提高传播效率? 以下从两个方面进行阐述。

1.使用与满足理论

涉及受众对媒介使用动机的研究始于20世纪40年代,"使用与满足"(uses and gratifications approach)理论是由伊莱休·卡茨在1959年的《大众传播调查和通俗文化研究》中提出的,他认为大众的媒介接触行为是一个受"社会因素+心理因素"影响的媒介期待—媒介接触—需求满足的过程,强调了受众使用媒介的主观能动性,主要表现为头部流量和普通用户两方面的使用与满足情境。从普通用户到头部流量身份的转换加强了用户对媒介使用的体验感,在使用和接触媒介的过程中满足了自身的需求,这就会进一步加强用户对媒介的使用和黏性,产生对媒介本身分享的动机,因而整个媒介使用和信息流通表现为有目的、有意识的传播过程。

研究一件事情的原理的最好办法是把它分解到最小的单元,且要具备可操作性。著名心理学家史蒂文·莱恩教授,通过敏感度理论开发出人类欲望理论,它比马斯洛需求理论更加细致和严谨,精确定义了人类的16种基本欲望,并给出一种绘制个人欲望图谱的方法。在文案策划和视频创作中,要思考这些内容生产至少能满足受众的一个基本欲望,基本欲望的满足会促使受众进行打开、点赞、评论和分享等活动。16种基本欲望如下。

(1)权力:对影响他人的渴望。

(2)独立:对独立自主的渴望。

(3)好奇:对知识的渴望。

(4)接纳:对被包容和归属感的渴望。

(5)社交:对同伴和友谊的渴望。

(6)家庭:对养育子女的渴望。

(7)地位:对社会等级和身份的渴望。

(8)反击:对报复、讨回公道的渴望。

(9)有序:对组织、建立事物秩序的渴望。

(10)收集:对囤积、收藏的渴望。

(11)荣誉:对忠于父母和传统的渴望。

(12)理想:对寻求社会公正的渴望。

(13)浪漫:对性和美的渴望。

(14)食欲:对满足口腹之欲的渴望。

(15)运动:对锻炼体魄的渴望。

(16)安宁:对情绪平稳的渴望。

比如,抖音能成为爆款,正是因为它的短视频内容符合用户时间碎片化的现状,满足了用户社交娱乐的需求。在解压休闲的同时,还找到了群体的归属感。另外,它也让用户获得了媒介使用的满足感,普通用户因好奇而模仿拍摄热门视频内容,从而也参与到内容的制作中。

又比如,对于抖音的头部流量来说,媒介的使用首先满足了表达的欲望。媒介技术的发展和互联网的普及催生了平台业态,为部分内容传播提供了技术上的可能。通过内容的制作、分享,收获了大量的粉丝,实现了独立的自我价值。更多头部流量和专业 MCN(multi-channel network,多频道网络)机构的出现,以及短视频生产产业链的形成,都以经济利益为驱动,通过模式化的"造星"活动,短时间内获得了大量的流量并转化为资本,通过对他人的影响实现商业目标。另外,看似简单的短视频,其实还表达了对音乐、艺术等浪漫情感的诉求。评论区的互动使得用户的参与性进一步加强,满足了个人的表达欲望。

2.理想化认知模型

满足受众的欲望只是第一步,更重要的是让受众能够看得明白,并在某种程度上产生共鸣。如何创作人人都能懂的内容关涉到人类基本的认知主题。

理想化认知模型(the idealized cognitive model,ICM)这一概念由美国著名的认知语言学家乔治·莱考夫在 1987 年提出,依然是当下认知语言学探究人类概念结构(conceptual structure)和语义范畴(semantic category)的一个重要认知分析切入口。ICM 之所以是"理想化的",是因为 ICM 不是对某一特定经验的具体反映,而是对一系列经验的抽象。它成为排除特殊情况的最具有原型特征的认知模式,是人们理解某一概念时最自然运用的知识背景。

ICM 可以分为 5 类:命题结构(propositional structure)、隐喻映射(metaphoric mappings)、转喻映射(metonymic mappings)、意象—图式结构(image-schematic structure)和符号结构(symbolic structure)。在这 5 个结构中,意象—图式结构是隐喻结构和转喻结构形成的基础,而隐喻结构与转喻结构是表达意象并实现图式的两种不同方式。命题结构是意象—图式结构的出发点,又是意象—图式结构的归宿。符号结构则是其他 4 类概念结构的语言表达方式。

(1)命题结构

这是指对概念与概念之间的关系做出判断的心理表征。如人是动物,这是一个命题,表明"人"与"动物"这两个概念之间具有某种关系,是对"人"的特性与"动物"的特性具有某些共性的一个判断。

(2)隐喻结构

这是将始源域映射到目标域上的心理表征,借此达到表达或解读目标域的目的。如:This idea went out of style a few years ago. 始源域"out of style"被映射到目标域"idea"上,从中可以看出,施喻者将"idea"看作是时尚,其隐喻结构表现为"ideas are fashions"。

(3)转喻结构

这是指在由 ICM 建构的同一个概念域中,某个成分与另一成分之间或某一成分与整体之间构成替代关系("stands for" relation)的心理表征。如:The grey hat is staring at you. "the grey hat"与戴着灰色帽子的那个人形成一个概念域,在这一概念域中,作为概念域成分的"the grey hat"得到认知侧显,被用来指称那个戴着灰色帽子的作为整体的人。

(4)意象—图式结构

意图—图式是概念生成的出发点之一,指各种结构之心理表征的抽象共性。如:"他的精神垮塌了。"我们在心理习惯上将"精神"解读为"山体"这一意象,由此将其图式性地表述为"崩溃"或"垮塌"。

(5)符号结构

主要是指语言形式(linguistic forms),如词项(lexical items)、语法范畴(grammatical categories)和语法结构(grammatical constructions)等。

在大多数情况下,人类对空间的经验及由此所形成的概念一般是借助意象—图式而建构起来的心理表征,如容器图式、出发地—路径—目的地图式、部分—整体图式、中心—边缘图式、上—下图式等。这些结构能反映出概念结构的特性,同时也是概念结构形成的基础。根据乔治·莱考夫的看法,意象—图式结构具有前概念性质,能反映概念的基本层次,是复杂认知模型赖以产生的基础。Johnson(1987)认为,意象—图式是认知过程中反复出现的结构,这种结构建构理解和推理的型式。总之,意象—图式结构是人在与客观世界的互动中所形成的一种简单的、基本的认知结构,能反映人类的具体空间概念,是人类借助具体空间概念来理解抽象概念的有效认知手段。

在视频内容创作时,故事进展、场景结构和人物动作等元素合理利用意向—图式时,能起到快速强化受众的认知,降低内容认知门槛的重要作用。又比如要表现以某物为核心时,可以把它放置在视频画面中间,体现该物的地位(中心—边缘图式)。

二、文案策划

(一)文案策略

1.文案策略的要求

文案策略,就是一个文案展现的逻辑,即要在什么地方对什么人说什么话,以及怎么说,达到转化用户的目的。还要能解释清楚为何是这样的逻辑,从认知学可以得知这是指向需求的,包括目标用户的需求和渠道场景的需求。

第一,文案要小,策略要大,点面结合。所谓的"大",就是涉及尽可能广的需求。所谓的"小",就是写作要有清晰的对象感,达成精准触达的转化效率。

第二,策略和内容的面向对象不同。策略面向的是企业内部人士,文字表述上要凝练,把信息高度浓缩到一句话,策略往往都是工作要旨式的。文案内容就不一样了,再好的策略也需要落地执行,文案策略不能被直接当成内容文案来使用,这样写出的文案必定是意思正确,表达无感的。文案是要面向大众用户的,因此要选择潜在消费者喜欢的形式表达出来。

2.目标用户需求

消费者喜欢的内容和形式,指的是在具体渠道场景下,目标用户的需求。这个需求有两层含义:目标用户对产品的需求和目标渠道下的场景需求。

(1)确认目标用户对产品的需求

即产品对用户的价值是什么,也就是用户是如何看待产品的。从必要到非必要,每个产品可以从3个级别满足用户的复合需求,分别是功能级、体验级和个性级。功能级的需求通常意味着某种刚需,到了个性级,更多是为了满足差异化的需求。目前大多数的厂家、商家在对消费需求的把握上,还停留在满足基本需求的阶段,即重在关注商品的基本功能,而缺乏关注消费需求的意识。受此影响,许多商家热衷于以"统货"应对消费需求,期待靠"爆品"去实现营销目标。

（2）内容传播渠道下的用户需求

就是目标用户在不同传播渠道中接收内容文案的场景。即在某个渠道,目标用户处于什么状态,他们的需求是否明确,产品要如何才能触达到目标用户。从需求的感知程度来说,用户在渠道场景的需求一般可以分成 3 类:未察觉的需求、模糊的需求和明确的需求。

①未察觉的需求。用户处于很闲散的状态,并不觉得自己缺少什么东西,他们获取内容的方式就是随性点击。在这种状态下,吸引目标用户注意力的办法是给他们制造"信息缺口",让他们产生好奇感,引导对方进入内容场域。常用的做法是关联用户的关注圈或身份特性。

②模糊需求。用户知道自己想要些什么,但要什么样的信息却模糊不确定。用户比较了解某个渠道中的内容,知道可能会得到自己想要的。在这种状态下,应该洞察先机,察觉到用户的所思所想,不要等用户自己说出来就知道用户一定需要这样的内容。

③明确需求。只要推荐的产品足够好,要明明白白地告知用户。但是用户在做消费决策时,总是会有那么一点犹豫迟疑的,所以得主动帮助用户尽快做出决断。

（二）文案类型选择

一个高质量的文案,可以让目标受众无抵触地对产品的认知从无到有,保持统一,或者认知得到升级。这为后续的市场推广、产品销售转化创造了良好的条件。为了达到这个目的,文案撰写时需要注意两个问题:文案信息内容和信息传递方式。因为文案的本质是沟通,在沟通中传递信息内容比较重要,但更重要的是如何传递。有时候,同样的意思,表达方式不同,最终达成的效果也会不一样,甚至有天壤之别。不同类型文案的应用场景及写作方法是有区别的,了解文案都有哪些类型,在什么情况下使用哪种类型的文案,是一个不得不重视的问题。从引导强度和实力水平两个维度,提出以下 4 种类型文案:暗示型、动机型、实力型和梦想型,如图 12-4 所示。

图 12-4　4 种文案类型

1. 暗示型文案

这种文案的特点是犹抱琵琶半遮面,不直接亮出自己的真实意图,而是迂回侧击,用暗示方式引导用户去关注产品的价值,适用于走创意路线或创业早期的企业。此时产品处于雏形阶段,优势不够强劲,用暗示型文案以委婉的方式,表达出具有潜在价值的新理念,吸引认同这种理念的早期受众群体。有时候也是为规避平台限制而采取的一种引流策略。

2.动机型文案

这类文案的特点是给受众一个具象化的理由,使其产生选择意愿或倾向性。因为具象化的场景更容易对人产生影响,人们很多时候都是感官动物,比起抽象的文字,生动的、有体验感的场景会更容易进入人的大脑并被理解或/和接受。故重点是将产品价值融入具体的场景中,让受众能依据文案的描述,联想到预设场景下的使用产品能够创造的利益。它适用于以下场景:和竞争对手相比,价值相差不大,需要在文案上更用心,营造一个让用户无法拒绝使用本产品的场景。

3.实力型文案

这种文案的特点是单刀直入产品本身,宣传过硬的产品功能、技术性能、优良品质等,营造一个强烈的感觉:“选择我就对了。”此类文案适用于这样的场景:相较于竞品,文案主打产品的确有独到之处,集中体现为“人无我有,人有我精”,将重点聚焦在突出产品的核心价值上。比如,格力空调广告文案从“好空调格力造”到“格力,掌握核心科技”再到“让世界爱上中国造”,格力广告语的变换不仅是企业发展战略和思路的调整,更是中国“制造”到“智造”的转变。这些文案传递出这样的信息:空调是有技术含量的,精湛的技术才能造出高品质的空调。故这样的文案是不能随便写的,否则会被认为是广告噱头。一个优秀的产品本身就是一份最好、最全面、最生动的文案。

4.梦想型文案

这种文案的特点是高大上,貌似虚无,却能够激发梦想,引起受众在价值层面的共鸣。此种文案比较适合有一定品牌知名度的产品,这时行业竞争已经超越了产品性能层面,进入了品牌的差异性阶段。

创意文案
示例

产品文案是产品价值的体现方式之一,作用有点像是临门一脚,好的文案可以四两拨千斤。选择一个合适的文案类型对于文案的写作、传播及最终的效果都会产生一定程度的影响,一个企业在不同发展阶段应该选择相匹配的文案类型。一般来说,初创企业可以使用动机型和暗示型文案。在企业发展到一定实力后,使用实力型文案。此后如达到行业领先或具备一定知名度的高级阶段,就可以更多地使用梦想型的文案。

三、文案写作

文案就是策略落地的转化过程,把产品价值转译出来,传递给目标用户。在内容运营中,以转化型文案为主体。所谓转化型的文案,就是这个文案的目的是特定的,它被写出来的唯一意义,就是要引导用户完成某个特定的行为,俗称一次转化。一个转化型文案撰写的核心原则是先帮助用户建立起认知,才有机会激发用户的兴趣。重视文案的写作方法,并朝着优秀文案的方向去创作,达到“爆款”的效果。

(一)文案转化的写作原则

文案要确保用户不费力地看得明白,这是最低的要求。当用户无法对文案形成认知的时候,会习惯性地选择忽视。对于那些哗众取宠、挂羊头卖狗肉或过于夸大式的"标题党"式行为,往往会招来用户的反感。这涉及一个运营的伦理问题,也引申出内容运营人员的职业道德和价值观的问题。下面一段话很好地描写了内容运营人的尴尬地位:"他们几乎都只会基于短期来考虑,比如,我可以在内容上玩点什么小花样或小技巧,可以有助于我短期数据指标的拉升,而很少有人能够真正静下心来想想自己在做的内容,长期而言,对于用户有何价值。"[①]

良好的认知来自说服,即诉诸利益。这个利益可以是感性的,也可以是理性的,或者两者兼而有之。比如面对需求明确的用户,就不用花太多时间调动他们的情感,而是要以省时间的方式替他们做出选择,即所谓的以理服人。而面对需求不明确或者没有需求的用户,就要制造出一种匮乏感,激发出用户的感性情感体验,让他们产生想拥有的迫切需求。

麦基和格雷斯(2018)指出,品牌忠诚度及作为其结果的重复购买,都是源自目的型故事创造的镜像体验——理性体验和感性体验。理性体验始于好奇,终于好奇,让人产生疑问:接下来会发生什么。感性镜像体验是从人性出发,始于共鸣并终于共鸣,让人获得一种"好像自己亲身经历"一般的体验。虽然镜像体验指的是故事中的应用,但核心逻辑就是说服用户。所谓文案面向具体的人,就是文案在呈现上要让用户觉得文案是真的在和自己说话。因此,镜像体验非常适合于转化型文案。理性体验的基础就是理性利益,感性体验的前提就是感性利益。基于两种镜像体验的应用,有3种文案写作手法。

1. 直接点明需求主题型

如果策略面向的用户需求已经非常明确,那么内容可回应用户的诉求点——能够得到什么? 有什么收获和保障? 文案写作结构方面,推荐"总—分—总"的风格。开篇点题推荐的产品,中间部分围绕主题详细展开,结尾就是说明定价策略和相应的促销活动。这个方法的说服重点在于中间部分,要详尽地展示产品的功能、特性、使用方法、用后效果等信息。为了提升内容的有用性和趣味格调,一方面要提炼出产品的独特魅力点,就是制造理性镜像体验;另一方面用场景形式来演绎产品的魅力,给用户更加清晰的感知,而尽量避免干巴巴的陈述,这就是感性镜像体验。

2. 以理性体验为主的利益说服型

理性体验的重点在于提供给用户他们想要知道的产品信息,让用户果断做出消费决策。这个方法有两个关键点:一是排序,二是取舍。了解产品的全部卖点,在此基础之上做出排序,同时梳理产品优势的层级意识,进行层级扩展。然后围绕主打优势,选择2~3个高权重卖点。这个选择的过程,就是做取舍。选完卖点之后,还要选择表述卖点的方式,一种是理性的事实表达,一种是带有感性场景的描述,什么卖点适合什么方式,要具体分析。

3. 以感性体验为主的情绪说服型

如果产品缺乏关键的事实数据,或者数据不够吸引人,怎么办? 那就用感性方式说服。以感性体验为主的说服,核心就是共鸣。主要是积极情绪方面的共鸣,目的是让用户觉得有趣、开心和满足。在内容运营中的一个有效的办法就是,为用户搭台唱戏,把文案内容当成一个故事脚本,用户就是卷入其中的角色。

[①] 黄有璨.运营之光:我的互联网运营方法论与自白2.0[M].北京:电子工业出版社,2017.

(二)文案的写作方法

文案的写作方法很多,从上述的理性—情感原则出发,可以构建3种典型的写作方法:以理性原则为主的问题对策法,以感性原则为主的冲突性故事法和以混合式为主的递进法。

1.问题对策法

这种写作方法简单明了,是在写作转化文案时习惯采用的一种写作方法。它的逻辑是详尽地列出用户在一个转化行为前可能会面临和思考的所有问题,然后一一对问题进行解答,达到理性地说服用户的效果。

2.冲突性故事法

故事本身具有一种魔力,能很自然地吸引用户,如果再嵌入具有高冲突性的情境,那么必然会带来震撼的效果。这种方法的逻辑表述为:带入情境—引起矛盾—提出问题—给出解决方案。这种方法的影响机制为:以一个故事的方式把用户带入情境,然后围绕这个情境制造出关键矛盾,引起用户的好奇,基于这些矛盾提出关键问题,最后水到渠成地把解决方案推送给用户。

3.递进法

罗伯特·麦基故事创作的核心原理

这是一种类似于来解释消费心理过程的著名 AIDMA(A, attention,注意;I, interest,兴趣;D, desire,欲望;M, memory,记忆;A, action,行动)法则,其内在的逻辑可表述为:引起注意—激发兴趣—勾起欲望—促成行动。因为对于一个中小型文案来说,首先要有一部分内容能足够吸引用户的注意力,比如名人效应。有意识地跟某些有较强影响力的人或事物形成链接,刺激用户的点击访问意愿。拟推送的文案的知名度和影响力不足以刺激到用户的时候,还可以采用某种颠覆用户常识性认知的方式来引起用户的好奇心。其次,逐步激发起用户的兴趣,引起其内在的欲望。最后,形成印象促成用户的行动,带来

转化。这种写作手法形成的文案,混合了理性和感性的元素,具有结构清晰、层次分明、卖点突出等特点,一般来说,这样的文案具有较高的转化率。

(三)优秀文案的核心要点

真挚的情感、明晰的观点、通顺的语言及富有层次的逻辑结构,是评价一篇好文章通用的核心要点。但是,从实际运营场景来看,有待进一步深入评判。"点击"获取链接详情的内容呈现方式和用户"快餐式"速食内容的阅读习惯,会让移动/互联网时代的内容和其他时代的内容产生一定的差别,内容创作者要注意到这种差别,在对"用户心理"揣摩后,从文章选题、标题要点、主体结构到互动环节做出精心的调整,使之迅速对用户"吸睛"并顺势进行分享、收藏进而达到二次传播的目的,所以文案优不优秀不应仅仅从内容去判断,而应从传播效果和转化效果去认定。

1.选题:敏感尖锐的洞察性,把握用户心理

选题的洞察性是指仔细揣摩特定用户的心理诉求,抓住关键点,创作切中用户痛点的内容。洞察性即为洞察人性,这里的人性既包括"爱心、同情心、怜悯心、感恩心、责任感、善良、勤劳、勇敢、宽容"等优点,也包含"傲慢、妒忌、暴怒、懒惰、贪婪"等缺点。

洞察性地选材需把握住两个基点：用户的细分性和时间的热度。用户的细分性基准是指选材上尽量和用户画像一致，选择用户关心的内容进行创作。热点的形式大概分为两类：季节性的或节假日热点，以及突发性社会热点。热点之所以能"热"，在于其极强的时效性，如需借势必须在24小时内完成，如果是突发性的热点最好能在2小时内推出，抢占用户时间，随后可进行系列化的内容推出。

因此，一个好话题通常具有3个鲜明的特点：第一，主题性。要有明确讨论的主题，而不是泛泛而谈。主题越聚焦，参与的目的性越明确。第二，开放性。话题不是威权性质的，只有一个人、一种观点就无法形成一个话题。第三，情感共鸣。话题应该能引起参与者的情感共鸣。在发起话题时，要取得良好的预期效果，考虑该话题的二次传播性、生命力与广泛性等因素。

一个话题的发酵和引爆在网络上要经历至少4轮的传播和发酵过程。首先，用户A在社交媒体平台上发布某种观点或事实，从威尔伯·施拉姆的传播学理论来看，这是一次人内传播。然后，人际传播发生了，用户A的关注者把这条内容传播了出去，而更多关注了他们的人开始转发这条信息，信息得到了几何级的扩散。紧接着，越来越多的人参与进来，包括KOL及相关人士。当传播扩大到一定的规模时，舆论场出现。此时，平台开始介入，合力完成了这次话题发酵的最后一个过程——"大众传播"。

2. 标题：信息聚合链接内容，特色鲜明吸睛

标题是文章的"文眼"，是对主体内容、中心思想的高度凝练，也就是"万物本质以一言蔽之"的能力——"一言力"。不论是今日头条、微信公众号等新的内容平台，还是邮箱、论坛、博客、网站等传统的内容平台，呈现的是"标题聚合页面"，受众第一眼看到的都是标题，用户会依据对标题的感兴趣程度，判断是否点击打开标题后的链接文字。因此，一个好的标题会直接影响到文章的阅读量和点击率等数据。

课堂讨论

假如要写一篇微信公众号文章，有哪些方式会让用户更有参与感？找一些典型文章与同学分享（见表12-2）。

表12-2 参考文章类型

方式	案例文章名称
有场景代入感的标题	
抓住萌点的配图	
潮流的表情包	
有趣的话题投票	
一段真人语音	
播放个性视频	
醒脑的背景音乐	

按用户对标题的情感由浓到淡的程度，标题大体可分为以下几种类别。

（1）故事型标题

就是在标题中呈现人物、时间、地点等故事性元素，并且会在标题中故意制造悬念，凸显内容的猎奇性和神秘感，吸引用户点击。这类标题是今日头条、UC头条等"推送制"自媒体常常使用的一种标题形式。应尽力避免出现文不对题、以偏概全的"标题党"现象。

（2）鸡汤类标题

这是微信公众号的"鸡汤文"喜欢用的一种标题形式。这种标题多是用一句话说明一个道理，或是呈现某种观点。一般来说，那些和大众思维模式稍有差别的标题的打开率较高。这种鸡汤标题，需要注意两点：首先，观点切口要小，立意要新，要有自己独特的见解，避免人云亦云；其次，语言凝练，简单直接，突出自己的观点；再次，标题尽量多用"你""我"，这样的第一、第二人称，拉近和用户之间的距离，增加用户的打开率；最后，字里行间要有一定的情绪，表明自己的观点，同时给阅读的用户带来一定的情绪。

（3）分享类标题

标题简单、凝练，直接用标题总结文章所要分享的干货或是摘选出一篇文章中的细小新颖的观点等。让用户在最短的时间内明白所分享的内容知识点及知识架构，不需要在标题上考虑太多的情怀而玩一些文字游戏。

（4）资讯类标题

新媒体标题示例

就是很常见的新闻资讯类标题，直击内容的核心，不需要太多的噱头和悬念，越是正规严肃的平台，越要中规中矩。

另外，标题一定要简洁，用7～15个关键字进行内容概括，按照受众关注点强弱排序，选择两三个关键词。让参与拟定标题的人尽可能多些，比如一个新媒体团队有5个人，每个人起10个标题，进行投票选出10个来，然后放到粉丝群里或者朋友圈选出大家反馈最好的几个，提取关键词或者直接用。集思广益得来的多个标题肯定有一个是最好的，千锤百炼的标题才能广为传播。

3. 内容主体：观点清晰直白，步步升华

在"快餐速食"的阅读方式下，内容主体要善于采用过经过验证有效的设计构思方法，激发用户阅读兴趣，"留住"用户眼睛。可从以下几个方面着手。

（1）观点清晰，开门见山，直击主题。在开头就直接说明该内容的意图，要论述的问题，作用就如新闻报道中的"导语"，迅速切入主题。

（2）事实为基，少模仿，有新意。互联时代内容的同质化越来越严重，高质量、有活力的原创内容深受用户喜爱。这也就要求内容生产者要多以原创的方式写身边的东西，少参考范例，坚持以事实为基石，形成独特的不可替代的风格。

（3）夹叙夹议，讲好讲透故事。用户在网上阅读文章，很多时候都是抱着休闲娱乐的目的。所以，在内容上要少用理论性的东西，多用生动的故事案例去吸引用户的眼睛，让他们轻松愉悦地阅读。目前的"鸡汤类"公众号大多采用这样的结构。总结起来，无非就是这样的模板——"开篇少文＋故事＋少文议论＋故事＋少文议论＋故事＋少文议论＋故事＋总结"这样的结构模式，用3个故事撑起文章的主体。这样的文章，也是用户喜欢读的风格，符合阅读心智。

（4）图文结合，长短相宜。软文类千万不可太长，一般建议1500字左右。太长的文字，会考验用户的阅读耐性，一般在文章开头就表明阅读本文会花费的时间，用户形成心理预期，将提高阅读质量和阅读完整率。另外，保持图和文相结合，避免单纯文字的枯燥性。

4. 回复：留言互动，满足个性化诉求

内容发布完毕之后，对于用户的内容留言区，要保持一定频率的回复节奏和回复质量。这样做的目的，是让用户切实地感受到他是和一个实实在在的鲜活的生命在互动，而非是与一个单纯的无生命的产品/品牌在做交流。移动互联网时代，越来越追求品牌的个性化、人格化和形象化，拉近和用户之间距离。做好高质量的回复互动过程，成为展示品牌形象的重要方式之一。为此，一是尽量做好回复且在公司规定时长内回复所有的用户留言/评论等，在拉近和用户的距离的同时增加用户的被重视感。二是保持回复语言风格的一致性，让用户对品牌的人设认知一致。

第三节　内容生产管理

内容生产是内容运营的重要保障，下面论述前面提到的 3 类内容生产模式。

一、用户生产内容

(一)UGC 内容生产生态管理

目前典型的 UGC 产品有知乎(社区)、简书(博客)、喜马拉雅 FM(有声平台)等，这些媒体的产生和普及为网民个体提供了更多的发声渠道和表达机会。所谓自媒体赋权，通俗来说是指"人人都有麦克风"和"用户生产内容"。这种内容生产模式一方面蚕食了传统媒体的生存空间，另一方面也为大众呈现出一幅碎片化图景:碎片化信息、碎片化认知和碎片化社会。

对 UGC 内容生态来说，应关注两个核心问题:优质内容如何被生产出来? 优质内容如何可以持续地被生产出来? 这些 UGC 在线互动传播系统(online interactive communication systems)或应用的核心价值兴盛与否，很大程度上取决于其上 UGC 的数量和质量。UGC 型生态的内容生产演变大概可以分为 3 个阶段:内容初始化、内容生产冷启动、鼓励和引导更多用户加入生产。

1. 内容初始化

一个新上线的 UGC 产品，所要做的第一阶段工作就是先添加一些内容，让它看起来有点儿人气。此外，也可挑选一部分有吸引力的话题，引起用户的关注和讨论。以知乎为例，它在 2011 年刚刚上线的第一年里，知乎全站的话题一直是聚焦在互联网和创业相关方面的。

2. 内容生产冷启动

营造产品氛围后，需要吸引一些有能力生产优质内容的人入驻。在产品启动初期，通过邀请制和私下沟通等方式，找到第一波"天使用户"。意见领袖或小圈子里的名人具有标杆效应，会带动更多人加入社区，因此这项关键工作直接决定了产品的生死。

邀请制的好处，首先是保持了对产品调性和内容的把控。收到邀请的用户是经过官方筛选的，控制在小范围内，有利于把控内容生产质量和内容的方向。其次，邀请制能营造出"稀缺感"，形成对"天使用户"的一种激励。比如，知乎最早的一批答者，除了知乎自己的员工外,还包括李开复、雷军等一大批投资界名人,这批知名人士当中的每一位都是知乎团队一对一完成邀请开始入驻并使用知乎的。

3.鼓励和引导更多用户加入生产

这一阶段重点关注以下几个方面。一是持续不断地制造话题,借助话题来激发用户参与的意愿。一个大众型的话题,能够引起用户的表达欲和参与欲。善于制造和利用好话题,是一个 UGC 运营人员的必备工作。二是通过"造典型、树标杆"的方式来为用户树立榜样。在 UGC 型社区中,持续为用户树立一些榜样,借助榜样的力量去影响和引导他们产生所期待的一些用户行为。三是维护核心用户的生产关系。所有 UGC 社区的内容运营体系,都会与用户运营的体系密切交织在一起——因为内容是由一部分精英用户贡献的,为了更好地持续生产内容,必须要对这部分用户给予特别关注和维系才行。

UGC 运营的最佳状态是进入自运营状态。所谓自运营,是指建立一些机制和规则,用户愿意遵守和利用这些规则,使得网站的日常运营不再过多地依赖运营投入,实现用户自主运营。如在社交平台上,用户自发管理自己的内容与关系链,进行内容与传播等。一般来说,在自运营的状态下,运营管理人员只需要做好组织活动或应对用户投诉等日常运营维护工作即可。

(二)UGC 生产激励

UGC 可被看作一种有益于平台/用户的公共品,而影响其健康发展的最大威胁之一便是"搭便车"行为。如何激励新媒体环境下的用户内容生产激励机制,便成为 UGC 模式运营的最大挑战。

许多传播学研究都将网络信息视作公共品,网上信息消费的"搭便车"现象很普遍,用户生产的内容具有一定的公共品特征。如在社交网站平台中,有两种性质不同的用户内容贡献行为:一是内容生产行为(content generating behavior),指用户直接向社交网站贡献信息内容,如发原创帖;二是内容分享行为(content sharing behavior),主要是通过诸如转发、分享等方式,使得信息在社交网络中广泛传播和扩散。与上述两种内容贡献行为相对的,有两种不同类型的公共品,即社区型公共品(communal public goods)和连接型公共品(connective public goods)。

解决"搭便车"问题的方式之一,是对应行动者的某种动机,向公共品贡献者提供选择性激励(selective incentives)。动机理论认为,人们从事各种活动的原因,有外部动机和内部动机之分。外部动机指的是个体在外界的要求或者压力作用下产生的动机,而内部动机则是指个体的内在需要所引起的动机。持有不同动机的个体会受到不同激励机制的影响,UGC 激励也可以归纳为:精神激励和物质激励。如克莱·舍基在《认知盈余——自由时间的力量》一书中的核心观点是:在互联网时代,人们利用工作时间之外的盈余时间进行分享和创造,为人类社会创造了宝贵的财富。具体到社会媒体环境下的公共品贡献行为,网络社区成员的内容生产内部动机包括利他主义(altruism)、互惠(reciprocity)、经验分享(sharing experience)、线上地位寻求(online status seeking)、建构在线身份(building online identity)、社会认可(social approval)、获取回报(getting reward)、社区承诺(community commitment)及声誉(reputation)等。

如何找到
天使用户呢?

如何理解
内容即广告,
广告即内容?

如何理解
用户的弹幕
行为?

　　合理的物质激励是维系 UGC 的一个重要方面,还可以其他创新方式激励。比如资源推荐、打赏机制等。

　　资源推荐是各大内容产品常用的手段。如知乎、简书会把优秀的内容推荐到热门板块及自己的 SNS 频道,给作品提供更多的曝光和受关注的机会。这既是一种精神激励又是物质激励。又比如当一个视频刚上线时,抖音会给用户一些初始流量,经过初始流量测试之后,根据点赞率、评论率、转发率来判断该视频的受欢迎程度,如果此时评判用户的作品为受欢迎的,该视频就会被进行二次传播。因此,自带流量的明星、网红,不用系统推荐,很容易得到大批的粉丝来支持,更容易产生优质内容,巩固其 KOL 地位和影响力。

　　利用打赏机制,可以让内容消费者为内容生产者付费。例如微信公众号的赞赏、直播时的送礼等。

　　很多公司会用周边产品、纪念品作为激励给内容贡献者。对于许多内容贡献者而言,他们更愿意着眼于未来,在网络世界中不断创造有价值的内容,积累粉丝,打造个人 IP,就是为了爆发的那刻完成粉丝和流量的变现。以下以抖音举例来说明如何实现商业变现。

　　目前,抖音 APP 的商业变现主要有 3 种方式,即广告、电商和用户付费。在整个产业链条中,各个角色所发挥的作用都有所不同。内容生产者主要挖掘内容的商业价值,MCN 则侧重打通渠道和进行资源收集,抖音就负责利用用户流量来为自己平台赢利。短视频运营模式如图 12-5 所示。

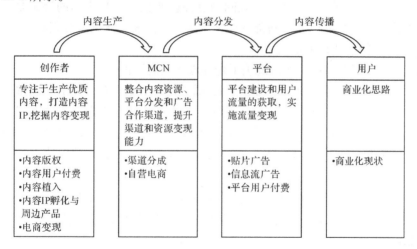

图 12-5　短视频运营模式

二、专业内容生产

　　PGC 内容生产方式适用于对专业性要求高、门槛高的平台。例如优酷、土豆、酷 6 等视频网站在发展初期依靠 UGC 的力量,短时间内积累了大量的视频内容。2010 以后,UGC 的质量水平无法支撑起用户对赏心悦目的高质量作品的消费需求,上述视频网站纷纷转向 PGC,先后诞生了《逻辑思维》《日食记》的一系列代表性 PGC 内容。PGC 内容生产方式重点关注达人内容生产和可持续专业内容生产两个方面。

(一)达人内容生产

　　达人内容生产主要包括准备素材、筛选达人、创意制作等 3 个方面,以下着重介绍后两方面的内容。

1.筛选达人

达人是指在某一领域非常专业、出类拔萃的人物。现在达人这个称呼被越来越多的网友接受和喜爱,成为流行用语。进入移动互联网时代,自媒体开始占据了一定的位置。随着自媒体形式越来越多样化,用户的长尾需求越来越多,使得想获取更多人的注意力变得越来越难,产品的推广销售愈加困难。而短视频的异军突起,加速了流量的集中,获得更多"眼球"又变成了可能,大量注意力集中到了网红达人的身上。达人对人们消费的影响让人瞠目结舌。明星和意见领袖已经成为产品信息的主要传播者,他们的推荐有效地影响了消费者的购买决策。

(1)优质的达人的4个特点

一是他们是品牌合作人,体现了品牌官方对达人的认可。二是达人的内容更新频繁,这体现了达人对平台的用心程度,以及达人和粉丝互动的程度。三是达人制作水平较高,即视频、图片较美观,风格也比较统一。一般一个账号基本会固定一个垂直类目,比如美食、美妆、旅游等,这样吸引的粉丝也是比较精准的。图片美观,视频清晰,都说明了达人的专业程度。四是达人的账号运营数据正常,即从数据来分析账号并无太多水分,真实的互动较多。比如,可以观察达人的每一篇笔记数据是不是很均衡(大部分笔记曝光有数据波动是很正常的)、评论是不是清一色的互夸(这种达人间的互评就要注意了)、优秀的评论是否有互动点赞(正常的评论都会有)等,以这些基础数据来判断达人的曝光数据是否真实。

筛选达人
流程示意

(2)筛选达人的流程

以下以抖音为例来说明平台筛选达人的流程

①建立资源池。根据粉赞值、播放溢出、增粉速度和相关成本等数据进行对比分析,筛选出一个KOL大资源池。其中粉赞值指的是达人抖音账号的总粉丝数除以总赞数,等于1代表一个赞就会有一个粉丝,低于0.1意味着内容的吸粉能力不强;播放溢出指的是达人视频平均播放量对比达人总粉丝数后超出的部分。在以图文为主的公众号时代,一个500万关注量的公众号其阅读量很难超过500万,但在抖音中,一个百万级粉丝的达人,其视频播放量却能够达到四五百万。

②每日及每周增粉情况。平台在内部会通过技术手段长期关注哪些账号增粉速度快,这意味着制作者创作的内容更受平台认可,用户也更愿意互动。

③筛选对应达人。根据需要,筛选与目标行业相对应的垂直品类达人,例如口红、面膜等产品自然会选择美妆类、种草类达人。

④去重判断。通过技术手段判断达人之间的粉丝重合度,筛选掉重合度高于50%的部分达人。

基于这3步基本就可以筛选出符合项目需要、账号质量优质、粉丝重合度低的达人账号。最后根据达人与MCN的配合程度、档期安排、是否愿意购买DOU+(抖音为创作者提供的视频加热工具)等再做细节调整。

2.创意制作

这指的是达人生产内容或自产内容。主要涉及以下几个步骤:①测评,如买家使用体验、性能功能测评、试验场景、互动场景;②创设故事,如商家故事、品牌故事、单品故事、溯源故事;③提供教程/攻略、买家秀、街头访问,设置专题区等;④审核达人内容创意方案、稿件及评估要点(如是否贴合本次目的,是否符合品牌、平台、产品调性,是否满足受众群体的喜好,是否满足各渠道投放要求等)。这些步骤适用于寻找达人或 MCN 生产内容的商家,自产内容的商家可忽略该步骤。

(二)可持续专业内容生产

1. 从产品体验到版权大战

讨论 PGC,首先要提到的是版权问题。PGC 是商业行为,以盈利为目的,所以对版权格外重视,可以说版权意味着内容的生命。对于早期视频、音乐网站来说,因为盗版的存在,用户反而较为关心的是产品的使用体验。比如优酷视频加载速度快,爱奇艺的视频较为高清,QQ 音乐的视觉效果好、交互设计使用起来更为方便等。

随着内容产品从早期的"产品体验决胜"发展到现在的"版权内容为王",本质上体现了内容的价值回归内涵。因而 PGC 逐渐成为各大平台赢得竞争的"王牌",通过购买独家版权,以期抢夺用户注意力,直至将其变成私域流量。由于版权购买费用高昂、盈利模式单一等问题,让在线视频、音乐网站迟迟得不到合理的资本收益。在 2016 年以后,用户为内容付费的习惯逐渐养成,才让盈利变得指日可待。

2. 用户付费商业模式

一个成功的内容付费商业模式,需满足以下条件。

一是陪伴用户成长。随着收入水平的提高,人们已经从对基本生存、生活需求的满足,升级到"对美好生活的向往"。在高度不确定的环境中,人们希望自己保持竞争力,就需要不断学习,获取知识。2016 年是内容付费元年。所谓内容变现,就是让有一定才华、有独到知识、富有专业经验的人士通过网络向他人"授课"而获得收益。如 2016 年 9 月 20 日知乎 Live 上线 4 个月即获得千万级的流水。

二是拥有稀缺内容。当平台方掌握稀缺内容时,就建立了收费的基础,用户愿意为这些稀缺且有价值的内容付费。

三是迎合粉丝经济。粉丝经济是一种渗透率较高的内容付费形态。在移动互联网时代,粉丝经济迎来了新气象。大众能够更容易接触到偶像的信息,各种新媒体以"造星"方式契合各色人群的追星需求,便捷的数字交易方式更让粉丝产生了消费的冲动。

3. 大数据改进内容生产质量

内容运营生产,没有技术和数据做支撑,很难取得规模效应。没有规模效应,意味着传播是单点的、孤立的,达不到持续转化的效果。因而,内容生产应有系统规划,大数据可用来帮助调查用户的喜好。重点关注以下两类数据。

一是行为数据。企业在做商业决策时,需要获得用户的行为数据,如加购、下单、页面停留时间、复购率等。

二是感性数据。什么是"感性数据"呢?比如用户的喜好厌恶、审美偏好、立场观点等。在做商业决策的时候,不仅仅要对消费行为进行判断,还要对复杂的用户心理、情感、审美风向等做评价。

通过不断制造内容,获取用户数据来指导企业的内容经营活动。让企业拥有一个纠错、

如何获取一
个女装潮牌的
感性数据?

容错的用户反馈系统,形成商业决策上的正循环闭环,也是非常必要的。

三、内容聚合生产

内容聚合生产(平台)几乎不生产内容,或者只生产少量的头部内容,也不会搭建平台让作者入驻,它们擅长整合优质内容,是"内容的搬运工"。

内容聚合生产最早可以追溯到 RSS(really simple syndication,简易信息聚合),在 PC 互联网时代,RSS 是互联网里程碑式的产品之一。

内容聚合生产满足了用户的两个需求。一是通过技术手段特别是算法,帮助用户高效地筛选和推荐信息。二是通过设计来为用户提供更好的阅读体验。内容聚合平台很快地显示出优越性,超越了原来的内容平台,如今日头条的快速崛起最令人瞩目,它在短时间内超越了传统四大新闻门户网站。好内容在推荐机制的助力下,影响力会以几何级数增长,这也正是新人和小众内容生产者的机会,如以交互阅读体验取胜的中小型平台 Zaker、Flipped、即刻、轻芒等。

内容聚合平台保持竞争力有自己独到的地方。当用户量发展到规模足够大的时候,平台往往会介入内容的生产环节,原创内容、新内容和稀缺的内容才是留住用户甚至让用户付费的关键之处,这也是为什么整合平台同样需要鼓励更多的人制作更好的内容。

就算法推荐方式来说,平台应该在兼顾用户数量的同时,更加注重社会效益和用户体验,平衡各类信息的推送,保证用户浏览信息内容的丰富性。另外,同类视频的长期推送,很容易造成用户对平台的"视觉疲劳",影响用户黏性。

内容运营的 3 个阶段如图 12-6 所示。

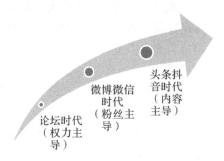

图 12-6 内容运营 3 个阶段

第四节 内容营销与推荐

一、内容营销

(一)内容营销定义

内容营销可以被定义为一个企业去识别、分析和满足客户需求,借由电子渠道分发的数字内容,最终获取利润的管理过程(Rowley,2008)。内容营销是企业通过媒体平台发布多种形式的、最贴近消费者的、最好的创意,传递企业的品牌理念及企业想要目标用户知道的信息,用正面的内容来告知和说服受众,提高其对品牌的认识或改变他们对品牌的看法。实践表明,好的内容可以激励客户购买商品或服务,将他们转化为忠诚的客户,甚至让他们将信息传播给他人。因此,内容营销也称为故事营销(Sullivan,2013)。

内容营销有 3 个着力点:场景即流量、故事即转化、体验即品牌。以微信为例。微信的应用场景是基于熟人圈层的,大部分的流量在熟人圈层的自传播中获取,能传播的内容必然带有符合这个圈层的属性,选择能唤醒其心智的应用场景,所以场景即流量。好的转化来自讲好故事的结果,故事需要与受众和用户的心智共鸣。但有了一次转化并不意味着结束,因为好体验才是二次转化和二次流量的来源保证。不好的用户体验会造成对品牌信任的破坏,甚至侵蚀原有的信任,双方的合作关系破坏殆尽,流量成为"负流量"。

(二)内容营销作用

传统的广告效果愈来愈弱,现在的消费者宁愿相信专家的见解、网民的评论、朋友的意见,也不再单一相信广告了。除此之外,产品和产品间的差异化程度的减少,消费者选择的不是产品本身,而是品牌间的差异——品牌理念、品牌故事、品牌形象、品牌人性化的一面等。所以品牌和企业选择使用内容营销,与顾客建立联系,为顾客带来价值,而这些价值与品牌有高度相关性及一致性,在不知不觉中植入了品牌意识。在品牌与顾客建立良好关系后才以各种方式促进顾客采取行动,这一切会让顾客觉得购买是自然发生的。研究表明,86%的 B2C 营销商使用内容营销,他们在内容营销上的花费超过预算的 25%,78%的首席营销官认为内容营销是未来的发展趋向。

内容营销可以为品牌或企业带来以下好处:低成本营销、将潜在顾客变成忠实顾客,甚至是品牌传播人,从而增加销量。例如 PC 时代电商的流量密码是销量、广告位、网站联盟等,移动电商流量密码是内容、自传播和精准社群等。阿里巴巴从 2015 年开始收购各种类型的内容生产企业,实际上已经把握到了移动时代流量逻辑的脉搏,利用好每一点流量的价值,尽可能地提高转化率、客单价和顾客黏性,提升用户购物体验,全方位地精准触达细分人群,实现"千人千面"("千人千面"是一种算法革命,它把人和网络的关系个体化和具体化了)的营销场景。

(三)内容营销策略

帕姆·狄勒(2016)提出内容营销的"4P"策略来管理内容营销的整个过程。这个理论重点强调内容营销规划及关系建立阶段,包括规划(plan)、创作(produce)、推广(promote)和完善(perfect)。

1. 规划

内容营销首先专注战略层面,一个整体的规划将作为团队成员的行动指南,思考想要达成的目标及内容营销怎样才能发挥作用。

2. 创作

创作是一个思维发散又有创造性的过程,要目标明确并有针对性。创意灵感、内容编辑、内容风格、页面布局随时会出现和发生。在创作内容时,应该提供给受众的是见解而不仅仅是答案。

3. 推广

内容推广要有详尽的策划及周密的执行,要将推广目标与内容营销目标相契合,确定预算、受众、重点推广渠道并准备好关键词和内容标题,而后制定实施日程。

4. 完善

完善就是在不断循环反馈的过程中评估内容营销效果,持续优化。利用合适的工具,改进流程,使内容生产和内容发布效果最大化,继而改善前面3个阶段。

(四)实施方法

有效实施内容营销策略的方法有本土化、个性化、情绪化、多样化、社区化等。

1. 本土化

由于文化、顾客价值观的不同,在不同的国家使用相同的标准和战略几乎是不可能的。本地化和翻译使内容适合各自的市场和文化,并确保信息的语言和形式能够被本地客户所理解和接受。

2. 个性化

越来越多的用户希望拥有个性化体验,并希望自己属于一个群体,这是被称为"包容性个性"(inclusive individuality)的需要。他们同时寻找独立和相互依赖的感觉,一方面想感受到作为个人的尊重,另一方面想和一群人一起拥有这种感觉,总而言之,他们不想觉得自己是社区里的另类。在数字技术的帮助下,所属的社区通过互联网连接起来,内容营销有能力来满足他们对"包容性个性"的需求。

3. 情绪化

如果点击和分享的次数很高,公司发布的文章或视频被认为是成功的。有两个因素决定了一篇文章的成功,一是信息有多积极,积极的信息比消极的信息更容易传播。二是信息能激起多少情感,当情感受到影响时,顾客对内容采取行动的可能性更大、更迅速。在内容营销语境下,企业的品牌建立和管理方式开始从以往理性的心理认知、资源占领转向更加感性的情感唤起,甚至文化共鸣,内容营销的升级就是情感营销(emotional marketing)。

4. 多样化

对于内容营销来说,应不断提出创意和鼓舞人心的广告语来抓住消费者的注意。有时,产品缺乏创意,客户便会产生审美疲劳,最终抛弃品牌。毕竟市场上有很多替代品,而且顾客喜欢有吸引力的品牌和"鲜活"的内容。

5. 社区化

社区化的现代理念体现在3个方面:一是构建社区。数字技术使具有类似兴趣的在线用户能够构建属于自己的社区,在全球范围内交流有关商品和服务的想法。二是企业鼓励顾客参与企业经营,这样可以更好地理解顾客,创造顾客的社区归属感。三是营销思维中越来越强调无形资产的交换,这已经从购买行为转移到使用环节。这一概念将营销者和消费者在社区中结合起来,意味着组织可以接触到消费者,消费者可以参与品牌运作。

二、短视频推荐

短视频作为一种承载了从几秒钟到几分钟的视频信息的载体,对比文字、图文及长达几十分钟的长视频,更加符合社交媒体时代的碎片化观看习惯,故一经推出,立刻受到用户的追捧,用户使用短视频购物的习惯正在养成。数据显示,产品在放入短视频后,转化率得了较大幅度的提升。短视频广告还成为社会化营销的核心部分,例如,利用短视频介绍产品,通过拍摄平台短片去解答客户的疑问,展示品牌文化,可以使用户更认可企业文化。

用户在刷短视频时,很容易沉浸其中,忘却时间的飞快流逝。一些大受欢迎的热门视频并非只是简单生活的再现,它不知不觉地击中了用户内心某些最柔软的地方,其背后有一套特有的底层逻辑,以及深谙用户心理的算法推荐机制。

(一)短视频的算法推荐

对短视频创作者而言,要让自己的作品得到更多人的喜爱与欢迎,就要借助应用算法推荐的原理,分发给更多的目标用户群体。在短视频创作中,一般要了解平台的"分发机制"和"识别流程",熟悉机器算法的工作流程,站在机器算法的角度创作内容。

1. 识别流程

识别流程就是让机器快速识别指令,在第一时间将内容匹配分发给精准的用户群体,然后通过一层层递进曝光,让算法推荐的两端——视频内容与用户之间形成畅通的沟通渠道。

站在创作者的角度来说,为了让机器快速识别内容并匹配给喜爱这些内容的用户,在发布内容时要选对分类标签、文字标题中的关键词、话题标题、视频封面、作者、发布时间、地理位置、评论内容、分类所在栏目、发布网站等。比如"当天"发布的内容,具备较好的时效性。当文章反馈良好,算法就会推荐给更大范围的人群。又比如关键词是"天猫",文章会被推荐给曾经与"天猫"关键词有关联的互动用户。

站在用户的角度来说,识别流程就是通过内容标签找到喜爱的创作者与内容。在第一次打开今日头条时,系统会让用户选择喜欢的内容类型,引导用户同步通讯录,绑定其他平台的账号,尽可能详细地填写个人信息资料等,以获取用户的基础信息和社交关系,完成对新用户的初始标签判断。算法利用用户在平台上的行为数据识别用户的喜好,比如对作品的评论、分享、点赞与停留的时长等行为,推荐用户喜爱的内容。

识别和推荐是相辅相成的。算法一方面持续向用户推荐他/她喜欢的内容,另一方面还会随机地推荐用户没有表现出喜好的内容,这种基于用户画像的探索性推荐会挖掘出用户(有时候用户自身也没有发现)的"新"喜好,反过来丰富用户画像。

2. 分发机制

分发机制指的是内容推荐的一套算法模式。创作之前,只有熟悉各个平台的分发机制才能根据自身定位,匹配适合的平台,明确创作方向,提高创作效益。

现有平台有各自的推荐规则。比如在快手上,机器给予推荐的方式是依据用户喜好、社交属性等,给予均等机会的推荐,不会像抖音上的热门内容一直滚动下去。在推荐对象上,快手更倾向"人",侧重的是普通创作者。抖音更侧重"内容",看重的是观看的用户。B站的分发机制则更多依据用户兴趣、粉丝关系和互动频度,区分对待,用户在平台上找到感兴趣的 UP 主(即 upload 的缩略,其本意就是上传者)和圈子,找到志同道合的朋友。

下面以抖音为例,具体说明它的推荐机制。进入抖音流量池的视频播放量是逐级递增的,在相应的反馈指标达到某一个标准后,会进入级别更高的播放流量池。在抖音上,机器先期会将新内容推荐给一小群用户。如果反馈良好,会加入更大的流量池,吸引更多的注意力。也就是说,需要达到衡量观众对视频的喜爱程度的各种指标,如完播率(看完整条视频的人数与总观众数的比例)、点赞量和评论量等,作品有机会成为热门内容。有研究分析后得出流量池分布为:第一级流量池的视频播放量为 200~500 次,第二级为 2000~3000 次,第三级为 8000~10000 次,第四级为 10000~50000 次。如果观众反馈效果好会进入 10 万播放级别的流量池,反馈更好的进入百万、千万级别的流量池。

从上面的分析可以看出,在算法推荐模式下,分级流量池的存在使得曝光量有个"流量上限"。内容的曝光不是一传十、十传百的线性曝光机制,内容是一次性被算法推荐到某个数量的人群,如图 12-7 所示。通过"氪金"(指付费购买流量机制而支付费用),创作者可以直接让内容获得高级别流量池的曝光基数。

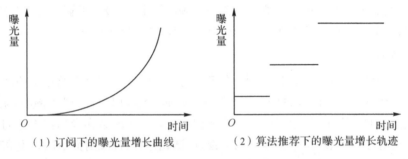

（1）订阅下的曝光量增长曲线　　（2）算法推荐下的曝光量增长轨迹

图 12-7　订阅和算法推荐下的曝光量增长轨迹

当然,这里有个重要的前提条件,就是作品足够优质,且可以满足大流量池的反馈标准,否则仍然只能停留在当前的流量池,无法带动更高等级的曝光量。

(二)短视频冷启动

在这个内容为王的时代,算法是内容的伯乐,短视频创作要积极拥抱算法。作为创作者必须控制自我表达的欲望(作者思维),以目标用户的视角开展有品质的创作过程(尽管不知道内容会被算法推荐给哪一类用户,而这些未知用户的反馈会影响到算法对内容的推荐力度),否则,一切的内容生产也不过是"自嗨"和"孤芳自赏",毫无用处。创作者还要基于算法思维(编程思维)评价创作的内容能被算法识别的概率水平。这个识别过程相当于冷启动。参考优质的短视频素材并结合算法推荐原理,一个完整的视频冷启动包含了5 个要素。

1.短视频内容的选择

传统节目制作的过程有内容策划、制作和审片等环节。考虑到现在短视频运营目的之一是促进互联网公司的增长,它与渠道运营、用户运营是紧密协作的。在实际工作中,短视频的制作往往会结合大数据,形成一个全面、精细化的创作过程。

选择的素材越紧凑越好,越短越好,情节富有冲突与反转的张力,配以热门梗和音乐,集成式的创新更会引发争议和评论。短视频产品的核心是内容,内容并非出于几个核心创作人员的苦思冥想,还在于结合运营策略,以迭代方式,生产出好的内容。以不低于行业中等水平的作品,帮助短视频内容产品大幅度地提升用户的触达率、点播率,以及停留率、复播美誉等。

2.短视频制作

标签是重要的流量入口,自创标签相当于封闭的流量池,比如一些官方活动需通过标签来获得流量。标签诉求要体现在创作的方方面面,具体如下。

(1)封面和字幕

在发布视频时,创作者挑选视频中的一帧为视频的封面图片。封面风格应具备统一性,字幕醒目,略带悬疑,启发好奇心。

(2)配音、伴奏和特效

音乐是抖音的灵魂,从冷启动的角度来讲,创作者所使用的音乐如果正被大众使用,算法会清晰地把视频推荐给相应的受众。另外,抖音提供了丰富的特效和道具,创作者可以在发布视频时使用,用户点击特效标签后可以看到相应的视频。与伴奏相同,特效和道具作为视频的组成部分和模块化的内容,也是非常有利于算法识别的。

(3)视频的描述文本

在抖音手机端上最多可以输入 55 个汉字,描述的文本可以分为 3 个部分:固定的话题、涉及的用户及普通文本内容。固定的话题与配音、伴奏是相似的,均为系统模块化的内容,有利于算法的识别。对于算法来说,如果被提到的用户具有一定的知名度或具有清晰的画像特征,那么这也属于模块化内容。上面已经提到视频的完播率代表了观众的喜爱程度,对初期创作者来说,视频的长度决定了首批触达的观众看完视频的占比,此时,时长越短的视频越有利于内容冷启动。

3.地址定位

地点本身也是流量入口和流量池,不同的发布地点启动播放量不一样。比如网红地标自带大量的流量。地点展现在视频文字简介下方,会给阅读者带来身份认同的联想,激发线下偶遇等情感传播效应。

4.更新投放的时间和频率

一天之中,在线移动用户数有 3 个高峰时段。第一个高峰出现在上午 7 点到 11 点,有些人刚起床会习惯性地浏览手机,上班族通勤中会用手机打发时间,上班时也会偶尔看手机。第二个流量高峰分布在下午的 5 点到 7 点左右,为下班时段。最后一个高峰期在晚上 11 点到凌晨 1 点,人们在睡觉前会刷一下手机。因此,短视频内容发布时间选择成为非常重要的影响因素,结合内容性质,在合适的时间段发布短视频内容,不仅可以获得更大的点击量,还可以培养用户固定的观看习惯。

运营人员要统计用户观看短视频的时长,可采用网上问卷调查、专业的短视频数据分析网站来进行数据的采集和对比,推算出目标用户最为活跃的时间段。以此为依据,合理调整短视频的发布时间,提高短视频成为热门的可能性。另外,内容越多越好,更新越频繁,频道获得的关注热度就越高。然而,持续性更为重要。应在更新频次和内容持续性之间找到一个平衡点。如果想要与观众建立起忠诚、动态及信任的关系,需要定期投放,带来一定质量水平的短视频,传达一致连贯的价值。

5.评论区互动

寒暄沟通成了数字文化的中心问题。与博客等注重单向的内容输出工具有所不同,社交网络通过"点赞"、"顶"、简要状态更新、状态更新的评论等方式来使寒暄功能处于优先地位,从而提供一种联系和保持存在的方式,并使其在其他人的网络中得到认可。因此,评论区的点赞,尤其是"神评论",往往可以带来二次页面的访问跳转。除此之外,创作者还可以对评论进行置顶。

今日头条内容生产和创作者共同富裕

▶ 复习题

1.内容类型有哪几种典型的分类?

2.内容和产品的关系是怎样的? 如何撰写高质量的内容?

3.内容冷启动有哪几种方式?

4.内容生产有哪些常见的方式?

5.如何做一个合格的内容运营人?

▶ 讨论题

申请一个微信公众号,坚持发布原创内容,在一个月的时间里做到 1000 个粉丝,并完成数据分析与运营总结,然后制定出下一阶段的内容运营规划。在规划一个微信公众号时要重点关注账号定位、内容设置、团体合作等方面的工作。

▶ 延伸阅读

1.麦基.故事:材质、结构、风格和银幕剧作的原理[M].周铁东,译.天津:天津人民出版社,2014.

2.明托.金字塔原理[M].汪洱,高愉,译.海口:南海出版公司,2010.

3.彭兰.网络传播学[M].北京:中国人民大学出版社,2009.

4.桑斯坦.信息乌托邦:众人如何生产知识[M].毕竞悦,译.北京:法律出版社,2008.

5.张佳.短视频内容算法:如何在算法推荐时代引爆短视频[M].北京:人民邮电出版社,2020.

第十二章小结

参考文献

Adomavicius, G. , Bockstedt, J. C. , Gupta, A. , et al. Making Sense of Technology Trends in the Information Technology Landscape: A Design Science Approach[J]. *MIS Quarterly*,2008, 32(4): 779-809.

Alstyne, M. V. , Brynjolfsson, E. Electronic Communities: Global Village or Cyberbalkans? [J]. *Economic Theory*,1997(3):1-32.

An, J. , Cho, H. , Kwak, H. , et al. Towards Automatic Persona Generation Using Social Media [C]. Future Internet of Things and Cloud Workshops (FiCloudW), IEEE International Conference, 2016.

Arshinder, K. , Kanda, A. , Deshmukh,S. G. Supply Chain Coordination: Perspectives, Empirical Studies and Research Directions[J]. *International Journal of Production Economics*,2008,115(2):316-335.

Baltacioglu, T. ,Ada, E. ,Kaplan, M. D. , et al. A New Framework for Service Supply Chains[J]. *The Service Industries Journal*,2007,27(2):105-124.

Barbara, L. , Kenneth, H. Opinion Leadership in a Computer-mediated Environment[J]. *Journal of Consumer Behaviour*,2005,4(5),319-329.

Bedny, G. , Karwowski, W. *A Systemic-structural Theory of Activity: Applications to Human Performance and Work Design*[M]. Boca Raton, FL: CRC Press,2006.

Benkler, Y. The *Wealth of Networks: How Social Production Transforms Markets and Freedom*[M]. London: Yale University Press, 2006.

Bharadwaj, A. ,Sawy O. A. E. ,Pavlou, P. A. ,et al. Digital Business Strategy: Toward a Next Generation of Insights[J]. *MIS Quarterly*,2013,37(2):471-482.

Boyson, S. ,Rossman, H. Developing a Cyber-supply Chain Assurance Reference Model [R]. Supply Chain Management Center(SCMC),Robert H. Smith School of Business University of Maryland,2009.

Brown, S. L. , Eisenhardt, K. M. *Competing on the Edge: Strategy as Structured Chaos* [M]. Cambridge, MA: Harvard Business School Press, 1999.

Caridi, M. , Pero, M. , Sianesi, A. Linking Product Modularity and Innovativeness to Supply Chain Management in the Italian Furniture Industry[J]. *International Journal of Production Economics*, 2012,136(1):207-217.

Chen, J. S. ,Ching, R. K. , Luo, M. M. ,et al. Virtual Experiential Marketing on Online Customer Intentions and Loyalty[C]. Proceedings of Hawaii International Conference on System Sciences, 2008.

Cheshire, C. , Antin, J. The Social Psychological Effects of Feedback on the Production of Internet Information Pools[J]. *Journal of Computer-Mediated Communication*, 2008, 13(3):705-727.

Constantin, J. A. , Lusch, R. F. Understanding Resource Management[M]. Oxford,OH: The Planning Forum,1994.

Coon,Mitterer. 心理学导论:思想与行为的认识之路(原书第13版)[M]. 北京:中国轻工业出版社,2017.

Crawford, C. M. , Dibenedetto, C. A. *New Product Management* [M]. New York: McGraw Hill, 2010.

Cronroos, C. , Heinonen, I. , Isoniemi, K. ,et al. The NetOffer Model:A Case Example from the Virtual Marketspace[J]. *Management Decision*, 2000, 38(4):250.

Csikszentmihalyi, M. , Csikszentmihalyi, I. *Beyond Boredom and Anxiety: The Experience of Play in Work and Games*[M]. San Francisco: Jossey-Bass,1975.

Donald, G. *Even Management and Event Tourism* [M]. New York: Cognizant Communication Corporation, 1997.

Ellen, P. S. , Mohr, L. A. , Webb, D. J. Charitable Programs and the Retailer: Do They Mix? [J]. *Journal of Retailing*, 2000, 76(3):393-406.

Ellis, D. , Cox, D. , Hall, K. A Comparison of the Information Seeking Patterns of Researchers in the Physical and Social Sciences[J]. *Journal of Documentation*, 1993 (49): 356-369.

Engeström, Y. Developmental Studies of Work as a Test Bench of Activity Theory:The Case of Primary Care Medical Practice[J]. *Understanding Practice: Perspectives on Activity and Context*,1993.

Engeström, Y. *Learning by Expanding: An Activity Theoretical Approach to Developmental Research*[M]. Helsinki,Finland: Orienta-Konsultit, 1987.

Eugene, A. W. Customer Satisfaction and Word-of-Mouth [J]. *Journal of Service Research*, 1998: 1 (1), 1-14.

Fulk, J. ,Flanagin, A. ,Kalman, M. , et al. Connective and Communal Public Goods in Interactive Communication Systems[J]. *Communication Theory*,1996,6(1):60-87.

Graham, S. , Goldblatt,J. J. , Delpy, D. *The Ultimate Guide to Sport Event Management and Marketing*[M]. Chicago: Irwin Professional Publishing, 1990.

Griffin, A. , Hauser, J. R. Integrating R&D and Marketing: A Review and Analysis of the Literature[J]. *Journal of Product Innovation Management*, 1996(13):191-215.

Gupta, S. , Pirsch, J. The Company-Cause-Customer Fit Decision in Cause-Related Marketing[J]. *Journal of Consumer Marketing*, 2006, 23(6): 314-326.

Halman, J. , Hofer, A. P. , Vuuren, V. W. Platform-driven Development of Product

Families: Linking Theory with Practice [J]. *Journal of Product Innovation Management*, 2003,20(2): 149-162.

Hariharan, A. How to Set Up, Hire and Scale a Growth Strategy and Team[EB/OL]. [2022-10-06]. https://www.ycombinator.com/library/59-how-to-set-up-hire-and-scale-a-growth-strategy-and-team.

Heinonen, K., Strandvik, T., Mickelesson, K. J. Rethinking Service Companies' Business Logic: Do We Need a Customer Dominant Logic as Guideline[R]. Working Paper from Hanken School of Economics, 2009.

Henfridsson, O., Mathiassen, L., Svahn, F. Managing Technological Change in the Digital Age: The Role of Architectural Frames [J]. *Journal of Information Technology*,2014, 29(1): 27-43.

Hill,T. *Manufacturing Strategy*[M]. Basingstoke,UK:MacMillan,1993.

Hjørland, B. *Information Seeking and Subject Representation: An Activity-theoretical Approach to Information Science*[M]. Westport, CT: Greenwood Press,1997.

Holliman, G., Rowley, J. Business to Business Digital Content Marketing: Marketers' Perceptions of Best Social Content and Consumer Engagement [J]. *Psychology & Marketing*,2015,32(1):15-27.

Huang, A. A Research Taxonomy for E-commerce System Usability [C]. The 8th Americas Conference on Information System, 2002.

Huang, S., Potter, A., Eyers, D. Social Media in Operations and Supply Chain Management: State-of-the-Art and Research Directions[J]. *International Journal of Production Research*,2019,58 (6): 1893-1925.

Johan,A. Role of Product-related Conversations in the Diffusion of a New Product [J]. *Journal of Marketing Researching*, 1967, 4(3): 291-295.

Johnson, M. *The Body in the Mind: The Bodily of Meaning, Reason and Imagination* [M]. Chicago: The University of Chicago Press,1987.

Jose, A., Tollenaere, M. Modular and Platform Methods for Product Family Design: Literature Analysis [J]. *Journal of Intelligent Manufacturing*, 2005,16(3):371-390.

Karmarkar,U. S. Integrative Research in Marketing and Operations Management[J]. *Journal of Marketing Research*, 1996,33(2):125-33.

Katz, E., Lazarsfeld, P. F. *Personal Influence: The Part Played by People in the Flow of Mass Communications*[M]. Piscataway, NJ: Transaction Publishers,1966.

Kearsley, U., Shneiderman, B. Engagement Theory: A Framework for Technology-Based Teaching and Learning[J]. *Educational Technology*,1998(380):20-23.

Kee, A. W., Yazdanifard, R. The Review of Content Marketing as a New Trend in Marketing Practices [J]. *International Journal of Management, Accounting and Economics*,2015,2(9), 1055-1064.

Koetzier, W. How to Avoid the Innovation Death Spiral[J]. *Innovation Management*, 2011(27):36-38.

Kohavi, R., Deng, A., Longbotham, R. Seven Rules of Thumb for Website Experimenters[C]. Proceedings of the 20th ACM SIGKDD International Conference on Knowledge Discovery and Data Mining (KDD'14),2014.

Kotler, P., Keller, K. *Marketing and Management*[M]. New York: Pearson, 2012.

Kumar, D., Chen, W., Simpson, T. W. A Market-driven Approach to Product Family Design[J]. *International Journal of Production Research*, 2009,47(1):71-104.

Lafferty, B. A., Goldsmith, R. E., Hult, G. T. M. The Impact of the Alliance on the Partners: A Look at Cause-brand Alliances[J]. *Psychology and Marketing*, 2004, 21 (7): 509-531.

Lanier, C., Hampton, R. Consumer Participation and Experiential Marketing: Understanding the Relationship between Co-creation and the Fantasy Life Cycle[C]. Association for Consumer Research, 2008.

Leontiev, A. N. *Activity, Consciousness, and Personality* [M]. Englewood Cliffs, NJ: Prentice-Hall,1978.

Lin, Y., Shi, Y., Zhou, L. Service Supply Chain: Nature, Evolution, and Operational Implications [C]. Proceedings of the 6th CIRP-sponsored International Conference on Digital Enterprise Technology,2010.

Lusch, R. F., Vargo, S. Service Dominant Logic: Reactions, Reflections and Refinements[J]. *Marketing Theory*, 2006(3): 281-288.

Marchese, K., O'Dwyer, J. 建立弹性供应链[J]. 上海国资. 2015(1):94-95.

Mithas,S., Tafti, A., Mitchell, W. How A Firm's Competitive Environment and Digital Strategic Posture Influence Digital Business Strategy[J]. *MIS Quarterly*,2013,37(2): 511-536.

Monroe, K. B., Chapman, J. D. Framing Effects on Buyers' Subjective Product Evaluations[J]. *Advances in Consumer Research*,1987,14(1):193-197.

Moorman, C., Rust, R. T. The Role of Marketing[J]. *Journal of Marketing*,1999,63 (S. I.):180-197.

Murray K. B. A Test of Service Marketing Theory: Consumer Information Acquisition Activities [J]. *Journal of Marketing*, 1991,55(1): 10-25.

Nagurncy, A.,Nagurncy, I.,Shukla, S. *A Supply Chain Game Theory Framework for Cybersecurity Investments under Network Vulnerability*[M]. Switzerland:Springer,2015.

Norman, D., Miller, J.,Henderson, A. What You See, Some of What's in the Future, and How We Go about Doing It: HI at Apple Computer[C]. Conference Companion on Human Factors in Computing Systems,1994.

Nufer, G. Creating an Image Transfer through Event Marketing: Principles, Requirements and Consequences [J]. *European Journal of Business and Social Sciences*, 2015,3(12):1-18.

Nufer, G. Event Marketing and Attitude Changes[J]. *Journal of International Business Research and Marketing*, 2016,1(3):40-45.

Oestreicher-Singer, G. , Zalmanson, L. Content or Community? A Digital Business Strategy for Content Providers in the Social Age[J]. *MIS Quarterly*,2013,37(2) : 591-616.

Ojasalo, J. Managing Customer Expectations in Professional Services [J]. *Managing Service Quality*, 2001,11(3): 200-211.

Parasuraman, A. Reflections on Gaining Competitive Advantage through Customer Value [J]. *Journal of the Academy of Marketing Science*, 1997,25(2), 154-161.

Parasuraman, A. , Zeithaml, V. A. , Berry, L. L. The Nature and Determinants of Customer Expectations of Service[J]. *Journal of Academy of Marketing Science*, 1993 (21):1-12.

Pels, J. The Service Dominant Logic: A Conceptual Foundation to Address the Underserved[J]. *International Journal of Rural Management*. 2012, 8(1-2):63-85.

Prahalad, C. K. , Ramaswamy, V. *The Future of Competition : Co-creating Unique Value with Customers*[M]. Cambridge, MA: Harvard Business School Press, 2004.

Rafaeli,S. , LaRose, R. J. Electronic Bulletin Boards and "Public Goods" Explanations of Collaborative Mass Media[J]. *Communication Research*,1993,(20)2:277-297.

Resnick, P. , Iacovou, N. , et al. GroupLens: An Open Architecture for Collaborative Filtering of Netnews [C]. Proceedings of ACM Conference on Computer Supported Cooperative Work, 1994.

Resnick, P. , Varian, H. R. Recommender Systems[J]. *Communications of the ACM*, 1997,40(3):56-58.

Rezabakhsh, B. ,Bornemann, D. ,Hansen, U. ,et al. Consumer Power: A Comparison of the Old Economy and the Internet Economy[J]. *Journal of Consumer Policy*,2006,29 (1): 3-36.

Ricci, F. ,Rokach, L. ,Shapira, B. *Introduction to Recommender Systems Handbook*[M]. New York: Springer, 2011.

Rogers,E. *Diffusion of Innovation*[M]. London: The Free Press,2003.

Rowley, J. Understanding Digital Content Marketing [J]. *Journal of Marketing Management*, 2008,24(5/6):517-540.

Salvador, F. , Forza, C. , Rungtusanatham, M. How to Mass Customize: Product Architectures, Sourcing Configurations[J]. *Business Horizons*, 2002,45(4):61-69.

Schmenner, R. W. Manufacturing, Service, and Their Integration: Some History and Theory[J]. *International Journal of Operations & Production Management*,2009(5): 431-443.

Serrano-Cinca, C. , Fuertes-Callen, C. , Mar-Molinero, C. Measuring DEA Efficiency in Internet Companies[J]. *Journal of Decision Support Systems*,2005(38):557-573.

Sheth, N. L. ,Newman, B. I. , Gross, B. L. Why We Buy What We Want: A Theory of Consumption Values[J]. *Journal of Business Research*,1991,22(2):59-170.

Skinner, W. The Focused Factory[J]. *Harvard Business Review*,1974,52(31974):113-22.

Slack, N., Lewis, M. *Operations Strategy* [M]. 5th Edtion. Harlow, UK: Pearson Educaion Limited, 2017.

Stevens, G. A., Burley, J. 3000 Raw Ideas = 1 Commercial Success [J]. *Research Technology Management*, 1997, 40(3):16-27.

Sullivan, H. Amplified Influence: Story Marketing Can Power Your PR Program in the New Year[J]. *Public Relations Tactics*, 2013, 20(1):14.

Tang, C. A Review of Marketing-operations Interface Models: From Co-existence to Coordination and Collaboration [J]. *SSRN Electronic Journal*, 2009, 125(1):22-40.

Tsal, C. F., Chen, M. Y. Variable Selection by Association Rules for Customer Churn Prediction of Multimedia on Demand[J]. *Expert Systems with Applications*, 2010, 37(3):2006-2015.

Tseng, M. M., Jiao, J. X. Design for Mass Customization[J]. *Annals Of the CIRP*, 1996, 45(1):153-156.

Ulrich, K. The Role of Product Architecture in the Manufacturing Firm[J]. *Research Policy*, 1995, 24(3):419-440.

Vargo, S. L., Lusch, R. F. Evolving to a New Dominant Logic for Marketing[J]. *Journal of Marketing*, 2004(1):1-17.

Wagner, S. M., Bode, C. An Empirical Investigation into Supply Chain Vulnerability[J] *Journal of Purchasing & Supply Management*, 2006, 12(6):301-312.

Weinberg, G., Mares, J. *Traction: How Any Startup Can Achieve Explosive Customer Growth*[M]. Harefield, England: Portfolio, 2015.

Whyte, W. H. The Web of Word-of-Mouth [J]. *Fortune*, 1954(1):140-143.

Wilkinson, D. A. Guide to Effective Event Management and Marketing[R]. The Event Management and Marketing Institute, 1988.

Wilson, T. D. A Re-examination of Information Seeking Behaviour in the Context of Activity Theory [J]. *Information Research*, 2006, 11(4):1368-1613.

Wits, W. W., Vaneker, T. H. J. TRIZ Based Interface Conflict Resolving Strategies for Modular Product Architectures [J]. *Procedia Engineering*, 2011(9):30-39.

Wubben, M., Florian V. W. Instant Customer Base Analysis: Managerial Heuristics Often "Get It Right"[J]. *Journal of Marketing*, 2008, 72(5):82-93.

Yoo, Y., Henfridsson, O., Lyytinen, K. Research Commentary: The New Organizing Logic of Digital Innovation : An Agenda for Information Systems Research [J]. *Information Systems Research*, 2010, 21(4): 724-735.

阿尔布瑞契特,詹姆克. 服务经济:让顾客价值回到企业舞台中心[M]. 唐果,译. 北京:中国社会科学出版社,2004.

埃利斯,布朗. 增长黑客:如何低成本实现爆发式成长[M]. 张溪梦,译. 北京:中信出版社,2017.

埃亚尔,胡佛. 上瘾:让用户养成使用习惯的四大产品逻辑[M]. 钟莉婷,杨晓红,译. 北京:中信出版社,2017.

安德森. 长尾理论：为什么商业的未来是小众市场[M]. 乔江涛, 石晓燕, 译. 北京：中信出版集团, 2015.

巴克斯特. 会员经济：发现超级用户, 缔造长期交易, 赢得持久营业收入[M]. 北京：中信出版集团, 2021.

伯杰. 传染：塑造消费、心智、决策的隐秘力量[M]. 李长龙, 译. 北京：电子工业出版社, 2017.

伯杰. 疯传：让你的产品、思想、行为像病毒一样入侵[M]. 乔迪, 王晋, 译. 北京：电子工业出版社, 2016.

布尔迪厄, 华康德. 反思社会学导引[M]. 李猛, 李康, 译. 北京：商务印书馆, 2015.

陈国青, 吴刚, 顾远东, 等. 管理决策情境下大数据驱动的研究和应用挑战：范式转变与研究方向[J]. 管理科学学报, 2018(7): 1-10.

陈磊. 短视频平台电商化转型运营分析：以快手为例[J]. 新媒体研究, 2019(11): 43-45.

陈荣秋, 马士华. 生产运作管理[M]. 4 版. 北京：机械工业出版社, 2013.

陈新宇, 罗家鹰, 邓通, 等. 中台战略[M]. 北京：机械工业出版社, 2019.

陈轩. 爆品方法论：未来 10 年主流商战模式[M]. 成都：天地出版社, 2019.

陈勇. 报纸新媒体矩阵产品化运营研究[J]. 中国报业, 2017(11): 56-57.

成炳辉. 数据采集质量控制问题与对策[J]. 数据, 2008(5): 42-43.

程慧. 互联网运营的秘密[M]. 北京：北京邮电大学出版社, 2018.

程立茹. 互联网经济下企业价值网络创新研究[J]. 中国工业经济, 2013(9): 82-94.

褚时健, 一个橙子创造的网红：从褚橙漫谈品牌故事黄金三原则[EB/OL]. [2022-05-13]. https://zhuanlan.zhihu.com/p/58772538.

川上彻也. 一言力[M]. 王雨奇, 译. 北京：北京联合出版有限公司, 2018.

达文波特, 哈里斯, 莫里森. 工作中的数据分析[M]. 杨琪, 张四海, 译. 杭州：浙江人民出版社, 2018.

大卫·辛奇-利维, 菲利普·卡明斯基, 伊迪斯·辛奇-利维. 供应链设计与管理：概念、战略与案例研究[M]. 3 版. 季健华, 邵晓峰, 译. 北京：中国人民大学出版社, 2010.

戴扬, 卡茨. 媒介事件[M]. 麻争旗, 译. 北京：北京广播学院出版社, 2000.

戴亦舒, 叶丽莎, 董小英, 等. CPS 与未来制造业的发展：中德美政策与能力构建的比较研究[J]. 中国软科学, 2018(2): 11-20.

但斌, 刘墨林, 罗骁. 面向产品与服务差异化集成的产品服务供应链模式与发展对策[J]. 重庆大学学报(社会科学版), 2017(3): 45-51.

德波. 景观社会[M]. 张新木, 译. 南京：南京大学出版社, 2017.

德布雷. 媒介学宣言[M]. 黄春柳, 译. 南京：南京大学出版社, 2016.

狄勒. 首席内容官：解密英特尔全球内容营销[M]. 孙庆磊, 译. 北京：中国人民大学出版社, 2016.

丁俊杰. 公私流量的照妖镜[J]. 中国广告, 2020(1): 93-94.

丁一, 郭伏, 胡名彩, 等. 用户体验国内外研究综述[J]. 工业工程与管理, 2014, 19(4): 92-97, 114.

杜纲, 支华炜. 产品族架构研究综述[J]. 计算机集成制造系统, 2014, 20(2): 225-241.

2021 年值得关注的 5 个机器人流程自动化(RPA)趋势[EB/OL].[2022-03-30].http://
　　www.sohu.coma/457346663_676545.

段淳林.KOC:私域流量时代的营销新风口[J].中国广告,2019(11):115-116.

范冰,张溪梦.黑客增长实战[M].北京:电子工业出版社,2017.

方兴东,严峰,钟祥铭.大众传播的终结与数字传播的崛起:从大教堂到大集市的传播范式转
　　变历程考察[J].现代传播,2020(7):132-147.

费雪.利息理论[M].陈彪如,译.北京:商务印书馆,2013.

冯华骏.全业务 OMO 数字化智能中台体系创新与实践[J].信息通信,2020(6):254-255.

福特,张良晗,刘芳明,等.程序化营销:程序化营销是什么以及它如何造福于出版商?[J].
　　出版科学,2017,25(2):5-7.

高德拉特,科克斯.目标[M].3 版.齐若兰,译.北京:电子工业出版社,2019.

高杉尚孝.麦肯锡教我的写作武器[M].郑舜珑,译.郑州:大象出版社,2020.

高文.徐斌艳,吴刚.建构主义教育研究[M].北京:教育科学出版社,2008.

郜书锴.场景理论的内容框架与困境对策[J].当代传播,2015(4):38-40.

戈夫曼.日常生活中的自我呈现[M].冯钢,译.北京:北京大学出版社,2008.

哥乔斯.产品经理手册(原书第 4 版)[M].祝亚雄,冯华丽,金骆彬,译.北京:机械工业出版
　　社,2015.

格拉德威尔.引爆点:如何制造流行[M].钱清,覃爱冬,译.北京:中信出版社,2009.

格罗鲁斯.服务管理与营销:服务利润逻辑的管理[M].4 版.韦福祥,姚亚男,译.北京:电子
　　工业出版社,2019.

郭俊岑.电子商务的供应链和销售链协同策略研究[J].中国市场,2020(3):165-166.

哈弗全链路营销破圈背后:一场积极拥抱用户的思维创变[EB/OL].[2022-12-28].https://
　　xueqiu.com/5979435536/170904043.

哈克.新商业文明:从利润到价值[M].北京:中国人民大学出版社,2016.

哈默.企业行动纲领[M].赵学凯,王建南,房成鑫,译.北京:中信出版社,2008.

赫拉利.人类简史:从动物到上帝[M].林俊宏,译.北京:中信出版社,2018.

侯宏.从消费互联网寡头格局迈向产业互联网生态共同体[J].清华管理评论,2019(4):
　　72-83.

胡春,吴洪.网络经济学[M].2 版.北京:北京交通大学出版社,2015.

胡发刚,张英彦.网络口碑的内涵、分类及其对消费者购买意愿的影响[J].编辑之友,2018
　　(9):68-72.

胡沈明.内容渠道化:"互联网+"时代电视媒介的竞争选择[J].东南传播,2016(8):9-12.

花建,陈清荷.沉浸式体验:文化与科技融合的新业态[J].上海财经大学学报(哲学社会科学
　　版),2019(5):18-32.

黄橙.企业微信公众平台"人格化"运营思路研究:以"夕又米"微信公众号为例[J].新闻
　　研究导刊,2016,7(11):351.

黄海林.转化率与内容运营:新零售时代的企业运营之道[M].北京:电子工业出版社,2018.

黄建忠.供应链安全与双循环战略[J].对外经贸实务,2020(11):7-11.

黄杰民.运营的秘密:解码大公司的运营方法论[M].北京:电子工业出版社,2018.

黄晶.从渠道运营到内容运营[J].传媒,2015(15):19-20.

黄磊.从渠道运营到内容运营[J]传媒,2015(15):19-20.

黄琳.顾客期望管理方法研究[J].企业经济,2007(12):52-54.

黄有璨.运营之光:我的互联网运营方法论与自白2.0[M].北京:电子工业出版社,2017.

基特勒.留声机、电影、打字机[M].邢春丽,译.上海:复旦大学出版社,2017.

加瑞特.用户体验要素:以用户为中心的产品设计(原书第2版)[M].范晓燕,译.北京:机械工业出版社,2011.

简兆权,秦睿.服务主导逻辑:核心概念与基本原理[J].研究与发展管理,2021(2):166-181.

蒋小花.数字产品运营与推广[M].杭州:浙江大学出版社,2019.

焦玉豹.链路营销:触发消费者购买的十大关键点[M].北京:人民邮电出版社,2020.

金错刀.爆品战略:39个超级爆品案例的故事、逻辑与方法[M].北京:北京联合出版公司,2016.

金定海,顾海伦.论互联网企业的定义与再定义问题[J].现代传播,2016(5):137-142.

鞠凌云.战略单品:打造单品,抢占心智,持续赢利[M].北京:电子工业出版社,2015.

卡茨,拉扎斯菲尔德.人际影响:个人在大众传播中的作用[M].张宁,译.北京:中国人民大学出版社,2016.

卡内尔,特拉维斯.创意短视频策划、推广、引流、爆粉与变现全能攻略[M].陈巧丽,译.天津:天津科学技术出版社,2020.

卡尼曼.思考,快与慢[M].胡晓姣,李爱民,何梦莹,译.北京:中信出版社,2012.

卡桑,特维施.运营管理:供需匹配的视角[M].2版.北京:中国人民大学出版社,2013.

凯利.失控:全人类的最终命运和结局[M].卢蔚然,陆丁,小青,等译.北京:电子工业出版社,2016.

康彧.私域流量:概念辨析、运营模式与运营策略[J].现代商业,2020(23):10-12.

柯林斯.飞轮效应[M].李祖滨,译.北京:中信出版社,2020.

科特勒,凯勒.营销管理[M].15版.何佳讯,于洪彦,牛永革,等译.上海:格致出版社,2016.

克罗尔,尤科维奇.精益数据分析[M].韩知白,王鹤达,译.北京:人民邮电出版社出版,2015.

库伯,莱曼,克罗宁,等.交互设计精髓[M].北京:电子工业出版社,2020.

莱恩.我是谁:成就人生的16种基本欲望[M].付建利,韩刚,李亚男,译.北京:金城出版社,2020.

莱考夫.女人、火与危险事物:范畴显示的心智(二)[M].李葆嘉,章婷,邱雪玫,译.北京:世界图书出版公司,2017.

赖元薇.全球品牌利用社交媒体内容营销提升品牌忠诚度的机制研究[D].北京:对外经济贸易大学,2017.

雷军告诉你:小米手环8个月卖400万的爆品秘籍[EB/OL].[2022-11-21].https://www.sohu.com/a/14174693_115468.

类延昊.运营笔记:如何成为一个优秀的运营人[M].天津:天津出版社,2016.

冷雄辉.口碑传播的形成机制及企业口碑营销应用策略研究[C].Conference on Web Based Business Management,2011.

李波，李想．"互联网＋"背景下电商供应链发展探讨[J]．商业经济研究，2020(24)：82-85．

李春雷．互联网运营实战手册[M]．北京：人民邮电出版社，2017．

李雷，简兆权，张鲁艳．服务主导逻辑产生原因、核心观点探析与未来研究展望[J]．外国经济与管理，2013(4)：2-12．

李明轩．运营有道：重新定义互联网运营[M]．北京：机械工业出版社，2017．

李桥林．爆品营销[M]．天津：天津科学技术出版社，2019．

李少加．进化式运营：从互联网菜鸟到绝顶高手[M]．北京：电子工业出版社，2016．

李雨村．媒体融合背景下新媒体语言特点及传播机制研究[J]．西部广播电视，2020，41(17)：13-15．

李智颖．移动互联网时代的场景理论研究[J]．中国传媒科技，2017(10)：75-76．

李中．毕博全球保险业调研发现：业务流程自动化可降低30％成本[N]．中国保险报，2005-11-16(001)．

梁丽丽．程序化广告：个性化精准投放实用手册[M]．北京：人民邮电出版社，2017．

林攀登，杨林．新产品扩散模型及营销策略分析[J]．现代商贸工业，2007(9)：92-93．

令狐克睿，简兆权，李雷．服务生态系统：源起、核心观点和理论框架[J]．研究与发展管理，2018(5)：147-158．

刘方远．小米生态圈的建构模式及运作机理研究[D]．广州：暨南大学，2015．

刘浩华，陆慧．论供应链的安全风险及防范措施[J]．财贸研究，2005(5)：82-87．

刘中慧，朱炜，朱莹燕．距离与温度：高校新媒体平台的人格化建设探索：以西南交通大学新媒拟人化运营为例[J]．智库时代，2017(7)：137-138．

流量的三个递进(连接—交互—关系)[EB/OL]．[2020-02-25]．https://zhuanlan.zhihu.com/p/108963859．

龙共火火．高阶运营：从小编到新媒体操盘手[M]．北京：人民邮电出版社，2018．

楼天阳．我国互联网公司模式的演变路径及商业逻辑[J]．商业时代，2009(6)，78-79．

卢因．社会科学中的场论[M]．北京：中国传媒大学出版社，2016．

吕巾娇，刘美凤．活动理论的发展脉络与应用探析[J]．现代教育技术，2007(1)：8-14．

骆靖，宋倩，王笑楠．网络环境下事件营销策略浅析[J]．企业导报，2012(7)：101．

马风才．运营管理[M]．5版．北京：机械工业出版社，2019．

马诺维奇．新媒体的语言[M]．车琳，译．贵阳：贵州人民出版社，2020．

马卫民，李彬，徐博，等．考虑节点中断和需求波动的可靠供应链网络设计问题[J]．系统工程理论与实践，2015，35(8)：2025-2033．

马燕军．大数据时代企业的市场营销策略探讨[J]．中国商论，2019(7)：90-91．

麦基，格雷斯．故事经济学：一场商业战略就是一个等待发生的故事[M]．陶矇，译．天津：天津人民出版社，2018．

麦基．故事：材质、结构、风格和银幕剧作的原理[M]．周铁东，译．天津：天津人民出版社，2014．

梅罗维茨．消失的地域：电子媒介对社会行为的影响[M]．肖志军，译．北京：清华大学出版社，2002．

米勒．数字文化精粹[M]．晏青，江凌，姚志文，编译．北京：清华大学出版社，2017．

木部智之.2轴思维:问题简化的架构术[M].谢严莉,译.北京:中国友谊出版公司,2019.

尼葛洛庞帝.数字化生存[M].胡泳,范海燕,译.北京:电子工业出版社,2017.

尼文,拉莫尔特.OKR:源于英特尔和谷歌的目标管理利器[M].况阳,译.北京:机械工业出版社,2017.

倪光南,陈晓桦,尚燕敏.国外ICT供应链安全管理研究及建议[J].中国工程科学,2016(6):104-109.

你应该知道的四种文案类型[EB/OL].[2021-07-08].http://www.woshipm.com/operate/387807.html.

牛温佳,刘吉强,石川,等.用户网络行为画像[M].北京:电子工业出版社,2016.

帕里泽.过滤泡:互联网对我们的隐秘操纵[M].方师师,杨媛,译.北京:中国人民大学出版社,2020.

彭庚,龙海泉,吕本富.互联网企业的竞争战略[J].管理学家(学术版),2010(2):36-50.

彭兰.场景:移动时代媒体的新要素[J].新闻记者,2015(3):20-27.

彭兰.网络传播学[M].北京:中国人民大学出版社,2009.

彭兰.新媒体导论[M].北京:高等教育出版社,2016.

七叔.挖掘和构建私域流量 攸关企业生死存亡[J].中国商人,2020(1):84-88.

齐泽克.事件[M].上海:上海文艺出版社,2016.

契克森米哈赖.心流:最优体验心理学[M].张定绮,译.北京:中信出版集团,2017.

钱志骥.浅谈数据中台体系建设之道[J].信息技术与信息化,2020(10):93-95.

邱昭良.复盘＋:把经验转化为能力[M].3版.北京:机械工业出版社,2018.

曲卉.硅谷增长黑客实战笔记[M].北京:机械工业出版社,2018.

任保平.我国产业互联网时代的新特征及其发展路径[J].人民论坛,2021(1):66-68.

如何构建移动营销时代的"动态矩阵"?[EB/OL].[2020-05-27].https://www.sohu.com/a/397904559_120047015.

如何设计一个内容推荐系统?[EB/OL].[2023-05-03].https://www.zhihu.com/question/309754511/answer/800030253.

萨瑟兰.广告与消费者心理[M].北京:世界知识出版社,2002.

塞勒,桑斯坦.助推:如何做出有关健康、财富与幸福的最佳决策[M].刘宁,译.北京:中信出版集团,2018.

桑斯坦.网络共和国:网络社会中的民主问题[M].黄维明,译.上海:上海人民出版社,2003.

桑斯坦.信息乌托邦:众人如何生产知识[M].北京:法律出版社,2008.

桑文锋.数据驱动:从方法到实践[M].北京:电子工业出版社,2018.

舍基.认知盈余:自由时间的力量[M].胡泳,哈丽丝,译.北京:中国人民大学出版社,2012.

沈金波.用户画像在互联网金融中的应用[J].现代商业,2017(33):55-56.

施密特,罗森伯格,伊格尔.重新定义公司:谷歌是如何运营的[M].靳婷婷,译.北京:中信出版社,2015.

什么是超级用户?[EB/OL].[2020-04-02].http://zhuanlan.zhihu.com/p/123323660.

斯考伯,伊斯雷尔.即将到来的场景时代:大数据、移动设备、社交媒体、传感器、定位系统如何改变商业和生活[M].赵乾坤,周宝曜,译.北京:北京联合出版公司,2014.

斯莱克,刘易斯.运营战略[M].刘晋,李军,向佐春,译.北京:人民邮电出版社,2004.

斯通.一网打尽:贝佐斯与亚马逊时代[M].李晶,李静,译.北京:中信出版社,2014.

苏海海.互联网产品运营教程[M].北京:中国铁道出版社,2018.

苏庆义.全球供应链安全与效率关系分析[J].国际政治科学,2021(2):1-32.

谈多娇,董育军.互联网企业的价值评估:基于客户价值理论的模型研究[J].北京邮电大学学报(社会科学版),2010(3):34-39.

谭北平.营销的程序化革新才刚开始[J].商学院,2015(2):115-115.

谭威威.浅析新媒体运营中内容运营的核心要素[J].今传媒,2019(1):81-83.

汤志庆.产品线管理(一):产品线诊断[J].中国乳业,2014(12):29-33.

唐·舒尔茨,海蒂·舒尔茨.整合营销传播:创造企业价值的5大关键步骤[M].王茁,顾洁,译.北京:清华大学出版社,2013.

特劳特,里夫金.重新定位[M].谢伟山,苑爱冬,译.北京:机械工业出版社,2011.

透视互联网经济的实质及其规律[J].互联网周刊,2014,8(20):16-19.

托夫勒.第三次浪潮[M].黄明坚,译.北京:中信出版集团,2018.

万碧杨.新媒体环境下把关人理论的嬗变:以微信传播为例[J].传播与版权,2020,88(9):68-69.

汪汉生.数据思维:从数据分析到商业价值[M].北京:中国人民大学出版社,2017.

汪中求.细节决定成败[M].北京:新华出版社,2009.

王军峰.场景化思维:重建场景、用户与服务连接[J].新闻与写作,2017(2):97-99.

王苗苗.基于数据挖掘的互联网企业用户画像分析[J].现代经济信息,2018(10):33-34,47.

王文斌.论理想化认知模型的本质、结构类型及其内在关系[J].外语教学理论与实践,2014(3):9-15,94.

581万人次参与腾讯"小朋友画廊"公益活动,从火爆到质疑为何疯狂刷屏?[EB/OL].[2022-05-01].https://www.sohu.com/a/168112098_116333.

王玉荣,葛新红.流程管理[M].5版.北京:北京大学出版社,2016.

威廉姆斯,毕萨普.风格:写作的清晰与优雅[M].北京:北京大学出版社,2020.

韦巴赫,亨特.游戏化思维:改变未来商业的新力量[M].周逵,王晓丹,译.杭州:浙江人民出版社,2014.

沃麦克,琼斯,鲁斯.改变世界的机器:精益生产之道[M].余锋,张冬,陶建刚,译.北京:机械工业出版社,2021.

乌家培.网络经济及其对经济理论的影响[J].学术研究,2000(1):5-11.

吴刚,洪建中.一种新的学习隐喻:拓展性学习的研究:基于"文化—历史"活动理论视角[J].远程教育杂志,2012(3):23-30.

吴声.场景革命:重构人与商业的连接[M].北京:机械工业出版社,2015.

夏晓婷.创造弹性供应链应对风险[J].中国物流与采购,2016(11):22-23.

小米生态链爆品手册[EB/OL].[2022-10-18].http://www.sohu.com/a/226863178_99922069.

肖利华,田野,洪东盈,等.数智驱动新增长[M].北京:电子工业出版社,2021.

谢华平.新媒体优质内容生产与分发策略[J].传媒,2019(20):43-45.

熊强,仲伟俊,梅妹娥.基于 Stackclbcrg 博弈的供应链企业间信息安全决策分析[J].情报杂志,2012,31(2):178-183.

徐丽群.运营战略:目标、路径与措施[M].上海:上海交通大学出版社,2019.

薛云建,陈捷.用扩散机理解析新产品营销[J].企业研究,2010(9):14-20.

雅各布斯,蔡斯.运营管理(原书第 15 版)[M].苏强,霍佳震,邱灿华,译.北京:机械工业出版社,2020.

闫泽华.内容算法:把内容变成价值的效率系统[M].北京:中信出版社,2018.

晏涛.在私域流量经营超级用户将成为企业增长的第二曲线[J].中国商人,2020(1):28-29.

杨刚.浅析企业增长型战略的决策模型[J].技术与市场,2007(8):77-78.

杨秀华.浅谈流程化管理对企业内部管理提升的重要性[J].中外企业家,2018(17):18-19.

杨玉芹.网络信息寻求行为研究理论框架之活动理论[J].远程教育杂志,2008(5):19-23.

尹培培.云计算与 SOA 在信息化建设中的融合应用[J].电子设计工程,2014,22(5):26-29.

于君英,徐明.服务业顾客期望层次论[J].东华大学学报(自然科学版),2001(4):48-51.

于小兵,曹杰,巩在武.客户流失问题研究综述[J].计算机集成制造系统,2012(10):2253-2263.

于雪姣."抖音"APP 的内容运营研究[D].兰州:兰州大学,2019.

曾航.一只 iPhone 的全球之旅:苹果幕后全产业链运作完全解密[M].南京:凤凰出版社,2011.

曾来海.新媒体概论[M].南京:南京师范大学出版社,2015.

詹金斯.融合文化:新媒体和旧媒体的冲突地带[M].杜永明,译.北京:商务印书馆,2012.

詹姆斯·A.菲茨西蒙斯,莫娜·J.菲茨西蒙斯.服务管理:运作、战略与信息技术(原书第 5 版)[M].张金成,范秀成,等译.北京:机械工业出版社,2007.

张佳.短视频内容算法:如何在算法推荐时代引爆短视频[M].北京:人民邮电出版社,2020.

张甲华.产品战略规划[M].北京:清华大学出版社,2014.

张建军,赵启兰,邢大宁.产品服务供应链研究:从商品主导逻辑到服务主导逻辑[J].中国流通经济,2019,33(2):93-100.

张莉,等.内容为王:互联网运营之内容运营[M].北京:电子工业出版社,2016.

张亮.从零开始做运营[M].北京:中信出版集团,2015.

张美娟,刘芳明.数媒时代的内容营销研究[J].出版科学,2017,25(2):8-13,28.

张宇,夏火松,吴金红.普适个性化内容推荐的方法与支持技术评述[J].情报科学,2015,33(6):155-161.

张玥,朱庆华.网络口碑传播效应研究综述[J].图书情报工作,2012,56(10):76-80,112.

张子健,李傲.网络空间供应链安全(CSCS)研究进展及趋势[J].管理现代化,2018(3):120-122.

赵冰操.新媒体视野下的梅罗维茨传播理论述评[J].科技传播,2017(21):37-38.

赵宏田,江丽萍,李宁.数据化运营:系统方法与实践案例[M].北京:机械工业出版社,2018.

赵立昌.互联网经济与我国产业转型升级[J].当代经济管理,2015(12):54-59.

赵婉茹,辛向阳.互联网产品的特点与用户体验设计重要性的关联研究[J].艺术与设计(理论版),2015(6):115-116.

赵哲超,郝静.私域流量在环境传播预警系统内的"自我呈现"[J].新闻与写作,2019(11)：95-98.

中小型企业业务流程自动化白皮书[EB/OL].[2022-11-16],https：//news.qingflow.com/witepapers-smb/.

中原愚人.赢在运营：互联网用户、社群、社区运营[M].北京：电子工业出版社,2017.

周栋萌.RPA 的发展研究：以阿里云 RPA 为例[J].中国管理信息化,2021(14)：78-79.

周鸿祎.互联网产品的灵魂[J].商界：评论,2010(4)：1.

周琪.程序化营销三部曲[J].电脑与电信,2013(10)：4-6.

周维.爆款短视频：短视频创作的黄金法则和公式[M].北京：中信出版集团,2020.

周勇.产业互联网与消费互联网、工业互联网之间的生态体系比较研究[J].阅江学刊,2020(4)：57-65,122.

朱宏彪,宋伟,文雅.大数据时代的移动广告程序化营销策略探索[J].通信设计与应用,2020(2)：134-135.

邹怡.新媒体运营：如何打造一个成功的话题[J].新闻与写作,2020(10)：105-107.